COLLECTION POÉSIE

Anthologie de la poésie française du XVIIIe siècle

Édition de Michel Delon

nrf

Gallimard

PRÉFACE

L'affaire semblait entendue et le procès sans appel : le XVIIIe siècle serait un âge sans poésie. Sainte-Beuve proclame la « ruine complète » de l'école de Delille et Gustave Lanson déclare « partie morte » toute la production poétique entre Racine et Lamartine. Daniel Mornet achève son essai sur Le Romantisme en France au XVIIIe siècle par un chapitre dont le titre sonne comme un verdict : « L'échec des poètes ». En 1949, dans une Anthologie de la poésie française de plus de huit cents pages, André Gide réduit à la portion congrue d'une vingtaine de pages un XVIIIe siècle qui, sur les soixante-dix-huit noms de l'anthologie, n'est représenté que par les seuls Ducis, Florian et André Chénier. Tout récemment encore, une Histoire et dictionnaire du temps des Lumières répète que l'absence de poésie se prolonge presque tout le siècle. En seraient cause les philosophies du temps, rationalisme et empirisme se mêlant pour entraîner les contemporains vers le matérialisme et l'esprit de jouissance. « Si l'on ne voit plus rien au-delà du sensible, il ne peut y avoir de poètes. » Voilà pourquoi votre fille est muette et les Lumières antipoétiques.

Jamais pourtant en France, critiques et faiseurs d'anthologie en conviennent, il n'y eut autant de poètes que sous les règnes de Louis XV et de Louis XVI ; jamais on ne composa autant de vers, mais ils ajoutent aussitôt que poème ne signifie pas poésie. On rimait alors, voire rimaillait, sans atteindre la poésie véritable. On dut même à l'époque inventer le néologisme de métromanie pour désigner cette manie de tourner des vers : c'est le titre d'une comédie de Piron. Les chefs-d'œuvre du siècle seraient en prose, dans l'efficacité d'un conte de Voltaire, dans l'ironie d'une page de Diderot, dans l'émotion du promeneur solitaire. *Un seul nom échappe généralement à la condamnation ou à la déploration, celui d'André Chénier, fauché justement avant d'avoir eu le temps de publier son œuvre et se contentant de léguer à la postérité quelques fragments éblouissants, comme si ses bourreaux parachevaient l'incompréhension du siècle à l'égard de toute poésie véritable. À y regarder de plus près et à lire dans les recoins, André Chénier n'est pourtant pas vraiment seul. Dans le* Tableau de la littérature française *que préface André Gide en 1939, il est accompagné d'Évariste Parny, précurseur sans doute de Lamartine, mais chantre surtout des émois amoureux avec des accents qui lui sont propres. Étudiant* L'Élégie en France avant le romantisme, *Henri Potez donnait déjà leur place à Bertin, à Léonard, à Bonnard, il rappelait l'existence de Fontanes avant Lamartine, celle de Mme Dufrénoy avant Marceline Desbordes-Valmore. Charles Gidel reconnaissait à Lebrun le mérite d'avoir réveillé la poésie lyrique. Daniel Mornet exceptait de son « échec des poètes » Léonard et Roucher qui auraient « cessé d'être des rimeurs » et laisseraient « parler leur âme ».*

*Certains critiques vont jusqu'à noter vers 1760 une véritable renaissance de la poésie qui se libère de l'académisme et cherche un ton nouveau. Ce serait alors la première moitié du siècle qui resterait condamnée sans appel. Mais l'auteur de l'*Histoire et dictionnaire du temps des Lumières *fournit les exceptions de sa propre règle :* La Religion *de Racine le fils, les* Cantates *de Jean-Baptiste Rousseau, les* Poésies sacrées *de Lefranc de Pompignan. Gustave Lanson lui-même dans une réédition de son* Histoire de la littérature française, *en 1922, manifestait quelque remords de sa sévérité première et se demandait si la poésie se réduit à « l'idée romantique du lyrisme ». En historien véritable, il accordait au XVIIIe siècle un statut de précurseur (« Il ne faut pas oublier après tout que si Lamartine a dépassé Voltaire, il en est sorti »), mais s'interrogeait surtout sur les critères qui font juger un poème comme véritablement poétique. Il découvrait « une poésie de l'esprit comme il y a une poésie du sentiment ». La condamnation de la poésie du XVIIIe siècle est d'abord anachronisme et ignorance. Progressivement au cours du XIXe, on a cessé de rééditer les textes.*

Les anthologies parues durant notre siècle quand elles ne faisaient pas l'impasse, comme celle de Gide, sur la production des Lumières, se sont le plus souvent contentées de recopier paresseusement le choix de Maurice Allem. Les manuels scolaires ont été frappés de la même amnésie. On écartait a priori *ce qu'on ne connaissait plus.*

L'histoire littéraire se devait de réparer ses erreurs. En France, les travaux de Jean Roudaut, d'Édouard Guitton, puis de Sylvain Menant ont fourni les matériaux qui permettent de repenser cette poésie qui, au XVIIIᵉ siècle, n'est en rien un genre, comme aujourd'hui, entre le théâtre et le roman, mais constitue un mode d'expression, susceptible d'être utilisé sur la scène aussi bien que dans un récit. Jean Roudaut compare ironiquement au nôtre ce siècle prétendu sans poésie, il se livre au jeu des parallèles : « Valéry poète est un Jean-Baptiste Rousseau philosophe ; Parny fut leur Paul Éluard, Claudel notre Népomucène Lemercier. » Il souligne le double mouvement de réflexion sur le langage et d'exercice ludique dont il fournit de savoureux exemples. Sylvain Menant reconnaît une « crise de la poésie française » durant la première moitié du XVIIIᵉ siècle, mais il intitule justement son livre La Chute d'Icare. *« Qu'on dise : il osa trop, mais l'audace était belle. » L'époque s'interroge sur l'opposition entre le vers et la prose, sur la hiérarchie des genres, elle s'inquiète elle-même sur sa capacité à fournir les chefs-d'œuvre poétiques dont elle rêve. Elle s'essaie aux grandes formes traditionnelles de l'ode et de l'épopée et s'enchante des rimes faciles qui lui viennent presque spontanément pour louer une maîtresse, saluer un ami ou dénigrer un adversaire. On l'apprend à l'école, on la pratique presque quotidiennement.*

*Avec l'affirmation de la philosophie des Lumières au milieu du siècle, la poésie croit avoir trouvé sa voie : elle célébrera les ressources et les beautés d'une nature dont l'*Encyclopédie *entreprend l'inventaire. Les articles de Diderot et de ses compagnons décrivent le fonctionnement des métiers et les richesses du monde, les volumes de planches qui suivent les donnent à voir. Avec ses mots propres et ses images rhétoriques, la poésie s'assigne pour tâche un recensement similaire. C'est ce qu'Édouard Guitton nomme « le poème de la nature » dont Jacques Delille a été le principal artisan parmi des dizaines d'autres, de Saint-Lambert à*

*Roucher, de Lemierre à André Chénier lui-même. Tandis que ce
dernier laissait inachevés deux grands poèmes descriptifs, que Rou-
cher n'a pu en publier qu'un, Delille a du moins pu aller jusqu'au
bout d'une ambition qui lui fit dire en vers la nature humanisée
et sauvage, l'esprit humain créateur, pris dans les tourmentes de
l'histoire ou encore poli par la mondanité.* On connaissait depuis
l'Antiquité une poésie didactique qui utilisait les ressources mné-
motechniques du mètre et de la rime pour fixer et transmettre un
savoir. On découvre, en ce mitan du XVIIIᵉ siècle que Jean Fabre
nommait « le midi des Lumières », le genre descriptif qui rivalise
avec la peinture et la musique pour rendre sensible le réel.
L'époque est rationnelle et veut comprendre, elle est empiriste et
prétend faire voir et entendre ce qui l'entoure. « Le poème de la
nature » constitue son rêve et son défi.

Le trouble qui fut le sien et la mauvaise volonté des temps qui
l'ont suivie proviennent sans doute des changements radicaux qui
s'opèrent alors dans l'idée même de poésie. De la Querelle des
Anciens et des Modernes à la mêlée entre classiques et roman-
tiques, on ne cesse de débattre de sa définition. Dans l'Encyclo-
pédie, le chevalier de Jaucourt propose d'entendre par poésie une
« imitation de la belle nature exprimée par le discours mesuré »,
tandis que la prose serait « la nature elle-même exprimée par le
discours libre ». Une hiérarchie s'établit entre une nature sinon
brute, du moins immédiate, proche de l'expérience, et une belle
nature qui s'éloigne de la réalité quotidienne pour magnifier un
ordre et une idéalité. Hiérarchie aussi entre un discours mesuré,
soumis aux contraintes du mètre, de la rime et d'un vocabulaire
choisi, et un discours libre, tel qu'on le pratique spontanément. La
poésie apparaît comme un langage tenu par la règle qui le rend
difficile, donc supérieur à une prose familière. Elle plaît par le tra-
vail qui y est investi et qui souvent s'y cache, par la difficulté vain-
cue, la prouesse de soumettre à la mesure un discours qui y semble
rétif. On comprend dès lors les critiques dont elle peut être l'objet.
Les Modernes ne se contentent pas de mettre en cause la supério-
rité de l'Antiquité gréco-latine et le poids de la tradition, ils dénon-
cent le formalisme d'une poésie guindée dans ses règles, ils vont
parfois jusqu'à rejeter la rime comme un artifice dont la langue
française pourrait bien se passer. Houdar de La Motte qui avait

adapté Homère en vers pour prouver contre la scrupuleuse Mme Dacier, traductrice en prose, les libertés que les Modernes devaient prendre à l'égard des Anciens, dénonce dans le Discours sur la tragédie *(1730) le carcan de la rime. Sans déchoir de sa grandeur, la tragédie pourrait s'exprimer en prose. En prose, l'épopée elle-même garderait sa dignité.*

Ses arguments reviennent tout au long du siècle. « La poésie *(c'est-à-dire un langage rempli d'images et de sentiments) réside-t-elle dans le nombre des syllabes, le repos des hémistiches et la rime ?* » *Louis Sébastien Mercier n'hésite pas à répondre par la négative, il écarte une définition de la poésie par une quelconque norme formelle au profit d'une caractérisation par le sentiment et l'efficacité. «* Notre mètre alexandrin est lourd, pesant et l'éternelle monotonie qu'il enfante, se fait sentir jusque dans Racine et Voltaire. [...] La prose a plus de souplesse, de simplicité, de grâce, d'ingénuité, est généralement plus lue, et peut devenir aussi noble et aussi véhémente que les plus beaux vers. On sait qu'elle n'est pas moins difficile à composer. » *Ces formules sont tirées de* Du théâtre *(1773), mais l'enjeu dépasse le seul théâtre. Toute codification apparaît désormais comme artificielle, contraire à la spontanéité du cœur, à l'émotion qui doit être partagée par le poète et son lecteur. Les Belles Lettres, fondées par une rhétorique et une poétique, sont en train de se muer en Littérature, définie comme création originale d'un individu ou d'une nation. Les modèles et la tradition cèdent la place à l'inventivité et à l'intériorité.*

Un siècle après la Querelle, le statut de la poésie reste au centre du débat entre les classiques qui continuent à la penser selon une norme et les romantiques qui se réclament d'une émotion, personnelle ou populaire. Dans la préface des Méditations poétiques *en 1820, Lamartine estime être le premier à avoir donné à la Muse, «* au lieu d'une lyre à sept cordes de convention, les fibres mêmes du cœur de l'homme ». *L'emblème traditionnel de la mesure et du rythme s'efface ; le cœur s'exprimerait, sans la médiation d'aucune tradition, d'aucune convention. Est-il besoin de dire que cette prétention est d'autant plus polémique que Lamartine respecte beaucoup la forme qui était celle de ses prédécesseurs du XVIIIᵉ siècle ? Sa préface relève de l'autopromotion, mais l'essentiel réside dans le changement d'attitude envers la poésie qui n'est plus tant exercice codé que journal d'une sensibilité. Contre l'école descriptive de Delille, contre son souci du monde extérieur, les jeunes poètes se réclament d'une exigence intérieure, d'une spiritualité de l'être humain que l'époque de restauration idéologique entend souvent dans un strict sens religieux. L'intériorité confond l'émotion du cœur et la conscience d'une vocation éternelle, mélancolie d'une âme insatisfaite et nostalgie d'un être déchu. La poésie se caractérisait jusqu'alors par une série de formes et de genres, de l'épopée à l'ode, de la satire à l'épître ; elle devient une attitude, un rapport au monde et à la langue. On écrivait autrefois tel ou tel genre de poème, les divers périodiques et recueils poétiques classaient soigneusement les œuvres d'après leur forme ; même si les genres ne disparaissent pas aussitôt, on écrit désormais de la poésie, considérée génériquement : la chronologie des états d'âme remplace la typologie des mètres.*

À la suite d'Horace, Boileau avait donné l'exemple d'un Art poétique *qui édictait en vers les principes pour composer des vers. Le XVIIIe siècle tout en continuant à pratiquer ce modèle montre comment il s'en détache. Le tournant des Lumières voit paraître* Les Styles *de l'abbé de Cournand, une* Épître *sur quelques genres de Chaussard, élargie en une* Poétique *secondaire ou Essai didactique sur les genres dont il n'est point fait mention dans la Poétique de Boileau, un Essai sur l'art poétique, divisé en quatre Épîtres aux Pisons modernes de Cubières. L'abbé de Cournand substitue aux genres des tons et remplace la hiérarchie des styles par une gamme d'atmosphères poétiques : le simple, illustré par La Fontaine et les poètes de la pastorale, le gracieux, représenté par Horace, l'Arioste ou Gresset, le sublime de Pindare ou de Jean-Baptiste Rousseau, le sombre enfin tel qu'il s'impose dans* Les Nuits *de Young. L'essentiel, explique Cournand, n'est pas dans l'instrument ni dans la main qui y fait entendre des accords, il est dans l'âme du musicien. Cubières et Chaussard semblent se réclamer de Boileau, mais leur façon de compléter la liste des genres fixés par le classicisme finit par le subvertir. Ils multiplient par dizaines les formes poétiques jusqu'à empêcher tout classement. C'est le moment où l'opposition de la comédie et de la tragédie est elle-même débordée par le succès du drame et d'une série de genres éphémères qui marquent la crise du système. Une volonté de régle-*

mentation survit qui ne peut que constater une créativité mal contrôlable et renvoyer en dernière instance au cœur du poète.

Le mouvement d'intériorisation doit être compris de la façon la plus concrète. L'évolution de l'Ancien Régime vers la modernité correspond au remplacement progressif de l'oralité par l'écriture. Les assonances et la rime constituaient des moyens mnémotechniques, des marques qui rythmaient la mémoire et l'échange verbal. La poésie était alors d'abord chanson, air d'opéra, déclamation théâtrale, proféation des vers. « Boileau, Gentil-Bernard, Gresset, plus tard encore Delille ont fondé leur réputation en disant leur œuvre dans les salons », rappelle justement Sylvain Menant qui ajoute : « Plutôt que des succès de librairie, ils ont recueilli des succès de société. » Lorsque Roucher dit ses vers avec son bel accent méridional, il enthousiasme ses auditeurs ; lorsqu'il les donne à lire, quelques mois plus tard, les lecteurs se montrent plus sceptiques, si ce n'est franchement critiques. Les poètes se sont souciés de la façon de dire les vers presque autant que de la façon de les écrire. En 1707, Houdar de La Motte consacre une de ses odes à « La Déclamation » ; en 1766 c'est un poème en trois chants que Dorat compose encore sur le sujet tandis que François de Neufchâteau, en 1774, publie un Discours en vers sur la manière de lire les vers. *Mais au tournant du XVIIIe au XIXe siècle, la diffusion des recueils lyriques comme celle des romans sensibles suppose de plus en plus une lecture individualisée, un tête-à-tête avec le livre, une intimité solitaire entre la poésie et son lecteur ou sa lectrice. L'émotion s'intériorise et le code ne s'énonce plus scolairement.*

Tel est le bouleversement qui explique la difficulté des contemporains eux-mêmes à juger leur production, puis de la postérité à la comprendre. Lorsque d'Alembert, en 1760, dans un discours de clôture à l'Académie française, reprend les arguments des Modernes et traite l'Iliade et l'Énéide d'ouvrages ennuyeux et insipides, Diderot confie son indignation à Sophie Volland : « Qu'il s'en tienne donc aux équations, c'est son lot. » Contre les vers sages de son époque, il rêve de « quelque chose d'énorme, de sauvage et de barbare ». Quelques années plus tard, Chabanon s'interroge en vers Sur le sort de la poésie en ce siècle philosophique :

Ainsi s'est accompli ce soudain changement
D'un siècle poétique en un siècle savant.
[…]
Mais tandis que l'esprit s'appliquait à connaître,
L'âme se refroidit, et perdit de son être.

*Il oppose « la méthode à l'instinct et l'art au sentiment », « art »
étant pris au sens où l'*Encyclopédie *est sous-titrée* dictionnaire
raisonné des sciences, des arts et des métiers. *De tels constats
entérinent une partition du savoir positif et de la verve poétique.
Pourtant à l'encontre d'un pareil partage, André Chénier souhaite
que Calliope « En langage des dieux fasse parler Newton » (New-
ton qui rime avec « noble ton »). La poésie doit trouver non seule-
ment des sujets mais un souffle neuf dans le développement de la
science et de la philosophie.*

*Le maître des frères Chénier, celui que ses contemporains nom-
maient Lebrun-Pindare, avait chanté dans une grande ode de
vingt-neuf strophes un Buffon qui ressemble à Newton, fouillant
l'espace avec son télescope :*

Ton sublime regard y poursuit les étoiles ;
Tu vois dans l'avenir s'éclipser leurs flambeaux :
Et, d'un œil de cristal armant la faible vue,
    Ton audace imprévue
Dans les cieux étonnés surprend des cieux nouveaux.

Là, dans l'immensité l'éther roule ses ondes ;
Des milliers de soleils, des millions de mondes :
Deux forces balançant tous ces globes divers,
Les éléments rivaux, l'équilibre et la vie,
    Composent l'harmonie,
L'édifice mouvant de ce vaste univers.

*Dans un cycle poétique consacré à la Nature, Lebrun reprend
l'image du savant qui, par l'expérimentation et l'hypothèse scien-
tifique, parvient à se saisir de l'immensité du cosmos, qui trans-
forme l'ancienne mythologie de l'Olympe en une imagerie nouvelle,
fondée astronomiquement et poétiquement saisissante. Il donne*

leur place dans son panorama de la découverte de l'univers « aux antiques Buffons, aux modernes Thalès », à Kepler et à Newton, fixant par leurs lois les corps célestes. Pour Lebrun, pour Chénier et tant d'autres, c'est parce qu'il est philosophique que leur siècle doit être poétique. On songe au dessin de William Blake, intitulé « Newton » : un homme nu, assis sur un rocher, est penché sur son compas. Il cherche à résoudre un problème géométrique. *Le compas n'est plus l'instrument d'une raison froide et desséchée, il représente l'ambition d'une pensée qui embrasse le réel, qui y découvre des lignes de force, des principes, des lois. Dans un autre dessin de Blake, scène du Jugement dernier, c'est Dieu, cheveux et barbe au vent, qui ouvre un compas sur la terre. Le compas qui s'ouvre et se ferme, instrument scientifique et triangle maçonnique, devient métaphore d'une philosophie en quête de l'essentiel aussi bien que d'une poésie saisie par les images fortes.*

Aux côtés de Newton ou de Buffon, législateurs de la nature, un second héros de la poésie est Christophe Colomb, découvreur d'un autre monde. C'est que, selon la belle formule de Jean Fabre, « une immense épopée est latente dans la conscience du siècle : celle de l'Homme lui-même et des conquêtes de son génie ». Génie trouvant un ordre dans le foisonnement du réel, génie découvrant un nouveau continent au-delà de l'océan. Le Mexique conquis *de Boesnier et* Les Incas, *ou la Destruction de l'Empire du Pérou de Marmontel sont des poèmes en prose au sens de* Télémaque *mais sans grand rapport avec ce que nous appelons aujourd'hui poème en prose.* La Colombiade, *ou la Foi portée au Nouveau Monde de Mme du Boccage,* Christophe Colomb, *ou l'Amérique découverte de Nicolas Louis Bourgeois,* Le Nouveau Monde, *ou Christophe Colomb de Lesuire,* L'Amérique *mise en chantier par André Chénier prennent le risque de l'alexandrin. Au cours du siècle, on note le changement qui, au point de vue purement européen et chrétien, substitue la relativité des perspectives, la critique de la conquête et des massacres. Les poètes chantent moins l'expansion européenne que les intuitions de l'homme, la force de sa volonté, le dynamisme de son esprit. On retrouve le compas, instrument de navigation, dans le bureau où le Génois rêve ses voyages futurs :*

Globes, cartes, compas, travaillés par lui-même,
Ouvrages réguliers, d'une justesse extrême,
Ornaient de toutes parts la célèbre maison
Où Colomb n'admettait que la pure raison.

(Bourgeois)

*La rencontre des mondes est l'occasion pour les poètes de dresser
le bilan d'une civilisation occidentale, créatrice et destructrice,
magnifique dans l'élan de son rationalisme, plus sombre dans son
appropriation de la planète et son intolérance. Colomb, homme
des lumières qui espérait « Par les nœuds du bonheur joindre deux
univers », est confronté aux suites amères de sa découverte.*

Ce héros voit les bords du nouvel univers
Fuir et se perdre au loin dans la vapeur du soir.
Il lit dans l'avenir, sous des couleurs affreuses,
De ses tristes exploits les suites désastreuses.
Il contemple des maux naissants de toutes parts,
Un monde entier couvert de cadavres épars,
Et déjà dans la nuit son oreille attentive
Des morts et des mourants entend la voix plaintive.

(Lesuire)

*Le Nouveau Monde, c'est à la fois l'Amérique, l'avenir, toutes les
terres différentes rêvées par les hommes ; et Christophe Colomb
devient l'image de tous ceux qu'impatientent les bornes du monde
connu, le réalisme des prudents, des tièdes et des intéressés. Dans sa
folie et son génie, il incarne les inventeurs et les créateurs. Il inter-
pelle ses marins, ses contemporains :*

« Suivez-moi donc, troupe vaillante !
Quelle conquête plus brillante !
Je donne un monde à vos neveux. »
À ces mots qu'applaudit Éole,
Déployant la voile espagnole,
S'élança des bords de Palos
Le Génois, heureux téméraire,
Certain du nouvel hémisphère
Qui l'attend au-delà des flots.

Ces octosyllabes sont empruntés au poème de Lebrun Les Conquêtes de l'homme sur la nature. *Millevoye lui fait écho dans* L'Invention poétique *où tout poète s'aventurant aux frontières «De l'illimité et de l'avenir» devient navigateur solitaire, explorateur «de vastes et d'étranges domaines / Où le mystère en fleurs s'offre à qui veut le cueillir», comme le dit Apollinaire :*

Il est, il est encor, des îles inconnues
Où les lois d'Apollon ne sont point parvenues.
Sur l'océan des arts embarqués les derniers,
Ne quittons point la rame, assidus nautoniers ;
Et sachons préférer, en dépit de l'orage,
Au long calme du port les dangers du naufrage.

Il n'est pas question de confondre Lebrun ou Millevoye avec le poète de «La Jolie Rousse», ni les violences de la Révolution et de l'Empire avec les combats de la Première Guerre mondiale, mais, d'une crise à l'autre, l'image est la même, dans cette quête du nouveau, d'un monde à découvrir et d'un risque à encourir. Dans leur identification à Newton ou à Colomb, les poètes cherchent à s'arracher aux pesanteurs de la tradition. Ils animent les genres didactique et descriptif qui menacent de se perdre dans l'énumération et le constat. Les multiples variations autour des Saisons, *des* Mois *et des* Fastes *n'évitent la fatalité des répétitions qu'en inscrivant à l'intérieur du cycle de la nature une histoire de l'esprit humain. Le travail humain et ses progrès prennent le relais du mouvement circulaire des saisons. Mais est-ce la Terreur seule qui a empêché André Chénier d'achever* L'Amérique *et* Hermès, *ses deux grands poèmes en chantier? Lebrun n'a pas non plus terminé* La Nature, *ou le Bonheur philosophique qu'il a commencé à rédiger vers 1760; un demi-siècle ne lui a pas suffi pour en venir à bout. Le projet d'une épopée du génie humain se heurte à la fixité d'une langue et d'une forme. L'exhaustivité d'un poème de la nature n'est compatible avec une expression épurée et noble qu'au prix de laborieuses périphrases et d'une syntaxe acrobatique.*

Tout au long du siècle coexistent la volonté de perpétuer une grande tradition, monopolisée par l'Académie et le collège, et *l'ambition d'une poésie autre. Le discours préliminaire de Jacques Delille à sa traduction des* Géorgiques *constitue l'une des plus belles réflexions du siècle sur la poésie. Il y met en relation la république romaine avec la richesse du latin et, en contraste, la monarchie française avec la hiérarchie des mots et des formes. « Il y a eu, pour ainsi dire, des termes nobles et des termes roturiers. » Le constat devient diagnostic d'une maladie de langueur de la poésie : « De là la nécessité d'employer des circonlocutions timides, d'avoir recours à la lenteur des périphrases, enfin d'être long de peur d'être bas : de sorte que le destin de notre langue ressemble assez à celui de ces gentilshommes ruinés qui se condamnent à l'indigence de peur de déroger. » Delille évoque avec nostalgie la liberté et les passions romaines comme autant de sources d'une poésie forte. Le climat, la religion et le régime politique vouent la France à une littérature plus psychologique et morale. Il relève le défi de traduire Virgile sans trouver toujours une langue à la hauteur de la lucidité de son analyse. Le décalage est patent dans la plupart des poèmes descriptifs. Comment chanter les découvertes de la science ou le foisonnement d'une nature tropicale sans bousculer la langue de l'Académie ? La note en prose vient souligner la contradiction entre une ambition et des moyens, entre un rêve et une réalité linguistique ou sociale. Le commentaire en prose devient nécessaire à la compréhension de vers qui menacent de ne plus se suffire à eux-mêmes, de vers qui sont discrédités dans leur volonté même de traduire un savoir moderne. Cramponnée à la hiérarchie de l'expression, la poésie se condamne au rôle d'ornement. Victor Hugo dans « Réponse à un acte d'accusation » (*Les Contemplations) ne dit pas autre chose que le Discours préliminaire de Delille, mais il joint le geste poétique au propos théorique :*

J'ai pris et démoli la bastille des rimes.
J'ai fait plus : j'ai brisé tous les carcans de fer
Qui liaient le mot peuple, et tiré de l'enfer
Tous les vieux mots damnés, légions sépulcrales ;
J'ai de la périphrase écrasé les spirales,
Et mêlé, confondu, nivelé sous le ciel
L'alphabet, sombre tour qui naquit de Babel :

[...]
J'ai dit à la narine : Eh mais! tu n'es qu'un nez!
J'ai dit au long fruit d'or : Mais tu n'es qu'une poire!
J'ai dit à Vaugelas : Tu n'es qu'une mâchoire!
J'ai dit aux mots : Soyez républiques! soyez
La fourmilière immense et travaillez! [...]

Quand, après avoir évoqué le parfum d'un beau fruit, Bourgeois ajoute : « Mais rien n'est comparable à sa mâle beauté. / Il mérite le prix dont il est surmonté », la périphrase tient de l'énigme et il faut se reporter à la note pour comprendre : « C'est l'ananas, fruit excellent et surmonté d'une espèce de couronne, dont l'effet est admirable. » Que n'a-t-il dit au beau fruit : tu n'es qu'un ananas! Ce n'est pas parce qu'elle est trop philosophique ou trop savante que cette poésie lasse parfois son lecteur, mais parce qu'elle traduit par des mots jugés plus nobles ce qu'il voudrait entendre exprimer par des images.

En théorie, Delille le sait bien, qui explique dans la préface à L'Imagination, *poème en huit chants : « Ce sont ces images qui donnent aux idées abstraites de la morale et de la métaphysique un corps, une figure, un vêtement, comme je l'ai dit dans le premier chant de ce poème :*

Tout entre dans l'esprit par la porte des sens.

Et, sous ce rapport, on peut dire que la poésie est matérialiste; ces rapprochements peuvent se faire ou par la peinture immédiate des objets moraux ou physiques, ou par la voie indirecte des comparaisons, qui transporte la pensée de l'un à l'autre. » Pour suggérer que les idées sont réveillées les unes par les autres, le poète se sert ainsi de l'image de « l'étincelle qu'on approche d'un amas de poudre, dont les grains, s'embrasant de proche en proche, produisent un vaste incendie ». L'image est belle, en fait, elle se perd dans les alexandrins de Delille :

Voyez ces longs canaux, retraite ténébreuse
Des esprits sulfureux qui, prêts à s'allumer,
N'attendaient que la main qui va les enflammer;

De cet amas dormant de nitre et de bitume,
Qu'une étincelle approche, un feu soudain s'allume.

*Et l'image se traîne encore sur six autres vers. La formule qui fait
mouche dans la préface n'a plus d'efficacité quand elle quitte la
prose pour le vers. L'étincelle devait embraser la poudre, elle couve
sous l'amas de mots que le professeur de poésie n'ose pas faire
exploser. Faut-il donc avec les critiques parler d'un échec? C'est
plutôt que l'émotion poétique ne se trouve plus pour nous dans ces
centaines, dans ces milliers d'alexandrins, mais dans l'écart entre
un projet et sa réalisation, dans le paradoxe d'un élan proprement
poétique qui parvient à s'exprimer dans des préfaces et des notes
mais qui se défait dès qu'il prétend prendre forme.*

*Une des images favorites de cet idéal poétique est celle du
marbre, de la statue que le sculpteur sait rendre vivante. Galatée
et Pygmalion traversent tout le siècle, en pierre, en couleurs,
en marbre. Et quand, dans l'une des bucoliques d'André Chénier,
l'allégorie de la poésie s'avance à la table de l'Olympe, hiératique,
quand elle prend vie progressivement,*

La bandelette auguste, au front de cette reine,
Pressait les flots errants de ses cheveux d'ébène,

*la bandelette illustre les contraintes d'une forme, mais les che-
veux ont leur volume, la ceinture retient «une robe flottante» et
le corps de la jeune femme se fait de plus en plus présent devant
nous. Le marbre s'est mis à respirer. Delille explicite l'image : un
des charmes de la poésie réside dans «la difficulté vaincue», dans
la façon dont on donne au marbre de la flexibilité et au vers, mal-
gré les entraves, la même liberté que le langage ordinaire. Les
hasards de l'histoire ont permis à Delille ce qu'ils ont interdit à
Chénier : on peut se demander si la force poétique des œuvres de ce
dernier n'est pas pour partie dans leur inachèvement. On se pro-
mène dans son recueil posthume comme dans un champ de
fouilles, découvrant un fragment, un torse blanc qui nous émeut
peut-être plus que la sculpture complète et polychrome d'origine.
Le XVIIIe siècle s'est passionné pour l'archéologie, il a énoncé une
poétique des ruines qu'il s'agirait d'appliquer à sa propre produc-*

*tion poétique. Il y a une beauté dans l'ambition brisée de tous ces projets, dans la lucidité de tant de préfaces, dans l'inachèvement de l'*Hermès *de Chénier ou de* La Nature *de Lebrun, qui bouscule la forme classique. Une bucolique ébauchée s'intitule « Le Groupe de marbre » : la statue ne s'anime qu'un instant avant de redevenir marbre. Le fragment suggère au lecteur d'André Chénier et la vie fugace qui a passé sur le visage de Galatée et l'effort resté en suspens du créateur fauché avant l'âge :*

> … ses pieds s'attachent à la terre ;
> Ses yeux étaient en pleurs : une larme de pierre
> Se durcit sur sa joue…

Une autre source d'émotion et de mouvement est à chercher dans la veine légère, mondaine ou libertine. À côté des poèmes descriptifs qui ont la même pompe que les discours en vers religieux ou philosophiques et les pièces officielles et dynastiques, le siècle ne cesse d'écrire des épîtres et des impromptus, des chansons et des épigrammes. À côté des alexandrins en colonnes ou des respectueuses alternances d'octosyllabes et d'alexandrins, il aime les vers mêlés et les mètres courts qui chahutent la rime, toutes les formes qui s'amusent et surprennent. Il se plaît aussi au genre mixte qui associe les vers et la prose, et ne proclame la hiérarchie des mots que pour mieux la tourner dans le genre burlesque et dans toute une poésie érotique et pornographique dont nous avons perdu jusqu'à l'idée. La poésie noble, reconnaissait Delille, était longue de peur d'être basse ; la poésie légère se fera grivoise de peur d'être ennuyeuse. À l'une les circonlocutions, à l'autre la pointe. La périphrase se fait dans un cas explicative et dans l'autre suggestive. Racine le jeune expose la religion, Delille explore les trois règnes de la nature, Saint-Lambert et Roucher parcourent le cycle de l'année ; Gentil-Bernard se contente d'une inscription dans un boudoir :

> Habitons ce petit espace,
> Assez grand pour tous nos souhaits :
> Le bonheur tient si peu de place !
> Et ce dieu n'en change jamais.

Émiettement de l'espace et du temps, la poésie se réfugie dans les recoins d'un boudoir, elle accepte d'être fugitive comme le moment qui passe, l'occasion qu'on saisit ou qu'on rate, à la façon dont la prose de l'époque culmine dans La Petite Maison *de Bastide ou dans* Point de lendemain *de Vivant Denon. Des vers accompagnent les fleurs, les fruits et tous les cadeaux qui circulent d'un hôtel à l'autre, ils portent des vœux, fêtent des anniversaires, rythment les événements quotidiens, font de la vie mondaine une fête des sens et de l'esprit. Bonnard envoie un serin :*

> Aimé, chéri, caressé de Sylvie,
> Obtenant tout et ne désirant rien,
> Heureux oiseau ! que je te porte envie !
> Et que mon sort est différent du tien !
> Ah ! s'il était justice dans la vie,
> Tout ton bonheur devrait être le mien.

Laclos envoie à une petite fille des mirabelles de Metz, il se hâte de profiter d'un âge où l'on donne sa tendresse «pour des prunes». Les vers s'échangent comme des formules de politesse ou des mots d'esprit, le badinage est un jeu convenu, la séduction une forme de bienséance. Tout peut devenir métaphore du désir, du corps ou du sexe. Les équivoques de Boufflers poussent le jeu à sa limite :

> Mais qu'est-ce qu'entendent ces dames
> En nous parlant toujours du cœur ?
> En y pensant beaucoup, je me suis mis en tête
> Que du sens littéral elles font peu de cas,
> Et qu'on est convenu de prendre un mot honnête
> Au lieu d'un mot qui ne l'est pas.

La poésie noble se caractérisait par la difficulté vaincue, celle de Boufflers aussi à sa façon. Comment dire, sans déroger à la politesse, ce qu'une société considère comme des grossièretés ?

> Nature, en fait de cœurs, se prête à tous les goûts ;
> J'en ai vu de toutes les formes,
> Grands, petits, minces, gros, médiocres, énormes.

Voltaire de rire et d'en rajouter :

> Certaine dame honnête, et savante, et profonde,
>   Ayant lu le traité du cœur,
> Disait en se pâmant : « Que j'aime cet auteur !
> Ah ! je vois bien qu'il a le plus grand cœur du monde ! »

L'érotisation de toute relation peut être considérée comme le masque de l'inanité, comme la perte de toute vérité morale, ou comme une élégance, un raffinement, une esthétique.

Quelques pages avant sa tonitruante Réponse à un acte d'accusation, *Hugo dédiait un court poème «* À André Chénier *» : «* Oui, mon vers croit pouvoir, sans se mésallier, / Prendre à la prose un peu de son air familier. *» Était-ce mésalliance lorsque l'âge classique ne se contentait pas de mêler les vers à la façon d'un La Fontaine, mais entrecroisait les vers et la prose ? Le XVIIIᵉ siècle est la grande époque du voyage en vers et en prose dont Chapelle et Bachaumont avaient fourni le modèle. Lefranc de Pompignan visite le Languedoc, Piron part pour Beaune, Desmahis pour Saint-Germain, Campenon pour Chambéry. L'épître est un genre qui cultive la familiarité et la négligence ; l'épître de voyage en joue à merveille. Parny narre à Bertin son séjour à l'île Bourbon : il décrit les réalités contrastées de leur patrie, la luxuriance de la végétation et la dureté de l'esclavage, que traduit le passage d'un langage dans l'autre. Le voyageur se souvient nostalgiquement de ce qu'il a quitté ou bien s'étonne d'une réalité qui ne ressemble pas à ce qu'il attendait, il ne peut se contenter d'une forme unique. Bertin rend compte aux frères Parny de voyages en Bourgogne et dans les Pyrénées. Les passages en vers isolent un objet ou marquent un décalage. La prose trouve souvent une liberté dans la description qui réduit le vers à l'ironie et au burlesque. Puis le vers prend sa revanche dans la description du cirque de Gavarnie.*

> Ces cyprès renversés, ces affreuses peuplades,
> De noirs rochers au loin l'un sur l'autre étendus,
> Sur des gouffres sans fond ces hameaux suspendus,
> Ce luxe de ruisseaux, de torrents, de cascades,

Par cent canaux divers à la fois descendus,
Tout m'attriste et me plaît […]

*L'oxymore traduit une émotion devant la nature. Bertin y recourt
encore quelques vers plus loin :*

Qu'elle est belle en ces lieux ! quelle horreur elle inspire !

*Le vers est assoupli dans sa forme et libéré dans ses sujets. Wal-
ter Moser a parlé de la « signification d'une poésie insignifiante ».
L'inspiration mondaine et libertine renonce aux grandes
machines, à l'inscription dans le marbre et la durée. Elle saisit
l'homme au fil du temps, tel que l'analyse la pensée empiriste ; elle
le suit dans ses premières sensations, dans la conscience qu'il prend
de lui-même, dans le sentiment de l'existence dont il jouit, dans
toute la gamme de ses impressions et de ses idées. Le désir suggère
la découverte émerveillée du monde, puis la tentation que susci-
tent les objets qui s'offrent au regard.*

Tu parais, tout brille et t'exprime ;
L'air est plus doux, le jour plus beau ;
Le cœur bat, le regard s'anime,
Et l'univers sort du tombeau.

On tremble, on brûle de connaître ;
Sans objet on devient rêveur ;
Ces prés, ces bois, l'ombre d'un hêtre
Ont un langage pour le cœur.

*Le désir, glorifié par Dorat, donne vie aux paysages et aux êtres. Il
conduit au luxe, au goût des objets, à l'inconstance libertine ou à
l'amour toujours renouvelé.*

*La littérature du XVIIIe siècle offre la plus belle palette de poésie
amoureuse, du lyrisme aux crudités, du badinage à la passion, de
la convention au sentiment vécu. On peut faire la moue devant
tant d'Églé et de Philis, devant la* paupière *qui rime avec* lumière
ou le cœur *avec* ardeur *: l'époque n'a sans doute pas encore tota-
lement rompu avec le sens de l'exercice poétique que Paul Veyne a*

montré à l'œuvre dans l'élégie érotique romaine. *Il s'agissait moins d'avouer une expérience intime que de jouer les figures d'un ballet mondain parfaitement connu. Au fil de ces figures imposées, le poète trouve une formule nouvelle, risque un détail personnel, et le traducteur d'Ovide, l'imitateur de Properce et de Tibulle devient soudain un poète de son temps. Gentil-Bernard compose un* Art d'aimer *en trois chants qui dit le bonheur du siècle :*

> Si l'art d'aimer fut le même en tout temps,
> L'art de jouir augmenta d'âge en âge.
> Les goûts, les mœurs, la culture, l'usage,
> À ses plaisirs prêtèrent mille attraits.
> À Suse, à Rome, on sentit ses progrès :
> Quel fut l'amour de Tarquin, de Clélie,
> Près d'une nuit d'Octave et de Julie !
> Toujours utile aux plaisirs amoureux,
> Le luxe a fait le siècle des heureux.

Le roman se réservait les drames et les malheurs ; à la poésie sont d'abord dévolues la joie et l'exaltation. La plupart des poètes sont de sexe masculin, ils s'enchantent devant un corps féminin, entrevu, découvert, caressé, possédé, sans cesse écrit et décrit. Un corps surpris dans son sommeil, aperçu à travers des voiles, deviné dans l'obscurité. Il suffit de se plonger dans ces recueils pour oublier la rengaine des critiques sur l'échec de cette poésie. À son tour, André Chénier met en chantier un Art d'aimer. *Pour lui, comparer l'amant au cheval qui frémit de désir, ce n'est pas bestialiser l'homme, c'est exalter son pouvoir génésique. Et chanter la force de suggestion du vêtement, c'est rappeler tout ce que la culture apporte à la nature :*

> Quand la gaze ou le lin, barrière mal tissue
> Qui la couvre ou plutôt la découvre à ta vue,
> Suivent de tout son corps les détours gracieux,
> C'est par ses vêtements qu'elle est nue à tes yeux.

L'époque multiplie les Arts d'aimer, *convaincue que l'amour n'est pas un mystère ou un secret. Elle l'analyse, poème après poème,*

avec le souci d'un Condillac décomposant les sensations et les idées,
avec la minutie de l'Encyclopédie décrivant les arts et les métiers
de la vie économique. La poésie est matérialiste, disait Delille, elle
évoque très concrètement les émois et les étreintes, sans fausse
honte. Comme la gaze et le lin de Chénier, elle dénude les corps.
Les drames et les regrets existent sans entamer la formidable joie de
vivre qui anime ces vers. Tel jeune satyre, au début du poème de
Gentil-Bernard, croit devoir rougir de sa laideur.

> Sans cesse errant où sa fougue l'entraîne,
> Au fond d'un bois il trouve une fontaine
> Qu'on appelait Fontaine de beauté ;
> Toute laideur, sur ce bord enchanté,
> Disparaissait. Dans sa douleur profonde,
> Il veut tenter le miracle de l'onde ;
> Il entre : à peine il en touche le bord,
> Son pied de faune y disparaît d'abord.
> Sa jambe après ; l'eau montant à mesure,
> De ses genoux passait à sa ceinture :
> Ainsi croissait le prodige des eaux.
> Un cri sortit tout à coup des roseaux :
> Demeure, attends, fuis cette onde funeste.

Le cri de la nymphe amoureuse représente la revanche de la nature
sur une fausse beauté ; la beauté ne se trouve pas dans l'idéali-
sation, elle est dans l'exaltation du corps et du désir, dans la gra-
dation qui va de la retenue à l'étreinte, de l'allusion à la crudité.
Faunes et nymphes, bergères et pasteurs font l'amour au sens
moderne du terme, et cet amour mérite toutes les ressources de la
langue, toutes les subtilités de l'art. Héloïse et Abélard clament
leur désespoir, les vestales dénoncent des institutions qui brident
les élans amoureux et brisent les individus.

Le XVIIIe siècle compose bien des fables sur le modèle de celles de
La Fontaine, mais tout autant de contes à l'exemple du même La
Fontaine. Ses contes en vers, merveilleusement illustrés par Frago-
nard, placent l'homme dans les grands cycles de la nature, emporté
par les besoins de la jeunesse, par les nécessités du désir, et mieux
vaut en rire qu'en pleurer. Voltaire, le poète de La Henriade *et*

des Discours sur l'homme, *ne se fait pas de scrupule de publier,
sous un masque qui ne trompe personne, les* Contes de Guil-
laume Vadé. *La fable est moralisante, le conte conclut que
l'amour a toujours le dernier mot. L'histoire n'est jamais nouvelle,
la façon de la raconter lui donne tout son prix :*

> Ovide a conté cette affaire ;
> La Fontaine en parle après lui ;
> Moi, je la répète aujourd'hui,
> Et j'aurais mieux fait de me taire.

*Ironie d'un conteur sûr d'amuser ses auditeurs, aussi bien que
Jacques le fataliste lorsqu'il promet de raconter ses amours. Com-
plicité d'une société qui ne sait plus où finit la liberté et où com-
mence l'encanaillement : elle accepte celui-ci de peur de manquer
celle-là. Ce ne sont donc que moines paillards, prêtres libidineux,
paysannes délurées, bergers prompts à l'accolade, maris jaloux, sei-
gneurs qui réclament leur droit. Le mouvement de l'opinion se fait
sentir aussi dans ce genre, hérité des fabliaux médiévaux et des
contes de la Renaissance. Inspirés par Béroalde de Verville, Gré-
court puis un demi-siècle plus tard Dorat racontent l'histoire
d'une jeune paysanne venue porter des cerises à son seigneur qui
l'oblige à se déshabiller et à s'exhiber devant la cour qui paie
ensuite à la pauvre fille le prix de sa honte. Grécourt s'amuse
encore des privilèges du seigneur, Dorat s'en indigne et la pay-
sanne sait garder sa dignité :*

> Garde ton or, dit-elle, corrupteur ;
> Je ne veux point de ton affreux salaire.

*On continuera à rééditer des recueils de contes du XVIIIe siècle jus-
qu'au début de notre siècle, mais progressivement ces marques de
bonne humeur et de santé morale ont été ressenties comme les faci-
lités douteuses d'une époque de décadence.*

*L'époque, en réalité, a souvent été beaucoup plus loin dans
l'impudeur. Et si l'*Ode à Priape *a fermé à Piron les portes de
l'Académie, le poème n'en est pas moins devenu l'un des plus
fameux du siècle dont la production poétique n'est pas plus com-*

préhensible sans lui que la production romanesque sans Thérèse
philosophe *et* Le Portier *des chartreux.* Les fouilles d'Hercula-
num *et* Pompéi *avaient révélé le musée secret des anciens
Romains. Les hommes et les femmes des Lumières comparent le
christianisme et le paganisme, ils mettent en parallèle les san-
glantes peintures de martyre et les joyeuses sculptures de la mytho-
logie antique. Ils se rappellent avec nostalgie l'époque où l'un des
plus grands dessinateurs d'Italie illustrait l'un des meilleurs
poètes : les sonnets de l'Arétin et les dessins de Carrache exaltaient
les positions amoureuses. Ils constatent que réformateurs et contre-
réformateurs se sont accordés pour mutiler les marbres antiques et
voiler les nudités. Ils dénoncent ce vandalisme, font de l'*Art d'ai-
mer leur meilleur Art poétique et nous invitent à leurs baccha-
nales. C'est Baculard d'Arnaud, le vertueux romancier des*
Épreuves du sentiment, *qui rime un* Art de foutre, *et Sénac de
Meilhan, l'auteur de* L'Émigré, *qui compose* La Foutromanie.
*Lorsque jacobins et royalistes s'accorderont à leur tour dans un
nouvel ordre moral, laïc ou catholique, Parny imaginera* La
Guerre des dieux, *une bien licencieuse guerre entre le Paradis
chrétien et l'Olympe païen.*

La poésie amoureuse du XVIIIᵉ *siècle n'est pas tournée vers le seul
passé. Si la prose au même moment se renouvelle par les voyages et
puise dans les paysages lointains le verbe qui fait la séduction de
Bernardin de Saint-Pierre ou de Chateaubriand, ce sont des îles
que viennent Léonard, Bertin et Parny qui donnent à la poésie
mondaine et à l'inspiration amoureuse une fraîcheur dont elles
avaient sans doute besoin. Le boudoir de Gentil-Bernard laisse
place à l'oranger de Parny :*

Oranger, dont la voûte épaisse
Servit à cacher nos amours,
Reçois et conserve toujours
Ces vers, enfants de ma tendresse ;
Et dis à ceux qu'un doux loisir
Amènera dans ce bocage,
Que si l'on mourait de plaisir,
Je serais mort sous ton ombrage.

Parny écrit à la fois les Poésies érotiques *(au sens ancien de poèmes d'amour) et les* Chansons madécasses, *qu'il prétend transcrites de chansons malgaches, double retour à une nature amoureuse et poétique, à une vérité des corps et des cœurs, débarrassée des contraintes inutiles.*

> Ah ! laissons nos tristes censeurs
> Traiter de crime impardonnable
> Le seul baume pour nos douleurs
> [...]
> Ne crois pas à leur imposture.
> Leur zèle hypocrite et jaloux
> Fait un outrage à la nature :
> Non, le crime n'est pas si doux.

L'inconstance, l'absence de réciprocité, la jalousie et le dépit, la maladie et la mort existent dans les îles lointaines et autres Cythères, du moins le plaisir n'y est pas coupable. Les recueils suivent l'histoire d'un couple avec ses hauts et ses bas : l'émerveillement de la rencontre, les obstacles, les retrouvailles, les séparations. Les incompréhensions futures ne peuvent remettre en cause la force d'une jouissance première. Le vocabulaire se libère d'un même mouvement, les fruits exotiques peuvent enfin être appelés par leur nom et prennent une saveur, un poids de chair qui en font la métaphore de tous les corps désirables, dans une lettre sans prétention, en vers et en prose, que Parny envoie de l'île de Bourbon à son ami Bertin :

> Ici ma main dérobe à l'oranger fleuri
> Ces pommes dont l'éclat séduisit Atalante ;
>   Ici l'ananas plus chéri
> Élève avec orgueil sa couronne brillante ;
> De tous les fruits ensemble il réunit l'odeur.
>   Sur ce coteau l'atte pierreuse
> Livre à mon appétit une crème flatteuse ;
> La grenade plus loin s'entrouvre avec lenteur ;
> La banane jaunit sous sa feuille élargie.

On ne peut rapporter ces vers au seul développement d'un lyrisme personnel qui, avec le succès croissant de l'élégie et de la romance, annoncerait le renouveau romantique. L'émotion que suscite la poésie de Parny et de ses compagnons est liée à la revendication morale des Lumières et à la curiosité encyclopédique. Le siècle mène également, tantôt contre les Lumières et tantôt avec elles, un dialogue avec la Bible et une réflexion sur les pouvoirs du langage, qui ont été souvent méconnus. On a déjà mentionné les œuvres de Jean-Baptiste Rousseau, de Louis Racine, de Lefranc de Pompignan; leur inspiration religieuse orthodoxe est prolongée par Malfilâtre et Gilbert, ainsi que par ceux qui traduisent ou imitent l'Anglais Milton et l'Allemand Klopstock. Les uns et les autres rendent aux figures célestes et infernales une dimension, un poids, autres que la charnalité burlesque des empoignades avec les dieux païens, et capables de donner vie à une œuvre. Louis Racine s'interrogeait sur le lien entre religion et esthétique, entre la Grâce donnée par Dieu et la grâce qui habite un poème et séduit ses lecteurs. En marge du christianisme officiel, la recherche théosophique conduit à proclamer la sacralité du langage et à présenter le poète comme créateur. Chez Louis Claude de Saint-Martin, la grandeur de Dieu se manifeste dans toute la création qui prend sens par rapport à l'homme qui lui-même accède à Dieu par le langage. Après des essais relativement abstraits, celui qui se nommait « le philosophe inconnu » a eu recours à la poésie pour traduire à travers des images son message spirituel. Il compose un long chant de trois cent un versets, prière au Créateur et appel aux humains, qui martèle la solidarité entre l'efficacité du langage et la conscience religieuse. Tandis que la poésie amoureuse s'épanouissait en rejetant une religion réduite à un moralisme, une poésie métaphysique s'affirme dans le ressourcement mystique. Le désir est force créatrice sur le plan de l'esprit, telle est la leçon de L'Homme de désir *de Saint-Martin, aussi bien que le corps et la chair. Nicolas de Bonneville propose une alliance des valeurs des Lumières, incarnées dans l'élan de 89, et des valeurs de la foi, un syncrétisme des modèles religieux antiques et du prophétisme biblique :*

La Parole et la Liberté !
Le Ciel est tout entier dans le cœur du Poète.

Écoutez. Voilà le Prophète
De l'éternité.

Les recherches sur l'origine des langues et sur les parentés profondes qui les relient les unes aux autres nourrissent cette exaltation de l'homme, non plus seulement capable de savoir et d'aimer, mais aussi de créer. Le XVIIIᵉ siècle lègue une triple poésie, descriptive, érotique et mystique, à son successeur qui fera semblant de ne pas y prendre garde, puis à un XXᵉ siècle qui la méconnaîtra réellement.

Il n'est que temps de lire sans œillères une production qui réserve plus d'une surprise, et sans doute quelques révélations. Chacun est convié à se promener sur ce vaste chantier poétique dont on ne sait pas bien si les fragments y sont ruines d'un art ancien ou bien promesses d'avenir. On est en tout cas frappé par la dextérité et la rapidité de pièces qui suscitent le sourire, par l'ambition ou l'audace de projets encyclopédiques, par l'effervescence de toute une époque qui ne veut pas distinguer liberté de penser et liberté d'aimer.

Michel Delon

Fontenelle

ÉTRENNES POUR L'ANNÉE 1701

En commençant, Iris, l'an qui suit mil sept cents
Je voulais sous vos lois mettre ma destinée,
Je voulais de mes vœux vous promettre l'encens,
    Seulement pour ladite année :
    Cela n'a jamais d'autre sens.
Mais avec cette année un siècle aussi commence ;
Attendons, ai-je dit, nous pouvons à bon droit
De l'un et l'autre bail peser la différence.
Mais les appas d'Iris souffrent-ils qu'on balance ?
    Eh bien donc, pour le siècle soit.

AUTRES ÉTRENNES

En ce jour solennel, où de vœux redoublés
Plus qu'en tout autre temps les dieux sont accablés,
J'ai fait des vœux hardis, et peut-être impossibles ;
J'ai demandé des jours occupés et paisibles,
    Des plaisirs vifs, sans le secours puissant
        Du trouble et de l'inquiétude,
        Des biens dont la longue habitude

Eût le charme d'un goût naissant,
De la gloire, non pas cette vaine fumée
Qui va se répandant au loin,
Mais cette gloire qu'avec soin
Dans son cœur on tient renfermée.
Tel était mon placet. Jupiter mit au bas
En caractères longs, qu'on ne lisait qu'à peine :
Renvoyé vers l'aimable Ismène,
Ceci ne me regarde pas.

Jean-Baptiste Rousseau

ODE TIRÉE DU PSAUME CXLV

FAIBLESSE DES HOMMES.
GRANDEUR DE DIEU

Mon âme, louez le Seigneur ;
Rendez un légitime honneur
À l'objet éternel de vos justes louanges.
Oui, mon Dieu, je veux désormais
Partager la gloire des anges,
Et consacrer ma vie à chanter vos bienfaits.

Renonçons au stérile appui
Des grands qu'on implore aujourd'hui ;
Ne fondons point sur eux une espérance folle.
Leur pompe, indigne de nos vœux,
N'est qu'un simulacre frivole ;
Et les solides biens ne dépendent pas d'eux.

Comme nous, esclaves du sort,
Comme nous, jouets de la mort,
La terre engloutira leurs grandeurs insensées ;
Et périront en même jour
Ces vastes et hautes pensées
Qu'adorent maintenant ceux qui leur font la cour.

Dieu seul doit faire notre espoir ;
Dieu, de qui l'immortel pouvoir
Fit sortir du néant le ciel, la terre, et l'onde ;
Et qui, tranquille au haut des airs,
Anima d'une voix féconde
Tous les êtres semés dans ce vaste univers.

Heureux qui du ciel occupé,
Et d'un faux éclat détrompé,
Met de bonne heure en lui toute son espérance !
Il protège la vérité,
Et saura prendre la défense
Du juste que l'impie aura persécuté.

C'est le Seigneur qui nous nourrit ;
C'est le Seigneur qui nous guérit :
Il prévient nos besoins ; il adoucit nos gênes ;
Il assure nos pas craintifs ;
Il délie, il brise nos chaînes ;
Et nos tyrans par lui deviennent nos captifs.

Il offre au timide étranger
Un bras prompt à le protéger ;
Et l'orphelin en lui retrouve un second père :
De la veuve il devient l'époux ;
Et par un châtiment sévère
Il confond les pécheurs conjurés contre nous.

Les jours des rois sont dans sa main :
Leur règne est un règne incertain,
Dont le doigt du Seigneur a marqué les limites ;
Mais de son règne illimité
Les bornes ne seront prescrites
Ni par la fin des temps, ni par l'éternité.

Odes, I, XIV

ÉPÎTRE À CLÉMENT MAROT

Ami Marot[1], l'honneur de mon pupitre,
Mon premier maître, acceptez cette épître
Que vous écrit un humble nourrisson
Qui sur Parnasse a pris votre écusson,
Et qui jadis, en maint genre d'escrime,
Vint chez vous seul étudier la rime.
Par vous, en France, épîtres, triolets,
Rondeaux, chansons, ballades, virelais,
Gente épigramme et plaisante satire,
Ont pris naissance ; en sorte qu'on peut dire :
De Prométhée hommes sont émanés,
Et de Marot joyeux contes sont nés.
Par quoi, sitôt qu'en mon adolescence
J'eus avec vous commencé connaissance,
Mon odorat, par vos vers éveillé,
Des autres vers plus ne fut chatouillé ;
Et n'eus repos (jeunesse est téméraire)
Que ne m'eussiez adopté pour confrère.
Bien est-il vrai que, par le temps mûri,
D'autres leçons mon esprit s'est nourri ;
Écrits divers ont exercé ma plume.
Mais c'est tout un. Soit raison, soit coutume,
Mon nom par vous est encore connu,
Dont bien et mal m'est ensemble advenu :
Bien, par trouver l'art de m'être fait lire ;
Mal, par avoir des sots excité l'ire,
L'ire des sots et des esprits malins ;
Car qui dit sots, dit à malice enclins.
Et cherchez bien de Paris jusqu'à Rome,
Onc ne verrez sot qui soit honnête homme.
Je le soutiens : justice et vérité
N'habitent point en cerveau mal monté.
Du vieux Zénon l'antique confrérie

Disait tout vice être issu d'ânerie :
Non que toujours sottise de son chef
Forme dessein de vous porter méchef[2] ;
Mais folle erreur, d'ignorance complice,
Fait même effet, et supplée à malice.
Bien le savez, Clément, mon ami cher :
Sotte ignorance et jugement léger
Vous ont jadis, on le voit par vos œuvres,
Fait avaler anguilles et couleuvres,
Des novateurs complice vous nommant,
Ou votre honneur en public diffamant,
Soit par blasons plus mordants que vipère,
Soit par mensonge, en vous faisant le père
De tous ces vers bâtards et supposés
Dont les parents sont toujours déguisés.
Et moi, chétif, de vos suivants le moindre,
Combien de fois, las ! me suis-je vu poindre
De traits pareils ! Non qu'on m'ait imputé
D'avoir jamais nouveautés adopté.
Des gens dévots que j'estime et respecte,
Ainsi que vous je n'ai honni la secte
Qu'en général, sans aucun désigner ;
Et fîtes mal de les égratigner,
Vous qui craigniez, disiez-vous, la bourrée ;
Car ces menins de la cour éthérée
Sont tous doués d'un appétit strident
De se venger quand ils sentent la dent ;
Et fussiez-vous un saint plus angélique,
Plus éminent et plus apostolique
Que saint Thomas ; s'ils en trouvent moyen,
Ils vous feront, le tout pour votre bien,
Comme autrefois au bon Savonarole,
Que pour le ciel la séraphique école
Fit griller vif au feu clair et vermeil,
Dont il mourut, par faute d'appareil.
Eux exceptés, des bons esprits l'estime
M'a, comme vous, des sots rendu victime ;
Car de quels noms plus doux et plus musqués

Puis-je appeler tant d'esprits disloqués ?
[…]
Comment nommer la rampante vermine
Des chiffonniers de la double colline,
Qui tous les jours, en dépit d'Apollon,
Dans les bourbiers de son sacré vallon
Vont ramassant l'ordure la plus sale,
Pour en lever boutiques de scandale
Contre tous ceux qui sont assez sensés
Pour mépriser leurs vers rapetassés ?
[…]

Épîtres, I, III

Houdar de La Motte

LE SOC ET L'ÉPÉE

Autrefois le soc et l'épée
Se rencontrèrent dans les champs ;
De sa noblesse, elle, tout occupée,
Ne semblait pas apercevoir les gens.
Le soc donne un salut, sans que l'autre le rende.
Pourquoi, dit-il, cette fierté ?
— L'ignores-tu ? belle demande !
Tu n'es qu'un roturier ; je suis de qualité.
— Eh ! d'où prends-tu, dit-il, ta gentilhommerie ?
Tu ne fais que du mal ; je ne fais que du bien :
Mon travail et mon industrie
De l'homme entretiennent la vie ;
Toi, tu la lui ravis, bien souvent sur un rien.
— Petit esprit, âme rampante,
Dit l'épée ; est-ce ainsi que pensent les grands cœurs ?
— Oui, répondit le soc ; on a vu des vainqueurs
Remettre à la charrue une main triomphante :
Témoins les Romains, nos seigneurs.
— Mais sans moi, dit la demoiselle,
Ces Romains eussent-ils subjugué l'univers ?
Rome n'était qu'un bourg ; on n'eût point parlé d'elle,
Si mon pouvoir n'eût mis le monde dans ses fers.
— Tant pis ; elle eût mieux fait de se tenir tranquille,

Répondit maître Soc ; belle nécessité
Que l'univers devint l'esclave d'une ville !
      Que de sa vaste cruauté
Elle effrayât l'Europe, et l'Afrique, et l'Asie !
Eh ! pourquoi, s'il vous plaît ? à quelle utilité ?
Pour une ambition que rien ne rassasie,
Trouves-tu donc cela digne d'être vanté ?
      L'épée, au bout de sa logique,
    Appelle enfin maître Soc en duel.
Te voilà ; battons-nous. C'est tout ton rituel,
Dit le soc ; quant à moi, ce n'est pas ma pratique :
      Je travaille et ne me bats point.
Mais un tiers entre nous pourrait vider ce point :
      Prenons la taupe pour arbitre ;
      Comme Thémis elle est sans yeux,
L'air grave et robe noire ; on ne peut choisir mieux.
      Chacun au juge expose alors son titre.
La nouvelle Thémis les entend de son trou,
Et, le tout bien compris, prononce cet adage :
      Qui forgea le soc était sage,
      Et qui fit l'épée était fou.

Fables

Lagrange-Chancel

LES PHILIPPIQUES

Ode première

Vous dont l'éloquence rapide
Contre deux tyrans inhumains
Eut jadis l'audace intrépide
D'armer les Grecs et les Romains[1],
Contre un monstre encor plus farouche
Mettez votre fiel en ma bouche :
Je brûle de suivre vos pas.
Je vais affronter le naufrage,
Plus charmé de votre courage
Qu'effrayé de votre trépas.

À peine il ouvrit les paupières,
Que tel qu'il se montre aujourd'hui,
Il fut indigné des barrières
Qu'il vit entre le Trône et lui.
Dans ces détestables idées,
De l'art des Circés, des Médées[2],
Il fit ses uniques plaisirs ;
Il crut cette voie infernale
Digne de remplir l'intervalle
Qui s'opposait à ses désirs.

Contre ses villes mutinées
Un roi l'appelle à son secours[3],
Et lui commet les destinées
De son empire et de ses jours.
Mais prince aveugle et sans alarmes,
Vois qu'il ne prend en main les armes
Que pour devenir ton tyran,
Et pour imiter la furie
Par qui jadis ton Ibérie
Subit le joug de l'Alcoran[4].

Que de divorces, que d'incestes
Seront le fruit de tes complots !
Verrons-nous les flambeaux célestes
Reculer encor sous les flots ?
Peuple, arme-toi, défends ton maître,
Apprends que la main de ce traître,
Cherche à lui ravir ses États ;
Le lit même de ton Philippe
Doit voir de Thyeste et d'Œdipe
Renouveler les attentats. […]

Grécourt

LE BIEN VIENT EN DORMANT

Pour éviter l'ardeur du plus grand jour d'été,
Climène sur un lit dormait à demi-nue,
Dans un état si beau qu'elle eût même tenté
L'humeur la plus pudique et la plus retenue.

Sa jupe permettait de voir en liberté
Ce petit lieu charmant qu'elle cache à la vue,
Le centre de l'amour et de la volupté,
La cause du beau feu qui m'enflamme et me tue.

Mille objets ravissants, en cette occasion,
Bannissant mon respect et ma discrétion,
Me firent embrasser cette belle dormeuse.

Alors elle s'éveille à cet effort charmant,
Et s'écrie aussitôt : Ah ! que je suis heureuse !
Les biens, comme l'on dit, me viennent en dormant[1].

LE PAPILLON
ET LES TOURTERELLES

Un papillon, sur son retour,
Racontait à deux tourterelles,
Combien dans l'âge de l'amour
Il avait caressé de belles :
«Aussitôt aimé qu'amoureux,
Disait-il, ô l'aimable chose !
Lorsque, brûlant de nouveaux feux,
Je voltigeais de rose en rose !
Maintenant on me suit partout,
Et partout aussi je m'ennuie ;
Ne verrai-je jamais le bout
D'une si languissante vie ? »
Les tourterelles sans regret
Répondirent : «Dans la vieillesse
Nous avons trouvé le secret
De conserver notre tendresse ;
À vivre ensemble nuit et jour
Nous goûtons un plaisir extrême :
L'amitié qui vient de l'amour
Vaut encor mieux que l'amour même. »

Marivaux

DIVERTISSEMENT

Cet amour dont nos cœurs se laissent enflammer,
Ce charme si touchant, ce doux plaisir d'aimer,
Est le plus grand des biens que le ciel nous dispense.
    Livrons-nous donc sans résistance
    À l'objet qui vient nous charmer.
Au milieu des transports dont il remplit notre âme,
Jurons-lui mille fois une éternelle flamme.
Mais n'inspire-t-il plus ces aimables transports ?
Trahissons aussitôt nos serments sans remords.
Ce n'est plus à l'objet qui cesse de nous plaire
Que doivent s'adresser les serments qu'on a faits,
    C'est à l'Amour qu'on les fit faire,
C'est lui qu'on a juré de ne quitter jamais.

Premier couplet

    Jurer d'aimer toute sa vie,
    N'est pas un rigoureux tourment.
    Savez-vous ce qu'il signifie ?
    Ce n'est ni Philis, ni Silvie,
    Que l'on doit aimer constamment ;
    C'est l'objet qui nous fait envie.

Deuxième couplet

Amants, si votre caractère,
Tel qu'il est, se montrait à nous,
Quel parti prendre, et comment faire?
Le célibat est bien austère;
Faudrait-il se passer d'époux?
Mais il nous est trop nécessaire.

Troisième couplet

Mesdames, vous allez conclure
Que tous les hommes sont maudits;
Mais doucement et point d'injure;
Quand nous ferons votre peinture,
Elle est, je vous en avertis,
Cent fois plus drôle, je vous jure.

La Fausse Suivante

Alexis Piron

ODE À PRIAPE

Foutre des neuf garces du Pinde,
Foutre de l'amant de Daphné[1],
Dont le flasque vit ne se guinde
Qu'à force d'être patiné.
C'est toi que j'invoque à mon aide,
Toi, qui, dans les cons, d'un vit raide
Lances le foutre à gros bouillons ;
Priape, soutiens mon haleine,
Et pour un moment dans ma veine
Porte le feu de tes couillons.

Que tout bande, que tout s'embrase,
Accourez putains et ribauds.
Que vois-je ! où suis-je ! ô douce extase !
Les cieux n'ont point d'objets si beaux :
Des couilles en blocs arrondies,
Des cuisses fermes, rebondies.
Des bataillons de vits bandés,
Des culs ronds sans poil et sans crottes,
Des cons, des tétons et des mottes,
D'un torrent de foutre inondés.

Restez, adorables images,
Restez à jamais sous mes yeux ;

Soyez l'objet de mes hommages,
Mes législateurs et mes dieux.
Qu'à Priape on élève un temple,
Où jour et nuit l'on vous contemple,
Au gré des vigoureux fouteurs :
Le foutre servira d'offrande,
Les poils et couilles de guirlande,
Les vits de sacrificateurs.

Aigle, baleine, dromadaire,
Insecte, animal, homme, tout
Dans les cieux, sous l'eau, sur la terre,
Tout nous annonce que l'on fout.
Le foutre tombe comme grêle,
Raisonnable ou non, tout s'en mêle ;
Le con met tous les vits en rut,
Le con du bonheur est la voie,
Dans le con gît toute la joie,
Mais hors du con point de salut.

Que l'or, que l'honneur vous chatouille,
Sots avares, vains conquérants,
Vivent les plaisirs de la couille,
Et foutre des biens et des rangs.
Achille aux rives du Scamandre,
Pille, détruit, met tout en cendre ;
Ce n'est que feu, que sang, qu'horreur ;
Un con paraît, passe-t-il outre ?
Non, je vois bander mon Jean-foutre,
Ce héros n'est plus qu'un fouteur.

Quoique plus gueux qu'un rat d'église,
Pourvu que mes couillons soient chauds,
Et que le poil de mon cul frise,
Je me fous du reste en repos.
Grands de la terre, l'on se trompe,
Si l'on croit que de votre pompe
Jamais je puisse être jaloux ;

Faites grand bruit, vivez au large,
Quand j'enconne et que je décharge,
Ai-je moins de plaisir que vous?

Des fouteurs la fable[2] fourmille.
Le soleil fout Leucothoé,
Cynire fout sa propre fille,
Un taureau fout Pasiphaé,
Pygmalion fout sa statue,
Le brave Ixion fout la nue,
On ne voit que foutre couler;
Le beau Narcisse pâle et blême,
Brûlant de se foutre lui-même,
Meurt en tâchant de s'enculer.

Socrate, direz-vous, ce sage,
Dont on vante l'esprit divin,
A vomi peste et a fait rage
Contre le sexe féminin;
Et pour cela le bon apôtre
N'en a pas moins foutu qu'un autre.
Interprétons mieux ses leçons:
Contre le sexe il persuade,
Mais sans le cul d'Alcibiade,
Il n'eût pas tant médit des cons.

Mais voyons ce brave cynique,
Qu'un bougre a mis au rang des chiens,
Se branler gravement la pique,
À la barbe des Athéniens[3].
Rien ne l'émeut, rien ne l'étonne,
L'éclair brille, Jupiter tonne,
Son vit n'en est point démonté;
Contre le ciel sa tête altière,
Au bout d'une courte carrière,
Décharge avec tranquillité.

Cependant Jupin dans l'Olympe,
Perce des culs, bourre des cons;

Neptune au fond des eaux y grimpe
Nymphes, sirènes et tritons.
L'ardent fouteur de Proserpine
Semble dans sa couille divine
Avoir tout le feu des Enfers.
Ami, jouons les mêmes farces,
Foutons tant que le con des garces
Nous foute enfin l'âme à l'envers.

Tisiphone, Alecto, Mégère[4],
Si l'on foutait encor chez vous,
Vous, Parques, Charon et Cerbère,
De mon vit vous tâteriez tous.
Mais puisque par un sort barbare,
On ne bande plus au Tartare,
Je veux y descendre en foutant :
Là mon plus grand tourment, sans doute,
Sera de voir que Pluton foute,
Et de n'en pouvoir faire autant.

Redouble donc tes infortunes,
Foutu sort, sort plein de rigueur,
Ce n'est qu'à des âmes communes
À qui tu peux foutre malheur ;
Mais la mienne que rien n'alarme,
Plus ferme que le vit d'un carme,
Rit des maux présents et passés.
Qu'on me méprise et me déteste,
Que m'importe ; mon vit me reste,
Je bande, je fous, c'est assez[5].

SIXIÈME PSAUME

De profundis clamavi ad te, Domine

C'est du fond de mon cœur, grand Dieu, que je t'implore !
Du fond d'un cœur frappé d'un salutaire effroi,
Que le remords poursuit, que le regret dévore,
    Et qui toujours espère en toi !

Exauce un moribond qui t'invoque et t'appelle !
Des humains n'es-tu pas le père en les créant ?
Pour n'être qu'un objet de l'ire paternelle,
    M'aurais-tu tiré du néant ?

Remets-moi sous ton aile, et deviens mon refuge !
J'ai suivi le torrent d'un siècle vicieux :
Eh ! qui de nous, hélas ! si tu n'es que son juge,
    Sera pardonnable à tes yeux ?

Dieu pardonne, dit l'homme, il connaît ma faiblesse.
Puis-je tant en avoir, qu'il n'ait plus de bonté ?
Sur ce principe, il s'ouvre et s'élargit sans cesse
    Les routes de l'iniquité.

Bientôt devoirs, salut, tout sort de sa mémoire ;
De ta grâce il oublie et le prix et le don,
Et la part qu'il avait à l'éternelle gloire,
    Et la ressource du pardon.

De l'infernal abîme il voit enfin la flamme,
Et la voit quand il touche à son dernier moment :
Contrit, moins qu'effrayé, pour lors il te réclame,
    Et te réclame vainement.

Comme il l'a commencée, achevant sa carrière,
Sans amour, sans espoir, il n'a que des remords.

Ta clémence longtemps attendit sa prière,
    Et ta justice est sourde alors.

Tel est le jour affreux dont sa nuit est suivie :
Sur moi-même tel est le retour accablant :
Ainsi sur le tableau de ma coupable vie
    J'arrête mes yeux en tremblant.

Déjà mon âme est-elle une âme réprouvée?
Perdrai-je, en la rendant, l'espérance et la foi?
Non, Seigneur, ta parole est trop avant gravée,
    Et trop vivifiante en moi.

Tu l'as dit : « Qu'Israël en repos vive et meure!
Mes bras lui sont ouverts en tout temps, en tout lieu;
Que de son premier jour jusqu'à sa dernière heure
    Il ait confiance en son Dieu.

S'il a prévariqué, qu'il se repente, m'aime,
Me remontre un cœur pur, tel que je lui donnai;
Qu'à tous ses ennemis il pardonne lui-même,
    Et tout lui sera pardonné. »

Mourant dans cet esprit, dans cette confiance,
Quand donc au tribunal je serai présenté,
Que ta miséricorde y tenant la balance
    Désarme ta sévérité.

CONTRE MARMONTEL

Vieil apprenti, soyez plus avisé
Une autre fois, et nous crîrons merveille.
Tirez plus juste où vous aurez visé,
Aurez sinon du sifflet par l'oreille.

Jamais bévue a-t-elle été pareille ?
Ô le plus grand de tous les étourdis !
Vous séparez les élus des maudits,
Puis envoyez, par deux arrêts notables,
Votre ennemi Piron en paradis
Et votre ami Voltaire à tous les diables.

MON ÉPITAPHE

Épigramme

Ci-gît... Qui ? Quoi ? Ma foi, personne, rien.
Un qui, vivant, ne fut valet ni maître,
Juge, artisan, marchand, praticien,
Homme des champs, soldat, robin ni prêtre,
Marguillier, même académicien,
Ni frimaçon[1]. Il ne voulut rien être
Et véquit nul : en quoi certe il fit bien ;
Car, après tout, bien fou qui se propose,
Venu de rien et revenant à rien,
D'être en passant ici-bas quelque chose !

Pour le soulagement des mémoires,
et pour le mieux, j'ai cru devoir réduire
cette épitaphe à deux vers :

Ci-gît Piron, qui ne fut rien,
Pas même académicien.

MA DERNIÈRE ÉPIGRAMME

J'achève ici-bas ma route.
C'était un vrai casse-cou.
J'y vis clair, je n'y vis goutte ;
J'y fus sage, j'y fus fou.
Pas à pas j'arrive au trou
Que n'échappent fou ni sage,
Pour aller je ne sais où.
Adieu, Piron, bon voyage !

Louis Racine

LA GRÂCE

[…]
    Ô vous qui ne cherchez que ces rimes impures,
Des plaisirs séduisants dangereuses peintures,
Sur mes chastes tableaux ne jetez pas les yeux ;
Fuyez : mes vers pour vous sont des vers ennuyeux ;
Des sons de la vertu votre oreille se lasse.
Profanes ! loin d'ici, je vais chanter la Grâce.
    De l'humaine raison cette Grâce est l'écueil.
L'homme, qui pour appui ne veut que son orgueil,
Ose opposer contre elle une audace insolente.
Ses plus chers défenseurs n'ont qu'une voix tremblante,
Et, contents de gémir, lorsque presque en tous lieux
Leurs cruels ennemis triomphent à leurs yeux,
Ils déplorent des jours où la foi refroidie,
Et de l'amour divin la chaleur attiédie,
Déjà des derniers temps annoncent les malheurs.
Pour de si grands périls c'est trop peu que des pleurs :
Si la timidité fait taire les prophètes,
La colère ouvrira la bouche des poètes.
    Oui, Seigneur, j'entreprends de lui prêter ma voix :
Tout fidèle est soldat pour défendre tes droits :
Si, par ta grâce, ici je combats pour ta grâce,
Rien ne peut ébranler ma généreuse audace,

Dussent les libertins déchirer mes écrits :
Trop heureux si pour toi je souffre des mépris !
Que ta bonté, grand Dieu, veuille me rendre digne ;
De tes riches faveurs, faveur la plus insigne !
Pour en être honorés tes saints ont fait des vœux,
Et moi j'en fais pour vivre et pour mourir comme eux.
Daigne donc agréer et soutenir mon zèle :
Tout faible que je suis, j'embrasse ta querelle.
La Grâce que je chante est l'ineffable prix
Du sang que sur la terre a répandu ton fils :
Ce fils, en qui tu mets toute ta complaisance,
Ce fils, l'unique espoir de l'humaine impuissance,
À défendre sa cause approuve mon ardeur ;
Mais, animant ma langue, échauffe aussi mon cœur :
Que je sente ce feu qui par toi seul s'allume,
Et que j'éprouve en moi ce que décrit ma plume ;
Non comme ces esprits tristement éclairés
Qui connaissent la route et marchent égarés,
Toujours vides d'amour et remplis de lumière
Ardents pour la dispute et froids pour la prière.
[…]

Chant I

[LES LIMITES DE LA RAISON]

[…]
    Faut-il, dit le déiste, enchaîner la raison ?
N'est-elle pas du Ciel le plus précieux don ?
Et pouvons-nous penser qu'en nous l'Être suprême
Veuille étouffer un feu qu'il alluma lui-même ?
    Il l'alluma sans doute, et cet heureux présent,
Par son premier éclat, guidait l'homme innocent.
Aujourd'hui presque éteinte, une flamme si belle
Ne prête qu'un jour sombre à l'âme criminelle :

Mais la foi le ranime avec un feu plus pur :
Et d'indignes mortels l'osent trouver obscur !
Quand par bonté pour eux un Dieu se manifeste,
Il leur en dit assez, qu'ils ignorent le reste.
Jusques au temps prescrit le grand livre est scellé.
    Pour nous confondre, hélas ! que n'a-t-il pas voilé !
Pourrons-nous pénétrer ses mystères sublimes,
Quand ses moindres secrets sont pour nous des abîmes ?
La nature à nos yeux sans cesse vient s'offrir ;
Le livre à tout moment semble prêt à s'ouvrir.
Que de siècles perdus sans que rien nous attire
À rechercher du moins ce que l'homme y peut lire !
Et lorsque nos besoins, le temps et le hasard
Nous contraignent enfin d'y jeter un regard,
Instruits de quelques faits, en savons-nous les causes ?
Attentif au spectacle, en vain tu te proposes,
Philosophe orgueilleux, d'en suivre le dessein ;
En vain tu veux chercher la nature en son sein :
Là tu trouves écrit : *Arrête, téméraire !*
Nul de vous n'entrera jusqu'en mon sanctuaire.
Oui, même en ces objets si présents à nos yeux,
Tout devient invisible à l'œil trop curieux ;
Et celui qui captive une mer furieuse,
Borne aussi des humains la vue ambitieuse.
Pour sonder la nature ils font de vains efforts :
Ils en verront les jeux, et jamais les ressorts.
Partout elle nous crie : *Adorez votre maître ;*
Contemplez, admirez, jouissez sans connaître.
D'une attentive étude embrassant le parti,
Du sein de l'ignorance un mortel est parti.
A-t-il tout parcouru ? Pour fruit de tant de peine,
À l'ignorance encor son savoir le ramène.
[…]

La Religion, V

[LE JUGEMENT DERNIER]

[…]
Déjà je crois le voir; j'en frémis par avance.
Déjà j'entends des mers mugir les flots troublés;
Déjà je vois pâlir les astres ébranlés;
Le feu vengeur s'allume, et le son des trompettes
Va réveiller les morts dans leurs sombres retraites
Ce jour est le dernier des jours de l'univers.
Dieu cite devant lui tous les peuples divers;
Et, pour en séparer les saints, son héritage,
De sa religion vient consommer l'ouvrage.
La terre, le soleil, le temps, tout va périr;
Et de l'éternité les portes vont s'ouvrir.
    Elles s'ouvrent. Le Dieu si longtemps invisible,
S'avance, précédé de sa gloire terrible;
Entouré du tonnerre, au milieu des éclairs,
Son trône étincelant s'élève dans les airs;
Le grand rideau se tire, et ce Dieu vient en maître.
Malheureux, qui pour lors commence à le connaître!
Ses anges ont partout fait entendre leur voix;
Et sortant de la poudre une seconde fois,
Le genre humain tremblant, sans appui, sans refuge,
Ne voit plus de grandeur que celle de son juge.
Ébloui des rayons dont il se sent percer,
L'impie avec horreur voudrait les repousser.
Il n'est plus temps; il voit la gloire qui l'opprime,
Et tombe enseveli dans l'éternel abîme,
Lieu de larmes, de cris et de rugissements.
Dans ce séjour affreux, quels seront vos tourments,
Infidèles chrétiens, cœurs durs, âmes ingrates,
Quand, malgré leurs vertus, les Titus, les Socrates,
(Hélas! jamais du ciel ils n'ont connu les dons!)
Y sont précipités ainsi que les Catons?
Lorsque le bonze étale en vain sa pénitence;

Quand le pâle bramine, après tant d'abstinence,
Apprend que contre soi, bizarrement cruel,
Il ne fit qu'avancer son supplice éternel ?
De sa chute surpris, le musulman regrette
Le paradis charmant, promis par son prophète,
Et, loin des voluptés qu'attendait son erreur,
Ne trouve devant lui que la rage et l'horreur.
Le vrai chrétien, lui seul, ne voit rien qui l'étonne ;
Et sur ce tribunal, que la foudre environne,
Il voit le même Dieu qu'il a cru, sans le voir,
L'objet de son amour, la fin de son espoir.
Mais il n'a plus besoin de foi, ni d'espérance ;
Un éternel amour en est la récompense.
    Sainte religion, qu'à ta grandeur offerts
Jusqu'à ce dernier jour puissent durer mes vers !
D'une muse, toujours compagne de ta gloire,
Autant que tu vivras, fais vivre la mémoire.
La sienne… Qu'ai-je dit ? Où vais-je m'égarer ?
Dans un cœur tout à toi l'orgueil veut-il entrer ?
Sois de tous mes désirs la règle et l'interprète,
Et que ta seule gloire occupe ton poète !

La Religion, VI

François Panard

LE VERRE

Nous ne pouvons rien trouver sur la terre,
Qui soit si bon, ni si beau que le verre.
Du tendre amour berceau charmant,
C'est toi, champêtre fougère
C'est toi qui sers à faire
L'heureux instrument
Où souvent pétille,
Mousse et brille,
Le jus qui rend
Gai, riant,
Content.
Quelle douceur
Il porte au cœur !
Tôt,
Tôt,
Tôt,
Qu'on m'en donne,
Qu'on l'entonne ;
Tôt,
Tôt,
Tôt,
Qu'on m'en donne
Vite et comme il faut ;
L'on y voit, sur ses flots chéris,
Nager l'Allégresse et les Ris.

Théâtre et œuvres diverses

MŒURS DU SIÈCLE

Dans un temps pluvieux, quand je suis dans la rue,
        Forcé de me traîner à pié,
        Triste, confus, humilié,
        Je m'abaisse et me diminue,
        De peur d'être vu de quelqu'un :
        De salut, je n'en fais aucun,
        Et quiconque m'en fait, me tue.
Suis-je auprès d'un seigneur, dans son carrosse assis :
Ma personne fait voir toute son étendue ;
Deux fois, comme un ballon, je m'enfle et me grossis.
        À droite, à gauche je salue ;
        De tous côtés portant la vue,
        Du plus loin que je vois passer
        La moindre de mes connaissances,
Par la portière on voit ma tête s'élancer,
        Je lui fais mille révérences.
Savourant à l'excès cette ombre de splendeur,
À tout ce que je vois j'annonce ma grandeur.

Théâtre et pièces diverses

Voltaire

[LA SAINT-BARTHÉLEMY]

[...]
  Le signal est donné sans tumulte et sans bruit[1] ;
C'était à la faveur des ombres de la nuit.
De ce mois malheureux l'inégale courrière
Semblait cacher d'effroi sa tremblante lumière ;
Coligny languissait dans les bras du repos,
Et le sommeil trompeur lui versait ses pavots.
Soudain de mille cris le bruit épouvantable
Vient arracher ses sens à ce calme agréable ;
Il se lève, il regarde, il voit de tous côtés
Courir des assassins à pas précipités ;
Il voit briller partout les flambeaux et les armes,
Son palais embrasé, tout un peuple en alarmes,
Ses serviteurs sanglants dans la flamme étouffés,
Les meurtriers en foule au carnage échauffés,
Criant à haute voix : « Qu'on n'épargne personne ;
C'est Dieu, c'est Médicis, c'est le roi qui l'ordonne ! »
Il entend retentir le nom de Coligny ;
Il aperçoit de loin le jeune Téligny[2],
Téligny dont l'amour a mérité sa fille,
L'espoir de son parti, l'honneur de sa famille,
Qui, sanglant, déchiré, traîné par des soldats,
Lui demandait vengeance, et lui tendait les bras.

Le héros malheureux, sans armes, sans défense,
Voyant qu'il faut périr, et périr sans vengeance,
Voulut mourir du moins comme il avait vécu,
Avec toute sa gloire et toute sa vertu.

Déjà des assassins la nombreuse cohorte
Du salon qui l'enferme allait briser la porte ;
Il leur ouvre lui-même, et se montre à leurs yeux
Avec cet œil serein, ce front majestueux,
Tel que dans les combats, maître de son courage,
Tranquille il arrêtait ou pressait le carnage.

À cet air vénérable, à cet auguste aspect,
Les meurtriers surpris sont saisis de respect ;
Une force inconnue a suspendu leur rage.
« Compagnons, leur dit-il, achevez votre ouvrage,
« Et de mon sang glacé souillez ces cheveux blancs,
« Que le sort des combats respecta quarante ans ;
« Frappez, ne craignez rien ; Coligny vous pardonne ;
« Ma vie est peu de chose, et je vous l'abandonne…
« J'eusse aimé mieux la perdre en combattant pour vous… »
Ces tigres à ces mots tombent à ses genoux :
L'un, saisi d'épouvante, abandonne ses armes ;
L'autre embrasse ses pieds, qu'il trempe de ses larmes ;
Et de ses assassins ce grand homme entouré
Semblait un roi puissant par son peuple adoré.

Besme[3], qui dans la cour attendait sa victime,
Monte, accourt, indigné qu'on diffère son crime ;
Des assassins trop lents il veut hâter les coups ;
Aux pieds de ce héros il les voit trembler tous.
À cet objet touchant lui seul est inflexible ;
Lui seul, à la pitié toujours inaccessible,
Aurait cru faire un crime et trahir Médicis,
Si du moindre remords il se sentait surpris.
À travers les soldats il court d'un pas rapide :
Coligny l'attendait d'un visage intrépide ;
Et bientôt dans le flanc ce monstre furieux

Lui plonge son épée, en détournant les yeux,
De peur que d'un coup d'œil cet auguste visage
Ne fît trembler son bras, et glaçât son courage.

« Du plus grand des Français tel fut le triste sort.
On l'insulte, on l'outrage encore après sa mort.
Son corps, percé de coups, privé de sépulture,
Des oiseaux dévorants fut l'indigne pâture ;
Et l'on porta sa tête aux pieds de Médicis,
Conquête digne d'elle, et digne de son fils.
Médicis la reçut avec indifférence,
Sans paraître jouir du fruit de sa vengeance,
Sans remords, sans plaisir, maîtresse de ses sens,
Et comme accoutumée à de pareils présents.

Qui pourrait cependant exprimer les ravages
Dont cette nuit cruelle étala les images ?
La mort de Coligny, prémices des horreurs,
N'était qu'un faible essai de toutes leurs fureurs.
D'un peuple d'assassins les troupes effrénées,
Par devoir et par zèle au carnage acharnées,
Marchaient le fer en main, les yeux étincelants,
Sur les corps étendus de nos frères sanglants.
Guise était à leur tête, et, bouillant de colère,
Vengeait sur tous les miens[4] les mânes de son père.
Nevers, Gondi, Tavanne[5], un poignard à la main,
Échauffaient les transports de leur zèle inhumain ;
Et, portant devant eux la liste de leurs crimes,
Les conduisaient au meurtre, et marquaient les victimes.

Je ne vous peindrai point le tumulte et les cris,
Le sang de tous côtés ruisselant dans Paris,
Le fils assassiné sur le corps de son père,
Le frère avec la sœur, la fille avec la mère,
Les époux expirant sous leurs toits embrasés,
Les enfants au berceau sur la pierre écrasés :
Des fureurs des humains c'est ce qu'on doit attendre.
Mais ce que l'avenir aura peine à comprendre,
Ce que vous-même encore à peine vous croirez,

Ces monstres furieux, de carnage altérés,
Excités par la voix des prêtres sanguinaires,
Invoquaient le Seigneur en égorgeant leurs frères ;
Et, le bras tout souillé du sang des innocents,
Osaient offrir à Dieu cet exécrable encens.
[…]

La Henriade, II

[LES AMOURS DE CHARLES VII
ET D'AGNÈS SOREL]

[…]
Nos deux amants, pleins de trouble et de joie,
Ivres d'amour, à leurs désirs en proie,
Se renvoyaient des regards enchanteurs,
De leurs plaisirs brûlants avant-coureurs.
Les doux propos, libres sans indécence,
Aiguillonnaient leur vive impatience.
Le prince en feu des yeux la dévorait ;
Contes d'amour d'un air tendre il faisait,
Et du genou le genou lui serrait.
    Le souper fait, on eut une musique
Italienne, en genre chromatique ;
On y mêla trois différentes voix
Aux violons, aux flûtes, aux hautbois.
Elles chantaient l'allégorique histoire
De ces héros qu'Amour avait domptés,
Et qui, pour plaire à de tendres beautés,
Avaient quitté les fureurs de la gloire.
Dans un réduit cette musique était,
Près de la chambre où le bon roi soupait.
La belle Agnès, discrète et retenue,
Entendait tout, et d'aucuns n'était vue.
    Déjà la lune est au haut de son cours ;
Voilà minuit : c'est l'heure des amours.
Dans une alcôve artistement dorée,
Point trop obscure, et point trop éclairée,

Entre deux draps que la Frise a tissus,
D'Agnès Sorel les charmes sont reçus.
Près de l'alcôve une porte est ouverte,
Que dame Alix, suivante très experte,
En s'en allant oublia de fermer.
Ô vous, amants, vous qui savez aimer,
Vous voyez bien l'extrême impatience
Dont pétillait notre bon roi de France !
Sur ses cheveux, en tresse retenus,
Parfums exquis sont déjà répandus.
Il vient, il entre au lit de sa maîtresse ;
Moment divin de joie et de tendresse !
Le cœur leur bat ; l'amour et la pudeur
Au front d'Agnès font monter la rougeur.
La pudeur passe, et l'amour seul demeure.
Son tendre amant l'embrasse tout à l'heure.
Ses yeux ardents, éblouis, enchantés,
Avidement parcourent ses beautés.
Qui n'en serait en effet idolâtre ?
    Sous un cou blanc qui fait honte à l'albâtre
Sont deux tétons séparés, faits au tour,
Allants, venants, arrondis par l'Amour ;
Leur boutonnet a la couleur des roses.
Téton charmant, qui jamais ne reposes,
Vous invitiez les mains à vous presser,
L'œil à vous voir, la bouche à vous baiser.
Pour mes lecteurs tout plein de complaisance,
J'allais montrer à leurs yeux ébaubis
De ce beau corps les contours arrondis ;
Mais la vertu qu'on nomme bienséance
Vient arrêter mes pinceaux trop hardis.
Tout est beauté, tout est charme dans elle.
La volupté, dont Agnès a sa part,
Lui donne encore une grâce nouvelle ;
Elle l'anime : amour est un grand fard,
Et le plaisir embellit toute belle.
[…]

La Pucelle, I

LE MONDAIN

Regrettera qui veut le bon vieux temps,
Et l'âge d'or, et le règne d'Astrée,
Et les beaux jours de Saturne et de Rhée,
Et le jardin de nos premiers parents ;
Moi, je rends grâce à la nature sage
Qui, pour mon bien, m'a fait naître en cet âge
Tant décrié par nos tristes frondeurs :
Ce temps profane est tout fait pour mes mœurs.
J'aime le luxe, et même la mollesse,
Tous les plaisirs, les arts de toute espèce,
La propreté, le goût, les ornements :
Tout honnête homme a de tels sentiments.
Il est bien doux pour mon cœur très immonde
De voir ici l'abondance à la ronde,
Mère des arts et des heureux travaux,
Nous apporter, de sa source féconde,
Et des besoins et des plaisirs nouveaux.
L'or de la terre et les trésors de l'onde,
Leurs habitants et les peuples de l'air,
Tout sert au luxe, aux plaisirs de ce monde.
Ô le bon temps que ce siècle de fer !
Le superflu, chose très nécessaire,
A réuni l'un et l'autre hémisphère.
Voyez-vous pas ces agiles vaisseaux
Qui, du Texel, de Londres, de Bordeaux,
S'en vont chercher, par un heureux échange,
De nouveaux biens, nés aux sources du Gange,
Tandis qu'au loin, vainqueurs des musulmans,
Nos vins de France enivrent les sultans ?
Quand la nature était dans son enfance,
Nos bons aïeux vivaient dans l'ignorance,
Ne connaissant ni le *tien* ni le *mien*.
Qu'auraient-ils pu connaître ? ils n'avaient rien,

Ils étaient nus ; et c'est chose très claire
Que qui n'a rien n'a nul partage à faire.
Sobres étaient. Ah ! je le crois encor :
Martialo[1] n'est point du siècle d'or.
D'un bon vin frais ou la mousse ou la sève
Ne gratta point le triste gosier d'Ève ;
La soie et l'or ne brillaient point chez eux,
Admirez-vous pour cela nos aïeux ?
Il leur manquait l'industrie et l'aisance :
Est-ce vertu ? c'était pure ignorance.
Quel idiot, s'il avait eu pour lors
Quelque bon lit, aurait couché dehors ?
Mon cher Adam, mon gourmand, mon bon père,
Que faisais-tu dans les jardins d'Éden ?
Travaillais-tu pour ce sot genre humain ?
Caressais-tu madame Ève, ma mère ?
Avouez-moi que vous aviez tous deux
Les ongles longs, un peu noirs et crasseux,
La chevelure un peu mal ordonnée,
Le teint bruni, la peau bise et tannée.
Sans propreté l'amour le plus heureux
N'est plus amour, c'est un besoin honteux.
Bientôt lassés de leur belle aventure,
Dessous un chêne ils soupent galamment
Avec de l'eau, du millet et du gland ;
Le repas fait, ils dorment sur la dure :
Voilà l'état de la pure nature.
  Or maintenant voulez-vous, mes amis,
Savoir un peu, dans nos jours tant maudits,
Soit à Paris, soit dans Londre, ou dans Rome,
Quel est le train des jours d'un honnête homme ?
Entrez chez lui : la foule des beaux-arts,
Enfants du goût, se montre à vos regards.
De mille mains l'éclatante industrie
De ces dehors orna la symétrie.
L'heureux pinceau, le superbe dessin
Du doux Corrège et du savant Poussin
Sont encadrés dans l'or d'une bordure ;

C'est Bouchardon qui fit cette figure,
Et cet argent fut poli par Germain[2].
Des Gobelins l'aiguille et la teinture
Dans ces tapis surpassent la peinture.
Tous ces objets sont vingt fois répétés
Dans des trumeaux tout brillants de clartés.
De ce salon je vois par la fenêtre,
Dans des jardins, des myrtes en berceaux ;
Je vois jaillir les bondissantes eaux.
Mais du logis j'entends sortir le maître :
Un char commode, avec grâces orné,
Par deux chevaux rapidement traîné,
Paraît aux yeux une maison roulante,
Moitié dorée, et moitié transparente :
Nonchalamment je l'y vois promené ;
De deux ressorts la liante souplesse
Sur le pavé le porte avec mollesse.
Il court au bain : les parfums les plus doux
Rendent sa peau plus fraîche et plus polie.
Le plaisir presse ; il vole au rendez-vous
Chez Camargo, chez Gaussin[3], chez Julie ;
Il est comblé d'amour et de faveurs.
Il faut se rendre à ce palais magique
Où les beaux vers, la danse, la musique,
L'art de tromper les yeux par les couleurs,
L'art plus heureux de séduire les cœurs,
De cent plaisirs font un plaisir unique.
Il va siffler quelque opéra nouveau,
Ou, malgré lui, court admirer Rameau.
Allons souper. Que ces brillants services,
Que ces ragoûts ont pour moi de délices !
Qu'un cuisinier est un mortel divin !
Chloris, Églé, me versent de leur main
D'un vin d'Aï dont la mousse pressée,
De la bouteille avec force élancée,
Comme un éclair fait voler le bouchon ;
Il part, on rit ; il frappe le plafond.
De ce vin frais l'écume pétillante

De nos Français est l'image brillante.
Le lendemain donne d'autres désirs,
D'autres soupers, et de nouveaux plaisirs.
   Or maintenant, monsieur du Télémaque,
Vantez-nous bien votre petite Ithaque,
Votre Salente, et vos murs malheureux,
Où vos Crétois, tristement vertueux,
Pauvres d'effet, et riches d'abstinence,
Manquent de tout pour avoir l'abondance :
J'admire fort votre style flatteur,
Et votre prose, encor qu'un peu traînante ;
Mais, mon ami, je consens de grand cœur
D'être fessé dans vos murs de Salente,
Si je vais là pour chercher mon bonheur.
Et vous, jardin de ce premier bonhomme,
Jardin fameux par le diable et la pomme,
C'est bien en vain que, par l'orgueil séduits,
Huet, Calmet[4], dans leur savante audace,
Du paradis ont recherché la place :
Le paradis terrestre est où je suis.

POÈME SUR LE DÉSASTRE
DE LISBONNE[1]

OU EXAMEN DE CET AXIOME :
TOUT EST BIEN

  Ô malheureux mortels ! ô terre déplorable !
Ô de tous les fléaux assemblage effroyable !
D'inutiles douleurs éternel entretien !
Philosophes trompés qui criez : « Tout est bien » ;
Accourez, contemplez ces ruines affreuses,
Ces débris, ces lambeaux, ces cendres malheureuses,
Ces femmes, ces enfants l'un sur l'autre entassés,
Sous ces marbres rompus ces membres dispersés ;

Cent mille infortunés que la terre dévore,
Qui, sanglants, déchirés, et palpitants encore,
Enterrés sous leurs toits, terminent sans secours
Dans l'horreur des tourments leurs lamentables jours !
Aux cris demi-formés de leurs voix expirantes,
Au spectacle effrayant de leurs cendres fumantes,
Direz-vous : « C'est l'effet des éternelles lois
Qui d'un Dieu libre et bon nécessitent le choix ? »
Direz-vous, en voyant cet amas de victimes :
« Dieu s'est vengé, leur mort est le prix de leurs crimes » ?
Quel crime, quelle faute ont commis ces enfants
Sur le sein maternel écrasés et sanglants ?
Lisbonne, qui n'est plus, eut-elle plus de vices
Que Londres, que Paris, plongés dans les délices ?
Lisbonne est abîmée, et l'on danse à Paris.
Tranquilles spectateurs, intrépides esprits,
De vos frères mourants contemplant les naufrages,
Vous recherchez en paix les causes des orages :
Mais du sort ennemi quand vous sentez les coups,
Devenus plus humains, vous pleurez comme nous.
Croyez-moi, quand la terre entrouvre ses abîmes,
Ma plainte est innocente et mes cris légitimes.
Partout environnés des cruautés du sort,
Des fureurs des méchants, des pièges de la mort,
De tous les éléments éprouvant les atteintes,
Compagnons de nos maux, permettez-nous les plaintes.
C'est l'orgueil, dites-vous, l'orgueil séditieux,
Qui prétend qu'étant mal, nous pouvions être mieux.
Allez interroger les rivages du Tage ;
Fouillez dans les débris de ce sanglant ravage ;
Demandez aux mourants, dans ce séjour d'effroi,
Si c'est l'orgueil qui crie : « Ô ciel, secourez-moi !
Ô ciel, ayez pitié de l'humaine misère ! »
    « Tout est bien, dites-vous, et tout est nécessaire. »
Quoi ! l'univers entier, sans ce gouffre infernal,
Sans engloutir Lisbonne, eût-il été plus mal ?
Êtes-vous assurés que la cause éternelle
Qui fait tout, qui sait tout, qui créa tout pour elle,

Ne pouvait nous jeter dans ces tristes climats
Sans former des volcans allumés sous nos pas ?
Borneriez-vous ainsi la suprême puissance ?
Lui défendriez-vous d'exercer sa clémence ?
L'éternel artisan n'a-t-il pas dans ses mains
Des moyens infinis tout prêts pour ses desseins ?
Je désire humblement, sans offenser mon maître,
Que ce gouffre enflammé de soufre et de salpêtre
Eût allumé ses feux dans le fond des déserts.
Je respecte mon Dieu, mais j'aime l'univers.
Quand l'homme ose gémir d'un fléau si terrible,
Il n'est point orgueilleux, hélas ! Il est sensible.

    Les tristes habitants de ces bords désolés
Dans l'horreur des tourments seraient-ils consolés
Si quelqu'un leur disait : « Tombez, mourez tranquilles ;
Pour le bonheur du monde on détruit vos asiles ;
D'autres mains vont bâtir vos palais embrasés,
D'autres peuples naîtront dans vos murs écrasés ;
Le Nord va s'enrichir de vos pertes fatales ;
Tous vos maux sont un bien dans les lois générales ;
Dieu vous voit du même œil que les vils vermisseaux
Dont vous serez la proie au fond de vos tombeaux » ?
À des infortunés quel horrible langage !
Cruels, à mes douleurs n'ajoutez point l'outrage.

    Non, ne présentez plus à mon cœur agité
Ces immuables lois de la nécessité,
Cette chaîne des corps, des esprits, et des mondes.
Ô rêves des savants ! ô chimères profondes !
Dieu tient en main la chaîne, et n'est point enchaîné ;
Par son choix bienfaisant tout est déterminé :
Il est libre, il est juste, il n'est point implacable.
Pourquoi donc souffrons-nous sous un maître équitable ?
Voilà le nœud fatal qu'il fallait délier.
Guérirez-vous nos maux en osant les nier ?
Tous les peuples, tremblant sous une main divine,
Du mal que vous niez ont cherché l'origine.
Si l'éternelle loi qui meut les éléments
Fait tomber les rochers sous les efforts des vents,

Si les chênes touffus par la foudre s'embrasent,
Ils ne ressentent point des coups qui les écrasent :
Mais je vis, mais je sens, mais mon cœur opprimé
Demande des secours au Dieu qui l'a formé.
   Enfants du Tout-Puissant, mais nés dans la misère,
Nous étendons les mains vers notre commun père.
Le vase, on le sait bien, ne dit point au potier :
« Pourquoi suis-je si vil, si faible et si grossier ? »
Il n'a point la parole, il n'a point la pensée ;
Cette urne en se formant qui tombe fracassée
De la main du potier ne reçut point un cœur
Qui désirât les biens et sentît son malheur.
« Ce malheur, dites-vous, est le bien d'un autre être. »
De mon corps tout sanglant mille insectes vont naître ;
Quand la mort met le comble aux maux que j'ai soufferts,
Le beau soulagement d'être mangé des vers !
Tristes calculateurs des misères humaines,
Ne me consolez point, vous aigrissez mes peines ;
Et je ne vois en vous que l'effort impuissant
D'un fier infortuné qui feint d'être content.
   Je ne suis du grand *tout* qu'une faible partie ;
Oui ; mais les animaux condamnés à la vie,
Tous les êtres sentants, nés sous la même loi,
Vivent dans la douleur, et meurent comme moi.
   Le vautour acharné sur sa timide proie
De ses membres sanglants se repaît avec joie ;
Tout semble bien pour lui : mais bientôt à son tour
Une aigle au bec tranchant dévore le vautour ;
L'homme d'un plomb mortel atteint cette aigle altière ;
Et l'homme aux champs de Mars couché sur la poussière,
Sanglant, percé de coups, sur un tas de mourants,
Sert d'aliment affreux aux oiseaux dévorants.
Ainsi du monde entier tous les membres gémissent ;
Nés tous pour les tourments, l'un par l'autre ils périssent :
Et vous composerez dans ce chaos fatal
Des malheurs de chaque être un bonheur général !
Quel bonheur ! ô mortel et faible et misérable.
Vous criez « Tout est bien » d'une voix lamentable,

L'univers vous dément, et votre propre cœur
Cent fois de votre esprit a réfuté l'erreur.
    Éléments, animaux, humains, tout est en guerre.
Il le faut avouer, le *mal* est sur la terre :
Son principe secret ne nous est point connu.
De l'auteur de tout bien le mal est-il venu ?
Est-ce le noir Typhon, le barbare Arimane[2],
Dont la loi tyrannique à souffrir nous condamne ?
Mon esprit n'admet point ces monstres odieux
Dont le monde en tremblant fit autrefois des dieux.
    Mais comment concevoir un Dieu, la bonté même,
Qui prodigua ses biens à ses enfants qu'il aime,
Et qui versa sur eux les maux à pleines mains ?
Quel œil peut pénétrer dans ses profonds desseins ?
De l'Être tout parfait le mal ne pouvait naître ;
Il ne vient point d'autrui, puisque Dieu seul est maître :
Il existe pourtant. Ô tristes vérités !
Ô mélange étonnant de contrariétés[3] !
Un Dieu vint consoler notre race affligée ;
Il visita la terre, et ne l'a point changée !
Un sophiste arrogant nous dit qu'il ne l'a pu ;
« Il le pouvait, dit l'autre, et ne l'a point voulu :
Il le voudra sans doute » ; et, tandis qu'on raisonne,
Des foudres souterrains engloutissent Lisbonne,
Et de trente cités dispersent les débris,
Des bords sanglants du Tage à la mer de Cadix.
    Ou l'homme est né coupable, et Dieu punit sa race,
Ou ce maître absolu de l'être et de l'espace,
Sans courroux, sans pitié, tranquille, indifférent,
De ses premiers décrets suit l'éternel torrent ;
Ou la matière informe, à son maître rebelle,
Porte en soi des défauts *nécessaires* comme elle ;
Ou bien Dieu nous éprouve, et ce séjour mortel
N'est qu'un passage étroit vers un monde éternel.
Nous essuyons ici des douleurs passagères :
Le trépas est un bien qui finit nos misères.
Mais quand nous sortirons de ce passage affreux,
Qui de nous prétendra mériter d'être heureux ?

Quelque parti qu'on prenne, on doit frémir, sans doute.
Il n'est rien qu'on connaisse, et rien qu'on ne redoute.
La nature est muette, on l'interroge en vain ;
On a besoin d'un Dieu qui parle au genre humain.
Il n'appartient qu'à lui d'expliquer son ouvrage,
De consoler le faible, et d'éclairer le sage.
L'homme, au doute, à l'erreur, abandonné sans lui,
Cherche en vain des roseaux qui lui servent d'appui.
Leibniz ne m'apprend point par quels nœuds invisibles,
Dans le mieux ordonné des univers possibles,
Un désordre éternel, un chaos de malheurs,
Mêle à nos vains plaisirs de réelles douleurs,
Ni pourquoi l'innocent, ainsi que le coupable,
Subit également ce mal inévitable.
Je ne conçois pas plus comment tout serait bien :
Je suis comme un docteur ; hélas ! je ne sais rien.
    Platon dit qu'autrefois l'homme avait eu des ailes,
Un corps impénétrable aux atteintes mortelles ;
La douleur, le trépas, n'approchaient point de lui.
De cet état brillant qu'il diffère aujourd'hui !
Il rampe, il souffre, il meurt ; tout ce qui naît expire ;
De la destruction la nature est l'empire.
Un faible composé de nerfs et d'ossements
Ne peut être insensible au choc des éléments ;
Ce mélange de sang, de liqueurs, et de poudre.
Puisqu'il fut assemblé, fut fait pour se dissoudre ;
Et le sentiment prompt de ces nerfs délicats
Fut soumis aux douleurs, ministres du trépas :
C'est là ce que m'apprend la voix de la nature.
J'abandonne Platon, je rejette Épicure.
Bayle en sait plus qu'eux tous ; je vais le consulter :
La balance à la main, Bayle enseigne à douter,
Assez sage, assez grand pour être sans système,
Il les a tous détruits, et se combat lui-même :
Semblable à cet aveugle en butte aux Philistins,
Qui tomba sous les murs abattus par ses mains.
    Que peut donc de l'esprit la plus vaste étendue ?
Rien : le livre du sort se ferme à notre vue.

L'homme, étranger à soi, de l'homme est ignoré.
Que suis-je, où suis-je, où vais-je, et d'où suis-je tiré ?
Atomes tourmentés sur cet amas de boue,
Que la mort engloutit, et dont le sort se joue,
Mais atomes pensants, atomes dont les yeux,
Guidés par la pensée, ont mesuré les cieux ;
Au sein de l'infini nous élançons notre être,
Sans pouvoir un moment nous voir et nous connaître.
Ce monde, ce théâtre et d'orgueil et d'erreur,
Est plein d'infortunés qui parlent de bonheur.
Tout se plaint, tout gémit en cherchant le bien-être :
Nul ne voudrait mourir, nul ne voudrait renaître.
Quelquefois, dans nos jours consacrés aux douleurs,
Par la main du plaisir nous essuyons nos pleurs ;
Mais le plaisir s'envole, et passe comme une ombre ;
Nos chagrins, nos regrets, nos pertes, sont sans nombre.
Le passé n'est pour nous qu'un triste souvenir ;
Le présent est affreux, s'il n'est point d'avenir,
Si la nuit du tombeau détruit l'être qui pense.
Un jour tout sera bien, voilà notre espérance ;
Tout est bien aujourd'hui, voilà l'illusion.
Les sages me trompaient, et Dieu seul a raison.
Humble dans mes soupirs, soumis dans ma souffrance,
Je ne m'élève point contre la Providence.
Sur un ton moins lugubre on me vit autrefois
Chanter des doux plaisirs les séduisantes lois :
D'autres temps, d'autres mœurs : instruit par la vieillesse,
Des humains égarés partageant la faiblesse,
Dans une épaisse nuit cherchant à m'éclairer,
Je ne sais que souffrir, et non pas murmurer.
    Un calife autrefois, à son heure dernière,
Au Dieu qu'il adorait dit pour toute prière :
« Je t'apporte, ô seul roi, seul être illimité,
Tout ce que tu n'as point dans ton immensité,
Les défauts, les regrets, les maux, et l'ignorance. »
Mais il pouvait encore ajouter *l'espérance*.

À M. LE CHEVALIER
DE BOUFFLERS,

QUI LUI AVAIT ENVOYÉ UNE PIÈCE
DE VERS INTITULÉE LE CŒUR[1]

Certaine dame honnête[2], et savante, et profonde,
     Ayant lu le traité du cœur,
Disait en se pâmant : « Que j'aime cet auteur !
Ah ! je vois bien qu'il a le plus grand cœur du monde !

« De mon heureux printemps j'ai vu passer la fleur :
     Le cœur pourtant me parle encore :
Du nom de Petit-Cœur quand mon amant m'honore,
     Je sens qu'il me fait trop d'honneur. »

Hélas ! faibles humains, quels destins sont les nôtres !
     Qu'on a mal placé les grandeurs !
     Qu'on serait heureux si les cœurs
     Étaient faits les uns pour les autres !

Illustre chevalier, vous chantez vos combats,
     Vos victoires, et votre empire ;
Et dans vos vers heureux, comme vous pleins d'appas,
     C'est votre cœur qui vous inspire.

Quand Lisette vous dit : « Rodrigue, as-tu du cœur ? »
Sur l'heure elle l'éprouve, et dit avec franchise :
     « Il eut encor plus de valeur
     Quand il était homme d'Église. »

AZOLAN

OU LE BÉNÉFICIER

À son aise dans son village
Vivait un jeune musulman,
Bien fait de corps, beau de visage,
Et son nom était Azolan.
Il avait transcrit l'Alcoran,
Et par cœur il allait l'apprendre.
Il fut, dès l'âge le plus tendre,
Dévot à l'ange Gabriel.
Ce ministre emplumé du ciel
Un jour chez lui daigna descendre :
« J'ai connu, dit-il, mon enfant,
Ta dévotion non commune :
Gabriel est reconnaissant,
Et je viens faire ta fortune ;
Tu deviendras dans peu de temps
Iman de la Mecque et Médine ;
C'est, après la place divine
Du grand commandeur des croyants,
Le plus opulent bénéfice[1]
Que Mahomet puisse donner.
Les honneurs vont t'environner
Quand tu seras en exercice ;
Mais il faut me faire serment
De ne toucher femme ni fille ;
De n'en voir jamais qu'à la grille[2],
Et de vivre très chastement. »

Le beau jeune homme étourdiment,
Pour avoir des biens de l'Église,
Conclut cet accord imprudent,
Sans penser faire une sottise.

Monsieur l'iman fut enchanté
De l'éclat de sa dignité,
Et même encor de la finance
Dont il se vit d'abord payé
Par un receveur d'importance,
Qui la partageait par moitié.

    Tant d'honneur et tant d'opulence
N'étaient rien sans un peu d'amour.
Tous les matins, au point du jour,
Le jeune Azolan tout en flamme,
Et par son serment empêché,
Se dit, dans le fond de son âme,
Qu'il a fait un mauvais marché.
Il rencontre la belle Amine,
Aux yeux charmants, au teint fleuri :
Il l'adore, il en est chéri.
«Adieu la Mecque, adieu Médine ;
Adieu l'éclat d'un vain honneur,
Et tout ce pompeux esclavage ;
La seule Amine aura mon cœur :
Soyons heureux dans mon village.»

    L'archange aussitôt descendit
Pour lui reprocher sa faiblesse.
Le tendre amant lui répondit :
«Voyez seulement ma maîtresse.
Vous vous êtes moqué de moi :
Notre marché fait mon supplice ;
Je ne veux qu'Amine et sa foi :
Reprenez votre bénéfice.
Du bon prophète Mahomet
J'adore à jamais la prudence :
Aux élus l'amour il permet ;
Il fait bien plus, il leur promet
Des Amine pour récompense.
Allez, mon très cher Gabriel,
J'aurai toujours pour vous du zèle ;

Vous pouvez retourner au ciel ;
Je n'y veux pas aller sans elle. »

SUR JEAN-BAPTISTE ROUSSEAU[1]

Rousseau, sujet au camouflet,
Fut autrefois chassé, dit-on,
Du théâtre à coups de sifflet,
De Paris à coups de bâton ;
Chez les Germains chacun sait comme
Il s'est garanti du fagot ;
Il a fait enfin le dévot,
Ne pouvant faire l'honnête homme.

L'ABBÉ DESFONTAINES[1]
ET LE RAMONEUR

OU LE RAMONEUR
ET L'ABBÉ DESFONTAINES.
CONTE PAR FEU M. DE LA FAYE[2]

Un ramoneur à face basanée,
Le fer en main, les yeux ceints d'un bandeau,
S'allait glissant dans une cheminée,
Quand de Sodome un antique bedeau,
Qui pour l'Amour prenait ce jouvenceau,
Vint endosser son échine inclinée.
L'Amour cria : le quartier accourut.
On verbalise ; et Desfontaines en rut
Est encagé dans le clos de Bicêtre.
On vous le lie, on le fait dépouiller.
Un bras nerveux se complaît d'étriller

Le lourd fessier du sodomite prêtre.
Filles riaient, et le cuistre écorché
Criait : « Monsieur, pour Dieu, soyez touché ;
Lisez, de grâce, et mes vers et ma prose. »
Le fesseur lut ; et soudain, plus fâché,
Du renégat il redoubla la dose :
Vingt coups de fouet pour son vilain péché,
Et trente en sus pour l'ennui qu'il nous cause.

SUR LEFRANC DE POMPIGNAN[1]

Savez-vous pourquoi Jérémie
A tant pleuré pendant sa vie ?
C'est qu'en prophète il prévoyait
Qu'un jour Lefranc le traduirait.

LES FRÉRON[1]

D'où vient que ce nom de Fréron
Est l'emblème du ridicule ?
Si quelque maître Aliboron,
Sans esprit comme sans scrupule,
Brave les mœurs et la raison ;
Si de Zoïle et de Chausson
Il se montre le digne émule,
Les enfants disent : « C'est Fréron. »

Sitôt qu'un libelle imbécile
Croqué par quelque polisson
Court dans les cafés de la ville,
« Fi, dit-on, quel ennui ! quel style !
C'est du Fréron, c'est du Fréron ! »
Si quelque pédant fanfaron

Vient étaler son ignorance,
S'il prend Gillot pour Cicéron,
S'il vous ment avec impudence,
On lui dit : « Taisez-vous, Fréron. »

L'autre jour un gros ex-jésuite,
Dans le grenier d'une maison,
Rencontra fille très instruite
Avec un beau petit garçon.
Le bouc s'empara du giton.
On le découvre, il prend la fuite.
Tout le quartier à sa poursuite
Criait : « Fréron, Fréron, Fréron. »

Lorsqu'au drame de monsieur Hume[2]
On bafouait certain fripon,
Le parterre, dont la coutume
Est d'avoir le nez assez bon,
Se disait tout haut : « Je présume
Qu'on a voulu peindre Fréron. »

Cependant, fier de son renom,
Certain maroufle se rengorge ;
Dans son antre à loisir il forge
Des traits pour l'indignation.
Sur le papier il vous dégorge
De ses lettres le froid poison,
Sans songer qu'on serre la gorge
Aux gens du métier de Fréron.

Pour notre petit embryon,
Délateur de profession,
Qui du mensonge est la trompette,
Déjà sa réputation
Dans le monde nous semble faite :
C'est le perroquet de Fréron.

ÉPIGRAMME

IMITÉE DE L'ANTHOLOGIE

L'autre jour, au fond d'un vallon,
Un serpent piqua Jean Fréron.
Que pensez-vous qu'il arriva?
Ce fut le serpent qui creva.

SUR LA MÉTAPHYSIQUE
DE L'AMOUR

De l'amour la métaphysique
Est, je vous jure, un froid roman.
Fanchon, reprenons la physique :
Mais, las! que j'y suis peu savant!

À Mme DU CHÂTELET[1]

Si vous voulez que j'aime encore,
Rendez-moi l'âge des amours;
Au crépuscule de mes jours
Rejoignez, s'il se peut, l'aurore.

Des beaux lieux où le dieu du vin
Avec l'Amour tient son empire,
Le Temps, qui me prend par la main,
M'avertit que je me retire.

De son inflexible rigueur
Tirons au moins quelque avantage.
Qui n'a pas l'esprit de son âge
De son âge a tout le malheur.

Laissons à la belle jeunesse
Ses folâtres emportements :
Nous ne vivons que deux moments ;
Qu'il en soit un pour la sagesse.

Quoi ! pour toujours vous me fuyez,
Tendresse, illusion, folie,
Dons du ciel, qui me consoliez
Des amertumes de la vie !

On meurt deux fois, je le vois bien :
Cesser d'aimer et d'être aimable,
C'est une mort insupportable ;
Cesser de vivre, ce n'est rien.

Ainsi je déplorais la perte
Des erreurs de mes premiers ans ;
Et mon âme, aux désirs ouverte,
Regrettait ses égarements.

Du ciel alors daignant descendre,
L'Amitié vint à mon secours ;
Elle était peut-être aussi tendre,
Mais moins vive que les Amours.

Touché de sa beauté nouvelle,
Et de sa lumière éclairé,
Je la suivis ; mais je pleurai
De ne pouvoir plus suivre qu'elle.

Lattaignant

MAXIMES DE COQUETTERIE

À Mlle DE NAVARRE

Sur l'air de Navarre

Jeune Iris, souffrez sans courroux
    De passer pour coquette.
Pourquoi vous offenseriez-vous
    D'une telle épithète?
Quelque grain de légèreté
    Et de coquetterie
Ajoute encore à la beauté
    Le titre de jolie!

Ne voyons-nous pas tous les jours
    Folâtrer sur vos traces
Presque autant de nouveaux amours
    Qu'on voit en vous de grâces?
On n'engage qu'un seul amant,
    Quand on est si fidèle.
Qui ne veut que plaire en a cent
    Qui voltigent comme elle.

Pourquoi vouloir mal à propos
 Vous piquer de constance ?
Cette triste vertu des sots
 N'est plus de mode en France.
Laissez aux belles du commun
 L'honneur d'être constante.
Vaut-il mieux n'en rendre heureux qu'un,
 Que d'en amuser trente ?

Ces belles dont l'antiquité
 Consacre la mémoire,
Avec plus de fidélité,
 Auraient eu moins de gloire ;
Et sans le nombre des amants
 Qui les ont adorées,
Que de déesses de ce temps
 Qui seraient ignorées !

Nous aurait-on parlé jamais
 De la beauté d'Hélène,
Sans ces rois et ces héros grecs,
 Qui portèrent sa chaîne ?
Vénus même, sans les amours
 Qui naissent sur ses traces,
À Paphos s'ennuierait toujours
 Seule avec ses trois Grâces.

Imitez toujours nos guerriers,
 Si jaloux de la gloire ;
Ils ne veulent que des lauriers
 Pour prix de leur victoire.
À peine un cœur est-il dompté,
 Attaquez-en un autre.
Triomphez de leur liberté ;
 Jouissez de la vôtre.

LES PANTINS

À Mme COQUEBERT, DE REIMS

Sur l'air du Cap de Bonne-Espérance

L'autre jour un philosophe
Joyeux, aimable et badin
(Il en est de toute étoffe),
Faisait danser un pantin.
En jouant, il examine
De la nouvelle machine
Tous les fils et les ressorts,
Qui meuvent ce petit corps.

Or voici comme ce sage
Badinait en raisonnant,
Ou, si l'aimez davantage,
Raisonnait en badinant :
Cette petite figure
Rend, dit-il, d'après nature,
Ce qui nous met tous en train :
Tout homme est un vrai pantin.

La passion dominante
Est le fil et le ressort,
Qui, dans une main savante,
Fait tout mouvoir sans effort.
Il en est de toute espèce ;
Car chacun a sa faiblesse :
Un cordon, ou rouge ou bleu,
Suffit pour tout mettre en jeu.

Lorsque, pour une coquette,
L'amour nous fait soupirer,

Le cordon de la fleurette
Est celui qu'il faut tirer.
Une plus grande ressource,
C'est le cordon de la bourse ;
Sitôt qu'on le tirera,
La pantine dansera.

Regardez cette figure,
Qui représente Thémis,
Qui, dit-on, d'une main sûre,
Pèse et met tout à son prix :
Dans les biens qu'elle dispense,
Qui fait pencher la balance ?
C'est un petit filet d'or,
Qui fait aller le ressort.

Trissotin, le parasite,
A pris, pour son protecteur,
Un financier sans mérite,
Qui n'a que de la hauteur.
Il encense son idole
En prodiguant l'hyperbole ;
Qu'est-ce que fait Trissotin ?
Il fait danser son pantin.

Damis approuve l'ouvrage
Que Martin dit avoir fait ;
Enchanté de son suffrage,
Le filet fait son effet.
Martin se croit un Pindare ;
Il vole plus haut qu'Icare ;
Il décide en souverain ;
Voyez danser le pantin.

Gâcon fait l'apothéose
De la suffisante Iris :
Il célèbre en vers, en prose
L'objet dont il est épris ;

Ne fût-elle qu'une buse,
L'auteur l'appelle sa Muse ;
Il a tiré le filet,
Le ressort fait son effet.

Pour vous, aimable Thémire,
On a beau vous cajoler ;
Quelque filet que l'on tire,
Rien ne peut vous ébranler.
Philosophe et sûre amie,
Vous riez de la folie
De tous les faibles humains
Et vous moquez des pantins.

LES AMANTS AISÉS[1]

Air à faire

Si Catin m'est peu fidèle,
Je ne suis pas en l'aimant
           Plus constant.
Pourquoi me plaindrais-je d'elle,
Lorsque j'en fais tout autant ?
Elle est coquette à ma barbe ;
J'embrasse à ses yeux Daphné ;
On me passe la rhubarbe
Et je passe le séné.

Mode mineur

     Tous deux contents
D'une si douce chaîne,
     Nos nœuds charmants
Doivent durer longtemps.

Quel sort plus doux !
L'inquiétude et la peine,
Les soins jaloux
Ne sont pas faits pour nous.

ADIEUX AU MONDE

Sur l'air des Billets doux

J'aurai bientôt quatre-vingts ans :
Je crois qu'à cet âge il est temps
De dédaigner la vie.
Aussi je la perds sans regret,
Et je fais gaîment mon paquet ;
Bonsoir la compagnie !

J'ai goûté de tous les plaisirs ;
J'ai perdu jusques aux désirs ;
À présent je m'ennuie.
Lorsque l'on n'est plus bon à rien,
On se retire, et l'on fait bien ;
Bonsoir la compagnie !

Lorsque d'ici je partirai,
Je ne sais pas trop où j'irai ;
Mais en Dieu je me fie :
Il ne peut me mener que bien ;
Aussi je n'appréhende rien :
Bonsoir la compagnie !

Dieu nous fit sans nous consulter,
Rien ne saurait lui résister ;
Ma carrière est remplie.
À force de devenir vieux,
Peut-on se flatter d'être mieux ?
Bonsoir la compagnie !

Nul mortel n'est ressuscité,
Pour nous dire la vérité
　　Des biens d'une autre vie.
Une profonde obscurité
Est le sort de l'humanité ;
　　Bonsoir la compagnie !

Rien ne périt entièrement,
Et la mort n'est qu'un changement,
　　Dit la philosophie.
Que ce système est consolant !
Je chante, en adoptant ce plan ;
　　Bonsoir la compagnie !

Lorsque l'on prétend tout savoir,
Depuis le matin jusqu'au soir,
　　On lit, on étudie ;
On n'en devient pas plus savant ;
On n'en meurt pas moins ignorant ;
　　Bonsoir la compagnie !

Desforges-Maillard

LE TABAC

Ode

Des ennuis accablants, de la morne tristesse,
    Ô tabac, l'unique enchanteur !
Des plaisirs ingénus, de l'aimable allégresse,
    Ô tabac, la source et l'auteur !

Sans toi, tabac chéri, mon esprit est sans joie,
    Dans les chagrins il est plongé :
De leurs efforts fréquents il deviendrait la proie,
    S'il n'était par toi soulagé.

En diverses façons on connaît ton mérite ;
    Il est d'un prix toujours nouveau.
Tu fais à flots aisés s'écouler la pituite,
    Et tu dégages le cerveau.

L'esprit, quand au travail sa force est languissante,
    Par ta poudre est ressuscité.
Ton odeur évertue une âme croupissante
    Dans une molle oisiveté.

Le sang est étanché, la blessure est guérie,
    Quand on t'applique sur le mal ;

Dans leurs climats féconds, le Pérou, l'Assyrie
        N'ont point de baume au tien égal.

Tu joins presque toujours l'agréable à l'utile.
        Que j'aime, en ton étroit foyer,
Du bout d'un long tuyau mettre en cendre ma bile,
        Et dans les airs la renvoyer !

Aussitôt dans un cœur la tempête est calmée.
        Mon âme avec ravissement
S'occupe à voir sortir de la pipe allumée
        Un petit nuage fumant.

Tes charmants tourbillons dans la tête échauffée,
        Font glisser l'appât du repos ;
Et volant après toi, le docile Morphée
        Sème tes traces de pavots.

Cupidon, d'un fumeur, à ses chaînes honteuses
        N'attache guère le destin.
Tu n'as, divin tabac, dans tes fêtes joyeuses,
        D'autre compagnon que le vin.

La mourante vieillesse est par toi rajeunie
        Mieux que par les médicaments,
Ta vertu merveilleuse, en prolongeant la vie,
        Répare les tempéraments.

À ton propice aspect les vapeurs de la peste
        Cessent d'infecter les maisons :
Ton odeur salutaire est une odeur funeste
        À ses tristes exhalaisons.

Celui qui le premier nous apprit ton usage,
        Est digne du nectar des dieux :
À nos neveux transmis, son bienfait d'âge en âge
        Doit rendre son nom précieux.

ÉPITAPHE
DU CÉLÈBRE ROUSSEAU

*Le plus grand poète lyrique
depuis Pindare et Horace*[1]

La mort, en terrassant le célèbre Rousseau,
Sous sa chute écrasa les serpents de l'Envie.
Apollon la condamne à respecter sa vie,
Et la force à jeter des fleurs sur son tombeau.

ÉPITAPHE D'UN PRODIGUE

Ci-gît un riche bombancier,
Dont à cent fainéants la maison fut ouverte ;
De fourbes habits noirs cette engeance couverte
Pleure-t-elle aujourd'hui sa perte,
Ou celle de son cuisinier ?

ÉPITAPHE D'UNE PROCUREUSE

Ci-dessous repose le cœur
De l'épouse d'un procureur.
Ce cœur, le meilleur que l'on voie,
Du mal de son prochain fut toujours attendri,
Et ce qu'à ses clients escroquait le mari,
La femme le rendait en une autre monnaie.

LA FILLE DU SERRURIER
ET SON FRÈRE

Fable

Fille d'un pauvre serrurier,
    La blanchisseuse Colinette,
Jeune, à la taille fine, et toujours propre et nette,
Sut donner droit au cœur d'un opulent fermier.
Au bout de quelques mois elle alla chez son père,
Couverte de damas, galon sur le soulier,
    Et magnifique en tablier.
    «Ah! dit-elle, en voyant son frère,
    Mon Dieu! que Jeannot est crasseux!
Je le méconnaissais. Quelles mains! quelle face!
    Comme il est fait! Qu'il est hideux!»

Dans la même famille ainsi l'un se décrasse,
    L'autre demeure ce qu'il est,
    Et bientôt on se méconnaît.

RÉFLEXIONS MORALES

I

On ne se choisit point celui dont on doit naître,
Tout le monde n'a pas de l'esprit et du bien,
    Mais chacun a le pouvoir d'être,
    Dans son état homme de bien.

II

Ôtez la vanité du monde,
Les hommes deviendront égaux.
En sa place mettez la charité féconde,
Elle unira nos cœurs et finira nos maux.

III

Un gentilhomme enflé de son illustre nom,
Ni magistrat, ni militaire,
Sans étude, sans mœurs, oisif dans sa maison,
Vaut moins que son valet qui fait ce qu'il doit faire.

IV

Cessez, fantômes vains, de vous approprier
Une distinction à vos ancêtres due.
La vertu, dit l'honneur, seule est noble à ma vue,
Et le seul vice est roturier.

Gentil-Bernard

L'ART D'AIMER

[…]
J'ai vu Paphos, Amathonte, Cythère :
Je l'ai[1] suivi dans l'île du mystère.
Viens, m'a-t-il dit ; entends ici ma voix ;
Écoute, écris, et peins ce que tu vois.
Je cède, Amour, au trait dont tu m'enflammes ;
Guide ma voix, dieu des sens et des âmes :
Je chanterai ces rivages charmants,
Ton Élysée et le ciel des amants.

Dans le séjour d'une éternelle aurore,
Les soins de l'art, les prodiges de Flore,
Ont embelli ces jardins enchantés,
Asile heureux des tendres voluptés.
Dans chaque objet, l'expression nature
De l'union rend la vive peinture.
Des bois profonds, des portiques ouverts,
Les chants d'amour de mille oiseaux divers,
L'onde et ses jeux, la fraîcheur et l'ombrage,
De la mollesse offrent partout l'image
Et font sentir, aux sujets de l'Amour,
L'esprit de feu qui règne en ce séjour.
Là, figurés par des marbres fidèles,

Les dieux amants sont offerts pour modèles.
Sous mille aspects leurs couples amoureux
De la tendresse expriment tous les jeux.
J'y vois Léda sous un cygne étendue,
Neptune au sein d'Amymone éperdue,
Vénus aux bras d'Adonis enchanté.
Tout est modèle, et pour être imité,
Fait une loi : tout amant qu'il excite,
Voit et jouit, plein du dieu qu'il imite,
Et l'on entend, dans les bois d'alentour,
La voix mourante ou le cri de l'amour,
Et l'on entend ces concerts qui résonnent :
Hymne aux plaisirs, gloire aux dieux qui les donnent !
Suivons des lois dont l'empire est si doux,
Adorons-les, ces dieux faits comme nous.

Viens, dit l'amour, parcourons ces ombrages ;
Vois du plaisir les mobiles images
Te retracer les plus riants tableaux,
Au fond des bois, sur les prés, dans les eaux.
Partout ici le dieu de la tendresse,
Renouvelé, multiplié sans cesse,
Se reproduit sous les formes qu'il prend,
Toujours le même, et toujours différent.
Loin de ses sœurs, une Grâce timide
Suit dans les bois un faune qui la guide :
Tendre et farouche, elle veut et défend,
Contient le faune à demi triomphant.
Sûr de l'attaque, il permet la défense,
Pour mieux jouir, suspend la jouissance,
Prépare, amène, augmente le désir
Par ces baisers, précurseurs du plaisir.
Vainqueur soudain de l'effort qu'elle oppose,
Il ose tout, et peut tout ce qu'il ose.
Ô changement ! ô puissance d'amour !
C'est Aglaé qui, brûlant à son tour,
Ne rougit plus de parler et d'entendre,
S'émeut, arrive au transport le plus tendre,

Connaît l'amour et pardonne à l'amant.
Le possesseur, maître encor du moment,
Nourrit un feu qui se consume en elle,
Écho répond aux soupirs de la belle ;
Sa voix se perd, celle d'Écho s'enfuit,
Et le silence en dit plus que le bruit.

Ces sombres lieux, dit le dieu du mystère,
Marquent la loi que j'impose à Cythère.
L'amant heureux, qui veut l'être longtemps,
Fuit du soleil les rayons éclatants.
Dans un jour doux, ni trop vif ni trop sombre,
La nudité veut les gazes de l'ombre ;
L'œil qui voit moins en croit voir plus d'attraits ;
La beauté même a toujours ses secrets.
Du dieu du jour Vénus fut adorée,
Mais trop d'éclat effraya Cythérée ;
Et la déesse, évitant ses regards,
Pour se cacher, prit les tentes de Mars.
Couple amoureux, par cette loi prudente,
Le péril cesse, et le plaisir augmente.
Redoutez donc le coup d'œil hasardeux
D'un examen fatal à tous les deux.
[…]

Chant III

LE HAMEAU

Rien n'est si beau
Que mon hameau,
Oh ! quelle image !
Quel paysage
Fait pour Watteau !
Mon ermitage
Est un berceau

Dont le treillage
Couvre un caveau.
Au voisinage,
C'est un ormeau,
Dont le feuillage
Prête un ombrage
À mon troupeau ;
C'est un ruisseau
Dont l'onde pure
Peint sa bordure
D'un vert nouveau.
Mais c'est Sylvie
Qui rend ces lieux
Dignes d'envie,
Dignes des dieux.
Là, chaque place
Donne à choisir
Quelque plaisir
Qu'un autre efface.
C'est à l'entour
De ce domaine
Que je promène
Au point du jour
Ma souveraine.
Si l'aube en pleurs
A fait éclore
Moisson de fleurs,
Ma jeune Flore
A des couleurs
Qui, près des leurs,
Brillent encore.
Si les chaleurs
Nous font descendre
Vers ce Méandre,
Dans ce moment,
Un bain charmant
Voit sans mystère,
Sans ornement,

Et la bergère
Et son amant.
Jupe légère
Tombe aussitôt.
Tous deux que faire ?
L'air est si chaud !
L'onde est si claire !
Assis auprès,
Comus après
Joint à Pomone
Ce qu'il nous donne
À peu de frais.
Gaîté nouvelle,
Quand le vin frais
Coule à longs traits ;
Toujours la belle
Donne ou reçoit,
Fuit ou m'appelle,
Rit, aime ou boit.
Le chant succède,
Et ses accents
Sont l'intermède
Des autres sens.
Sa voix se mêle
Aux doux hélas
De Philomèle,
Qui si bien qu'elle
Ne chante pas.
Telle est la chaîne
De nos désirs :
Nés sans soupirs,
Comblés sans peine,
Et qui ramène
De nos plaisirs
L'heure certaine.

Ô vrai bonheur,
Si le temps laisse

Durer sans cesse,
Chez moi vigueur,
Beauté chez elle,
Jointe à l'humeur
D'être fidèle !
Qu'à pleines mains,
Le ciel prodigue
Comble et fatigue
D'autres humains :
Moi, sans envie,
Je chanterai,
Avec Sylvie ;
Je jouirai
Et je dirai
Toute la vie :
Rien n'est si beau
Que mon hameau.

INSCRIPTION
POUR UN BOUDOIR

Habitons ce petit espace,
Assez grand pour tous nos souhaits :
Le bonheur tient si peu de place !
Et ce dieu n'en change jamais.

Gresset

VER-VERT

[...]
À Nevers donc, chez les Visitandines,
Vivait naguère un perroquet fameux,
À qui son art et son cœur généreux,
Ses vertus même, et ses grâces badines,
Auraient dû faire un sort moins rigoureux,
Si les bons cœurs étaient toujours heureux.
Ver-Vert (c'était le nom du personnage),
Transplanté là de l'indien rivage,
Fut, jeune encor, ne sachant rien de rien,
Au susdit cloître enfermé pour son bien.
Il était beau, brillant, leste et volage,
Aimable et franc comme on l'est au bel âge,
Né tendre et vif, mais encore innocent ;
Bref, digne oiseau d'une si sainte cage,
Par son caquet digne d'être au couvent.

Pas n'est besoin, je pense, de décrire
Les soins des sœurs, des nonnes, c'est tout dire ;
Et chaque mère, après son directeur,
N'aimait rien tant : même dans plus d'un cœur,
Ainsi l'écrit un chroniqueur sincère,

Souvent l'oiseau l'emporta sur le père.
Il partageait, dans ce paisible lieu,
Tous les sirops dont le cher père en Dieu,
Grâce aux bienfaits des nonnettes sucrées,
Réconfortait ses entrailles sacrées.
Objet permis à leur oisif amour,
Ver-Vert était l'âme de ce séjour,
Exceptez-en quelques vieilles dolentes,
Des jeunes cœurs jalouses surveillantes,
Il était cher à toute la maison.
N'étant encor dans l'âge de raison,
Libre il pouvait et tout dire et tout faire,
Il était sûr de charmer et de plaire.
Des bonnes sœurs égayant les travaux,
Il béquetait et guimpes et bandeaux.
Il n'était point d'agréable partie
S'il n'y venait briller, caracoler,
Papillonner, siffler, rossignoler :
Il badinait, mais avec modestie,
Avec cet air timide et tout prudent
Qu'une novice a même en badinant :
Par plusieurs voix interrogé sans cesse,
Il répondait à tout avec justesse ;
Tel autrefois César en même temps
Dictait à quatre en styles différents.
Admis partout, si l'on en croit l'histoire,
L'amant chéri mangeait au réfectoire :
Là tout s'offrait à ses friands désirs ;
Outre qu'encor pour ses menus plaisirs,
Pour occuper son ventre infatigable,
Pendant le temps qu'il passait hors de table,
Mille bonbons, mille exquises douceurs,
Chargeaient toujours les poches de nos sœurs.
Les petits soins, les attentions fines,
Sont nés, dit-on, chez les Visitandines ;
L'heureux Ver-Vert l'éprouvait chaque jour :
Plus mitonné qu'un perroquet de cour,
Tout s'occupait du beau pensionnaire ;

Ses jours coulaient dans un noble loisir.

Au grand dortoir il couchait d'ordinaire :
Là de cellule il avait à choisir ;
Heureuse encor, trop heureuse la mère
Dont il daignait, au retour de la nuit,
Par sa présence honorer le réduit !
Très rarement les antiques discrètes
Logeaient l'oiseau ; des novices proprettes
L'alcôve simple était plus de son goût :
Car remarquez qu'il était propre en tout.
Quand chaque soir le jeune anachorète
Avait fixé sa nocturne retraite,
Jusqu'au lever de l'astre de Vénus
Il reposait sur la boîte aux agnus.
À son réveil, de la fraîche nonnette,
Libre témoin, il voyait la toilette.
Je dis toilette, et je le dis tout bas :
Oui, quelque part j'ai lu qu'il ne faut pas
Aux fronts voilés des miroirs moins fidèles
Qu'aux fronts ornés de pompons et dentelles.
Ainsi qu'il est pour le monde et les cours
Un art, un goût de modes et d'atours,
Il est aussi des modes pour le voile ;
Il est un art de donner d'heureux tours
À l'étamine, à la plus simple toile ;
Souvent l'essaim des folâtres amours,
Essaim qui sait franchir grilles et tours,
Donne aux bandeaux une grâce piquante,
Un air galant à la guimpe flottante ;
Enfin, avant de paraître au parloir,
On doit au moins deux coups d'œil au miroir,
Ceci soit dit entre nous en silence.
Sans autre écart revenons au héros.

Dans ce séjour de l'oisive indolence,
Ver-Vert vivait sans ennui, sans travaux ;
Dans tous les cœurs il régnait sans partage.

Pour lui sœur Thècle oubliait les moineaux :
Quatre serins en étaient morts de rage ;
Et deux matous, autrefois en faveur,
Dépérissaient d'envie et de langueur.
[…]

Chant I

Charles Collé

LA VEUVE CONSOLÉE

Mon premier époux était brun,
　　Je fus prise à ce piège ;
Souvent je me levais à jeun
　　　D'avec ce sacrilège,
　　　Et jamais le défunt
　　　　N'en fit qu'un :
　　　Le bel époux de neige !

En secondes noces, un bourgeois
　　　Que je crus un satyre,
Fut mon époux quatorze mois,
　　　Et ne cessa de dire :
　　　L'ordinaire bourgeois
　　　　Est de trois.
　　　Jugez quel pauvre sire !

En troisièmes noces, Tircis
　　　Répara cette offense ;
Mes chagrins furent adoucis,
　　　Mon cœur moins en souffrance :
　　　Il allait jusqu'à six,
　　　　Le Tircis.
　　　Et je pris patience !

Après ces trois, je pris Mazet,
    Le fermier de ma tante ;
De son amour il m'embrasait,
    Avec beaucoup d'entente.
    Il allait jusqu'à sept,
      Le Mazet ;
    J'en fus assez contente !

Mon dernier est né sans esprit,
    Et sans une pistole,
Ne pense point, il se nourrit ;
    Son air lourd me désole ;
    Mais il va chaque nuit
      Jusqu'à huit.
    C'est ce qui me console[1] !

Lefranc de Pompignan

ODE

TIRÉE DU PSAUME LXVII :
EXURGAT DEUS

Dieu se lève : tombez, roi, temple, autel, idole ;
Au feu de ses regards, au son de sa parole,
      Les Philistins ont fui.
Tel le vent dans les airs chasse au loin la fumée ;
Tel un brasier ardent voit la cire enflammée
      Bouillonner devant lui.

      Chantez vos saintes conquêtes,
      Israël ; dans vos festins,
      Offrez d'innocentes fêtes
      À l'auteur de vos destins.
      Jonchez de fleurs son passage,
      Votre gloire est son ouvrage,
      Et le Seigneur est son nom.
      Son bras venge vos alarmes
      Dans le sang et dans les larmes
      Des familles d'Ascalon.

Ils n'ont pu soutenir sa face étincelante ;
Du timide orphelin, de la veuve tremblante

Il protège les droits.
Du fond du sanctuaire il nous parle à toute heure;
Il aime à rassembler dans la même demeure
        Ceux qui suivent ses lois.

        Touché du remords sincère,
        Il rompt les fers redoutés
        Qu'il forgea dans sa colère
        Pour ses enfants révoltés.
        Mais ses mains s'appesantissent
        Sur les peuples qui l'aigrissent
        Par des attentats nouveaux;
        Et dans des déserts arides
        Sur ces cœurs durs et perfides
        Il épuise ses fléaux.

Souverain d'Israël, Dieu vengeur, Dieu suprême,
Loin des rives du Nil tu conduisais toi-même
        Nos aïeux effrayés.
Parmi les eaux du ciel, les éclairs et la foudre,
Le mont de Sinaï prêt à tomber en poudre,
        Chancela sous tes pieds.

        De l'humide sein des nues
        Le pain que tu fis pleuvoir,
        À nos tribus éperdues
        Rendit la vie et l'espoir.
        Tu veilles sur ma patrie,
        Comme sur sa bergerie
        Veille un pasteur diligent;
        Et ta divine puissance
        Répand avec abondance
        Ses bienfaits sur l'indigent.

Sur l'abîme des flots, sur l'aile des tempêtes,
Tes ministres sacrés étendent leurs conquêtes
        Aux lieux les plus lointains.
Ton peuple bien-aimé vaincra toute la terre,

Et le sceptre des rois, que détrône la guerre,
          Passera dans ses mains.

          Ses moindres efforts terrassent
          Ses ennemis furieux ;
          Des périls qui le menacent
          Il sort toujours glorieux.
          Roi de la terre et de l'onde,
          Il éblouira le monde
          De sa nouvelle splendeur.
          Ainsi du haut des montagnes,
          La neige dans les campagnes
          Répand sa vive blancheur.

Ô monts délicieux ! ô fertile héritage !
Lieux chéris du Seigneur, vous êtes l'heureux gage
          De son fidèle amour.
Demeure des faux dieux, montagnes étrangères,
Vous n'êtes point l'asile où le Dieu de nos pères
          A fixé son séjour.

          Sion, quelle auguste fête !
          Quels transports vont éclater !
          Jusqu'à ton superbe faîte
          Le char de Dieu va monter.
          Il marche au milieu des anges
          Qui célèbrent ses louanges,
          Pénétrés d'un saint effroi.
          Sa gloire fut moins brillante
          Sur la montagne brûlante
          Où sa main grava sa loi.

Seigneur, tu veux régner au sein de nos provinces ;
Tu reviens entouré de peuples et de princes,
          Chargés de fers pesants.
L'idolâtre a frémi quand il t'a vu paraître ;
Et quoiqu'il n'ose encor t'avouer pour son maître,
          Il t'offre des présents.

Ce Dieu si grand, si terrible,
À nos voix daigne accourir.
Sa bonté toujours visible
Se plaît à nous secourir.
Prodigue de récompenses,
Malgré toutes nos offenses
Il est lent dans sa fureur ;
Mais les carreaux qu'il apprête,
Tôt ou tard brisent la tête
De l'impie et du pécheur.

Dieu m'a dit : de Bazan pourquoi crains-tu les pièges ?
La mer engloutira ces tyrans sacrilèges
        Dans son horrible flanc.
Tu fouleras aux pieds leurs veines déchirées ;
Et les chiens tremperont leurs langues altérées
        Dans les flots de leur sang.

        Les ennemis de sa gloire
        Sont vaincus de toutes parts :
        La pompe de sa victoire
        Frappe leurs derniers regards.
        Nos chefs enflammés de zèle
        Chantent la force immortelle
        Du dieu qui sauva leurs jours ;
        Et nos filles triomphantes
        Mêlent leurs voix éclatantes
        Au son bruyant des tambours.

Bénissez le Seigneur, bénissez votre maître,
Descendants de Jacob, ruisseaux que firent naître
        Les sources d'Israël.
Vous, jeune Benjamin, vous l'espoir de nos pères,
Nephtali, Zabulon, Juda roi de vos frères,
        Adorez l'Éternel.

Remplis, Seigneur, la promesse
Que tu fis à nos aïeux ;
Que les rois viennent sans cesse
Te rendre hommage en ces lieux.
Dompte l'animal sauvage
Qui contre nous, plein de rage,
S'élance de ces marais ;
Pour éviter ta poursuite,
Qu'il cherche en vain dans sa fuite
Les roseaux les plus épais.

Des nations de sang confonds la ligue impie.
Les envoyés d'Égypte et les rois d'Arabie
        Reconnaîtront tes lois.
Chantez le Dieu vivant, royaumes de la terre ;
Vous entendez ce bruit, ces éclats de tonnerre,
        C'est le cri de sa voix.

        Ô ciel, ô vaste étendue,
        Les attributs de ton Dieu,
        Sur les astres, dans la nue,
        Sont écrits en traits de feu.
        Les prophètes qu'il envoie,
        Sont les héros qu'il emploie
        Pour conquérir l'univers.
        Sa clémence vous appelle,
        Nations, que votre zèle
        Serve le Dieu que je sers.

Odes, I

LA MORT DE J.-B. ROUSSEAU

Quand le premier chantre du monde
Expira sur les bords glacés

Où l'Èbre effrayé, dans son onde,
Reçut ses membres dispersés,
Le Thrace, errant sur les montagnes,
Remplit les bois et les campagnes
Du cri perçant de ses douleurs ;
Les champs de l'air en retentirent,
Et dans les antres qui gémirent
Le lion répandit des pleurs.

La France a perdu son Orphée !
Muses, dans ces moments de deuil,
Élevez le pompeux trophée
Que vous demande son cercueil :
Laissez par de nouveaux prodiges,
D'éclatants et dignes vestiges
D'un jour marqué par vos regrets.
Ainsi le tombeau de Virgile
Est couvert du laurier fertile
Qui par vos soins ne meurt jamais.

D'une brillante et triste vie
Rousseau quitte aujourd'hui les fers,
Et, loin du ciel de sa patrie,
La mort termine ses revers.
D'où ses maux ont-ils pris leur source ?
Quelles épines dans sa course
Étouffaient les fleurs sous ses pas ?
Quels ennuis ! quelle vie errante,
Et quelle foule renaissante
D'adversaires et de combats !

Vous, dont l'inimitié durable
L'accusa de ces chants affreux,
Qui méritaient, s'il fut coupable,
Un châtiment plus rigoureux ;
Dans le sanctuaire suprême,
Grâce à vos soins, par Thémis même,
Son honneur est encor terni.

J'abandonne son innocence ;
Que veut de plus votre vengeance ?
Il fut malheureux et puni.

Jusques à quand, mortels farouches,
Vivrons-nous de haine et d'aigreur ?
Prêterons-nous toujours nos bouches
Au langage de la fureur ?
Implacable dans ma colère,
Je m'applaudis de la misère
De mon ennemi terrassé ;
Il se relève, je succombe,
Et moi-même à ses pieds je tombe,
Frappé du trait que j'ai lancé.

Songeons que l'imposture habite
Parmi le peuple et chez les grands ;
Qu'il n'est dignité ni mérite
À l'abri de ses traits errants ;
Que la calomnie écoutée,
À la vertu persécutée,
Porte souvent un coup mortel,
Et poursuit, sans que rien l'étonne,
Le monarque sous la couronne,
Et le pontife sur l'autel.

Du sein des ombres éternelles
S'élevant au trône des dieux,
L'envie offusque de ses ailes
Tout éclat qui frappe ses yeux.
Quel ministre, quel capitaine,
Quel monarque vaincra sa haine,
Et les injustices du sort !
Le temps à peine les consomme ;
Et jamais le prix du grand homme
N'est bien connu qu'après sa mort.

Oui, la mort seule nous délivre
Des ennemis de nos vertus,

Et notre gloire ne peut vivre
Que lorsque nous ne vivons plus.
Le chantre d'Ulysse et d'Achille
Sans protecteur et sans asile,
Fut ignoré jusqu'au tombeau :
Il expire, le charme cesse,
Et tous les peuples de la Grèce
Entre eux disputent son berceau.

Le Nil a vu, sur ses rivages,
De noirs habitants des déserts
Insulter par leurs cris sauvages
L'astre éclatant de l'univers.
Cris impuissants ! fureurs bizarres !
Tandis que ces monstres barbares
Poussaient d'insolentes clameurs,
Le dieu, poursuivant sa carrière,
Versait des torrents de lumière
Sur ses obscurs blasphémateurs.

Souveraine de chants lyriques,
Toi que Rousseau dans nos climats,
Appela des jeux olympiques,
Qui semblaient seuls fixer tes pas ;
Par qui ta trompette éclatante
Secondant ta voix triomphante,
Formera-t-elle des concerts ?
Des héros, Muse magnanime,
Par quel organe assez sublime
Vas-tu parler à l'univers ?

Favoris, élèves dociles
De ce ministre d'Apollon,
Vous à qui ses conseils utiles
Ont ouvert le sacré vallon ;
Accourez, troupe désolée,
Déposez sur son mausolée
Votre lyre qu'il inspirait ;

La mort a frappé votre maître,
Et d'un souffle a fait disparaître
Le flambeau qui vous éclairait.

Et vous dont sa fière harmonie
Égala les superbes sons,
Qui reviviez dans ce génie
Formé par vos seules leçons ;
Mânes d'Alcée et de Pindare,
Que votre suffrage répare
La rigueur de son sort fatal.
Dans la nuit du séjour funèbre,
Consolez son ombre célèbre,
Et couronnez votre rival.

[LA FONTAINE DE VAUCLUSE]

Nous arrivâmes cette même matinée à Vaucluse[1] ; c'est un de ces lieux uniques, où la nature a voulu se singulariser. Il paraît avoir été fait exprès pour la muse de Pétrarque. Ce fameux vallon est terminé par un demi-cercle de rochers d'une prodigieuse élévation, et qu'on dirait avoir été taillés perpendiculairement. Au pied de cette masse énorme de pierres, sous une voûte naturelle que son obscurité rend effrayante à la vue, sort, d'un gouffre dont on n'a jamais trouvé le fond, la rivière appelée la Sorgue. Un amas considérable de rochers forme une chaussée au-devant, mais à plusieurs toises de distance de cette source profonde. L'eau passe ordinairement, par des conduits souterrains, du bassin de la fontaine dans le lit où elle commence son cours. Mais dans le temps de sa crue qui arrive, nous dit-on, aux deux équinoxes, elle s'élève impétueusement au-dessus d'une espèce de môle dont nous n'avons point mesuré la hauteur.

Là parmi des rocs entassés,
Couverts d'une mousse verdâtre,

S'élancent des flots courroucés,
D'une écume blanche et bleuâtre.
La chute et le mugissement
De ces ondes précipitées,
Des mers par l'orage irritées,
Imitent le frémissement.
Mais bientôt moins tumultueuse,
Et s'adoucissant à nos yeux,
Cette fontaine merveilleuse
N'est plus un torrent furieux.
Le long des campagnes fleuries,
Sur le sable et sur les cailloux,
Elle caresse les prairies
Avec un murmure plus doux.
Alors elle souffre sans peine
Que mille différents canaux
Divisent au loin dans la plaine
Le trésor fécond de ses eaux.
Son onde toujours épurée,
Arrosant la terre altérée,
Va fertiliser les sillons
De la plus riante contrée
Que le Dieu brillant des saisons,
Du haut de la voûte azurée,
Puisse échauffer de ses rayons.

Le chemin qui nous mena du village à la fontaine est un sentier
étroit et pierreux, que la curiosité seule peut rendre praticable. Les
pieds délicats de Laure devaient souffrir de cette promenade, et le
doux Pétrarque n'avait pas peu de peine à la soutenir.

Mais ce sentier, tout escarpé qu'il semble,
Sans doute Amour l'adoucissait pour eux ;
Car nul chemin ne paraît raboteux
À deux amants qui voyagent ensemble.

Après avoir assez examiné la fontaine, nous livrâmes le cheva-
lier et l'abbé à la merci de notre guide. Nous avions aperçu une

grotte dans un angle de la montagne. Nous crûmes que nos deux héros de Vaucluse pourraient bien y avoir laissé quelques traces de leurs amours. Depuis l'aventure d'Énée et Didon, toutes les grottes sont suspectes. Celle-ci, disons-nous, a peut-être rendu le même service à Laure et à Pétrarque. Au moins y trouverons-nous quelque chanson ou quelque sonnet ; le bon homme en mettait partout. En faisant ces réflexions, nous parvînmes, non sans peine, à l'entrée de la caverne. Nous y entrevîmes aussitôt une figure humaine qui s'avançait gravement vers nous.

> La barbe longue, la peau bise,
> Un gros volume dans les mains,
> Une mandille[2] noire et grise,
> Et le cordon autour des reins.
> C'est, dîmes-nous, un solitaire
> Qui pleure ici ses vieux péchés.
> Bonjour notre révérend père ;
> Vous voyez dans votre tanière
> Deux étrangers qui sont fâchés
> D'interrompre votre prière.
> Qu'est-ce donc, insolents ! Hé, quoi !
> Est-ce ainsi qu'on me rend visite ?
> Osez-vous, sans pâlir d'effroi,
> Prendre pour un coquin d'hermite
> Un personnage tel que moi !
> Je suis…

Voyage de Languedoc et de Provence

[LE CHÂTEAU D'IF]

Après le dîner, M. d'Héricourt, dont on ne peut trop louer l'esprit, le goût et la politesse, nous prêta sa chaloupe pour aller au château d'If, qui est à une lieue en mer. Les voyageurs veulent tout voir.

Nous fûmes donc au château d'If.
C'est un lieu peu récréatif.
Défendu par le fer oisif
De plus d'un soldat maladif,
Qui, de guerrier jadis actif,
Est devenu garde passif.
Sur ce roc taillé dans le vif,
Par bon ordre on retient captif,
Dans l'enceinte d'un mur massif,
Esprit libertin, cœur rétif
Au salutaire correctif
D'un parent peu persuasif.
Le pauvre prisonnier pensif,
À la triste lueur du suif,
Jouit, pour seul soporatif,
Du murmure non lénitif
Dont l'élément rébarbatif
Frappe son organe attentif.
Or, pour être mémoratif
De ce domicile afflictif,
Je jurai, d'un ton expressif,
De vous le peindre en rime en if.
Ce fait, du roc désolatif
Nous sortîmes d'un pas hâtif,
Et rentrâmes dans notre esquif,
En répétant d'un ton plaintif,
Dieu nous garde du château d'If!

Nous regagnâmes le port à l'entrée de la nuit, fort satisfaits, si ce n'était du château d'If, au moins de notre promenade sur la mer.

Voyage de Languedoc et de Provence

Marie-Anne Du Boccage

[COLOMB ET LE VIEIL INDIEN]

[...]
Le portrait dont Colomb crayonne ici les traits
Aux doutes du vieillard ouvre un si vaste abîme
Que, malgré lui, sa voix par ces mots les exprime.

« Merveilleux étranger, tu dis que sous tes rois
La valeur, les talents ont pour appui les lois ;
Et que l'oisif, nourri par l'indigence active,
Prive de vos moissons la main qui les cultive :
Cet injuste pouvoir étonne mes esprits !
Ici les biens communs des vertus font le prix ;
Le vice y fuit en vain le mépris qui l'accable :
La raison nous gouverne, et ce juge équitable
Des rangs et des honneurs défend l'ordre inégal ;
L'appétit satisfait par un repas frugal
Renaît par l'exercice, et des plantes vulgaires
Sont à nos maux légers des baumes salutaires.
Nous goûtons le présent, sans craindre l'avenir.
Ainsi se sont passés mes jours prêts à finir.
Pour l'instant fugitif de cette courte vie,
Si de rustiques toits contentent notre envie,
Nous consacrons nos soins à parer nos tombeaux,
Lieux où nous jouirons d'un éternel repos. »

À ces mots l'Amiral interrompt ce sauvage
Que dans Athènes et Rome on eût vanté pour sage.
« Heureux vieillard, dit-il, sur vos bords fortunés,
Je vois que le bonheur naît des désirs bornés.
Dans nos champs, il est vrai, par l'orgueil et le faste
Le goût pour les plaisirs prend un essor trop vaste :
Nos peuples, qui dans l'art cherchent la volupté,
De la simple nature ont perdu la beauté.
Mais, pour justifier des mœurs qui vous étonnent,
Voyez, au sein des maux, les biens qui nous couronnent.
De la nécessité naquirent les talents,
Le luxe les nourrit, et pour charmer nos sens
Nos soins ingénieux surpassent la nature.
Du travail d'un insecte*a* ils font notre parure ;
Nos rois doivent leur pourpre*b* aux habitants des eaux ;
Les arts, pour l'enrichir, ont filé*c* les métaux ;
Et d'un sable apprêté, que le feu liquéfie,
Sort ce vase*d* éclatant que ma main vous confie.
Daignez en accepter le trop fragile don.
Le tissu qui me couvre est la riche toison
Qu'à nos troupeaux nombreux emprunte l'industrie.

a. Ver qui produit la soie dont on fabrique des étoffes.
b. La pourpre, petit poisson de mer à coquille que les Anciens appelaient *murex*. Une veine de son gosier renferme une liqueur rouge dont on teignait des étoffes pour les rois. On se sert à présent de la cochenille, insecte qui s'engendre et se nourrit sur la feuille du nopal, arbrisseau des Indes.
c. Pour tirer le fil d'or, on prend un lingot d'argent doré d'autant de couches qu'on le veut plus ou moins beau. On le fait passer par les trous d'un instrument, nommé *filière*, morceau de fer percé de plusieurs trous d'inégale grandeur, pour le réduire en fils propres à faire des galons et des étoffes. Ce qu'il y a d'admirable dans cette opération, c'est que l'argent, en passant par ces petits trous, n'entraîne d'or qu'autant qu'il lui en faut pour le couvrir en proportion des couches dont le lingot d'argent est chargé. Cette distribution se continue également jusqu'à la consommation du lingot.
d. Le verre, corps diaphane, est le dernier ouvrage que l'art peut produire par le moyen du feu qui vitrifie tous les métaux, même la terre. Le beau verre se fait avec la soude d'Alicante ou du Levant, plante qui se pétrifie au feu, et un peu de magnésie, minéral qui contient du soufre fixe. Il y a différentes manières de donner de la couleur au verre, en y mêlant différents métaux.

Enfin, pour détailler le bien qu'en ma patrie
Aux vœux de l'opulent le besoin a produit,
Il faudrait plus de temps que l'astre de la nuit
N'en met à varier son front à triple face[a].
L'ennui, qui des oisifs suit sans cesse la trace,
S'épuisant en projets, civilisa nos mœurs ;
Tout, jusqu'aux passions, modéra ses ardeurs ;
La guerre avec plus d'ordre assouvit sa vengeance ;
L'amour fut malgré lui soumis à la décence ;
La vérité, trop dure à l'oreille des rois,
Apprit de l'éloquence à déguiser sa voix :
Pour les flatter, l'Égypte inventa la sculpture[b].
Un bloc de marbre, où l'art imite la nature,
Des plus fameux héros nous rend les vrais portraits,
Sur l'airain, la gravure éternise leurs faits ;
Et, de ces traits parlants multipliant l'image,
Raconte leurs exploits au plus lointain rivage.
Cet art rend le passé présent à nos regards ;
Mais l'avenir, terrible à qui craint ses hasards,
A pour notre bonheur un voile impénétrable.
L'homme en vain jusqu'aux Cieux élève un œil coupable,
Les astres[c] sur son sort ne l'ont point éclairé.
Mieux instruit de leur cours, trop longtemps ignoré,
Contemplateur des lois qu'observe la nature,
Il la rend plus fertile à force de culture.
Les ressources de l'art, jointes à nos efforts,

a. On entend par triple face, le *croissant*, le *plein*, et le *déclin* de la lune. Les Anciens l'appelaient *la Triple Hécate*.

b. La sculpture prit naissance chez les Égyptiens, à en juger par leurs idoles encore informes. Les Grecs perfectionnèrent cet art qu'ils prétendirent avoir inventé.

c. L'astrologie judiciaire, ou la connaissance de l'influence des astres sur les objets terrestres, inventée par les Chaldéens, a passé jusqu'à nous par les ouvrages des Arabes. On en était tellement infatué à Rome, que les astrologues s'y maintinrent longtemps, malgré les édits des empereurs. Du temps de Catherine de Médicis, on ne faisait rien en France sans consulter les astrologues.

Les Brahmanes ont introduit cette science dans les Indes, par laquelle ils se sont rendus les arbitres souverains des bons et des mauvais jours.

De tous les éléments empruntant les ressorts,
Aplanissent*ᵃ* les monts, aux cieux élèvent l'onde*ᵇ*
Mais le succès rend l'âme en désirs plus féconde :
Rien n'en borne les vœux ; et nos champs et nos soins
Ne peuvent satisfaire à nos vastes besoins.
De contrée en contrée on voit l'Europe avide
Échanger ses moissons contre un métal aride,
Devenu précieux par l'usage imposteur
De ne peser les biens qu'au poids de sa valeur.
Combien la soif de l'or produisit d'arts utiles !
Je lui dois le secours de ces châteaux mobiles
Transportés par les vents sur vos bords fortunés.
Leur vol tient en suspens vos esprits étonnés. »
[…]

La Colombiade, chant II

---

a. On a coupé des montagnes pour faire des chemins et des canaux de communication à travers le royaume : tels sont le canal de Briare et celui de Languedoc, par lequel on transporte les marchandises de l'océan à la Méditerranée.
b. La machine de Marly élève les eaux de la rivière de Seine au haut d'une montagne, d'où, par sa chute, se forment des jets d'eau et des cascades. Le feu élève aussi l'eau par le contraste de l'eau bouillante et de l'eau froide, qui, en dilatant et condensant l'air tour à tour, fait mouvoir les machines qui servent à distribuer l'eau de la Tamise dans la ville de Londres.

Charles Bordes

PARAPILLA [1]

[...]
Jadis vivait dans les murs de Florence
Un beau galant, d'une haute naissance,
Nommé Rodric. Hélas! trop généreux;
Car de la blonde allant droit à la brune,
En beaux festins, cadeaux, plaisirs et jeux,
Il eut bientôt dissipé sa fortune.

Que devenir en cette extrémité?
Sage il devint, grâce à l'adversité.
Fuyant la honte, et bravant la misère,
L'infortuné, désormais se cachant
À tous les yeux, achète une chaumière,
Et tout auprès un petit bout de champ.
Là, tout pensif, sans valet ni servantes,
Il fend la terre, ayant parmi ses soins
Un peu d'humeur : on en aurait à moins.

L'aurore ouvrait ses portes éclatantes,
Quand d'un air leste un beau jeune garçon
Vint l'aborder, et lui dit sans façon :
« Holà, l'ami, sachons ce que tu plantes? »
Rodric, peu fait à ces tons élevés,

Lui répondit : « C'est ce que vous savez. »
Sexe enchanteur, ce ne sont pas ses termes,
Il se servit de mots un peu plus fermes,
Disant tout haut les choses par leur nom,
Que je tairai, si vous le trouvez bon.
Vous connaissez cette plante si belle ;
De vos beaux yeux un doux regard suffit ;
Un seul regard, c'est le soleil pour elle.
Mais reprenons le fil de mon récit.

Lorsque Rodric, ayant martel en tête,
Eut proféré ce discours malhonnête,
Le beau garçon froidement répliqua :
« Vous en plantez, eh bien il en viendra. »
Soudain il fuit comme une ombre légère,
Et de son pied touche à peine la terre.

Rodric alors resta pétrifié,
Lui qui parlait en tout temps comme un livre :
Avoir ainsi manqué de savoir-vivre,
Brutalement avoir congédié,
Ô ciel ! Et qui ?... C'est un ange... sans doute,
C'est Gabriel, de la céleste voûte
Exprès pour lui descendu par pitié.
Un tel soupçon n'a rien de fort étrange.
Durant le cours de ses goûts libertins,
Toujours Rodric honora ce cher ange,
Beau messager du maître des destins.
Car à Florence on brûle plus de cierges
Aux chérubins qu'aux onze mille vierges ;
Informez-vous, chacun vous le dira.

Mais qu'il gémit et se désespéra !
Si de l'effet la menace est suivie,
Plus de ressource, et comment se nourrir ?
Pauvre Rodric tu n'as plus qu'à mourir !

L'astre du jour, durant cette élégie,
De ses rayons prodiguant les bienfaits,

Lançait partout le bonheur et la vie.
Dans les vergers, à l'ombre des bosquets,
On voit les fleurs et les nymphes sourire ;
Amour voltige, émule de zéphire ;
Dans tous les cœurs circule un feu divin :
La jeune Églé sent palpiter son sein ;
Églé rougit, et regarde Tityre.

Et cependant Rodric est aux aguets,
Seul malheureux, l'œil penché vers la terre,
Quand tout à coup sur ses tristes guérets,
S'élève et croît la moisson de Cythère.

Fille qui trouve un aspic à ses pieds,
En folâtrant sous la verte feuillée,
De plus d'effroi n'a point l'âme troublée.
Las ! tous pécheurs sont enfin châtiés.
Rodric puni se signe, s'agenouille,
De pleurs amers son visage se mouille :
Écoutez bien, mortels, instruisez-vous.

Le Gabriel est né plaisant, mais doux ;
Il pardonne. Les ailes étendues,
Je l'aperçois qui, d'un air triomphant,
Paré de pourpre et porté sur les nues,
Dit à Rodric : « Calme-toi, mon enfant ;
Lorsque le ciel fit naître ce prodige,
Il t'éprouvait : prends la plus belle tige,
Va, cours la vendre, et ta main recevra
Vingt mille écus ; c'est le prix, et pour cause ;
Car aussitôt que l'on verra la chose,
Femme ni fille alors ne manquera
De s'étonner, et de s'écrier : Ah !
Or, dans l'instant la divine merveille
Chez celle-là qui poussera ce cri,
S'introduira, mais non pas par l'oreille ;
Et là sans cesse à son cœur attendri,
Inspirera la volupté suprême ;
Charme immortel, si l'amante elle-même

Ne dit enfin ce mot, *Parapilla.*
Adieu, je pars, retiens tout cela. »
L'ange s'envole, et Rodric s'humilie.

Il s'en va cueillir le fruit de vie,
Dans l'humble osier lui dresse un lit de fleurs
Bien assorti des plus riches couleurs,
Le tout couvert de belle mousseline ;
Le pain bénit n'a pas meilleur mine.
Quant au surplus des fruits de ce jardin,
Flore en gémit : tout disparut soudain.

Le bon Rodric cependant s'achemine
Vers ces beaux lieux où près du trône assis,
Le goût s'élève, enfant des Médicis ;
Tout s'embellit sous leurs mains souveraines ;
Nobles tyrans, et modèles des rois,
Les muses même avaient dicté leurs lois,
Et leurs palais sont l'asile d'Athènes.

Avec ardeur Rodric hâte ses pas ;
Et le voilà s'écriant : « Fille ou veuve,
Qui veut le voir ? on le donne à l'épreuve. »
Nommant l'objet, et vantant ses appas,
Sans quoi les gens ne devineraient pas.
Car, si j'en crois nos savants coryphées,
Grands espions de la terre et du ciel,
Interrogez nymphes, sibylles, fées,
On ne vit onc un phénomène tel.
Contes en l'air, me diront cent critiques ;
Tant pis pour eux ; c'est un homme de bien
Qui nous transmit tous ces faits authentiques :
Si l'on en doute, on ne croira plus rien.
Gens indévots, docteurs en épigrammes,
Exercez-vous, j'en prends peu de souci.
Moi, je suis simple, et c'est aux bonnes âmes
Que je veux plaire en écrivant ceci.

Chant I

LE BERGER RESPECTUEUX

Chanson nouvelle
Sur l'air : *C'est Geneviève dont le nom,* etc.

Chantons les amours de Lubin,
Nuit et jour il soupire en vain :
    Hélas ! sans espérance.
Lise, pourtant, l'aime en secret ;
Mais il l'ignore, et n'oserait
    Parler de sa, parler de sa,
    Parler de sa constance.

Content d'admirer ses attraits,
Il n'ose approcher de trop près,
    Tant Lubin est honnête :
Il croit, sans se rendre suspect,
Qu'on doit, à force de respect,
    Mériter sa, mériter sa,
    Mériter sa conquête.

Lise, un beau jour, d'un air coquet,
Lui dit : suis-moi dans le bosquet ;
    Il court plein d'allégresse,
Charmé de pouvoir à l'écart,
Loin de tout importun regard,
    Lui montrer sa, lui montrer sa,
    Lui montrer sa sagesse.

Voyez, dit-il, cet instrument
Qui s'anime si tendrement,
    Du cœur, c'est l'interprète.
Il dit ces mots d'un ton malin,
Et tout aussitôt dans sa main
    Il lui mit sa, il lui mit sa,
    Il lui mit sa musette.

Lise la prit nonchalamment ;
La belle était en ce moment
  Assise sur l'herbette.
Ses jupons étaient un peu courts ;
Le berger s'enflammait toujours,
Il lui prit sa, il lui prit sa,
  Il lui prit sa houlette.

Puis il alla cueillir le thym,
La violette et le jasmin,
  Le muguet, la lavande.
Il revint tout chargé de fleurs,
Lise en respirait les odeurs,
  Il lui mit sa, il lui mit sa,
  Il lui mit sa guirlande.

Comme il en ornait ses beaux bras,
La belle ayant fait un faux pas,
  Tomba sur la verdure ;
Ses blonds cheveux flottaient au vent ;
Lubin sans perdre un seul instant,
  Lui remit sa, lui remit sa,
  Lui remit sa coiffure.

Tandis qu'il prend un soin si doux,
Lise s'assied sur ses genoux
  D'un petit air d'aisance[1].
Eh quoi, dit-il, seulette ici,
Sur un berger placée ainsi,
  Sentez-vous sa, sentez-vous sa,
  Sentez-vous sa prudence ?

Au village ils sont de retour,
Lise abjurant un sot amour ;
  Et fier de sa prouesse,
Lubin s'écriait tout joyeux :

Peut-être, dans un an, ou deux,
  J'obtiendrai sa, j'obtiendrai sa,
  J'obtiendrai sa tendresse.

Jean-Jacques Rousseau

LE VERGER DE M<small>ME</small> DE WARENS [1]

Verger cher à mon cœur, séjour de l'innocence,
Honneur des plus beaux jours que le ciel me dispense.
Solitude charmante, Asile de la paix ;
Puissé-je, heureux verger, ne vous quitter jamais.

Ô jours délicieux coulés sous vos ombrages !
De Philomèle en pleurs les languissants ramages,
D'un ruisseau fugitif le murmure flatteur,
Excitent dans mon âme un charme séducteur.
J'apprends sur votre émail à jouir de la vie :
J'apprends à méditer sans regrets, sans envie
Sur les frivoles goûts des mortels insensés.
Leurs jours tumultueux l'un par l'autre poussés
N'enflamment point mon cœur du désir de les suivre.
À de plus grands plaisirs je mets le prix de vivre ;
Plaisirs toujours charmants, toujours doux, toujours purs,
À mon cœur enchanté vous êtes toujours sûrs.
Soit qu'au premier aspect d'un beau jour près d'éclore
J'aille voir les coteaux qu'un soleil levant dore ;
Soit que vers le midi chassé par son ardeur,
Sous un arbre touffu je cherche la fraîcheur ;
Là portant avec moi Montaigne ou La Bruyère,
Je ris tranquillement de l'humaine misère ;

Ou bien avec Socrate et le divin Platon,
Je m'exerce à marcher sur les pas de Caton :
Soit qu'une nuit brillante en étendant ses voiles
Découvre à mes regards la lune et les étoiles,
Alors, suivant de loin La Hire et Cassini[2],
Je calcule, j'observe, et près de l'infini
Sur ces mondes divers que l'Éther nous recèle
Je pousse, en raisonnant, Huyghens et Fontenelle ;
Soit enfin que surpris d'un orage imprévu,
Je rassure en courant le berger éperdu,
Qu'épouvantent les vents qui sifflent sur sa tête ;
Les tourbillons, l'éclair, la foudre, la tempête ;
Toujours également heureux et satisfait,
Je ne désire point un bonheur plus parfait.
[...]

L'ALLÉE DE SILVIE[a]

Qu'à m'égarer dans ces bocages
Mon cœur goûte de voluptés !
Que je me plais sous ces ombrages !
Que j'aime ces flots argentés !
Douce et charmante rêverie,
Solitude aimable et chérie,
Puissiez-vous toujours me charmer !
De ma triste et lente carrière
Rien n'adoucirait la misère,
Si je cessais de vous aimer.
Fuyez de cet heureux asile,
Fuyez de mon âme tranquille,
Vains et tumultueux projets ;
Vous pouvez promettre sans cesse
Et le bonheur et la sagesse,

a. C'est le nom d'une promenade solitaire où ces vers ont été composés.

Mais vous ne les donnez jamais.
Quoi! L'homme ne pourra-t-il vivre,
À moins que son cœur ne se livre
Aux soins d'un douteux avenir?
Et si le temps coule si vite,
Au lieu de retarder sa fuite,
Faut-il encor la prévenir?
Oh! qu'avec moins de prévoyance,
La vertu, la simple innocence,
Font des heureux à peu de frais!
Si peu de bien suffit au sage
Qu'avec le plus léger partage
Tous ses désirs sont satisfaits.
Tant de soins, tant de prévoyance,
Sont moins des fruits de la prudence
Que des fruits de l'ambition:
L'homme, content du nécessaire,
Craint peu la fortune contraire,
Quand son cœur est sans passion.
Passions, sources de délices,
Passions, sources de supplices,
Cruels tyrans, doux séducteurs,
Sans vos fureurs impétueuses,
Sans vos amorces dangereuses,
La paix serait dans tous les cœurs.
Malheur au mortel méprisable,
Qui dans son âme insatiable,
Nourrit l'ardente soif de l'or!
Que du vil penchant qui l'entraîne,
Chaque instant, il trouve la peine
Au fond même de son trésor.
Malheur à l'âme ambitieuse,
De qui l'insolence odieuse
Veut asservir tous les humains!
Qu'à ses rivaux toujours en bute,
L'abîme apprêté pour sa chute
Soit creusé de ses propres mains.
Malheur à tout homme farouche,

À tout mortel que rien ne touche
Que sa propre félicité !
Qu'il éprouve dans sa misère,
De la part de son propre frère,
La même insensibilité.
Sans doute un cœur né pour le crime
Est fait pour être la victime
De ces affreuses passions ;
Mais jamais du Ciel condamnée,
On ne vit une âme bien née
Céder à leurs séductions.
Il en est de plus dangereuses,
De qui les amorces flatteuses
Déguisent bien mieux le poison,
Et qui toujours dans un cœur tendre
Commencent à se faire entendre
En faisant taire la raison ;
Mais du moins leurs leçons charmantes
N'imposent que d'aimables lois :
La haine et ses fureurs sanglantes
S'endorment à leur douce voix.
Des sentiments si légitimes
Seront-ils toujours combattus ?
Nous les mettons au rang des crimes,
Ils devraient être des vertus.
Pourquoi de ces penchants aimables
Le Ciel nous fait-il un tourment ?
Il en est tant de plus coupables,
Qu'il traite moins sévèrement.
Ô discours trop remplis de charmes !
Est-ce à moi de vous écouter ?
Je fais avec mes propres armes
Les maux que je veux éviter.
Une langueur enchanteresse
Me poursuit jusqu'en ce séjour ;
J'y veux moraliser sans cesse,
Et toujours j'y songe à l'amour.
Je sens qu'une âme plus tranquille,

Plus exempte de tendres soins,
Plus libre en ce charmant asile,
Philosopherait beaucoup moins.
Ainsi du feu qui me dévore
Tout sert à fomenter l'ardeur :
Hélas ! n'est-il pas temps encore
Que la paix règne dans mon cœur ?
Déjà de mon septième lustre
Je vois le terme s'avancer ;
Déjà la jeunesse et son lustre
Chez moi commence à s'effacer.
La triste et sévère sagesse
Fera bientôt fuir les amours :
Bientôt la pesante vieillesse
Va succéder à mes beaux jours.
Alors les ennuis de la vie
Chassant l'aimable volupté,
On verra la philosophie
Naître de la nécessité ;
On me verra, par jalousie,
Prêcher mes caduques vertus,
Et souvent blâmer par envie
Les plaisirs que je n'aurai plus.
Mais malgré les glaces de l'âge,
Raison, malgré ton vain effort,
Le sage a souvent fait naufrage
Quand il croyait toucher au port.
Ô sagesse ! aimable chimère !
Douce illusion de nos cœurs !
C'est sous ton divin caractère
Que nous encensons nos erreurs.
Chaque homme t'habille à sa mode ;
Sous le masque le plus commode
À leur propre félicité,
Ils déguisent tous leur faiblesse,
Et donnent le nom de sagesse
Au penchant qu'ils ont adopté.
Tel, chez la jeunesse étourdie,

Le vice instruit par la folie,
Et d'un faux titre revêtu,
Sous le nom de philosophie,
Tend des pièges à la vertu.
Tel, dans une route contraire,
On voit le fanatique austère
En guerre avec tous ses désirs,
Peignant Dieu toujours en colère,
Et ne s'attachant, pour lui plaire,
Qu'à fuir la joie et les plaisirs.
Ah ! s'il existait un vrai sage,
Que, différent en son langage,
Et plus différent en ses mœurs,
Ennemi des vils séducteurs,
D'une sagesse plus aimable,
D'une vertu plus sociable,
Il joindrait le juste milieu
À cet hommage pur et tendre,
Que tous les cœurs auraient dû rendre
Aux grandeurs, aux bienfaits de Dieu !

Diderot

LES ÉLEUTHÉROMANES[1], DITHYRAMBE

Seu per audaces nova dithyrambos
Verva devolvit, numerisque fertur
Lege solutis.

Horat[2].

ARGUMENT

Le dithyrambe, genre de poésie le plus fougueux, fut chez les Anciens un hymne à Bacchus, le dieu de l'ivresse et de la fureur. C'est là que le poète se montrait plein d'audace dans le choix de son sujet et la manière de le traiter. Entièrement affranchi des entraves d'une composition régulière, livré à tout le délire de son enthousiasme, il marchait sans s'assujettir à aucune mesure, entrelaçant des vers de toute espèce, selon qu'ils lui étaient inspirés par la variété du rythme ou de cette harmonie dont la source est au fond du cœur, et qui accélère, ralentit, tempère le mouvement, selon la nature des idées, des sentiments et des images. C'est un poème de ce caractère que j'ai tenté. Je l'ai intitulé *les Éleuthéromanes ou les Fanatiques de la liberté*. Peut-être suis-je allé au-delà de la licence des Anciens. Je regarde dans Pindare la strophe, l'antistrophe et l'épode comme trois personnages qui poursuivent de concert le même éloge ou la même satire. La strophe entame le sujet ; quelquefois l'antistrophe interrompt la strophe, s'empare de son idée, et ouvre un nouveau champ à l'épode qui ménage un repos ou fournit une autre carrière à la strophe. C'est ainsi que, dans le tumulte d'une conversation animée, on voit un interlocuteur violent, vivement frappé de la pensée d'un premier interlocuteur, lui couper la parole, et se saisir d'un raisonnement qu'il se promet d'exposer avec plus de chaleur et de force, ou se précipiter dans un écart brillant. La strophe, l'antistrophe et l'épode gardent la même mesure, parce que l'ode entière se chantait par le poète seul sur un même chant ou peut-être sur un chant donné. Mais j'ai pensé que le récit ou le discours en vers se prêterait à des interruptions, à une variété de césure que le chant et l'unité du personnage ancien ne permettraient pas. Mes strophes sont inégales, et mes éleuthéromanes paraissent dans chacune au moment où il me plaît de les introduire. Ce sont trois furies acharnées sur un coupable et se relayant pour le tourmenter. Je me trompe fort, ou ce poème récité par trois déclamateurs différents et habiles produirait de l'effet. Il ne me reste qu'un mot à dire de la circonstance frivole qui a donné lieu à un poème aussi grave. Trois années de suite le sort me fit roi dans la même société à la cérémonie du gâteau. La première année je publiai mes lois sous le nom de *Code Denis*. La seconde je me déchaînai contre l'injustice du destin qui plaçait encore la couronne sur la tête la moins digne de la porter. La troisième j'abdiquai, et j'en dis mes raisons dans ce dithyrambe qui pourra servir de modèle à un meilleur poète. À Rome on a vu dans une même cause un orateur exposer le fait, un second établir les preuves, et un troisième prononcer la péroraison ou le morceau pathétique. Pourquoi la poésie ne jouirait-elle pas à table, entre des convives, d'un privilège accordé à l'éloquence des Anciens ?

ABDICATION D'UN ROI DE LA FÈVE,
L'AN 1772, OU LES ÉLEUTHÉROMANES
DITHYRAMBE

Fabâ abstine.
Pythag[3].

LE PREMIER

Accepte le pouvoir suprême
Quiconque enivré de soi-même
Peut se flatter, émule de Titus,
Que le poison du diadème
N'altérera point ses vertus.
Je n'ai pas cette confiance
Dont l'intrépide orgueil ne s'étonne de rien ;
J'ai connu par l'expérience
Que celui qui peut tout, rarement veut le bien.
Éclairé par ma conscience
Sur mon peu de valeur, je l'en crois, et je crains
Que le fatal dépôt de la toute-puissance,
Par le sort ou le choix remis entre mes mains,
D'un mortel plein de bienfaisance
Ne fît peut-être un fléau des humains.

LE SECOND

Ah que plutôt modeste élève
Du vieillard de l'Antiquité
Dont un précepte très vanté
Défend l'usage de la fève,
Du sage Pythagore endossant le manteau,
Je cède ma part au gâteau
À celui qui doué de la faveur insigne
D'un meilleur estomac et d'une âme plus digne,

Laisse arriver ce jour sans être épouvanté
De l'indigestion et de la royauté.

LE TROISIÈME

Une douleur muette, une haine profonde
Affaisse tour à tour et révolte mon cœur,
Quand je vois des brigands dont le pouvoir se fonde
            Sur la bassesse et la terreur,
Ordonner le destin et le malheur du monde ;
Et moi je m'inscrirais au nombre des tyrans !
            Moi dont les farouches accents,
Dans le sein de la mort s'ils avaient pu descendre,
Aux mânes de Brutus iraient se faire entendre ;
Et tu les sentirais, généreux Scevola,
De ton bras consumé ressusciter la cendre[4].

LE PREMIER

        Qu'on m'arrache ce bandeau-là :
        Sur la tête d'un Marc Aurèle
Si d'une gloire pure une fois il brilla,
Cent fois il fut souillé d'une honte éternelle
        Sur le front d'un Caligula.

LE SECOND

        Faut-il enfin déchirer le nuage
Qui n'a que trop longtemps caché la vérité,
            Et montrer de l'humanité
            La triste et redoutable image
Aux stupides auteurs de sa calamité ?

LE PREMIER

        Oui, oui, j'en aurai le courage.
Je veux, lâche oppresseur, insulter à ta rage ;
Le jour j'attacherai la crainte à ton côté,

La haine s'offrira partout sur ton passage;
    Et la nuit, poursuivi, troublé,
Lorsque de ses malheurs ton esclave accablé
    Cède au repos qui le soulage,
Tu verras la révolte aux poings ensanglantés,
Tenir à ton chevet ses flambeaux agités.

LE TROISIÈME

La voilà! La voilà! C'est son regard farouche!
    C'est elle, et du fer menaçant
    Son souffle exhalé par ma bouche
Va dans ton cœur porter le froid glaçant.

LE PREMIER

Éveille-toi, tu dors au sein de la tempête!

LE SECOND

Éveille-toi, lève la tête!

LE TROISIÈME

Écoute, et tu sauras qu'en ton moindre sujet
    Ni la garde qui t'environne,
Ni l'hommage imposant qu'on rend à ta personne,
N'ont pu de s'affranchir étouffer le projet.

LE PREMIER

L'enfant de la nature abhorre l'esclavage.
Implacable ennemi de toute autorité,
Il s'indigne du joug, la contrainte l'outrage.
Liberté, c'est son vœu; son cri, c'est Liberté.

LE SECOND

Au mépris des liens de la société,
Il réclame en secret son antique apanage.

LE TROISIÈME

Des mœurs ou grimaces d'usage
Ont beau servir de voile à sa férocité ;
Une hypocrite urbanité,
Les souplesses d'un tigre enchaîné dans sa cage,
Ne sauraient tromper l'œil du sage,
Et dans les murs de la cité
Il reconnaît l'homme sauvage
S'agitant sous les fers dont il est garrotté.

LE PREMIER

On a pu l'asservir, on ne l'a pas dompté.

LE SECOND

Un trait de physionomie,
Un vestige de dignité,
Dans le fond de son cœur, sur son front est resté ;
Et mille fois la tyrannie
A pâli de l'éclair de son œil irrité.

LE TROISIÈME

C'est alors qu'un trône vacille,
Qu'effrayé, tremblant, éperdu,
D'un peuple furieux le despote imbécile
Connaît la vanité du pacte prétendu.

LE PREMIER

Répondez, souverains ; qui l'a dicté ce pacte ?
Qui l'a signé ? Qui l'a souscrit ?
Dans quel bois, dans quel antre en a-t-on dressé l'acte ?
Par quelles mains fut-il écrit ?

LE SECOND

L'a-t-on gravé sur la pierre ou l'écorce ?

LE TROISIÈME

Qui le maintient ? La justice ou la force ?
De droit, de fait il est proscrit.

LE PREMIER

J'en atteste les temps, j'en appelle à tout âge ;
Jamais au public avantage
L'homme n'a franchement sacrifié ses droits.

LE SECOND

S'il osait de son cœur n'écouter que la voix,
Changeant tout à coup de langage,
Il nous dirait, comme l'hôte des bois :
« La nature n'a fait ni serviteur ni maître.

LE TROISIÈME

Je ne veux ni donner ni recevoir de lois » ;
Et ses mains ourdiraient les entrailles du prêtre,
Au défaut d'un cordon, pour étrangler les rois[5].

LE PREMIER

Tu pâlis, vil esclave! être pétri de boue!
     Quel aveuglement te dévoue
Aux communs intérêts de deux tigres ligués?

LE SECOND

Sommes-nous faits pour être abrutis, subjugués?

LE TROISIÈME

Quel moment! Qu'il est doux pour une muse altière!
     L'homme libre, votre ennemi,
     Vous a montré son âme fière.
Ô cruels artisans de la longue misère
     Dont tous les siècles ont gémi,
Il vous voit, il se rit d'une vaine colère :
     Il est content si vous avez frémi.

LE PREMIER

Assez et trop longtemps une race insensée
De ses forfaits sans nombre a noirci ma pensée.
     Objets de haine et de mépris,
Tyrans, éloignez-vous; approchez, jeux et ris.

LE SECOND

Que le vin couronne mon verre.

LE TROISIÈME

Que la feuille du pampre ou celle du lierre[6]
     S'entrelace à mes cheveux gris.

LE PREMIER

Du plus agréable délire
Je sens échauffer mes esprits.
Vite, qu'on m'apporte une lyre.
Muse d'Anacréon, assis sur ton trépied,
Le sceptre des rois sous le pied,
Je veux chanter un autre empire.

LE SECOND

C'est l'empire de la beauté !

LE TROISIÈME

Tout sent, tout reconnaît sa souveraineté.

LE PREMIER

C'est elle qui commande à tout ce qui respire.

LE SECOND

Dépouillant sa férocité,
Pour elle au fond des bois le Hottentot soupire.

LE TROISIÈME

Si le sort quelquefois me place à son côté,
Je la contemple et je l'admire ;
Mon cœur, plus jeune, eût palpité.

LE PREMIER

Mais à présent que les glaces de l'âge
Ont amorti la chaleur de mes sens,
J'économise mon hommage.

La bonté, la vertu, la beauté, les talents,
　　　Se sont partagé mon encens.

LE SECOND

La bonté qui se plaît à tarir ou suspendre
Les pleurs que l'infortune arrache de mes yeux.

LE TROISIÈME

　　　La beauté, ce présent des cieux,
Qui quelquefois encor verse en mon âme tendre
De tous les sentiments le plus délicieux.

LE PREMIER

　　　Le talent, émule des dieux,
Soit que de la nature il écarte le voile,
Qu'il fasse respirer ou le marbre ou la toile,
　　　Que par des chants harmonieux,
Occupant mon esprit d'effrayantes merveilles,
Il tourmente mon cœur et charme mes oreilles.

LE SECOND

La vertu qui du sort bravant l'autorité
Accepte son arrêt favorable ou sévère
　　　Sans perdre sa tranquillité.

LE TROISIÈME

　　　Modeste dans l'état prospère,
　　　Et grande dans l'adversité.

LE PREMIER

　　　Celui qui la choisit pour guide,
　　　D'un peuple ombrageux et léger

Peut, à l'exemple d'Aristide,
Souffrir un dédain passager.

LE SECOND

Mais quand l'ordre des destinées
Qui de l'homme de bien et des hommes méchants
A limité le nombre des années,
Amène ses derniers instants,
Athènes entière est en alarmes.

LE TROISIÈME

De tous les yeux on voit couler des larmes.

LE PREMIER

C'est un père commun pleuré par ses enfants.

LE SECOND

Longtemps après sa mort sa cendre est révérée.

LE TROISIÈME

Longtemps après sa mort sa justice honorée,
Entretien du vieillard, instruit les jeunes gens.

LE PREMIER

Aristide n'est plus, mais sa mémoire dure
Dans les fastes du genre humain ;
Et l'herbe, même au temps où renaît la verdure,
Ne peut croître sur le chemin
Qui conduit à sa sépulture.

LE SECOND

D'honneurs, de titres et d'aïeux.

LE TROISIÈME

Des écussons de la noblesse,

LE PREMIER

Des chars brillants de la richesse
Qu'on soit ivre à la cour, à Paris envieux,
Laissons sa sottise au vulgaire.
La bonté, la vertu, la beauté, les talents,
Seront pour nous qu'un goût plus sûr éclaire,
Les seules grandeurs sur la terre
Dignes qu'en leur faveur on distingue des rangs :
Tout le reste n'est que chimère.

LE SECOND

Issus d'un même sang, enfants d'un même père,
Oublions en ce jour toute inégalité :
Naigeon[7], sois mon ami[8]; Sedaine, sois mon frère.

LE TROISIÈME

Bornons notre rivalité
À qui saura le mieux caresser sa bergère,
Célébrer ses faveurs et boire à sa santé.

Robbé de Beauveset

RÉPONSE À TOUT

Un soir une fille raccrocha
Certain jeune homme, et lui dit : viens chez nous ;
Vrai ! J'ai du beau ! te mettras à genoux
En le voyant. — N'ai le sol dans ma poche,
Reprend le sire, auquel on répondit :
Ne t'inquiète pas, on te fera crédit.
— Mais, dit le gars, faut que je te l'avoue,
À contrecœur à ce jeu-là je joue.
Je hais le sexe, et voilà mon défaut,
C'est, mon enfant, du mâle qu'il me faut.
— Bon ! c'est cela ! mon roi, j'ai ton affaire,
Dit la catin ; j'ai le plus joli frère
Qui se vit onc ; le trouveras à point.
L'autre riposte : — Encore un autre point :
Ce n'est le tout qu'une gentille croupe
Pour m'exciter ; quand j'attaque une poupe,
Me faut au dos attacher le mineur.
— Nous en viendrons, dit-elle, à ton honneur,
N'avons-nous pas aussi le souteneur ?

LA FRANCE LIBRE

POÊME SUR LA RÉVOLUTION
ACTUELLE DU ROYAUME

CHANT II

[...]
Ainsi quand Dieu qui créa la lumière,
Eut fait sortir du sein de la matière
Ces éléments pêle-mêle étendus,
Dans le chaos sans règle confondus,
Il parle en maître; et, du confus mélange,
L'ordre jaillit, et l'univers s'arrange.
Tel nous voyons nos grands modérateurs[1]
Faire briller leurs talents créateurs,
Embrassant tout de ce coup d'œil sublime
Qui partout voit où pèche le régime,
Refond, réforme, et sur un plan plus sûr
Fait reposer notre bonheur futur;
Et digérant de sages lois données,
Nous garantit nos hautes destinées.
[...]

CHANT IV

[...]
Tous mes héros ne sont pas de grand nom[1];
On n'y voit pas Ulysse, Agamemnon,
L'impie Ajax, ni le colère Achille,
Qui suspendit les destins de la ville.
Ce ne seront que des bourgeois soldats

Qui des tyrans qui nous gouvernaient las,
Et dévorés du pur patriotisme,
Ont su contre eux élever ce grand schisme,
Que des enfants, de leurs frondes armés,
Comme David en héros transformés,
Et des faubourgs ces athlètes sublimes,
Qui de leur nom ennobliront mes rimes.

Près de la forge où nos rois par Vulcain
Font excaver leurs longs tubes d'airain[2],
Et de charbon, de soufre et de salpêtre,
Font composer leur foudre prête à naître,
Quand, les traités n'étant plus de saison,
Ils puisent là leur dernière raison,
S'élève un fort dont les tours fulminantes,
Offrent de loin leurs crêtes dominantes,
De leur mortier sur les remparts placé,
L'heureux Paris sans cesse est menacé ;
C'est là le glaive appendant sur la tête
De Damoclès qu'un roi le tyran fête.
Autant aux cieux ses murs sont exhaussés,
Autant aussi sont profonds ses fossés.
Le despotisme est assis sur la cime,
Attendant là sa nouvelle victime.
Autour de lui sont des carcans, des fers,
Des coins, de mort les instruments divers.
Le désespoir, la rage qui transporte
Les malheureux sont sa fidèle escorte.
Ces antres noirs, ces gouffres renforcés,
C'est la Bastille ; à ce nom frémissez[3].
[…]

Cardinal de Bernis

SUR L'AMOUR DE LA PATRIE

Je vous salue, ô terre où le ciel m'a fait naître[1],
Lieux où le jour pour moi commença de paraître,
Quand l'astre du berger, brillant d'un feu nouveau,
De ses premiers rayons éclaira mon berceau !
Je revois cette plaine où des arbres antiques
Couronnent les dehors de nos maisons rustiques,
Arbres, témoins vivants de la faveur des cieux,
Dont la feuille nourrit ces vers industrieux
Qui tirent de leur sein notre espoir, notre joie,
Et pour nous enrichir s'enferment dans leur soie.
Trésor du laboureur, ornement du berger,
L'olive sous mes yeux s'unit à l'oranger.
Que j'aime à contempler ces montagnes bleuâtres
Qui forment devant moi de longs amphithéâtres,
Où l'hiver règne encor quand la blonde Cérès
De l'or de ses cheveux a couvert nos guérets !
Qu'il m'est doux de revoir sur des rives fertiles
Le Rhône ouvrir ses bras pour séparer nos îles,
Et, ramassant enfin ses trésors dispersés,
Blanchir un pont bâti sur ses flots courroucés ;
D'admirer au couchant ces vignes renommées
Qui courbent en festons leurs grappes parfumées ;
Tandis que vers le nord des chênes toujours verts

Affrontent le tonnerre et bravent les hivers !
Je te salue encore, ô ma chère patrie !
Mes esprits sont émus ; et mon âme attendrie
Échappe avec transport au trouble des palais,
Pour chercher dans ton sein l'innocence et la paix.
C'est donc sous ces lambris qu'ont vécu mes ancêtres !
Justes pour leurs voisins, fidèles à leurs maîtres,
Ils venaient décorer ces balcons abattus,
Embellir ces jardins, asiles des vertus,
Où sur des bancs de fleurs, sous une treille inculte,
Ils oubliaient la cour et bravaient son tumulte !
Chaque objet frappe, éveille et satisfait mes sens ;
Je reconnais les dieux au plaisir que je sens.
Non, l'air n'est point ailleurs si pur, l'onde si claire ;
Le saphir brille moins que le ciel qui m'éclaire ;
Et l'on ne voit qu'ici, dans tout son appareil,
Lever, luire, monter, et tomber le soleil.
    Amour de nos foyers, quelle est votre puissance !
Quels lieux sont préférés aux lieux de la naissance ?
Je vante ce beau ciel, ce jour brillant et pur
Qui répand dans les airs l'or, la pourpre et l'azur,
Cette douce chaleur qui mûrit, qui colore
Les trésors de Vertumne et les présents de Flore ;
Un Lapon vanterait les glaces, les frimas
Qui chassent loin de lui la fraude et les combats ;
Libre, paisible, heureux, dans le sein de la terre,
Il n'entend point gronder les foudres de la guerre.
Quels stériles déserts, quels antres écartés
Sont pour leurs habitants sans grâce et sans beautés ?
Virgile abandonnait les fêtes de Capoue
Pour rêver sur les bords des marais de Mantoue ;
Et les rois indigents d'Ithaque et de Scyros
Préféraient leurs rochers aux marbres de Paros.
    En vain l'ambition, l'inquiète avarice,
La curiosité, le volage caprice,
Nous font braver cent fois l'inclémence des airs,
Les dangers de la terre et le péril des mers :
Des plus heureux climats, des bords les plus barbares,

Rappelés sourdement par la voix de nos Lares,
Nous portons à leurs pieds ces métaux recherchés
Qu'au fond du Potosi[2] les dieux avaient cachés.
Assis tranquillement sous nos foyers antiques,
Nous trouvons dans le sein de nos dieux domestiques
Cette douceur, ce calme, objet de nos travaux,
Que nous cherchions en vain sur la terre et les eaux.
    Tel est l'heureux effet de l'amour de nous-même :
Utile à l'univers quand il n'est point extrême,
Cet amour, trop actif pour être concentré,
S'échappe de nos cœurs, se répand par degré
Sur nos biens, sur les lieux où nous prîmes naissance,
Jusque sur les témoins des jeux de notre enfance.
C'est lui qui nous rend cher le nom de nos aïeux,
Les destins inconnus de nos derniers neveux,
Et qui, trop resserré dans la sphère où nous sommes,
Embrasse tous les lieux, enchaîne tous les hommes.
L'amour-propre a tissu les différents liens
Qui tiennent enchaînés les divers citoyens :
L'intérêt personnel, auteur de tous les crimes,
De l'intérêt public établit les maximes.
Oui, lui seul a formé nos plus aimables nœuds :
Nos amis ne sont rien, nous nous aimons en eux.
Vous qui nommez l'amour une étincelle pure,
Un rayon émané du sein de la nature,
Détruisez une erreur si chère à vos appas.
Aimerait-on autrui, si l'on ne s'aimait pas ?
Ces transports renaissants à l'aspect de vos charmes,
Ces soins mêlés de trouble et ces perfides larmes,
Sont des tributs trompeurs qu'un amant emporté
Offre au dieu des plaisirs bien plus qu'à la beauté.
    L'amour des citoyens ne devient légitime
Que par le bien public qui le règle et l'anime.
Malheur aux cœurs d'airain qui tiennent en prison
Un feu né pour s'étendre au gré de la raison,
Un amour dangereux que l'intérêt allume,
Qui, trop longtemps captif, s'irrite et nous consume,
Tels les terribles feux dont brûlent les Titans,

Comprimés par la terre, enfantent les volcans.
Ainsi vit-on jadis, dans Rome et dans Athènes,
Le peuple heureux et libre, ou courbé sous les chaînes,
Selon que l'amour-propre, obéissant aux lois,
De la patrie en pleurs reconnaissait la voix.
Ainsi dans tous les temps l'intérêt domestique
A balancé le poids de la cause publique.
   Amour de la justice, amour digne de nous,
Embrasez les mortels, croissez, étendez-vous ;
Consumez, renversez ces indignes barrières,
Ces angles meurtriers qui bordent les frontières,
Ces remparts tortueux, et ces globes de fer
Qui vomissent sur nous les flammes de l'enfer.
Faut-il que nos fureurs nous rendent nécessaires
Les glaives que forgea l'audace de nos pères ?
Faut-il toujours attendre ou craindre des revers,
Et gémir sur le bord de nos tombeaux ouverts ?
   Ô mœurs du siècle d'or, ô chimères aimables !
Ne saurons-nous jamais réaliser vos fables ?
Et ne connaîtrons-nous que l'art infructueux
De peindre la vertu sans être vertueux ?

L'AMOUR PAPILLON [1]

ODE ANACRÉONTIQUE

      Jupiter, outré de colère
D'être blessé par Cupidon,
D'un regard lancé sur Cythère
Changea son fils en papillon.

      D'abord en ailes azurées
On vit diminuer ses bras ;
Ses dards, en des pattes dorées ;
Il veut se plaindre et ne peut pas.

L'arc à la main, ce dieu perfide
Ne vole plus après les cœurs ;
Mais, toujours le plaisir pour guide,
Il vole encor de fleurs en fleurs.

Enfin, touché de sa disgrâce,
Jupin lui dit : Consolez-vous,
Amour ; j'excuse votre audace,
Ne méritez plus mon courroux.

Il change : ses flèches cruelles
Reprennent leur premier état ;
Mais il conserve encor des ailes
Pour marque de son attentat.

Depuis, l'Amour, aussi volage
Que le papillon inconstant,
En un instant brûle et s'engage,
Et se dégage en un instant.

[LE MATÉRIALISME]

[...]
    La matière n'a pu se donner la pensée ;
Maxime que je trouve en mon âme tracée :
Est-ce de son repos ou de son mouvement
Que partent les rayons de notre entendement ?
Son repos est l'effet d'un état léthargique,
Inhabile à répondre à la force énergique
De l'esprit, qui s'élance au milieu des éclairs,
Et qui, dans un clin d'œil, embrasse l'univers :
Est-ce le mouvement devenu plus rapide
Par les chocs redoublés d'un tourbillon fluide[1],
Qui pourrait triompher, par ses efforts hardis,

De la stupidité de nos sens engourdis ?
Quel prodige inouï ! quelle métamorphose !
L'effet de la matière est plus grand que sa cause !
Le pouvoir de s'étendre et de changer de lieu
Enfanterait l'esprit, cette image d'un Dieu !
Mais comment le transport de l'espace à l'espace,
Le droit d'avoir deux bouts, un centre, une surface,
De fuir, de retourner avec célérité,
Donnerait-il au corps cette sublimité ?
L'atome, renfermé dans son court atmosphère[2],
Peut-il, comme mon âme, étendre sa carrière,
Échapper sans efforts aux chaînes de mes sens,
S'ouvrir même les cieux par ses regards perçants ?
Peut-il dans le passé chercher les faits célèbres,
Du profond avenir éclairer les ténèbres,
Créer, ressusciter les arts et les talents,
Et fixer en un point l'immensité du temps ?
Peut-il, pour dire plus, recourbé sur lui-même,
Réfléchir, consulter s'il me hait, ou s'il m'aime,
Revenir sur ses pas, et, variant toujours,
D'un mouvement physique interrompre le cours ?
Dans des abstractions, où l'esprit le plus sage
S'enfonce avec frayeur et souvent fait naufrage,
Pourrait-il démêler jusqu'aux linéaments,
Qui nuancent entre eux nos divers sentiments,
Diviser des degrés obscurs, métaphysiques,
Et suivre des calculs profonds, géométriques ?
   L'homme de ses plaisirs, comme de ses douleurs,
Dans un prisme épuré sépare les couleurs ;
Une teinte de plus en fait la différence,
Il saisit finement cette faible nuance ;
Il perce la nature avec sagacité
Et sonde ses replis avec subtilité ;
Le compas à la main, il mesure, il divise
Jusqu'au point idéal que l'esprit analyse :
Mais quel est le compas habile à mesurer
Le doute, le remords qui vient me déchirer ?
Ajoutons à ces traits ces élans de notre âme,

Ces désirs infinis d'un bonheur qui l'enflamme,
Ce vide de nos cœurs, cette ardeur de chercher,
Cette soif qui demande un Dieu pour l'étancher :
De là ce sentiment, cette intime assurance
De voir finir le corps ; et non pas l'espérance,
Ce gage précieux de l'immortalité,
Cet enfant de nos cœurs et de la vérité !
    L'être simple n'a rien qui puisse le dissoudre :
Tout être composé doit se réduire en poudre.
Il faudrait que Dieu même anéantît l'esprit ;
Pur, il est séparé du germe qui périt ;
Dans les êtres vivants la mort est la rupture
Du pivot qui soutient leur faible architecture ;
Qui n'a point de ressorts l'un dans l'autre enchâssés
Ne craint point de les voir rompus et dispersés :
L'âme est inaltérable ; et, grand Dieu ! ta justice
Demande qu'elle vive, ou pour punir le vice
Des tributs des mortels et d'honneurs entouré,
Ou pour aider le juste indigent, ignoré,
Qui, fui par les grandeurs, les méprise en silence,
Et borne à la vertu toute son opulence.
    Ainsi s'annonce à nous l'éternel Créateur,
De l'esprit et des corps sage modérateur.
    Des êtres dispersés la terre est la semence :
Tout change, dit Lucrèce, ainsi que tout commence,
Plus la fatale mort ensanglante ses mains,
Plus les tombeaux féconds reproduisent d'humains ;
Ainsi tout est sorti du sein de la nature,
Et tout ce qui périt devient sa nourriture :
    Lucrèce, ouvre les yeux, vois l'immense grandeur
Du gouffre dont tu veux sonder la profondeur,
Vois ce globe étonnant dont tu n'es qu'un atome,
Ces astres où se perd l'orgueil de l'astronome ;
Et toi-même, égaré dans l'abîme des cieux,
Tremble d'avoir proscrit leur maître impérieux :
Ah ! si des passions la voix séditieuse
N'eût armé contre lui ta muse ambitieuse ;
Si l'orgueil, cet opprobre et ce fils des talents,

N'eût guidé dans l'erreur tes pas encor tremblants,
Tu n'eusses point osé, dans des écrits impies,
Vomir contre le ciel le poison des harpies ;
Au rang des animaux abaisser les mortels,
À la face des Dieux foudroyer les autels ;
Et pour combler enfin ta vanité profonde,
Te nommer l'architecte et le moteur du monde.
[…]

La Religion vengée, chant IV

Saint-Lambert

L'ÉTÉ

[...]
    Hélas! le malheureux qui rend nos champs fertiles
Est immolé sans cesse aux habitants des villes.
Le luxe honore ici les talents superflus,
On dédaigne son art, son état, ses vertus.
    Ô mon concitoyen, mon compagnon, mon frère!
Ô toi! par qui fleurit l'art le plus nécessaire;
Ami de l'innocence, honnête agriculteur,
Qu'il est facile et doux de faire ton bonheur!
Quand il n'a point à craindre une injuste puissance,
Un tyran subalterne, ou l'avare finance;
Quand la loi le protège, il est heureux sans frais,
Si près de la nature, il sent tous ses bienfaits.
Le luxe ne vient point lui montrer ses misères,
Et le faire rougir de l'état de ses pères;
La compagne des mœurs, la médiocrité[1],
La paix et le travail conservent sa gaîté.
L'ordre seul des Saisons change ses espérances;
Ses désirs, ses projets naissent des circonstances;
Il peut aimer demain ce qu'il aime aujourd'hui,
Et la paix de son cœur n'est jamais de l'ennui.
Vous le rendez heureux, volupté douce et pure,
Attachée à l'hymen, aux nœuds de la nature;

L'épouse qu'il choisit partage ses travaux,
De l'ami de son cœur elle adoucit les maux.
Ses enfants sont sa joie, ils seront sa richesse ;
Il verra leurs enfants entourer sa vieillesse ;
Et sur son front ridé, rappelant la gaîté,
Prêter encor un charme à sa caducité.
Lorsque l'astre du jour a fini sa carrière,
Qu'il revient avec joie à son humble chaumière !
Qu'il trouve de saveur aux mets simples et sains,
Au repas que sa fille apprêta de ses mains !
La paix, la complaisance et le doux badinage,
Aimables compagnons de son heureux ménage,
Entourent avec lui la table du festin :
Réveillé par l'amour, inspiré par le vin,
À sa douce gaîté souvent il s'abandonne :
Il chante ses plaisirs, et le Dieu qui les donne.
Son épouse l'écoute, et s'unit à son chant,
Son fils, entre ses bras, s'endort en souriant.
Ô cabanes du pauvre ! asiles respectables
Des plaisirs sans remords, des vertus véritables ;
Loin des vices polis et de l'ami trompeur,
C'est chez vous que le cœur peut rencontrer un cœur.
C'est là que l'équité, la candeur de nos pères,
Les biens de l'âge d'or ne sont pas des chimères.
    Mais voici le moment où l'astre des saisons
Fait gémir nos climats brûlés de ses rayons.
Il descend du Cancer au monstre de Némée,
Il revêt de splendeur la nature enflammée.
Son orbe étincelant roule sous un ciel pur,
Des campagnes de l'air il argente l'azur,
Et sur le vaste champ de sa longue carrière,
Il verse de son sein des torrents de lumière :
Le fleuve se resserre, et le peuple des eaux
Cherche l'abri d'un antre ou l'ombre des roseaux.
Du sommet des rochers, sur les arides plaines
Déjà n'arrive plus le tribut des fontaines :
Le ruisseau qui languit implorait leur secours,
Son onde a suspendu son murmure et son cours.

Par des feux dévorants, la sève consumée,
Déjà ne soutient plus la plante inanimée ;
Et le grain détaché de l'herbe qui pâlit,
Dans le limon poudreux, tombe et s'ensevelit.
Le coursier sans vigueur, et la tête penchée,
Jette un triste regard sur l'herbe desséchée[a].
Le pasteur écarté sous des arbres touffus,
La tête sur la mousse et les bras étendus,
S'endort environné de ses brebis fidèles,
Et des chiens haletants, qui veillent autour d'elles.
La chaleur a vaincu les esprits et les corps.
L'âme est sans volonté, les muscles sans ressorts.
L'homme et les animaux, la campagne embrasée,
Vainement à la nuit demandent la rosée.
Sous un ciel sans nuages on voit de longs éclairs
Serpenter sur les monts, et sillonner les airs.
La nuit marche à grands pas, et de son char d'ébène
Jette un voile léger que l'œil perce sans peine :
Son empire est douteux, son règne est d'un moment[b]
L'éclat du jour qui naît blanchit le firmament.
Des feux du jour passé l'horizon brille encore,
Les vents et la fraîcheur n'annoncent plus l'aurore ;
Les premiers traits du jour à peine rallumé,
Portent un feu nouveau dans l'espace enflammé ;
Du rivage et des monts l'aridité brûlante,
Afflige les regards, flétrit l'âme indolente :
La chaleur qui s'étend sur un monde en repos,
A suspendu les jeux, les chants et les travaux :
Tout est morne, brûlant, tranquille ; et la lumière
Est seule en mouvement dans la nature entière.

---

a. Le coursier sans vigueur, et la tête penchée,
Jette un triste regard sur l'herbe desséchée.

Langue il corsier già si feroce, e l'erba
Che fu suo caro cibo, à schifo prende.

                                                    Le Tasse.

b. Son empire est douteux, son règne est d'un moment
Short is doubtful empire of the night.

                                                    Thomson[2].

Ah que ne puis-je errer dans ces sentiers profonds,
Où j'ai vu des torrents tomber du haut des monts,
Et se précipiter dans la vallée obscure,
À travers les rochers et la sombre verdure !
Que ne suis-je ombragé du voile nébuleux,
Qu'élève jusqu'au ciel ce fleuve impétueux,
Qui des monts Abyssins dans d'immenses vallées,
Épanche, en rugissant, ses ondes rassemblées !
Que j'aimerais à voir ces flots d'un cristal pur,
Étendre dans leur chute une nappe d'azur[a],
Le fleuve s'engloutir dans des plaines profondes,
Bouillonner, reparaître, et relevant ses ondes
Opposer au soleil un nuage argenté,
Et sur les monts brûlants porter l'humidité[b] !
Le bruit, l'aspect des eaux, leur écume élancée,
Rafraîchiraient de loin mes sens et ma pensée ;
Et là, couronné d'ombre, entouré de fraîcheur,
Je braverais en paix les feux de l'Équateur.

    Et vous, forêt immense, espaces frais et sombres,
Séjour majestueux du silence et des ombres,
Temples où le Druide égarait nos aïeux[c],

---

a. Que j'aimerais à voir ces flots d'un cristal pur
Étendre dans leur chute une nappe d'azur
At first an azure sheet as prone it falls.
                        Thomson.
b. Sur des climats brûlants jeter l'humidité,
Et voiler le soleil d'un nuage argenté.
Dashed in a cloud of foam, it sends aloft
A hoary mist and forms a ceaseleser shovs.
                        Thomson.
c. Sanctuaire où Dodone allait chercher ses Dieux.
    Dans les forêts, l'obscurité, dont on ne voit point les bornes, et le silence qui fait sentir l'absence des êtres animés, inspirent une sorte de crainte qui devient facilement religieuse ; presque tous les peuples ont placé dans les forêts quelques-unes des puissances invisibles qu'avait créées leur imagination ; mais s'ils ont souvent divinisé les chênes, les grands ormes, etc. ce n'est pas seulement un effet de la crainte.
    L'homme sauvage sent qu'il se meut parce qu'il est animé, et il suppose animés tous les êtres dans lesquels il voit du mouvement ; de là les dieux des eaux, les puissances de l'air, les divinités des bois, etc. Dans un poème anglais, intitulé

Sanctuaire où Dodone allait chercher ses Dieux ;
Qu'il m'est doux d'échapper, sous vos vastes ombrages,
À la zone de feu qui brûle ces rivages !
Vous m'inspirez d'abord une douce terreur,
Du respect, du plaisir, une agréable horreur.
Je ne sais quoi de grand s'imprime à mes pensées,
Ce dôme ténébreux, ces ombres entassées ;
Ce tranquille désert, ce calme universel,
Leur donne un caractère et grave et solennel.
Tout semble autour de moi plein de l'Être suprême :
Là je viens sous ses yeux m'interroger moi-même.
[…]

---

l'*Hermite*, on fait descendre en Écosse un habitant des Orcades, pays où il ne
croît aucun arbre ; l'Orcadien est fort étonné à la vue d'un grand poirier chargé
de fruits, il admire, on lui fait goûter des fruits, il les trouve excellents, il s'élève
un vent qui agite les feuilles de l'arbre, l'Orcadien se prosterne devant lui et
l'adore. Cette fiction est très philosophique.

Jacques Cazotte

LA RIVIÈRE ET LA PRAIRIE

FABLE

Causant avec la Prairie,
La Rivière adroitement
Rabattit sur le torrent ;
Je suis sa meilleure amie ;
On croit qu'il est mon parent,
À cause de la ravine,
Qui se prétend ma cousine,
Et dont on dit qu'il descend.
Je serais désespérée
De dire à d'autres qu'à vous
Ce qu'en pense la contrée ;
Mais il y passe, entre nous,
Pour un scélérat insigne,
Il a fait un trait indigne.
Quelque part, près de ces lieux,
On sacrifiait aux Dieux.
Il part du haut de la cime ;
Comme un foudre il se répand,
Entraîne, chemin faisant,
L'idole, le desservant,
Les dévots et la victime.

Il n'a pas de lit certain ;
Mais, dans son cours libertin,
Quelque part qu'il s'achemine,
Il saccage, déracine ;
Il s'élance avec fureur,
Précédé par la terreur
Et suivi de la ruine.
Son cours est un vrai fléau.
Ce n'est pas que je me loue ;
Mais regardez bien mon eau,
Vous n'y verrez pas de boue.
Je m'écoule, à petit bruit,
Et, partout sur mon passage,
Plaine, bosquet, pâturage,
Tout s'engraisse, tout fleurit…
La Prairie, impatiente,
Dit, le ciel en soit béni :
La gloire en revient à lui,
Qui vous ménagea la pente.
Mais si, changeant de niveau,
Vous tombiez d'un peu plus haut
Que ce torrent si coupable,
Vous seriez plus intraitable.
Plaignons les gens dont les penchants sont forts :
Il doit leur en coûter pour vaincre la nature :
Quand ils font mal, sans doute ils ont des torts,
Mais Dieu seul en sait la mesure.

Aimé Feutry

LES TOMBEAUX

Discendum est mori, cum mori necesse est.

Au pied de ces coteaux, où, loin du bruit des cours,
Sans crainte, sans désirs, je coule d'heureux jours,
Où des vaines grandeurs je connais le mensonge,
Où tout, jusqu'à la vie, à mes yeux est un songe,
S'élève un édifice, asile de mortels
Aux larmes dévoués, consacrés aux autels.
Une épaisse forêt, de la demeure sainte,
Aux profanes regards cache l'austère enceinte ;
L'aspect de ce séjour, sombre, majestueux,
Suspend des passions le choc impétueux,
Et portant dans nos cœurs une atteinte profonde,
Il y peint le néant des plaisirs de ce monde.

Leur temple, vaste, simple, et des temps respecté,
Inspire la terreur par son obscurité ;
Là, cent tombeaux, pareils aux livres des Prophètes,
Sont des lois de la mort les tristes interprètes :
Ces marbres éloquents, monuments de l'orgueil,
Ne renferment, ainsi que le plus vil cercueil,
Qu'une froide poussière, autrefois animée,
Et qu'enivrait sans cesse une vaine fumée.
De ces lieux sont bannis l'ambition, l'espoir,

La dure servitude, et l'odieux pouvoir;
Là, d'un repos égal, jouissent l'opulence,
La pauvreté, le rang, le savoir, l'ignorance.
Orgueilleux! c'est ici que la mort vous attend;
Connaissez-vous… peut-être il n'est plus qu'un instant :
Cœurs faibles! qui craignez son trait inévitable,
Osez voir, sans frémir, ce séjour redoutable;
Parcourez ces tombeaux, venez, suivez mes pas,
Et préparez vos yeux aux horreurs du trépas.

Quel est ce monument dont la blancheur extrême
De la tendre innocence est sans doute l'emblème?
C'est celui d'un enfant qu'un destin fortuné
Enleva de ce monde aussitôt qu'il fut né.
Il goûta seulement la coupe de la vie;
Mais sentant sa liqueur d'amertume suivie,
Il détourna la tête, et, regardant les cieux,
À l'instant pour toujours il referma les yeux.
Mère! sèche tes pleurs, cet enfant dans la gloire
Jouira sans combats des fruits de la victoire.

Ici sont renfermés l'espoir et la douleur
D'un père qui gémit sous le poids du malheur.
Il demande son fils, l'appui de sa vieillesse,
L'unique rejeton de sa haute noblesse;
Il le demande en vain : l'impitoyable mort
Au midi de ses jours a terminé son sort.
Sa couche nuptiale était déjà parée;
À marcher aux autels l'amante préparée
Attendait son amant pour lui donner sa foi,
Mais la fête se change en funèbre convoi.
Calme-toi, jeune Elvire! insensible à tes larmes,
Dans les bras de la mort, Iphis brave tes charmes.

Quels sont les attributs de cet autre tombeau?
Dans un ruisseau de pleurs l'Amour plonge un flambeau;
On voit à ses côtés les Grâces gémissantes
Baisser un triste front, et des mains languissantes :

La jeunesse éplorée, et les jeux éperdus,
Semblent encor chercher la beauté qui n'est plus.
Quelle main oserait en tracer la peinture ?
Hortense fut, hélas ! l'orgueil de la nature.
Mais de cette beauté, fière de ses attraits,
Osons ouvrir la tombe et contempler les traits.
Ô ciel !... de tant d'éclat... quel changement funeste !...
Une masse putride est tout ce qu'il en reste ;
Vous frémissez... ainsi nos corps, dans ce séjour,
D'insectes dévorants seront devorants un jour.
Hommes vains et distraits ! quelle trace sensible
Laisse dans vos esprits ce spectacle terrible ?
La même, hélas ! qu'empreint le dard qui fend les airs
Ou le vaisseau léger qui sillonne les mers.

Des sépulcres des grands, voici la sombre entrée.
De quelle horreur votre âme est-elle pénétrée ?
Tout est tranquille ici ; suivons ces pâles feux ;
Le silence et la mort règnent seuls en ces lieux.
La terreur qui les suit, errante sous ces voûtes,
Ne peut nous en cacher les ténébreuses routes.
Descendons, parcourons ces tombeaux souterrains,
Où, séparés encor du reste des humains,
Ces grands, dont le vulgaire adorait l'existence,
Ont voulu conserver leur triste préséance.
De l'humaine grandeur pitoyables débris !
Eh ! que sont devenus ces superbes lambris,
Ces plaisirs, ces honneurs, ces immenses richesses,
Ces hommages profonds... ou plutôt ces bassesses ?...
Grands ! votre éclat, semblable à ces feux de la nuit,
Brille un moment, nous trompe, et soudain se détruit.

À l'obscure clarté de ces lampes funèbres,
Sur ces marbres inscrits voyons leurs noms célèbres ;
Lisons : « Ci-gît le grand... » Brisez-vous, imposteurs !
Eh quoi ! des os en poudre ont encor des flatteurs !...
Je l'ai vu de trop près : dédaigneux et bizarre,
Il fut à la fois haut, rampant, prodigue, avare,

Sans vertus, sans talents, et, dévoré d'ennui,
Il cherchait le plaisir qui fuyait loin de lui.
De cet autre, ô regrets! l'épitaphe est sincère;
Il fut des malheureux, le protecteur, le père;
Affable, juste, vrai, rempli d'humanité,
Il prévint les soupirs de l'humble adversité :
La patrie anima son zèle, son courage,
Soub...[1], il eut enfin tes vertus en partage.
Des vrais grands, par ces traits, connaissons tout le prix,
Mais leurs fantômes vains sont dignes de mépris.

Dans ces lieux, un moment, recueille-toi, mon âme!...
Tombeaux! votre éloquence, avec un trait de flamme,
A gravé dans mon cœur le néant des plaisirs;
Cessons donc ici-bas de fixer nos désirs,
Tout n'est qu'illusion, d'illusions suivie,
Et ce n'est qu'à la mort où commence la vie.

Jean Vadé

LE GOÛT DE BIEN DES GENS

CHANSON

Une fille
Qui toujours sautille,
Dont l'air agaçant
Annonce un feu naissant,
Ferme, franche,
Beaux yeux, gorge blanche ;
Cet objet est tout
Ce qui flatte mon goût.

Morbleu ! quand je vois
Certaine Lucrèce
Qui des lois
D'une austère sagesse
M'entretient,
Et cent fois me tient
De ces propos
Sensés ou bigots ;
Moi, sur un ton
Qui la confond,
Je lui réponds ;

Une fille, *etc.*

Je ris des attraits
De cette coquette
Dont les traits
Naissent de sa toilette.
En vain l'art
Lui prête un rempart ;
Deux fois vingt ans
Ont filé son temps.
L'or, le fracas,
Les faux appas
Ne valent pas

Une fille, *etc.*

Pourquoi vante-t-on
Les airs de noblesse
Et le ton
De petite maîtresse,
D'une Iris
Insensible aux ris
Qui minaudant,
Vous trouve excédent,
Cligne les yeux
Et fait des nœuds ?
J'aime bien mieux

Une fille, *etc.*

HISTOIRE DE Mlle MANON

Qui veut savoir l'histoire entière
De mamselle Manon la couturière
Et de monsieur son cher amant
Qui l'aimait zamicalement ?

Ce jeune homme-cy, t'un beau dimanche
Qu'il buvait son d'mistier[1] à la Croix-Blanche,
    Fut accueilly par des farauts
    Qui raccollent zen magnèr de crocs[2].

    L'un d'eux ly dit : Voulez-vous boire
À la santé d'un roi couvert de gloire ?
    À sa santé ? Dit-y, Zoui-dà,
    Il mérite bien c't honneur-là.

    Y n'eut pas plutôt dit la chose,
Qu'un raccolleur dix écus ly propose
    En lui disant, en abrégé,
    Qu'avec eux t-il est zengagé.

    Oh ! c' n'est pas comm'ça qu'on zengage,
Répond le jeun' garçon faisant tapage.
    Y au guet ! Y au guet ! Y au guet ! Y au guet !
    Le guet vient pour savoir le fait.

    Pour afin d'éclaircir l'affaire
L'guet les mène trestous cheux l'commissaire
    Qui condamne l' jeune garçon
    D'aller faire un tour t'en prison.

    Ah ! voyez t'un peu l'injustice
De ces messieux les gens de la justice :
    Ils vous jugeont sans jugement,
    Sans sçavoir l'queul qu'est l'innocent.

    Sachant cela Manon zhabile,
S'en va tout droit de cheux Monsieur d'Marville[3]
    Pour lui raconter zen pleurant
    Le malheur de son accident

    Monsieur le lieutenant de Police
Soit par raison d'État, ou par malice

Dit : Mam'sell, quoiqu'vous parlés bien,
Vot serviteur, vous n'aurés rien.

Là d'ssus ste pauvre chere amante
Pleure encore un ptit brin pour qu'ça le tente ;
Mais voyant qu'ça n'operait pas,
Pour la Cour all part de ce pas.

À Fontainebleau zelle arrive,
Quasi presque toute aussi morte que vive,
S'jette au col de Monsieur d'Villeroy,
Qu'alle prit d'abord pour le Roi[4].

Monsieux, vot'sarvante… J'suis l'votre,
S'nest pas moy qu'est l'Roi, dit-il, c'est un autre.
Mon enfant t'nés, l'vlà tout la bas…
Ah Monsieux je l'vois, n'bougés pas.

Sire, escusés si j'vous dérange ;
Mais c'est que je ne dors, ne bois, ny mange
Du depuis que l'Amant que j'ay
Sur vot' respect est engagé.

On zy a forcé signature
De signer un papier plein d'écriture ;
Il ne serait point zenrôlé
Si y on ne l'avait pas violé.

Le Roi, qu'est la justice même,
Dit : Vous méritez qu'vote amant vous aime ;
Puis lui fit donner mil zécus
Et le congé par là-dessus.

Ah ! dit-elle, roi trop propice
S'il y avait queuqu'chose pour vot' sarvice
Je pourrions nous employer, dà…
L'roi dit qu'il n' voulait rien pour ça.

De Paris regagnant la ville,
Elle reva de cheux monsieu d'Marville :
    M' faut mon amant, rendez-le-moi ;
    T'nez, lisez, v'là l'ordre du Roi.

Il est trop tard, mademoiselle.
Quand il s'rait encor plus tard, ly dit-elle,
    M' faut mon amant, je l'veux avoir,
    Non pas demain mais drès ce soir.

L' magistrat, voyant ben que c't ordre
Allait lui donner du fil à r'tordre,
    Fit venir le jeune garçon
    Et puis le remit à Manon.

Vous jugez comme ils s'embrassèrent,
Et puis ensuite comme ils s'épousèrent ;
    Et l'on entend dire en tout lieu
    Que c'est un p'tit ménage de Dieu.

Filles qui faites les fringantes,
Parmi vous trouve-t-on de telles amantes ?
    Profitez de cette leçon,
    Vous aurez le sort de Manon.

AMPHIGOURI

SUR L'AIR DU MENUET D'EXAUDET[1]

Josaphat
Est un fat
Très aride,
Qui croit être fort savant
Parce qu'il va souvent
Sous la Zone Torride,

Critiquant
Et piquant
Agrippine,
Pour avoir fait lire à Prau
Les ouvrages de Pro-
Serpine.
Si le Public lui pardonne
Tous les travers qu'il se donne,
Il faut donc
Que Didon
Ait pour elle
Le droit d'aller dans le parc
Qu'on destinait à Marc-
Aurèle :
En ce cas,
Le fracas
D'abord cesse,
Chacun pourra sans respect
Persifler à l'aspect
D'une auguste Princesse ;
Et malgré
Le congré,
Ariane,
Pourra vendre au plus offrant
Une tourte de fran-
Chipanne.

Jean-François Marmontel

LA VOIX DES PAUVRES

ÉPÎTRE AU ROI, SUR L'INCENDIE DE L'HÔTEL-DIEU

Permets que l'indigence, à souffrir destinée,
T'apprenne à quel supplice elle était condamnée.
Ô toi qui fus bon, même envers tes ennemis,
Regarde tes sujets, tes enfants, et frémis.
Dans un lit de douleur, où leurs cris se répondent,
Où d'un souffle mortel les vapeurs se confondent,
Viens les voir entassés, les mourants sur les morts,
L'un, d'un affreux délire éprouvant les transports,
L'autre, qu'un feu plus lent auprès de lui consume,
Ceux dont le cœur se glace, ou dont le sang s'allume,
Tous respirant un air qui, chargé de poison,
Est d'un gouffre empesté l'horrible exhalaison.
Sur son lit, près de lui, dans ses bras, à toute heure,
Chacun d'eux voit mourir, en attendant qu'il meure,
Cherche en vain dans ses maux un pénible sommeil,
Ou ne dort qu'en rêvant aux horreurs du réveil.

Tel est, grand roi, tel est ce refuge effroyable.
De nos calamités, c'est la plus incroyable ;
Mais Paris, qui la voit, l'atteste en gémissant.

Tu l'ignorais. Jamais ton cœur compatissant
N'eût souffert ces horreurs dont frémit la nature,
Et dont ce n'est ici qu'une faible peinture.
Le Ciel enfin permet que ces murs ténébreux
Tombent, pour nous venger, dévorés par les feux ;
Et le pauvre échappé de cet affreux repaire,
Du milieu des débris tend les bras vers son père.

Accorde à nos douleurs un asile où du moins
Ton sujet, en mourant, puisse bénir tes soins.
Un roi juste suffit à l'opulent paisible ;
Mais le pauvre a besoin d'un roi tendre et sensible.
Tu l'es ; nous le savons, fais-nous donc respirer.
Que sans horreur du moins nous puissions expirer.
Nous chérirons le règne où le Ciel nous fit naître,
Et nos derniers soupirs seront pour notre maître.
[…]

LA NEUVAINE DE CYTHÈRE

Dans un bosquet, dont l'amoureux feuillage
En se courbant mariait son ombrage,
Vénus dormait sur un gazon naissant ;
Le coloris, la fraîcheur du bel âge.
De la santé l'éclat éblouissant,
Et les rondeurs d'un élégant corsage,
Et d'un beau sein le tour appétissant,
Et cette croupe et si blanche et si belle,
Et mille attraits dont il n'est pas décent
De peindre aux yeux l'image naturelle,
Se déployaient sur ce corps ravissant.

Dans le sommeil un songe caressant
Flattait son sein, voltigeait sur sa bouche,
D'un doigt folâtre appelait le désir,

Et d'un coup d'aile éveillait le plaisir.
Vénus soupire : une nouvelle couche
De vermillon colore son beau teint.

Son cœur ému se dilate et palpite,
Et chaque instant redouble et précipite
Le mouvement qui soulève son sein.
Son œil humide, à travers la paupière,
Laisse échapper une douce lumière,
Feu du désir, feu rapide et brillant,
Qui de son cœur jaillit en pétillant[1].
Elle touchait à ce moment où l'âme
De ses liens est prête à s'envoler,
Et n'attend plus qu'une bouche où sa flamme
Par un soupir se plaise à s'exhaler.

Un jeune faune ardent, nerveux[2] et leste,
Le coq brillant des nymphes d'alentour,
Très éloquent de la voix et du geste,
Et, comme un page, insolent en amour,
Trouve à l'écart cette beauté céleste,
S'arrête, admire, approche à petit bruit,
Dévore tout d'un regard immodeste.
« Ah ! c'est Vénus ; je reconnais le ceste[3],
Dit-il ; Amour, c'est toi qui m'as conduit.
Reine des cœurs, charme de la nature,
Vénus, je brûle, et crains de te saisir ! »

Puis, d'une main soulevant la ceinture :
« Le voilà donc le trône du plaisir !
Que de trésors ! ah ! brusquons l'aventure. »
Quelque novice eût trouvé le bonheur
Dans un baiser ; le faune, moins timide,
Va droit au fait, et la reine de Gnide,
En s'éveillant, le nomma son vainqueur.

Il faut savoir que, mollement penchée,
À demi-corps Vénus était couchée ;

L'un des genoux sur les fleurs est tendu ;
Au bord du lit l'autre tient suspendu
Le poids léger d'une jambe arrondie.
À se poster le faune s'étudie :
Sur les deux mains son corps est balancé ;
Le trait perçant brûle d'être lancé ;
Il le retient, il l'ajuste, il le glisse
Si doucement, que le songe propice
N'est dissipé qu'après être accompli.
En s'envolant, un songe laisse un vide ;
De celui-ci par un plaisir solide,
La place est prise, et le vide est rempli.

Vénus s'éveille : «Ah ! se peut-il qu'un songe
S'écria-t-elle, agite ainsi mes sens !
Dieux ! quelle ardeur ! ce n'est point un mensonge ;
Non ; je le vois, je le tiens, je le sens.
Est-ce un mortel, un dieu qui me possède ?
Qui que tu sois, ô mon cher ravisseur,
À tes transports je pardonne, je cède :
Pour être un crime ils ont trop de douceur. »

Chant I. Le Songe

Jean-François de Bastide

LES DÉTAILS

[...]
Le premier instant du délire
Prive de cent détails flatteurs :
Un parterre, émaillé de fleurs,
Force les yeux à l'inconstance ;
Ébloui de tant de couleurs,
On distingue peu leur nuance.
On y revient, on jouit mieux.
L'habitude qu'on calomnie,
Est un trésor pour les bons yeux :
On examine, on apprécie,
On sent tout, on donne la vie
À mille riens délicieux,
Imaginés par le génie,
Pour égayer le sérieux
Qu'on reproche à la symétrie.
C'est ce que j'éprouve, en ce jour.
Je te vis, mon âme ravie,
Dans une abondance infinie
De charmes, formés par l'amour,
Ne saisit aucune partie.
Aujourd'hui je sens, tour à tour,
Se développer tous ces charmes ;

Tour à tour, je leur rends les armes.
L'ensemble m'avait ébloui,
Je pouvais craindre un peu d'ivresse ;
Par le détail, la crainte cesse,
Jamais l'amour le mieux senti
Ne fut plus loin de la faiblesse.
Il naît encore un second bien
De ce détail si raisonnable.
[…]

Les Gradations de l'amour[1]

LE RACCOMMODEMENT

[…]
        Regards charmants de ma maîtresse !
    Soupirs, transports, inexprimable ardeur !
Voluptueux silence, et langage enchanteur !
        Quoique présents à ma mémoire,
        Je ne puis vous rendre, à mon gré,
        On ne peint point la volupté :
Après tant de plaisir, ce serait trop de gloire ;
Le bonheur d'un mortel doit être limité.
    Toi dont l'esprit égale la beauté,
        Tu concevras mon impuissance !
    Puisque les dieux, par leur sévérité,
        Nous privent d'une jouissance,
        Remplaçons-la par l'espérance
De n'oublier jamais notre félicité.
    Tous les plaisirs de ce monde volage
    Ne valent pas un sentiment du cœur ;
    L'illusion n'est jamais qu'un malheur ;
Le véritable amour est un plus doux partage.
    S'il s'affaiblit, il devient de l'estime ;
Le cœur à cent plaisirs est encor disposé.

D'un monde faux dont l'art est la maxime,
  Que reste-t-il, quand cet art[1] est usé ?
    On définit, et l'on regrette.
La vanité déchire le bandeau ;
Avec dépit on pense à la retraite ;
    On y trouve un chagrin nouveau…
    Nous jouirons d'un sort plus beau ;
    Nous avons connu la tendresse.
    Quand les beaux jours de la jeunesse
S'éclipseront comme un beau jour d'été,
    Nous aurons la délicatesse,
    Les soins, l'amitié, la gaieté,
Les souvenirs : nous puiserons sans cesse
Dans les trésors de la variété,
Pour ranimer le froid de la vieillesse :
    Tous les temps ont leur volupté.
    Ainsi la chaîne qui nous lie
    N'aura point de cours limité :
Avant-coureurs de l'immortalité,
Nos plaisirs dureront autant que notre vie :
L'amour en nous donnant la sensibilité,
    Fit avec nous ce doux traité ;
    Et la raison le ratifie.

Les Gradations de l'amour

Lebrun-Pindare

ODE

Exegi monumentum.

Horace

Grâce à la muse qui m'inspire,
Il est fini ce monument
Que jamais ne pourront détruire
Le fer ni le flot écumant.
Le ciel même, armé de la foudre
Ne saurait le réduire en poudre :
Les siècles l'essaieraient en vain.
Il brave ces tyrans avides,
Plus hardi que les pyramides,
Et plus durable que l'airain.

Qu'atteste leur masse insensée ?
Rien qu'un néant ambitieux :
Mais l'ouvrage de la pensée
Est immortel comme les dieux.
Le temps a soufflé sur la cendre
Des murs qu'aux rives du Scamandre
Cherchait l'ami d'Éphestion ;
Mais quand tout meurt, peuples, monarques,
Homère triomphe des Parques
Qui triomphèrent d'Ilion.

Sur les ruines de Palmyre
Saturne a promené sa faux ;
Mais l'univers encore admire
Les Pindares et les Saphos.
Frappé de cette gloire immense,
Le fameux vainqueur de Numance,
Par tant de palmes ennobli,
Voulut qu'en sa tombe honorée
D'Ennius l'image sacrée
Le protégeât contre l'oubli.

Cet hymne même que j'achève
Ne périra point comme vous,
Vains palais que le faste élève,
Et que détruit le temps jaloux.
Vous tomberez, marbres, portiques,
Vous dont les sculptures antiques
Décorent nos vastes remparts ;
Et de ces tours au front superbe
La Seine un jour verra sous l'herbe
Ramper tous les débris épars.

Mais tant que son onde charmée
Baignera l'empire des lis,
De ma tardive renommée,
Ses fastes seront embellis.
Elle entendra ma lyre encore
D'un roi généreux qui l'honore
Chanter les augustes bienfaits,
Ma lyre, qui dans sa colère
A d'une Thémis adultère
Consacré les lâches forfaits.

Élève du second Racine,
Ami de l'immortel Buffon,
J'osai, sur la double colline,
Allier Lucrèce à Newton.

Des badinages de Catulle
Aux pleurs du sensible Tibulle
On m'a vu passer tour à tour ;
Et sur les ailes de Pindare,
Sans craindre le destin d'Icare,
Voler jusqu'à l'astre du jour.

Comme l'encens qui s'évapore
Et des dieux parfume l'autel,
Le feu sacré qui me dévore
Brûle ce que j'ai de mortel.
Mon âme jamais ne sommeille.
Elle est cette flamme qui veille
Au sanctuaire de Vesta ;
Et mon génie est comme Alcide
Qui se livre au bûcher avide,
Pour renaître au sommet d'Œta.

Non, non, je ne dois point descendre
Au noir empire de la mort :
Amis ! épargnez à ma cendre
Des pleurs indignes de mon sort.
Laissez un deuil pusillanime :
Croyez-en le dieu qui m'anime ;
Je ne mourrai point tout entier.
Eh ! ne voyez-vous pas la gloire
Qui, jusqu'au temple de mémoire,
Me fraie un lumineux sentier ?

J'échappe à ce globe de fange :
Quel triomphe plus solennel !
C'est la mort même qui me venge :
Je commence un jour éternel.
Comme un cèdre aux vastes ombrages,
Mon nom, croissant avec les âges,
Règne sur la postérité.
Siècles ! vous êtes ma conquête ;

Et la palme qui ceint ma tête
Rayonne d'immortalité.

Odes, VI, XI

ODE SUR LE VAISSEAU
LE VENGEUR[1]

Au sommet glacé du Rhodope[2],
Qu'il soumit tant de fois à ses accords touchants,
Par de timides sons le fils de Calliope
          Ne préludait point à ses chants.

          Plein d'une audace pindarique,
Il faut que des hauteurs du sublime Hélicon,
Le premier trait que lance un poète lyrique
          Soit une flèche d'Apollon.

          L'Etna, géant incendiaire,
Qui, d'un front embrasé, fend la voûte des airs,
Dédaigne ces volcans dont la froide colère
          S'épuise en stériles éclairs.

          À peine sa fureur commence,
C'est un vaste incendie et des fleuves brûlants.
Qu'il est beau de courroux, lorsque sa bouche immense
          Vomit leurs flots étincelants!

          Tel éclate un libre génie,
Quand il lance aux tyrans les foudres de sa voix.
Telle à flots indomptés sa brûlante harmonie
          Entraîne les sceptres des rois.

          Toi, que je chante et que j'adore,
Dirige, ô Liberté! mon vaisseau dans son cours,

Moins de vents orageux tourmentent le Bosphore
        Que la mer terrible où je cours.

        Argo, la nef à voix humaine,
Qui mérita l'Olympe et luit au front des cieux,
Quel que fût le succès de sa course lointaine,
        Prit un vol moins audacieux.

        Vainqueur d'Éole et des Pléiades,
Je sens d'un souffle heureux mon navire emporté :
Il échappe aux écueils des trompeuses Cyclades,
        Et vogue à l'immortalité.

        Mais des flots fût-il la victime,
Ainsi que le *Vengeur* il est beau de périr ;
Il est beau, quand le sort vous plonge dans l'abîme,
        De paraître le conquérir.

        Trahi par le sort infidèle,
Comme un lion pressé de nombreux léopards,
Seul au milieu de tous, sa fureur étincelle ;
        Il les combat de toutes parts.

        L'airain lui déclare la guerre ;
Le fer, l'onde, la flamme entourent ses héros.
Sans doute, ils triomphaient ! mais leur dernier tonnerre
        Vient de s'éteindre sous les flots.

        Captifs !... la vie est un outrage !
Ils préfèrent le gouffre à ce bienfait honteux.
L'Anglais, en frémissant, admire leur courage ;
        Albion pâlit devant eux.

        Plus fiers d'une mort infaillible,
Sans peur, sans désespoir, calmes dans leurs combats,
De ces républicains l'âme n'est plus sensible
        Qu'à l'ivresse d'un beau trépas.

Près de se voir réduits en poudre,
Ils défendent leurs bords enflammés et sanglants,
Voyez-les défier et la vague et la foudre
Sous des mâts rompus et brûlants.

Voyez ce drapeau tricolore,
Qu'élève en périssant leur courage indompté.
Sous le flot qui les couvre, entendez-vous encore
Ce cri : « Vive la liberté » ?

Ce cri !… c'est en vain qu'il expire,
Étouffé par la mort et par les flots jaloux.
Sans cesse il revivra répété par ma lyre.
Siècles ! il planera sur vous !

Et vous, héros de Salamine,
Dont Thétis vante encor les exploits glorieux,
Non ! vous n'égalez point cette auguste ruine,
Ce naufrage victorieux !

Odes, V, X

LA NATURE

OU LE BONHEUR PHILOSOPHIQUE
ET CHAMPÊTRE

[…]
Heureux qui des effets sait remonter aux causes,
Saisir d'un vol hardi les principes des choses,
Et d'un regard sublime entrevoir les accords
Des éléments rivaux, et de l'âme et des corps !

Il sait qu'un élément, terrible en sa puissance,
Jamais de son rival n'ose altérer l'essence ;
Que d'eux-même en secret immortels aliments,

Ils se séparent tous par d'heureux changements.
Il voit que la matière, à jamais divisible,
Même échappant aux yeux en poussière invisible,
Aux portes du néant est plus loin d'arriver,
Que la terre au soleil n'est près de s'élever.

Rien ne périt, tout change, et mourir c'est renaître.
Tous les corps sont liés dans la chaîne de l'être.
La nature partout se précède et se suit.
Voyez comme sa main des ombres de la nuit
Teint lentement le jour qui pas à pas recule,
Et semble les unir par un doux crépuscule.
Dans un ordre constant ses pas développés
Ne s'emportent jamais à des bonds escarpés.
De l'homme aux animaux rapprochant la distance,
Voyez l'homme des bois lier leur existence.
Du corail incertain, né plante et minéral,
Revenez au polype, insecte végétal [1].
Sur l'insecte étonnant l'être se ramifie,
Et présente partout les germes de la vie ;
De son corps divisé soudain réparateur,
Il renaît plus nombreux sous un fer destructeur.
Telle à nos yeux la glace, en mille éclats brisée,
Rend mille fois l'image entière et divisée.

Où ne s'élance point le vol de ces regards,
Que n'a point obscurcis l'ombre de nos remparts ?
Ils savent à la fois, et profonds et sublimes,
Monter à ces hauteurs, descendre à ces abîmes ;
Dans son cours lumineux suivre la vérité,
Et se plonger au sein de la divinité.
La nature à ces yeux n'est plus qu'un seul empire :
L'or naît, l'animal germe, et la plante respire.
La plus vaste baleine est pour l'immensité,
Dans une goutte amère, un atome jeté ;
Et du vaste océan la goutte qui s'écoule,
Autre océan, nourrit d'autres monstres en foule.

Entre deux infinis l'homme en naissant placé,
Se voit de tous les deux également pressé.
À l'aide d'un cristal autrefois sable aride,
Sur des peuples nouveaux s'il jette un œil avide,
Pour confondre ses yeux qu'effraya l'éléphant,
Le ciron l'attendait aux confins du néant.

Du néant à l'atome il voit l'espace immense ;
Où l'univers n'est plus, l'univers recommence.

Aux profanes regards quels prodiges voilés
Sont aux yeux du génie en foule révélés !
Lui seul de la nature a surpris les oracles,
De ses règnes fameux assemble les miracles,
Et suivant Tournefort[2] au sein d'Antiparos,
La saisit enfantant le marbre et les métaux.

Si du liquide empire il tente les merveilles,
Des secrets de Thétis il enrichit ses veilles,
Voit l'empreinte des mers aux angles des vallons,
Et les pas de Neptune imprimés sur les monts ;
Suit d'un œil assidu leurs conquêtes paisibles,
Pénètre des reflux les ressorts invisibles,
Quand des mois et des ans les astres combinés
Déterminent les flots par leur globe entraînés ;
Soit qu'il médite encore les merveilles physiques
Du métal aimanté, des torrents électriques,
Dont l'active vertu, fille du pur éther,
Roule, invisible aux yeux, dans les veines du fer ;
Soit qu'il porte ses pas sous l'antique Palmyre,
À travers ces débris que l'Orient admire ;
Soit qu'il ose chanter la fureur des volcans,
Ces combats de la flamme, et de l'onde et des vents,
Interroger leur foudre égaré sous la terre,
Ou demander aux cieux les causes du tonnerre ;
Soit qu'il ose asservir aux traces d'un compas
De ces globes errants les invisibles pas,
Ou franchir d'un regard neuf fois trois mille années,
Pour voir de tant de cieux les courses enchaînées

Sur leur trace première en foule revenir,
Et d'un nouveau essor embrasser l'avenir.

Que du faîte élevé des temples de Minerve,
Il foule ces grandeurs que l'ignorance énerve!
Plein d'un calme sublime, il voit avec mépris
Ce néant agité dont les cœurs sont épris.
Que dis-je? il ne voit plus leurs dédales d'intrigues,
Leurs tissus venimeux de complots et de brigues,
Et ces cours où l'exil est le prix des vertus,
Et le stupide amas des trésors de Plutus.

Jamais un homme assis au front des Pyrénées,
Qui dominent les vents et les mers effrénées,
Et d'où chaque regard qu'il lance dans les airs
Y pénètre aussi loin que le vol des éclairs,
Ira-t-il follement ensevelir sa vue
Dans les joncs limoneux d'une source inconnue,
Quand du globe à ses pieds les spectacles épars,
Et les mers et les cieux appellent ses regards?

Heureux qui dans vos bras, filles de Mnémosyne,
Joint la fière Minerve à la tendre Euphrosyne,
Et qui, même en ses vers, émule de Newton,
Tente un vol ignoré du Tasse et de Milton!
La prose suit la gloire à pas lents et fidèles,
Pour l'immortalité les vers seuls ont des ailes.

Ces vers, au sein des cours avec peine enfantés,
Naissent en foule aux bords des ruisseaux argentés.
Le silence en rêvant médite l'harmonie,
Et l'ombre solitaire enflamme le génie.

Sublime accent de l'âme, ô vers mélodieux,
Toi seul fus appelé le langage des dieux;
Ta fière liberté fuit tous ces mots esclaves,
Et de nos vains respects les serviles entraves;
Et toi seul, riche encor de tes antiques droits,
Sais traiter en égal la majesté des rois.

Mais qui saurait tracer l'invisible passage
Du profane discours à ce divin langage ?
Quels ressorts inconnus, quels magiques attraits
En épurent les sons, en colorent les traits ?
Et de quel feu divin cette prose animée
S'échappe, en vers nombreux tout à coup transformée ?

Il est, il est alors de ces heureux moments
Où l'âme entière éclate en doux ravissements,
Voit, suit, respire, adore, embrasse la nature ;
Un dieu secret l'agite, et l'enflamme et l'épure ;
Le mortel disparaît sous la divinité ;
C'est le génie, amant de l'immortalité,
Qui des secrets divins fier et sublime organe,
Rompt le timide joug du langage profane.

Déjà sont accourus ces tours harmonieux,
Ces rimes, de nos vers échos ingénieux,
Ces repos variés, ces cadences nombreuses,
Où l'âme se déploie en des bornes heureuses ;
Et ce feu du génie épars dans l'univers,
Brûle en se resserrant aux limites des vers.

Voyez-le réunir ses flammes dispersées
Dans ce foyer ardent, centre de ses pensées,
Et de là, s'échappant en lumineux éclairs,
Enflammer les objets à ses rayons offerts.

Tel l'acier arrondi, dans sa voûte brûlante,
Rassemble des rayons la gerbe étincelante,
Soudain l'œil étonné voit ces feux réunis
Fondre l'or qui pétille, ou briser les rubis.

Le génie est un dieu tout de gloire et de flamme ;
L'harmonie est sa voix, la nature est son âme.
Son vol n'est limité ni des cieux ni des mers ;
Ses ailes, ses regards embrassent l'univers.
[…]

Chant III, *Le Génie*

ÉPIGRAMMES

I. SUR L'ÉPIGRAMME

Si la grâce ne l'assaisonne,
Malgré tout l'éclat d'un bon mot,
L'épigramme qui vous étonne
Vous aura fatigué bientôt.
Marot évita ces disgrâces
Par sa gente naïveté.
On quitte parfois la beauté,
Jamais on ne quitte les grâces.

II. SUR UNE DAME POÈTE

Chloé, belle et poète, a deux petits travers :
Elle fait son visage, et ne fait pas ses vers.

III. À VOLTAIRE

Sur ses éternelles accusations contre J.-B. Rousseau

Malheur à l'envieux qu'importune la gloire !
Te verrai-je toujours, par la haine inspiré,
De notre vieux lyrique outrager la mémoire ?
Ah ! le malheur du moins doit le rendre sacré !

IV. SUR DORAT

Phosphore passager, Dorat brille et s'efface :
C'est le ver-luisant du Parnasse.

V. AU MÊME

Dorat qui veut tout essayer, tout feindre,
Trompe à la fois et la gloire et l'amour :
Il est si bien le poète du jour,
Qu'au lendemain il ne saurait atteindre.

VI. DÉFENSE DE LA HARPE

Non, La Harpe au serpent n'a jamais ressemblé :
Le serpent siffle, et La Harpe est sifflé.

Chabanon

SUR LE SORT DE LA POÉSIE
EN CE SIÈCLE PHILOSOPHIQUE

[…]
Ainsi s'est accompli ce soudain changement
D'un siècle poétique en un siècle savant :
Ici l'un dirigea le compas, et l'équerre
Définit l'étendue et mesura la terre.
Là, de l'âme et de Dieu l'observateur profond
Osa fouiller sans cesse un abîme sans fond.
Plus loin, dans son réduit, le teint pâle et l'œil triste,
Calcula lentement le sévère algébriste :
D'un objet délicat sous le verre aperçu,
L'adroit naturaliste observa le tissu ;
La chimie allume ses flammes dévorantes,
Où les corps dépouillant leurs formes apparentes
Ne dérobent au feu dont ils sont consumés,
Que les seuls éléments qui les avaient formés.
Ainsi par ses efforts l'active expérience
Ouvrit un long chemin tracé vers la science,
Et le raisonnement, éclairé par les faits,
Remonta vers la cause en voyant les effets ;
Partout il étendit son rigoureux empire,
Il régla jusqu'à l'art de penser et d'écrire.

Que ne devons-nous pas à ses soins précieux ?
La lumière en naquit ; elle éclaira nos yeux ;
Mais tandis que l'esprit s'appliquait à connaître,
L'âme se refroidit et perdit de son être :
L'oreille à tous les sons parut s'accoutumer ;
Les bouillons de l'esprit si prompts à se calmer
Tombèrent tout à coup comme un flot qui s'apaise ;
Et tel que le métal bouillant dans la fournaise,
Dès qu'un froid pénétrant le saisit et l'atteint,
En masse resserré s'endurcit et s'éteint ;
L'esprit, enfant des cieux, souffle vague et mobile,
Feu brillant et léger, flamme prompte et subtile,
Sous des travaux glacés contraint à s'endurcir,
Vit son plus bel éclat s'éteindre et s'obscurcir.
Dès lors sur nos talents rendu plus difficile,
Les assujettissant à son flegme tranquille,
Il a substitué par un prompt changement
La méthode à l'instinct et l'art au sentiment.
[…]

Jean-Baptiste Coeuilhe

LES RUINES

[…]
Mais, parmi tant d'objets si grands, si renommés,
Qu'en ce climat chéri l'un et l'autre ont semés[1],
Il en est dont l'aspect me frappe davantage.
Ce mélange surtout, cet informe assemblage
De palais ruinés, de temples dépéris,
Fixe, étonne sans cesse, et confond mes esprits :
Fragiles monuments, magnifiques fantômes,
Nobles fruits du génie et de l'orgueil des hommes,
Qui, partout dispersés, vains restes de splendeur,
Attestent leur néant, bien plus que leur grandeur.

Oui, chaque jour ici, ce spectacle m'arrête.
Je ne sais quel attrait, quelle pente secrète,
Aux chefs-d'œuvre nouveaux, sur mes pas étalés,
Me force à préférer ces restes mutilés.
Je les cherche partout, partout je les rencontre.
Là, sur les bords du Tibre, à mes regards se montre
Le pompeux Colisée, aujourd'hui si changé,
Et plus que par les ans, par le fer outragé.
Ici le Panthéon, dans sa beauté suprême,
Ne m'offre toutefois qu'une ombre de lui-même.
Du jeune Marcellus le théâtre admiré

Semble vouloir cacher son front défiguré.
Le Temple de la paix n'est reconnu qu'à peine.
De tel autre effacé la place est incertaine.
Ces thermes si vantés, par le luxe embellis,
Languissent maintenant sous la mousse avilis ;
Et ces arcs somptueux, qu'érigea la victoire,
Dépouillent par degrés les marques de leur gloire.
Rome, Rome n'est plus la ville des Césars.
Ce colosse élevé par la guerre et les arts,
Et détruit à son tour par le temps et la guerre,
De ses membres flétris couvre et charge la terre.
Tout y retrace d'elle un triste souvenir.
Tout est débris enfin, ou va le devenir.
[…]

Eh ! pourquoi des humains les fragiles ouvrages
Seraient-ils respectés par le torrent des âges,
Quand ceux de la nature ont le même destin,
Et dans son cours fatal sont entraînés enfin ?
Tout change autour de nous, tout périt, tout s'altère.
L'océan furieux usurpe sur la terre,
Mine ses propres bords, en forme de nouveaux,
Que d'autres mers un jour couvriront de leurs eaux.
Les vallons sont comblés, et les monts s'aplanissent ;
Sous leur sol ébranlé des plages s'engloutissent.
Que dis-je ? Dans les cieux, le temps agit aussi.
Là, de plus d'un soleil l'éclat s'est obscurci.
Là, nos yeux ont cru voir, aidés en leur faiblesse,
Des mondes ébauchés, des mondes en vieillesse.
Tel fut, tel est encor, tel sera l'univers.
Abîme fécondé, source d'êtres divers,
Tout mobile et constant, qu'une main immortelle
Meut, façonne, entretient, détruit et renouvelle,
Qui, sans se démentir, roule, poursuit son cours,
Renaît en vieillissant, et se survit toujours.
[…]

Colardeau

LETTRE AMOUREUSE
D'HÉLOÏSE À ABÉLARD [1]

Héloïse est supposée dans sa cellule, occupée à lire
une lettre d'Abélard et à y faire réponse.

Dans ces lieux habités par la seule innocence,
Où règne, avec la paix, un éternel silence,
Où les cœurs, asservis à de sévères lois,
Vertueux par devoir, le sont aussi par choix ;
Quelle tempête affreuse, à mon repos fatale,
S'élève dans les sens d'une faible vestale [2] ?
De mes feux mal éteints qui ranime l'ardeur ?
Amour, cruel amour, renais-tu dans mon cœur ?
Hélas ! je me trompais ; j'aime, je brûle encore.
Ô nom cher et fatal ! Abélard ! je t'adore.
Cette lettre, ces traits à mes yeux si connus,
Je les baise cent fois, cent fois je les ai lus :
De sa bouche amoureuse Héloïse les presse.
Abélard ! cher amant !... mais quelle est ma faiblesse !
Quel nom dans ma retraite osé-je prononcer ?
Ma main l'écrit... Eh bien ! mes pleurs vont l'effacer.
Dieu terrible, pardonne ; Héloïse soupire :
Au plus cher des époux tu lui défends d'écrire ;
À tes ordres cruels Héloïse souscrit...
Que dis-je ? mon cœur dicte... et ma plume obéit.

Prisons où la vertu, volontaire victime,
Gémit et se repent, quoiqu'exempte de crime ;
Où l'homme, de son être imprudent destructeur,
Ne jette vers le ciel que des cris de douleur ;
Marbres inanimés, et vous, froides reliques,
Que nous ornons de fleurs, qu'honorent nos cantiques ;
Quand j'adore Abélard, quand il est mon époux,
Que ne suis-je insensible et froide comme vous !
Mon Dieu m'appelle en vain du trône de sa gloire :
Je cède à la nature une indigne victoire.
Les cilices, les fers, les prières, les vœux,
Tout est vain ; et mes pleurs n'éteignent point mes feux.
    Au moment où j'ai lu ces tristes caractères,
Des ennuis de ton cœur secrets dépositaires,
Abélard, j'ai senti renaître mes douleurs.
Cher époux, cher objet de tendresse et d'horreurs,
Que l'amour, dans tes bras, avait pour moi de charmes !
Que l'amour, loin de toi, me fait verser de larmes !
Tantôt je crois te voir, de myrte couronné,
Heureux et satisfait, à mes pieds prosterné ;
Tantôt dans les déserts, farouche et solitaire,
Le front couvert de cendre et le corps sous la haire,
Desséché dans ta fleur, pâle et défiguré,
À l'ombre des autels, dans le cloître ignoré.
C'est donc là qu'Abélard, que sa fidèle épouse,
Quand la religion, de leur bonheur jalouse,
Brise les nœuds chéris dont ils étaient liés,
Vont vivre indifférents l'un par l'autre oubliés ?
C'est là que, détestant et pleurant leur victoire,
Ils fouleront aux pieds et l'amour et la gloire.
Ah ! plutôt écris-moi : formons d'autres liens ;
Partage mes regrets, je gémirai des tiens.
L'écho répétera nos plaintes mutuelles :
L'écho suit les amants malheureux et fidèles.
Le sort, nos ennemis ne peuvent nous ravir
Le plaisir douloureux de pleurer, de gémir :
Nos larmes sont à nous, nous pouvons les répandre.
Mais Dieu seul, me dis-tu, Dieu seul doit y prétendre.

Cruel ! je t'ai perdu ; je perds tout avec toi :
Tout m'arrache des pleurs ; tu ne vis plus pour moi ;
C'est pour toi, pour toi seul que couleront mes larmes.
Aux pleurs des malheureux Dieu trouve-t-il des charmes ?
　　Écris-moi, je le veux : ce commerce enchanteur,
Aimable épanchement de l'esprit et du cœur,
Cet art de converser sans se voir, sans s'entendre ;
Ce muet entretien, si charmant et si tendre ;
L'art d'écrire, Abélard, fut sans doute inventé
Par l'amante captive et l'amant agité ;
Tout vit par la chaleur d'une lettre éloquente,
Le sentiment s'y peint sous les doigts d'une amante,
Son cœur s'y développe : elle peut, sans rougir,
Y mettre tout le feu d'un amoureux désir…
Hélas ! notre union fut légitime et pure ;
On nous en fit un crime, et le ciel en murmure.
À ton cœur vertueux quand mon cœur fut lié,
Quand tu m'offris l'amour sous le nom d'amitié,
Tes yeux brillaient alors d'une douce lumière ;
Mon âme dans ton sein se perdit tout entière.
Je te croyais un Dieu, je te vis sans effroi :
Je cherchais une erreur qui me trompât pour toi.
Ah ! qu'il t'en coûtait peu pour charmer Héloïse !
Tu parlais… à ta voix tu me voyais soumise.
Tu me peignais l'amour bienfaisant, enchanteur ;
La persuasion se glissait dans mon cœur.
Hélas ! elle y coulait de ta bouche éloquente ;
Tes lèvres la portaient sur celles d'une amante.
Je t'aimai ; je connus, je suivis le plaisir ;
Je n'eus plus de mon Dieu qu'un faible souvenir.
Je t'ai tout immolé, devoir, honneur, sagesse ;
J'adorais Abélard ; et, dans ma douce ivresse,
Le reste de la terre était perdu pour moi :
Mon univers, mon Dieu, je trouvais tout chez toi.
　　Tu le sais ; quand ton âme, à la mienne enchaînée,
Me pressait de serrer les nœuds de l'hyménée,
Je t'ai dit : « Cher amant, hélas ! qu'exiges-tu ?
L'amour n'est pas un crime, il est une vertu :

Pourquoi donc l'asservir à des lois tyranniques ?
Pourquoi le captiver par des nœuds politiques ?
L'amour n'est point esclave ; et ce pur sentiment
Dans le cœur des humains naît libre, indépendant.
Unissons nos plaisirs sans unir nos fortunes :
Crois-moi, l'hymen est fait pour des âmes communes,
Pour des amants livrés à l'infidélité :
Je trouve dans l'amour mes biens, ma volupté.
Le véritable amour ne craint point le parjure :
Aimons-nous, il suffit ; et suivons la nature.
Apprenons l'art d'aimer, de plaire tour à tour ;
Ne cherchons, en un mot, que l'amour dans l'amour.
Que le plus grand des rois, descendu de son trône,
Vienne mettre à mes pieds son sceptre et sa couronne ;
Et que, m'offrant sa main pour prix de mes attraits,
Son amour fastueux me place sous le dais ;
Alors on me verra préférer ce que j'aime
À l'éclat des grandeurs, au monarque, à moi-même.
Abélard, tu le sais ; mon trône est dans ton cœur.
Ton cœur fit tout mon bien, mes titres, ma grandeur.
Méprisant tous ces noms que la fortune invente,
Je porte avec orgueil le nom de ton amante :
S'il en est un plus tendre et plus digne de moi,
S'il peint mieux mon amour, je le prendrai pour toi.
Abélard, qu'il est doux de s'aimer, de se plaire !
C'est la première loi ; le reste est arbitraire.
Quels mortels plus heureux que deux jeunes amants
Réunis par leurs goûts et par leurs sentiments ;
Que les ris et les jeux, que le penchant rassemble,
Qui pensent à la fois, qui s'expriment ensemble,
Qui confondent la joie au sein de leurs plaisirs,
Qui, jouissant toujours, ont toujours des désirs ?
Leurs cœurs, toujours remplis, n'éprouvent point de vide.
La douce illusion à leur bonheur préside :
Dans une coupe d'or ils boivent à longs traits
L'oubli de tous les maux et des biens imparfaits.
Si l'amour leur suffit, ils sont heureux sans doute.
Nous cherchons le bonheur, l'amour en est la route :

L'amour mène au plaisir, l'amour est le vrai bien. »
Tel fut, cher Abélard, et ton sort et le mien.
    Que les temps sont changés! ô jour, jour exécrable!
Jour affreux où l'acier, dans une main coupable,
Osa… Quoi! je n'ai point repoussé ses efforts!
Malheureuse Héloïse! ah! que faisais-je alors?
Mon bras, mon désespoir, les larmes d'une amante
Auraient… rien ne fléchit leur rage frémissante.
Barbares, arrêtez, respectez mon époux :
Seule j'ai mérité de périr sous vos coups.
Vous punissez l'amour, et l'amour est mon crime :
Oui, j'aime avec fureur, frappez votre victime.
Vous ne m'écoutez pas! le sang coule… ah! cruels!
Quoi! mes cris; quoi! mes pleurs paraîtront criminels?
Quoi! je ne puis me plaindre en mon malheur funeste?
Nos plaisirs sont détruits… ma rougeur dit le reste.
Mais quelle est la rigueur du destin qui nous perd!
Nous trouvons dans l'abîme un autre abîme ouvert.
[…]

VERS

> Pour mettre au bas d'une statue de marbre, représentant la volupté sous la figure d'une femme couchée et qui semble endormie.

Comme un éclair, naît et meurt le plaisir :
Son feu follet à peine nous enflamme,
Qu'il s'évapore et détruit le désir.
Je ne sais quoi lui survit dans notre âme :
C'est un repos voluptueux, charmant,
C'est le bonheur goûté dans le silence;
C'est des esprits un doux recueillement :
Après les sens, c'est l'âme en jouissance.
Considérez cette jeune beauté :
L'œil entrouvert, la bouche demi-close,
Rêveuse au sein de la tranquillité :

Dormirait-elle ? oh, non ! elle repose :
Paisiblement son cœur est agité,
Il est ému ; devinez-en la cause.
Combien de cœurs ont ainsi palpité !
Figurez-vous, pour mieux peindre la chose,
L'amour tranquille, après l'activité
D'un plaisir vif, nouvellement goûté,
Se reposant sur des feuilles de rose :
Ce repos-là se nomme volupté.
L'art du ciseau, dans ce marbre, en expose
Le charme heureux, dans un simple portrait.
Moi, j'ai vu plus ; dire où... comment... je n'ose :
Amour le sait ; je l'ai mis du secret.

Antoine Léonard Thomas

ODE SUR LE TEMPS

Le compas d'Uranie a mesuré l'espace.
Ô Temps, être inconnu que l'âme seule embrasse,
Invisible torrent des siècles et des jours,
Tandis que ton pouvoir m'entraîne dans la tombe,
      J'ose, avant que j'y tombe,
M'arrêter un moment pour contempler ton cours.

Qui me dévoilera l'instant qui t'a vu naître ?
Quel œil peut remonter aux sources de ton être ?
Sans doute ton berceau touche à l'éternité.
Quand rien n'était encore, enseveli dans l'ombre
      De cet abîme sombre,
Ton germe y reposait, mais sans activité.

Du chaos tout à coup les portes s'ébranlèrent ;
Des soleils allumés les feux étincelèrent ;
Tu naquis ; l'Éternel te prescrivit ta loi.
Il dit au mouvement : « Du Temps sois la mesure. »
      Il dit à la nature :
« Le Temps sera pour vous, l'Éternité pour moi. »

Dieu, telle est ton essence : oui, l'océan des âges
Roule au-dessous de toi sur tes frêles ouvrages,

Mais il n'approche pas de ton trône immortel.
Des millions de jours qui l'un l'autre s'effacent,
         Des siècles qui s'entassent
Sont comme le néant aux yeux de l'Éternel.

Mais moi, sur cet amas de fange et de poussière
En vain contre le Temps je cherche une barrière ;
Son vol impétueux me presse et me poursuit.
Je n'occupe qu'un point de la vaste étendue
         Et mon âme éperdue
Sous mes pas chancelants voit ce point qui s'enfuit.

De la destruction tout m'offre des images.
Mon œil épouvanté ne voit que des ravages ;
Ici, de vieux tombeaux que la mousse a couverts ;
Là, des murs abattus, des colonnes brisées,
         Des villes embrasées ;
Partout les pas du Temps empreints sur l'univers.

Cieux, terres, éléments, tout est sous sa puissance.
Mais tandis que sa main, dans la nuit du silence,
Du fragile univers sape les fondements ;
Sur des ailes de feu, loin du monde élancée,
         Mon active pensée
Plane sur les débris entassés par le Temps.

Siècles qui n'êtes plus, et vous qui devez naître,
J'ose vous appeler ; hâtez-vous de paraître,
Au moment où je suis, venez vous réunir.
Je parcours tous les points de l'immense durée
         D'une marche assurée :
J'enchaîne le présent, je vis dans l'avenir.

Le soleil épuisé dans sa brûlante course,
De ses feux par degrés verra tarir la source,
Et des mondes vieillis les ressorts s'useront.
Ainsi que des rochers qui du haut des montagnes
         Roulent sur les campagnes,
Les astres l'un sur l'autre un jour s'écrouleront.

Là, de l'éternité commencera l'empire;
Et dans cet océan, où tout va se détruire,
Le Temps s'engloutira, comme un faible ruisseau.
Mais mon âme immortelle, aux siècles échappée,
          Ne sera point frappée,
Et des mondes brisés foulera le tombeau.

Des vastes mers, grand Dieu, tu fixas les limites,
C'est ainsi que du Temps les bornes sont prescrites.
Quel sera ce moment de l'éternelle nuit?
Toi seul tu le connais, tu lui diras d'éclore :
          Mais l'univers l'ignore;
Ce n'est qu'en périssant qu'il en doit être instruit.

Quand l'airain frémissant autour de vos demeures,
Mortels, vous avertit de la fuite des heures,
Que ce signal terrible épouvante vos sens.
À ce bruit, tout à coup, mon âme se réveille,
          Elle prête l'oreille
Et croit de la mort même entendre les accents.

Trop aveugles humains, quelle erreur vous enivre!
Vous n'avez qu'un instant pour penser et pour vivre,
Et cet instant qui fuit est pour vous un fardeau!
Avare de ses biens, prodigue de son être,
          Dès qu'il peut se connaître,
L'homme appelle la mort et creuse son tombeau.

L'un, courbé sous cent ans, est mort dès sa naissance[1];
L'autre engage à prix d'or sa vénale existence;
Celui-ci la tourmente à de pénibles jeux;
Le riche se délivre, au prix de sa fortune,
          Du Temps qui l'importune;
C'est en ne vivant pas que l'on croit vivre heureux.

Abjurez, ô mortels, cette erreur insensée!
L'homme vit par son âme, et l'âme est la pensée.

C'est elle qui pour vous doit mesurer le Temps !
Cultivez la sagesse ; apprenez l'art suprême
        De vivre avec soi-même ;
Vous pourrez sans effroi compter tous vos instants.

Si je devais un jour pour de viles richesses
Vendre ma liberté, descendre à des bassesses,
Si mon cœur par mes sens devait être amolli,
Ô Temps ! je te dirais : « Préviens ma dernière heure,
        Hâte-toi que je meure ;
J'aime mieux n'être pas que de vivre avili. »

Mais si de la vertu les généreuses flammes
Peuvent de mes écrits passer dans quelques âmes ;
Si je peux d'un ami soulager les douleurs ;
S'il est des malheureux dont l'obscure innocence
        Languisse sans défense,
Et dont ma faible main doive essuyer les pleurs,

Ô Temps, suspends ton vol[2], respecte ma jeunesse ;
Que ma mère, longtemps témoin de ma tendresse,
Reçoive mes tributs de respect et d'amour ;
Et vous, Gloire, Vertu, déesses immortelles,
        Que vos brillantes ailes
Sur mes cheveux blanchis se reposent un jour.

Guérineau de Saint-Péravy

ÉPÎTRE SUR LA CONSOMPTION

Cesse de m'opposer les droits de la raison,
D****, que peuvent-ils contre un mortel poison ?
Mes yeux s'ouvrent sans voir, et mon âme est lassée
De porter au cerveau les sucs de la pensée :
Simulacre ambulant dans le vide égaré,
Des ombres du chaos je t'écris entouré.
Aux doux zéphyrs j'ai vu succéder la tempête,
Les autans ont fané les roses sur ma tête ;
Les livides ennuis, sur ma demeure errants,
Ont de leur souffle impur flétri mes jeunes ans ;
Mon être environné des nœuds de la matière
S'éclipse, et jette à peine un reste de lumière ;
Dans moi-même l'esprit en vain cherche l'esprit,
Mon âme en moi s'éteint, et mon corps lui survit.
Le bonheur vole, et fuit comme une ombre légère,
Les ennuis à pas lents cheminent sur la terre.

Goutte à goutte abreuvé des pavots de la mort,
Quelle main a changé la face de mon sort ?
Je n'ai point abusé des jours de ma jeunesse ;
J'ai séché dans ma fleur courbé par la tristesse :
L'insensibilité m'arrêtant dans mon cours,
A d'un voile funèbre enveloppé mes jours.

J'ai vu s'évanouir leurs ombres incertaines ;
Mon sang qui bouillonnait s'est éteint dans mes veines :
Mon argile se meut sans douleur ni plaisir,
Je respire sans vivre, et m'éteins sans mourir.
La nature à mes yeux n'est qu'une vaste tombe ;
Je cherche en vain le fond de l'abîme où je tombe :
Le néant s'offre seul à mes sens confondus.
J'existe pour sentir que je n'existe plus.
À moi-même inconnu, dans une nuit profonde,
Je végète isolé sur la face du monde.
[...]
Le plus grand des malheurs est de n'en point avoir.
Je traîne, en sommeillant, ma chaîne appesantie,
Sans souhaiter la mort, et sans aimer la vie.
Hélas ! qui ne sent rien, ne peut rien désirer ;
Je ne sentirais pas le plaisir d'expirer :
Et je n'expose aux yeux, dans ma faiblesse extrême,
Qu'un fantôme impuissant et l'ombre de moi-même.
[...]
Au sein de la douleur, il existe un plaisir,
Que le malheureux sent et peut seul définir,
Et dans le désespoir dont une âme est la proie,
Il est un charme affreux plus piquant que la joie.
Sous une tombe obscure, errant et sans support,
Mon jour est une nuit, et ma vie une mort.
[...]

LUCRÈCE ET TARQUIN

Romance à mettre en musique, ou, en attendant, sur l'air
de la Romance de *Daphné*[a].

Dans cette heureuse contrée,
Où le Tibre en ses replis

a. *Avis au lecteur.* L'éditeur a cru faire plaisir au public en plaçant ici, après
un sujet aussi sombre, cette romance, fruit du badinage d'un souper, qui a couru

Roule son onde dorée,
Ma vue au loin égarée
Errait parmi les débris.

Le dieu des ombres légères
M'invitait au doux repos,
Quand d'antiques caractères
Suspendirent mes paupières
Qu'allaient fermer ses pavots.

C'était la triste aventure
De Lucrèce et de Tarquin ;
J'en ai calqué la peinture,
Puisse la race future
Me savoir gré du larcin.

Lucrèce eut une âme tendre
Avec un cœur vertueux :
Tarquin ne put s'en défendre,
Et le défaut de s'entendre
Fit le malheur de tous deux.

Un jour tout parfumé d'ambre
Méditant d'heureux efforts :
Il la surprit dans sa chambre,
On n'avait point d'antichambre,
On ne sifflait point alors.

Lucrèce reste muette ;
Mais prenant un autre ton,
Elle court à sa sonnette.
Il en avait, en cachette,
Exprès coupé le cordon.

---

le monde défigurée, comme il arrive à ces sortes d'ouvrages, et qu'il donne ici
telle qu'il la tient effectivement du même auteur de l'Épître précédente.

À ses pieds il tombe, il jure
Qu'il sera respectueux !
Que sa flamme est vive et pure !
On dit qu'en cette posture
Un homme est bien dangereux [1].

Tarquin devint téméraire :
Lucrèce a recours aux cris ;
Elle tombe en sa bergère.
Le pied glisse d'ordinaire
Sur les parquets sans tapis.

Au sein des exploits qu'il ose,
Il éprouve au même instant
Certaine métamorphose.
Si trop d'amour en est cause,
J'aime mieux n'aimer pas tant.

Dans le courroux qui l'enflamme,
Lucrèce cède au dépit ;
On dit qu'elle en rendit l'âme.
Dans notre siècle une femme
A plus de force d'esprit.

Beaumarchais

[ROMANCE DE CHÉRUBIN]

AIR : *Malbrough s'en va-t-en guerre*

PREMIER COUPLET

Mon coursier hors d'haleine,
(Que mon cœur, mon cœur a de peine !)
J'errais de plaine en plaine,
Au gré du destrier.

DEUXIÈME COUPLET

Au gré du destrier,
Sans varlet, n'écuyer,
Là près d'une fontaine,
(Que mon cœur, mon cœur a de peine !)
Songeant à ma marraine,
Sentais mes pleurs couler.

TROISIÈME COUPLET

Sentais mes pleurs couler,
Prêt à me désoler ;

Je gravais sur un frêne,
(Que mon cœur, mon cœur a de peine!)
Sa lettre dans la mienne;
Le roi vint à passer.

QUATRIÈME COUPLET

Le roi vint à passer.
Ses barons, son clergier.
— Beau page, dit la reine,
(Que mon cœur, mon cœur a de peine!)
Qui vous met à la gêne?
Qui vous fait tant plorer?

CINQUIÈME COUPLET

Qui vous fait tant plorer?
Nous faut le déclarer.
— Madame et souveraine,
(Que mon cœur, mon cœur a de peine!)
J'avais une marraine,
Que toujours adorai.

SIXIÈME COUPLET

Que toujours adorai:
Je sens que j'en mourrai.
— Beau page, dit la reine,
(Que mon cœur, mon cœur a de peine!)
N'est-il qu'une marraine?
Je vous en servirai.

SEPTIÈME COUPLET

Je vous en servirai ;
Mon page vous ferai ;
Puis à ma jeune Hélène,
(Que mon cœur, mon cœur a de peine !)
Fille d'un capitaine,
Un jour vous marirai.

HUITIÈME COUPLET

Un jour vous marirai.
— Nenni, n'en faut parler ;
Je veux, traînant ma chaîne,
(Que mon cœur, mon cœur a de peine !)
Mourir de cette peine ;
Mais non m'en consoler.

Le Mariage de Figaro

Anonyme

MALBROUGH
S'EN VA-T-EN GUERRE[1]

Malbrough s'en va-t-en guerre,
Mironton, tonton, mirontaine,
   Malbrough s'en va-t-en guerre,
   Ne sait quand reviendra (*ter*).

Il reviendra z'à Pâques,
Mironton, tonton, mirontaine,
   Il reviendra z'à Pâques,
   Ou à la Trinité (*ter*).

La Trinité se passe,
Mironton, tonton, mirontaine,
   La Trinité se passe,
   Malbrough ne revient pas (*ter*).

Madame à sa tour monte,
Mironton, tonton, mirontaine,
   Madame à sa tour monte,
   Si haut qu'elle peut monter (*ter*).

Elle aperçoit son page,
Mironton, tonton, mirontaine,
  Elle aperçoit son page,
  Tout de noir habillé (*ter*).

Beau page! ah! mon beau page,
Mironton, tonton, mirontaine,
  Beau page! ah! mon beau page,
  Quell' nouvelle apportez? (*ter*).

Aux nouvell's que j'apporte,
Mironton, tonton, mirontaine;
  Aux nouvell's que j'apporte,
  Vos beaux yeux vont pleurer (*ter*).

Quittez vos habits roses,
Mironton, tonton, mirontaine;
  Quittez vos habits roses,
  Et vos satins brochés (*ter*).

Monsieur d' Malbrough est mort,
Mironton, tonton, mirontaine;
  Monsieur d' Malbrough est mort,
  Est mort et enterré (*ter*).

J' l'ai vu porter en terre,
Mironton, tonton, mirontaine;
  J' l'ai vu porter en terre
  Par quatre z'officiers (*ter*).

L'un portait sa cuirasse,
Mironton, tonton, mirontaine;
  L'un portait sa cuirasse,
  L'autre son bouclier (*ter*).

L'un portait son grand sabre,
Mironton, tonton, mirontaine;
  L'un portait son grand sabre,
  L'autre ne portait rien (*ter*).

À l'entour de sa tombe,
Mironton, tonton, mirontaine ;
À l'entour de sa tombe
Romarin l'on planta (*ter*).

Sur la plus haute branche,
Mironton, tonton, mirontaine ;
Sur la plus haute branche
Le rossignol chanta (*ter*).

On vit voler son âme,
Mironton, tonton, mirontaine ;
On vit voler son âme,
À travers des lauriers (*ter*).

Chacun mit ventre à terre,
Mironton, tonton, mirontaine ;
Chacun mit ventre à terre,
Et puis se releva (*ter*).

Pour chanter les victoires,
Mironton, tonton, mirontaine ;
Pour chanter les victoires
Que Malbrough remporta (*ter*).

La cérémonie faite,
Mironton, tonton, mirontaine ;
La cérémonie faite,
Chacun s'en fut coucher (*ter*).

Les uns avec leurs femmes,
Mironton, tonton, mirontaine ;
Les uns avec leurs femmes,
Et les autres tout seuls (*ter*).

Ce n'est pas qu'il en manque,
Mironton, tonton, mirontaine ;

Ce n'est pas qu'il en manque,
Car j'en connais beaucoup (*ter*).

Des blondes et des brunes,
Mironton, tonton, mirontaine ;
Des blondes et des brunes,
Et des châtain's aussi (*ter*).

J' n'en dis pas davantage,
Mironton, tonton, mirontaine ;
J' n'en dis pas davantage,
Car en voilà z'assez.

Malfilâtre

NARCISSE DANS L'ÎLE DE VÉNUS

[...]
Amants heureux ! dans la nature entière,
Tout vous invite aux tendres voluptés :
Les yeux sur vous, la nocturne courrière,
D'un pas plus lent, marche dans sa carrière,
Et pénétrant de ses traits argentés
La profondeur des bosquets enchantés,
N'y répand trop ni trop peu de lumière.
Ce faible jour, le frais délicieux,
Le doux parfum, le calme des bocages,
Les sons plaintifs, les chants mélodieux
Du rossignol, caché sous les feuillages,
Tout, jusqu'à l'air qu'on respire en ces lieux,
Jette dans l'âme un trouble plein de charmes,
Tout attendrit, tout flatte, et de ses yeux,
Avec plaisir, on sent couler des larmes.

Ô belle nuit ! nuit préférable au jour !
Première nuit à l'amour consacrée !
En sa faveur prolonge ta durée
Et du soleil retarde le retour.

Et toi, Vénus, qui présides sans cesse
À tous les pas de tes chastes enfants,
Qui les unis, sans témoins, sans promesse,
(Précautions dont ces heureux amants
N'ont pas besoin pour demeurer constants),
Tendre Vénus ! lorsque, sous tes auspices,
De tes plaisirs ils cueillent les prémices,
Descends, allume et rallume leurs feux,
Et dans leurs sens, invisible auprès d'eux,
Verse les flots de tes pures délices.

Applaudis-toi, grande divinité,
Applaudis-toi, contemple ton ouvrage :
D'un œil serein vois la félicité
De tant de cœurs qui te rendent hommage :
Vois cette scène et ces groupes épars.
Quel lieu jamais offrit à tes regards
De ton pouvoir un plus beau témoignage
Et du bonheur une plus vive image ?
Où cependant, où ne portes-tu pas
Et le bonheur et l'innocente joie ?
En quelque endroit que se tournent tes pas,
Sur tous les fronts la gaîté se déploie ;
La paix te suit, les flots séditieux,
Quand tu parais, retombent et s'apaisent,
L'aquilon fuit, les tonnerres se taisent,
Et le soleil revient, plus radieux,
Dorer l'azur dont se peignent les cieux.
À ton aspect, la Nature est émue ;
En rugissant, le lion te salue ;
L'ours, en grondant, t'exprime ses plaisirs ;
L'oiseau léger te chante dans la nue ;
Et l'homme enfin, par la voix des soupirs,
Te rend honneur et t'offre ses désirs.
Rien ne t'échappe, et l'abîme des ondes
S'embrase aussi de tes flammes fécondes ;
Et sous tes traits, sous tes brûlants éclairs,
Pleins d'allégresse, en leurs grottes profondes,

Tu vois bondir tous les monstres des mers.
C'est toi par qui sont les êtres divers,
C'est toi, Vénus, qui rajeunis les mondes,
Et dont le souffle anime l'univers.

L'Olympe même éprouve ta puissance,
Et Jupiter... Mais que dis-je ? et pourquoi
Parlé-je ici de ton empire immense ?
Mon zèle ardent m'emportait malgré moi :
Faible mortel, je me tais devant toi.
Pour te louer, la meilleure éloquence
Est de sentir, de te suivre en silence
Et de céder doucement à ta loi.
Deux jeunes cœurs, par un tendre délire,
T'honorent plus que les sons de ma lyre ;
Je la suspends moi-même à ton autel
Et me dévoue à ton culte immortel.

Transporte-moi parmi tes insulaires,
Égare-moi dans les réduits secrets
De leurs vallons, de leurs sombres forêts.
Je les verrai, ces rives étrangères ;
J'irai trouver ces peuples fortunés,
Ces amants vrais, ces maîtresses sincères :
J'irai chez vous, paisibles solitaires,
Jouir des biens qui vous sont destinés ;
À votre suite, ô nymphes bocagères !
J'irai fouler les naissantes fougères,
Et, les cheveux de roses couronnés,
M'associer à vos danses légères.

Chant I

LE BONHEUR[1]

ODE

Fecisti nos ad te, Domine, et inquietum est cor nostrum donec requiescat in te.

Saint Augustin

Tous nos vœux tendent vers toi, Seigneur, et notre cœur est inquiet jusqu'à ce qu'il repose dans ton sein.

Dans mon sein, vérité suprême,
Descends du ciel pour m'éclairer.
Je veux me connaître moi-même ;
Il est honteux de s'ignorer.
Du cœur humain perçons l'abîme ;
C'est de cette étude sublime
Que l'homme s'occupe le moins.
Dans ce cœur porte la lumière :
Montre-moi la cause première
Et le vrai but de tous ses soins.

Le bonheur est la fin unique,
Où tendent les vœux des humains ;
C'est lui que notre esprit s'applique
À chercher par divers chemins.
Sans en comprendre la nature,
Chacun le place à l'aventure
Dans l'objet dont il est flatté ;
L'ambitieux le nomme gloire ;
Le guerrier l'appelle victoire,
Et le libertin volupté.

De son nom la beauté nous frappe ;
On aime à s'en entretenir ;

Mais son essence nous échappe,
Quand nous voulons le définir.
Une idée obscure et confuse
N'en laisse, à l'esprit qu'elle abuse,
Entrevoir que quelques éclairs :
Tel œil à travers un nuage
Du soleil caché voit l'image
Qui se joue encor dans les airs.

Ah ! si loin des bords de ce globe,
Tu n'as pas fui sous d'autres cieux,
Bonheur ! quel séjour te dérobe
Si longtemps à nos tristes yeux ?
Ces dieux qui portent la couronne,
Et que la mollesse[2] environne,
T'enferment-ils dans leur trésor ?
Est-ce ta lumière immortelle
Qui dans l'escarboucle étincelle,
Ou qui nous éblouit dans l'or ?

De tous les faux biens l'homme avide
En vain recherche le secours ;
Ils n'ont jamais rempli le vide
Que dans lui-même il sent toujours :
(Des fleuves, au sein d'Amphitrite
Ainsi l'onde se précipite,
Sans en remplir la profondeur),
Et l'aliment qu'il donne encore
Au feu secret qui le dévore
Ne fait qu'en ranimer l'ardeur.

De la félicité parfaite,
Sainte compagne, aimable paix,
Mon âme toujours inquiète[3]
T'appelle et ne te sent jamais ;
À l'ardeur le dégoût succède :
D'un bien, avant qu'on le possède,
La vaine apparence éblouit :

Jouit-on ? Ô retour funeste !
Le charme fuit, le désir reste,
Et le bonheur s'évanouit.

Eh, quoi ! par la vertu que j'aime,
Ne suis-je donc pas satisfait ?
Non : ici-bas la vertu même
N'offre qu'un bonheur imparfait.
Je sais qu'aux coups du sort volage,
Le juste oppose un vrai courage
Que nul revers ne peut troubler ;
Que la nature se confonde,
Par les débris fumants du monde
Il sera frappé sans trembler.

Mais sa vertu, qui, toujours ferme,
Le soutient dans l'adversité,
N'est que la route et non le terme
De la pure félicité.
Grâce à toi, vertu secourable,
Il perd d'un front inaltérable
Des biens indignes de ses vœux :
Ce n'est qu'au vrai bien qu'il aspire ;
C'est pour le vrai bien qu'il soupire,
Et, s'il soupire, est-il heureux ?

Ô toi, que je voulais connaître,
Vérité ! tu m'apprends enfin
Que l'unique auteur de notre être
En est encor l'unique fin.
Ô lieu d'exil ! bords de l'Euphrate !
Mon Dieu ! de cette terre ingrate,
Quand daignerez-vous m'enlever ?
Quand goûterai-je, ô mon vrai père !
Ce repos que mon cœur espère,
Et qu'en vous seul il peut trouver[4] ?

ALLUSION

J'ai connu ce séjour de larmes,
Et j'ai dit : au sein du Seigneur
On trouve l'oubli des alarmes
Et le centre du vrai bonheur…
Enfants de la haine céleste,
Nous puisons un venin funeste
Dans ce séjour d'iniquité :
De la grâce, fille chérie,
Votre cœur fut seul, ô Marie !
Le centre de la pureté.

Jean-François Ducis

À M. THOMAS[1],

DE L'ACADÉMIE FRANÇAISE

Quiconque aime les vers doit aimer la retraite :
Amis, vivons aux champs ; renonçons à Paris.
Apollon fut berger ; sous de riants abris
    Il gardait les troupeaux d'Admète[2].
C'est à l'ombre des bois, c'est au bord des ruisseaux
Que Virgile animait le chalumeau champêtre.
Dans le fracas de Rome, à l'aspect des faisceaux,
    Ses vers si touchants et si beaux,
Avec moins d'harmonie auraient coulé peut-être.
Les beaux vers sont sacrés : ils voltigent flottants,
    Pareils aux oracles mobiles
    Qu'autrefois la main des sibylles
Sur la feuille légère abandonnait aux vents.
Mais il faut les saisir, les enchaîner ensemble ;
Un souffle les disperse : heureux qui les rassemble !
    Va, ce n'est pas dans les palais,
C'est dans les bois touffus que le bon La Fontaine
Rêvant, dormant peut-être, à l'ombre d'un vieux chêne,
Les rencontrait toujours sans les chercher jamais.
C'est lui qui m'a formé ; je lui dois tout peut-être.
J'admirais tour à tour sa grâce et sa vigueur ;

Le charme m'entraînait, je n'en étais pas maître ;
Et, sans l'avoir appris, je le savais par cœur.

Oh ! de ces deux pigeons[3] combien la complaisance,
Le tendre attachement, la douceur, la constance,
Me peignaient vivement ton amitié, ta foi !
Ils m'expliquaient ton cœur, et je goûtais d'avance
Tout ce qu'un jour le mien devait sentir pour toi.

Vois-tu ces pins altiers et ces chênes sauvages,
Dont la voûte sur moi balance un large dais ?
Hier, avec plaisir, c'est là que j'entendais
La brusque voix du nord gronder dans leurs feuillages.
Mais tes yeux cherchent-ils de plus doux paysages ?
Descends dans ce vallon, la nature y sourit.
Va, crois-moi, c'est pour nous que Philomèle chante,
    Pour nous que la rose fleurit,
Pour nous que ce berger suit de loin son amante.
    Ami, suis-moi ; sous tes pas
    Sens-tu fléchir cette mousse
    Qui plaît aux pieds délicats,
    Et mollement les repousse ?
    Vois-tu Zéphyr, sur ces fleurs,
    Voler d'une aile inconstante,
    Et de sa robe flottante
    Verser les douces odeurs ?
    Vois-tu ces eaux fugitives
    Baigner ces prés dans leurs cours ;
    Et ces fauvettes plaintives
    Qui soupirent leurs amours ?
    Malheureuse la bergère
Qui les voit, tout le jour, sous le même rameau,
Qui les entend le soir en rentrant au hameau !
Son cœur palpitera d'un trouble involontaire.
    « Couple heureux, couple solitaire,
« Dira-t-elle en rêvant, que votre sort est doux !
« Dans vos tendres ardeurs heureux qui vous ressemble !
    « Votre bonheur est d'être ensemble.

« Ah ! si j'aime jamais, j'aimerai comme vous. »
    Du cœur voilà le vrai langage ;
Voilà comme l'amour parlait au temps passé.
Des villes, des palais, nos vices l'ont chassé :
Ne nous étonnons point qu'il se sauve au village.

Que n'ai-je été berger ! c'était là mon destin.
Oh ! comme avec plaisir j'aurais pris, le matin,
    Ma panetière[4], ma houlette !
    Et sans doute tu penses bien
Que je n'eusse jamais oublié ma musette.
J'aurais eu mes moutons, ma Lisette, mon chien ;
On aurait dit Ducis, comme on dit Timarette.
[…]

Épîtres

Antoine Lemierre

[L'EUROPE ET L'AMÉRIQUE]

[...]
    Qui n'eût dit qu'en forçant les barrières de l'onde,
L'homme allait rapprocher les deux moitiés du monde ;
L'Américain former avec l'Européen
À travers l'Océan un éternel lien ?
Quels objets curieux une terre inconnue
Sous un tropique ardent offrait à notre vue ;
D'autres mœurs à la fois et d'autres végétaux,
Presqu'une autre nature en des climats nouveaux ;
Un peuple hospitalier plus simple que sauvage ;
Dont les mœurs retraçaient celles du premier âge,
Et qui sans défiance en sa noble candeur,
Ouvrait également son pays et son cœur ;
Ô si l'Européen vers ces peuples sincères
Eût volé plein de joie, eût reconnu des frères ;
Mais pour prix de l'accueil qu'il reçut dans leurs ports,
Le barbare a jonché leur continent de morts ;
Tyrans de l'Amérique, âmes dénaturées,
Trop avides de l'or qui naît en ces contrées,
Pour chercher ces trésors dans les mines conçus,
Vous avez sous la terre exilé les vaincus,
Tandis que de leurs champs leur laissant la culture,

Vous gardiez de richesse une source plus sûre.
Par un aveuglement à vous-même fatal,
Il ne reste en vos mains qu'un stérile métal :
Hé quoi ! pour vous nourrir, aveugles que vous êtes,
Pétrirez-vous cet or l'objet de vos conquêtes ?
Pour repeupler les lieux ravagés par vos coups,
Il faut d'autres forfaits trop faciles pour vous :
Vous courez, inhumains, aux rivages d'Afrique,
Vous traînez dans les fers un peuple pacifique ;
Et le commerce a pu, grand Dieu ! le croirait-on !
À ces crimes publics prostituer son nom !
L'homme à l'enchère ! l'homme ! ô contrastes bizarres,
Nous, humains dans l'Europe, en Afrique barbares !
Ô sages prétendus, jetez donc dans les feux,
Tous vos écrits tracés pour rendre l'homme heureux ;
Hé ! comment accorder vos préceptes sublimes
Avec la cruauté qui dément vos maximes ?
Poursuivez, mais craignez que peut-être bientôt
L'homme dans l'Africain ne s'éveille en sursaut ;
Du nombre à tout moment l'avantage lui reste,
À tout moment sur vous pend ce glaive funeste ;
Tremblez qu'il ne s'élève un nouveau Spartacus,
La nature et l'instinct ne sont jamais vaincus.

Quel heureux changement, douce Pennsylvanie,
Du Quakre sous ton ciel fait bénir le génie !
Il a dit à l'esclave : on t'a caché tes droits,
Tu naquis notre égal, travaille, tu le dois ;
Mais sois libre, sois homme au moins sur ce rivage,
Qu'on dise un jour : l'Anglais en chassa l'esclavage ;
L'homme était sur ces bords pour un maître orgueilleux,
Un patrimoine absurde, un mobilier honteux ;
Il y naissait esclave et fut vil avant d'être,
Il n'a plus désormais que le travail pour maître.

Puisse l'Européen briser partout les fers
Qu'il donne à son semblable en un autre univers ;

L'homme se respecter lui-même en son espèce,
Et ne plus trafiquer que de l'ample richesse
Qu'apportent sur les mers ces commerçants hardis,
De Canton à Texel, et de Smyrne à Cadix.
Vous, murs de l'Orient, avec quel avantage
M'offrez-vous les humains ralliés par l'usage !
À des moments prescrits on a vu sous ses nœuds
Les villes et les bourgs se rassembler entr'eux.
Ô plus vaste coup-d'œil ! ici sont rencontrées
Toutes les nations des diverses contrées,
L'Anglais, le Musulman, le Russe, le Germain,
Et le sujet des rois et le républicain,
Et celui qui naquit sous la loi d'un despote ;
Tout n'est qu'un peuple ici, tout est compatriote ;
Les mœurs des nations ont disparu pour moi :
Ce n'est plus l'étranger, c'est l'homme que je vois.
[…]

Les Fastes, Chant XIII

Claude Joseph Dorat

LE DÉSIR

ODE ANACRÉONTIQUE

Souffle divin, puissant moteur,
Dont les impressions soudaines
Font couler le feu dans nos veines,
Et le plaisir dans notre cœur :

Désir, j'adore ton ivresse,
Tes traits rapides et brûlants,
Et tes impétueux élans,
Et ta langueur enchanteresse…

Vents, taisez-vous, faunes ardents
Cessez votre lutte amoureuse :
Du sein de la dryade heureuse
Prêtez l'oreille à ses accents.

Il naît, il vole, et de ses ailes
Parcourt des espaces nouveaux ;
Dans les abîmes du chaos
Il fait jaillir ses étincelles.

Par lui, les êtres sont amants,
Et le monde est une féerie ;
Il tient le flambeau de la vie
Et fait mouvoir les éléments.

Sous les cintres de la verdure
Il offre un dais à la beauté :
Il s'empare de la nature
En promettant la volupté.

Ô toi, que l'univers encense,
Toi, premier bienfait du destin,
Tant que tu dors dans notre sein
Quel froid sommeil que l'existence !

L'heure se traîne lentement,
La nature est triste et glacée,
Rien ne sourit à la pensée,
Rien n'éveille le sentiment.

Tu parais, tout brille et t'exprime ;
L'air est plus doux, le jour plus beau ;
Le cœur bat, le regard s'anime,
Et l'univers sort du tombeau.

On tremble, on brûle de connaître ;
Sans objet on devient rêveur ;
Ces prés, ces bois, l'ombre d'un hêtre
Ont un langage pour le cœur.

Ta flamme roule avec les ondes :
Tu hâtes le vol des zéphyrs.
Dans les solitudes profondes
Écho répète tes soupirs.

L'amant, qui te redoute encore,
Est averti par la douleur
Que tes délices vont éclore
Et qu'il est né pour le bonheur.

Désir, tu créas les déesses,
Et l'Olympe te doit ses dieux ;
Que seraient-elles sans tes feux ?
Que seraient-ils sans leurs faiblesses ?

Toi seul précipites les bonds
De la ménade échevelée,
Qui, dans ses transports vagabonds,
S'élance au creux de la vallée.

C'est toi seul qui fais palpiter
Le cœur de la nymphe innocente,
Et qui sais si bien l'agiter
Par un plaisir qui la tourmente.

C'est alors qu'au fond des forêts
Elle s'étonne de ses charmes,
Et cache ses brûlantes larmes,
Doux indices de tes progrès.

Haletante, faible, oppressée,
Elle va tomber sur des fleurs,
Conservant malgré ses frayeurs,
Les traits d'Iphis dans sa pensée.

Iphis paraît, il est charmant :
Tous deux s'embrassent en silence.
Tous deux, grâce à leur ignorance,
Sauront profiter du moment.

Déjà mille frissons rapides,
Avant-coureurs voluptueux,
Se glissant à travers tes feux,
Parcourent leurs lèvres humides.

L'aimable et naïve pudeur
Ajoute encore à ta puissance…

Rien de plus vif que ton ardeur,
Rien d'égal à ton éloquence.

L'amour prépare ta moisson.
Du jeune objet qu'Iphis adore
Le sein s'émeut, et se colore…
La rose échappe à son bouton.

Désir, ton triomphe commence,
Et tu mêles de la douceur
Même à l'effroi de l'innocence,
Entre les bras de son vainqueur.

LA RÊVERIE

ROMANCE

Air d'Albanèse : *Déjà l'aurore colore*

Ô rêverie
                    chérie
Au gré de mes désirs,
        Peins-moi, ma Zélie :
              Zéphyrs
        Portez-lui mes soupirs,
Et qu'elle en soit attendrie !
Quel tourment que l'absence !
Dès que le jour commence,
Ma peine et mon ennui
Semblent renaître avec lui.

        La tourterelle
                M'appelle.
Près de ces antres sourds
        Je gémis comme elle.

Toujours
Nous contons aux amours
Quelque infortune nouvelle.
Combien sa voix est tendre !
Je me plais à l'entendre :
Ses chants et sa douleur
Ont leur écho dans mon cœur.

La foudre gronde.
Cette onde
S'enfuit avec fracas :
Quelle nuit profonde !
Hélas !
Il semble sous mes pas
Que l'univers se confonde :
Peut-être par Zélie
Mon ardeur est trahie,
Le ciel en ces moments
Lui rappelle nos serments.

La nue obscure
S'épure…
Mais quels nouveaux accents !
Sous cette verdure
J'entends
La voix de deux amants.
Des soupirs j'entends le murmure.
Quand je meurs de tristesse,
Leur paisible tendresse
Jouit sans nul effroi…
Et la tempête est pour moi.

À CEUX QUI M'ATTRIBUAIENT
L'ÉPÎTRE À MARGOT[1]

Autrefois, trop gaîment, dit-on,
Dans mes scandaleux opuscules,
J'ai chanté Rosire et Clairon ;
Alors j'avais peu de scrupules.
J'ai frondé sur un autre ton
Le philosophique jargon,
Et nos amours-propres crédules,
Et tous nos charmants ridicules,
Dans ce siècle de la raison.
J'ai même, au gré de ma folie,
D'encens présenté quelques grains
À d'assez profanes lutins,
Connaissant l'emploi de la vie,
Et presque bonne compagnie,
À force de goûts libertins !
J'ai narré leurs historiettes :
Dans les annales des boudoirs
J'ai consigné leurs amourettes.
J'ai conté dans des vers bien noirs
Les jolis tours de nos coquettes ;
J'ai peint plus d'un illustre sot,
Tout fier du succès des toilettes ;
Mais le vilain nom de Margot
Ne fut jamais sur mes tablettes.
    Sans doute, aux immenses atours
De quelque altesse douairière,
Ainsi que Bernard, on préfère
L'étroit corset, les jupons courts
D'une agile et simple bergère,
Croissant sous l'aile des amours,
N'ayant pour dot que l'art de plaire,

Et la fraîcheur de ses beaux jours :
Mais de Margot que peut-on faire ?
Par qui ce nom fut-il cité,
Et dans quel bosquet de Cythère
Sera-t-il jamais répété ?
Loin de moi les goûts qu'il faut taire.
Je veux pouvoir avec fierté
Avouer celle qui m'est chère,
L'offrir en déesse à la terre ;
Dresser un trône à sa beauté,
Et semer de fleurs la fougère
Où lui sourit la volupté.
Mais, dis-tu, Margot est divine ;
L'amour même arrangea ses traits ;
Eh ! nomme-la Flore ou Corinne,
Puis nous croirons à tes portraits.
Quoi qu'il en soit, bel anonyme,
Ta roturière déité,
Malgré tes chants et ton estime,
Flatte fort peu ma vanité.
Jouis en paix de ta victoire ;
Heureux amant, garde ton lot :
De grand cœur, je te rends ta gloire,
Tes vers, ta muse, et ta Margot.

LE JET D'EAU ET LE RÉSERVOIR

Dans un parc dessiné d'après les meilleurs plans,
Un jet d'eau dans les airs s'élevait sous l'ombrage,
   Et retombait à travers le feuillage
En perles, en rubis, en globules roulants.
Notre jet d'eau s'oublie, ainsi que c'est l'usage
(On a vu, de tous temps, les sots se prévaloir) ;
     Il insulte dans son langage
     L'onde obscure du réservoir,

Qui subvenait à tout son étalage.
Vois, lui dit-il, ce pompeux appareil,
Si jusqu'à moi peut arriver ta vue ;
Vois ces gerbes d'argent dont s'enrichit la nue,
Et que j'oppose aux rayons du soleil.
À quoi sers-tu, misérable eau dormante ?
Quand je m'élève aux cieux, à mes pieds tu croupis ;
Ton voisinage me tourmente,
Et gâte bien souvent les lieux que j'embellis.
Comme il parlait, un des canaux se brise :
Au fond du réservoir, il s'entrouvre un chemin,
Et soudain
L'onde sourdit, décroît, coule et s'épuise ;
Vous eussiez vu les rubis s'exhaler,
Toutes les gerbes disparaître
Et les perles dégringoler.
Notre orgueilleux commence à se connaître :
Il baisse, il tombe, il ne peut plus aller,
Il est à sec. Vous devinez peut-être
De ma fable quel est le sens :
Appauvrissez le peuple, adieu l'éclat des grands.

LA FORCE DES LARMES

Consommé dans l'art des Tibères,
D'un État malheureux le lâche usurpateur,
Sur les enfants et sur les pères,
Exerçait cet art destructeur.
Chaque parole est coupable ou suspecte.
Le silence est prescrit par la voix des bourreaux,
Qu'en frémissant tout un peuple respecte.
Les pâles citoyens se taisent sur leurs maux ;
Mais par des signes énergiques,
Des cœurs interprètes muets,
Ils expriment leurs vœux secrets,

Et les calamités publiques.
Ces signes éloquents sont bientôt interdits.
Alors un citoyen, appesanti par l'âge,
Arrive dans la place où des rois du pays
        Le bronze éternise l'image,
        Et la retrace aux regards attendris.
Là, tombant à genoux au pied de la statue
        Du plus aimé de tous ces rois,
Il l'arrose de pleurs, au défaut de la voix :
Sublime expression… qui ne fut pas perdue !
        Le peuple interprète bientôt
Cette auguste douleur, ces profondes alarmes :
        Tous les yeux sont trempés de larmes ;
Mille soupirs unis ne font plus qu'un sanglot[1].
        On instruit le tyran, et lui-même il s'avance.
        Il veut, pour comble de tourments,
Priver ces malheureux de leurs gémissements !…
        Le désespoir leur rend l'indépendance :
Le peuple sent sa force et court à sa défense ;
Tous les bras sont armés, le sang coule à grands flots ;
La garde est égorgée, et le monstre en lambeaux.

        De l'espèce humaine avilie,
        Imbéciles persécuteurs,
        Prenez les biens, ôtez la vie,
        Mais ne défendez point les pleurs.

Jean-Marie Chassaignon

EFFERVESCENCE DU SANG,
ÉBRANLEMENT DU CERVEAU,
ÉRUPTION DES VOLCANS[1]

Si natura negat facit indignatio.
L'art supplée quelquefois au défaut de la nature[a].

Ainsi l'arbre élevé dans des serres brûlantes,
Préparé, fécondé, par la chaleur de l'air,
Étale un fruit précoce au milieu de l'hiver.

Le ballon immobile de sa nature, et qui semble fait pour res-
ter dans une éternelle inertie, s'il est jeté avec force contre
terre, se relève et est répercuté dans l'air. Eh bien! fouillons
dans notre être; heurtons les détentes de nos facultés; ramas-
sons, remuons dans notre cœur comme dans son principal
foyer, des étincelles éparses, et assoupies : qu'il se fasse une
explosion, s'il est vrai, comme le prétendent plusieurs philo-

---

a. Le docteur Willis[2] dit qu'il a connu un homme dont le cerveau était d'un
tempérament si chaud qu'après avoir bu largement d'un vin spiritueux il pouvait
lire distinctement au milieu de la nuit, dont la raison lui paraît être que les ani-
maux[3] étaient comme enflammés, et qu'ainsi sortant de l'iris ils jetaient leur
éclat à l'entour d'eux par où ils éclairaient. Ne peut-on pas se donner par artifice
du génie comme on se donne la lumière?

sophes[4], que nos âmes et nos génies soient tous égaux ; que
l'imagination ne soit que le résultat de l'organisation, et qu'un
sang plus ou moins chaud donne plus ou moins de vivacité à
l'esprit, tourmentons-nous comme une pythie sur son trépied.
Qu'une ébullition de sang, qu'un levain de bile, qu'un choc
d'humeur fassent éclore mon enthousiasme, que tous les res-
sentiments comme autant de vautours dévorent ma poitrine,
Dieu ! je sens fermenter en mon cerveau un volcan d'idées qui
me soulève le crâne… Beaumarchais dans sa chaleur demande
un bandeau glacé pour s'appliquer au front, et amortir ses
transports… je veux, moi, qu'on m'imprime aux tempes et au
cinciput, des tisons rougis, qu'on me fasse prendre des bains
d'huile bouillante ; qu'on me parfume avec des esprits volatils,
qu'on m'enivre du sang de Nessus… un frénétique accès s'em-
pare de ma verve. L'Etna est dans ma tête, le Vésuve sur mon
cœur, le Phlégéthon roule à mes pieds, un théâtre horrible
s'ouvre à mes yeux.

> Pueros Medea trucidat
> Atque humana palam coquit exta nefarius Atreus.

La barbare Médée égorge ses enfants, l'implacable, le san-
guinaire Fayel fait manger à Gabrielle de Vergy[5] le cœur de
son amant, Crébillon m'apporte le poignard d'Oreste, et la
coupe d'Atrée[6].

> Frappez : Dieux tout-puissants que ma fureur implore,
> Dieux vengeurs, s'il en est, puisque je vis encore,
> Frappez, mon crime affreux ne regarde que vous ;
> Le ciel n'a-t-il pour moi que des tourments trop doux ?
> Je vois ce qui retient un courroux légitime,
> Dieux, vous ne savez point comme on punit mon crime.
> . . . .
> Mais quoi ! quelle vapeur vient obscurcir les airs !
> Grâce au ciel on m'entrouvre un chemin aux enfers.
> Descendons… les enfers n'ont rien qui m'épouvante.

Élect. act. V

Mais, que vois-je, perfide… ah grands dieux, quelle horreur!
C'est du sang! tout le mien se glace dans mon cœur,
Le soleil s'obscurcit, et la coupe sanglante
Semble fuir d'elle-même à cette main tremblante[7].
Je me meurs… Ah! mon fils, qu'êtes-vous devenu?

Atrée et Thyeste

Shakespeare et Ducis[8] traînent à mes côtés des monceaux palpitants et plaintifs de victimes qu'on assassine et qui se débattent sous l'homicide couteau. Quel est ce groupe hagard et écumant que le Dante en convulsion soulève et presse contre moi? c'est un malheureux tourmenté par la rage de la vengeance, qui essuie ses lèvres ensanglantées aux cheveux d'un scélérat qu'il éventre avec ses ongles recourbés, et dont il a rongé le crâne à moitié:

J'avançais à pas lents sous ces voûtes profondes,
Séjour des noirs forfaits et des esprits immondes,
Je vis un malheureux sur un autre acharné,
Dieux! j'en frémis encor.
Il lui rongeait la tête, et sa bouche cruelle
Faisait couler le sang sous sa dent criminelle.
Tel un tigre affamé, dans le fond des tombeaux
D'un cadavre hideux dévore les lambeaux,
Les os demi-rompus, de la triste victime,
Se brisent sous l'effort de la dent qui l'opprime.

Le Dante

Déjà depuis trois mois dans mon cachot funeste,
Je sentais dans mon sein s'amasser la terreur;
Quand d'un songe effrayant la prophétique horreur,
Offrit à mes esprits la plus fatale image;
Je m'éveillai tremblant…
Mes fils dormaient: j'y cours: leurs gestes, leurs visages,
Sur mon sort tout à coup éclairant mes présages,
De la faim sur leur lit exprimaient les douleurs.

Ils s'écriaient : mon père, et répandaient des pleurs ;
Nous nous levons : on vient : nous attendions d'avance,
L'aliment qu'on accorde à la simple existence.
Chacun se tait, j'écoute, et j'entends, de la tour,
La porte en mur épais se changer sans retour,
Je fixai mes enfants sans parole et sans larmes,
J'étais mort… ils pleuraient… je cachais mes alarmes,
Mais lorsque enfin (soleil devais-tu te montrer)
Dans eux tous à la fois je me vis expirer,
Je dévorais ces mains ; Renaud me dit : mon père
Vis, tu nous mangeras : Raymond, Dolcé, Sévère
M'offrirent à genoux leur sang pour me nourrir.
. . . .
Je restais seul vivant, mais indigné de vivre.
Ma vue en s'égarant s'éteignit à la fin ;
Et ne pouvant mourir de douleur, ni de faim,
Je cherchais mes enfants avec des cris funèbres ;
Pleurant, rampant, hurlant, embrassant les ténèbres.

Roméo et Juliette

L'auteur des *Nuits*[9] m'enveloppe de son drap mortuaire ; sa lampe sépulcrale luit à mes yeux, et porte jusque dans mon âme le rembrunissement de la mort ; l'airain frémissant retentit à mes oreilles ; un bruit sourd, et de noires vapeurs qui m'enveloppent, m'annoncent les profondes éruptions d'un volcan. La terre s'est affaissée sous mes pas. Quel noir caveau s'entrouvre ! Quel spectre effrayant me saisit, et me promène sous des décombres fumantes, sous des ruines silencieuses. Ces voûtes souterraines éclatent, des objets inouïs épouvantent ma vue, et glacent mon sang d'effroi. Une mer en furie soulève contre moi des vagues de bitume liquide dont la foudre sillonne l'écume ; une horrible comète déploie sa chevelure flamboyante, et annonce mille désastres.

Mille noires vapeurs obscurcissent le jour,
Les astres de la nuit interrompent leur course.
Les fleuves étonnés remontent vers leur source.

Et Pluton même tremble en son obscur séjour.
        Sa voix redoutable
        Trouble les enfers
        Un bruit formidable
        Gronde dans les airs.
        Un voile effroyable
        Couvre l'univers.
        La terre tremblante
        Frémit de terreur,
        L'onde turbulente
        Mugit de fureur,
        La lune sanglante
        Recule d'horreur.
Dans le sein de la mort de noirs enchantements
        Vont troubler le repos des ombres,
Les mânes effrayés quittent leurs monuments,
L'air retentit au loin de leurs longs hurlements,
Et les vents échappés de leurs cavernes sombres,
Mêlent à leurs clameurs d'horribles sifflements.

Rouss. *Cantat.* [10] VII

La nuit sur les mortels répandait ses pavots
Et je m'abandonnais aux douceurs du repos,
Quand soudain dans l'horreur d'un songe épouvantable,
Dieux ! j'en frémis encore, une voix lamentable
Vint porter par ses cris la terreur dans mes sens ;
L'air retentit au loin de funèbres accents.
Je cherche cette voix : ô spectacle terrible !
Dans un champ dévasté je vois un spectre horrible
Il traîne en chancelant de lugubres flambeaux,
Et semble s'élever d'entre mille tombeaux ;
De mânes entourée, et de sang dégoûtante
Cette ombre à pas tardifs, s'avance, et m'épouvante.

. . . .

   À l'instant m'enlevant dans les nues
Ce fantôme s'ouvrit des routes inconnues,
Et sur un monstre ailé traversant l'univers,

Dans sa course rapide il infectait les airs,
Que vois-je ? sous nos pas les plantes desséchées
Sont, par un souffle impur, sur la terre couchées ;
Les animaux plaintifs font gémir les forêts,
Les reptiles brûlants tarissent les marais :
D'un astre ensanglanté les feux pâles et sombres,
Découvrent à mes yeux la demeure des ombres ;
Vers ce séjour fatal un fleuve tortueux
Roule dans les déserts ses flots tumultueux,
Il est formé de sang, il se grossit de larmes,
Son effroyable nuit fait naître les alarmes ;
Sur son rivage aride on voyait des serpents,
De monstrueux aspics, et des dragons rampants.
Près de ces tristes bords, voisins du noir Tartare,
Est un temple fameux de structure barbare ;
Le crime en a jeté les premiers fondements.
Sur un vaste massif d'antiques ossements
S'élève un double rang de colonnes informes.
Leurs frêles chapiteaux, et leurs bases difformes
Toujours souillés du sang des victimes des dieux
Offrent de tous côtés un aspect odieux.
L'architrave est chargé d'affreux hiéroglyphes
Et des crânes saillants séparent les triglyphes.

. . . .

Aux rayons pâlissants de leurs torches funèbres
Des larves nous guidaient au milieu des ténèbres.
Nous entrons… je frémis… un morne, et long silence
De la nuit éternelle annonce la présence ;
Une ombre me conduit dans ce lieu redouté
Et me renverse aux pieds de la divinité ;
On voit à ses côtés des lémures, des urnes,
Des branches de cyprès, et des oiseaux nocturnes.
Là des bras décharnés portant de sombres feux
Éclairent d'un faux jour ce salon ténébreux,
Des tableaux effrayants suspendus aux murailles
Offrent de toutes parts de sanglantes batailles.
Dans leurs murs entrouverts des peuples égorgés
Par la fureur des eaux des pays ravagés,

La famine et la mort désolant les campagnes,
Des volcans enflammés renversant des montagnes :
Plus loin on voit des vols et des assassinats,
La foudre dans les champs tomber en mille éclats,
Des vaisseaux engloutis, des villes embrasées,
Sous leurs débris fumants, des femmes écrasées,
Des enfants malheureux l'un sur l'autre expirants,
Des tortures, des fers, des bourreaux, des tyrans.

Feutry, Temple de la mort[11]

Quel colosse hideux se balance à travers les étoiles ? quel est ce géant infernal qui porte dans sa bouche un glaive à deux tranchants[12], dont les bras sont de feu, et les pieds de scorpions, qui du haut de ce char voilé de crêpes, armé de glaives, couronné d'éclairs, attelé à un dragon, et à une bête étrange, dont la peau est de léopard, les pattes d'ours, et la gueule de lion menace l'univers tremblant d'une prochaine destruction ? à sa voix le volume des cieux se replie, les tombeaux s'ouvrent pour engloutir de nouvelles proies, l'amphithéâtre des monts s'ébranle, la masse des rochers se précipite, une pluie de soufre, et une grêle de crânes sanglants fond dans les campagnes, et dans les forêts, les chênes sourcilleux et les sapins énormes, avec leurs branches noircies, et leurs feuillages desséchés s'abattent sur les bêtes féroces, et les écrasent. Un fracas tragique se mêle aux plus lamentables cris.

Esce allor de la selva un suon repente
che par rimbombo di terren che treme,
e 'l mormorar de gli Austri in lui si sente
e 'l pianto d'onda che fra scogli geme.
Come rugge il leon, fischia il serpente,
come urla il lupo e come l'orso freme
v'odi, e v'odi le trombe, e v'odi il tuono :
tanti e sì fatti suoni esprime un suono.

Le Tasse, ch. XIII

Da gli occhi de' mortali un negro velo
raspisce il giorno e 'l sole, e par ch'avampi
negro via più ch'orror d'inferno il cielo,
così fiammeggia infra baleni e lampi.
Fremono i tuoni, e pioggia accolta in gelo
si versa, e i paschi abbatte e inonda i campi.
Schianta i rami il gran turbo, e par che crolli
non pur le quercie ma le rocche e i colli.

Ch. VII

Ma già distendon l'ombre orrido velo
che di rossi vapor si sparge e tigne ;
la terra in vece del notturno gelo
bagnan rugiade tepide e sanguigne ;
s'empie di mostri e di prodigi il cielo,
s'odon fremendo errar larve maligne :
votò Pluton gli abissi, e la sua notte
tutta versò da le tartaree grotte.

Ch. IX[13]

Ciel ô ciel, quels torrents de cendre de fumée !
Le Vésuve en fureur de sa cime enflammée
Vomit des rocs brûlants, et des métaux fondus ;
La lave roule au loin jusqu'aux mers écumantes ;
Herculane est couvert de ces masses fumantes ;
                    Pompeïa n'est plus.

Le soleil est éteint. Les feux de ce tonnerre
Ont seuls droit d'éclairer et d'embraser la terre ;
À cette lueur sombre, à ces longs tremblements,
Neptune avec effroi, s'élançant du rivage,
Court aux bords africains énoncer ce ravage
                    Par des mugissements.

Le choc des éléments a brisé ces montagnes ;
La sulfurate ardente a brûlé ces campagnes ;
Ces pins sont arrachés ; ces murs sont renversés ;

Tous les vents échappés de leurs grottes profondes,
De cent vaisseaux épars ont semé sur les ondes
Les débris fracassés.

Gaillard

Mais quels feux ! quel fracas horrible
Confond mes sens et mes esprits !
L'univers croule, Dieu terrible ;
Je vais périr sous ses débris.
Le ciel nous déclare la guerre ;
L'ange précédé du tonnerre,
Paraît dans les airs enflammés ;
Il parle : la terre s'entrouvre,
Et des tombeaux qu'elle découvre,
Les ossements sont animés.

De Roquemaure, *Ode sur le jugement dernier*

Ah ! saisissons l'heureuse crise des convulsions poétiques : traçons en grand l'épouvantable tableau des scélératesses et des revers qui ravagent notre globe. Que la rage, la haine, et la vengeance broient nos couleurs avec leurs bras de fer, et détrempent nos pinceaux dans leur fiel... rendons le portrait de l'humanité si noir et si atroce... Dussions-nous éprouver les vertiges et les tourments de Spinello[14], fameux peintre toscan qui, ayant peint la chute des anges rebelles, donna des traits si horribles à Lucifer, que les cheveux lui en dressèrent à lui-même d'horreur, qu'il prit dans tous ses membres une espèce de tremblement qui lui dura toute sa vie, et crut voir continuellement ce démon lui reprocher de l'avoir fait si hideux.

Les Cataractes de l'imagination, XV

Sénac de Meilhan

LA FOUTROMANIE

[...]
Un con touffu, mutin, ingénieux
À deviner cent tours voluptueux,
Des reins d'ivoire et des fesses de marbre,
Une charnière à mobiles ressorts,
Qui, sans quartier, m'attaque corps à corps,
S'unit à moi comme le lierre à l'arbre,
Qui, secondant mes amoureux efforts,
Aux coups du cul répond avec adresse,
Serre mon vit, forge les voluptés,
Et me prodigue une adorable ivresse.
Voilà mes lois et mes divinités.
Moi, foutromane, ingambe et peu sublime,
J'aime à penser, qu'en employant mes jours
À polluer, je ne fais aucun crime :
Que Jupiter, trop bon, trop magnanime,
Trop affairé pour compter avec moi,
Sur mon esprit pour régner par l'effroi,
Me saura gré, qu'en ses frasques aimables,
Mon vit fécond produise mes semblables,
Qu'à coups de cul je peuple l'univers,
Que je me livre à d'utiles travers.
Dans tous tes sens l'adorable tendresse,

Communiquant ses feux et son ivresse,
Te fait bander pour un objet charmant,
Le con au vit présente son aimant.
[...]

Marquis de Villette

Ferney, 1779

Vous êtes trop vive, Madame la comtesse, trop aérienne, pour concevoir les délices attachées à la paresse. Si vous saviez de combien de chagrin elle m'a consolé! pensez-vous, de bonne foi, que je veuille guérir d'une maladie avec laquelle vous me supposez des talents que je n'ai point? et puis, comptez-vous pour rien le droit que j'ai acquis de rejeter sur la paresse cette inertie absolue dont vous m'accusez? La douce nonchalance, à laquelle je me laisse aller, me tient bonne compagnie. Une triste expérience m'a appris que les plaisirs de l'imagination vont toujours au-delà des plaisirs de la réalité. De ma fenêtre, je parcours un pays immense, exempt des fatigues et des embarras du voyage.

> J'ai, sous les yeux, les plus riches tableaux,
>   La Suisse et les belles campagnes
>   Où le Rhône roule ses eaux;
>   Et le penchant de ses montagnes
>   Couvert de paisibles hameaux;
>   Et le sublime paysage
>   De ses forêts, de ses beaux lacs;
>   Et l'aspect lointain et sauvage
>   Des monts blanchis par les frimas.

Si je me détermine enfin à sortir de chez moi, c'est encore à cette bonne paresse que je m'abandonne. Il semble qu'il y ait des sensations, des jouissances de l'âme, réservées pour ceux qui n'ont pas l'étoffe des plaisirs bruyants. Je doute qu'il y ait un coin du monde où le printemps soit aussi délicieux que dans ces belles vallées. On retrouve, à chaque pas, Berghem ou Claude Lorrain. Pour admirer et jouir, il ne faut qu'ouvrir les yeux et penser.

> J'aime à voir les chèvres légères
> Grimper sur la cime des monts ;
> Et les génisses bocagères
> Paître dans le creux des vallons ;
> Et ces brebis, ces fourmilières
> D'agneaux épars sur les gazons ;
> Et la gaîté sur les fougères
> Unir, à l'ombre des buissons,
> Et les bergers et les bergères,
> Et les danses et les chansons.
> Que d'images douces et chères,
> Dans la plus belle des saisons !
> Le cristal mouvant des rivières
> Anime un monde de poissons ;
> Les alouettes matinières,
> Les fauvettes et les pinsons
> Couvent leurs nids dans les bruyères ;
> Sous l'humble toit de leurs maisons,
> Les paysannes solitaires
> Vont allaiter leurs nourrissons :
> Partout l'amour des tendres mères
> Est la première des leçons.
> [...]

Fanny de Beauharnais

ROMANCE FAITE
À ERMENONVILLE
SUR LA TOMBE
DE J.-J. ROUSSEAU[1]

Voici donc le séjour paisible,
    Où des mortels
Le plus tendre et le plus sensible
    A des autels !
C'est ici qu'un sage repose
    Tranquillement.
Ah ! parons au moins d'une rose
    Son monument.

Approchez, mères désolées,
    De ce tombeau :
Pour vous, de tous les mausolées
    C'est le plus beau.
Jean-Jacques vous apprit l'usage
    De vos pouvoirs,
Et vous fit aimer davantage
    Tous vos devoirs.

C'est ici que dans le silence,
    Sa plume en main,
Il agrandissait la science
    Du cœur humain.
Plus loin, voyez-vous ces bocages
    Sombres et verts ;
Il s'y dérobait aux hommages
    De l'univers.

Autour de cet asile sombre,
    En ces moments
Ne croit-on pas voir errer l'ombre
    De deux amants ?
Noble Saint-Preux, simple Julie,
    Noms adorés,
Quelle douce mélancolie
    Vous m'inspirez !

Sur cette tombe solitaire
    Coulez mes pleurs !
Hélas ! il n'est plus sur la terre,
    L'ami des mœurs !
Vous qui n'aimez que l'imposture,
    Fuyez ces lieux.
Le sentiment et la nature
    Furent des dieux.

Jacques Delille

LES JARDINS

[...]

    Désirez-vous un lieu propice à vos travaux ?
Loin des champs trop unis, des monts trop inégaux,
J'aimerais ces hauteurs où, sans orgueil, domine
Sur un riche vallon une belle colline.
Là, le terrain est doux sans insipidité,
Élevé sans raideur, sec sans aridité.
Vous marchez : l'horizon vous obéit : la terre
S'élève ou redescend, s'étend ou se resserre.
Vos sites, vos plaisirs changent à chaque pas.
    Qu'un obscur arpenteur, armé de son compas,
Au fond d'un cabinet, d'un jardin symétrique
Confie au froid papier le plan géométrique ;
Vous, venez sur les lieux. Là, le crayon en main,
Dessinez ces aspects, ces coteaux, ce lointain ;
Devinez les moyens, pressentez les obstacles :
C'est des difficultés que naissent les miracles.
Le sol le plus ingrat connaîtra la beauté.
Est-il nu ? que des bois parent sa nudité :
Couvert ? portez la hache en ses forêts profondes :
Humide ? en lacs pompeux, en rivières fécondes,
Changez cette onde impure ; et, par d'heureux travaux,
Corrigez à la fois l'air, la terre et les eaux :
Aride enfin ? cherchez, sondez, fouillez encore ;

L'eau lente à se trahir, peut-être est près d'éclore.
Ainsi, d'un long effort moi-même rebuté,
Quand j'ai d'un froid détail maudit l'aridité,
Soudain un trait heureux jaillit d'un fond stérile,
Et mon vers ranimé coule enfin plus facile.

   Il est des soins plus doux, un art plus enchanteur.
C'est peu de charmer l'œil, il faut parler au cœur.
Avez-vous donc connu ces rapports invisibles
Des corps inanimés et des êtres sensibles ?
Avez-vous entendu des eaux, des prés, des bois,
La muette éloquence et la secrète voix ?
Rendez-nous ces effets. Que du riant au sombre,
Du noble au gracieux, les passages sans nombre
M'intéressent toujours. Simple et grand, fort et doux,
Unissez tous les tons pour plaire à tous les goûts.
Là, que le peintre vienne enrichir sa palette ;
Que l'inspiration y trouble le poète ;
Que le sage du calme y goûte les douceurs ;
L'heureux, ses souvenirs ; le malheureux, ses pleurs.

   Mais l'audace est commune, et le bon sens est rare.
Au lieu d'être piquant, souvent on est bizarre.
Gardez que, mal unis, ces effets différents
Ne forment qu'un chaos de traits incohérents.
Les contradictions ne sont pas des contrastes.

   D'ailleurs, à ces tableaux il faut des toiles vastes.
N'allez pas resserrer dans des cadres étroits,
Des rivières, des lacs, des montagnes, des bois.
On rit de ces jardins, absurde parodie
Des traits que jette en grand la nature hardie ;
Où l'art, invraisemblable à la fois et grossier,
Enferme en un arpent un pays tout entier.

   Au lieu de cet amas, de ce confus mélange,
Variez les sujets, ou que leur aspect change :
Rapprochés, éloignés, entrevus, découverts,
Qu'ils offrent tour à tour vingt spectacles divers.
Que de l'effet qui suit l'adroite incertitude
Laisse à l'œil curieux sa douce inquiétude ;
Qu'enfin les ornements avec goût soient placés,

Jamais trop imprévus, jamais trop annoncés.
    Surtout du mouvement : sans lui, sans sa magie,
L'esprit désoccupé retombe en léthargie ;
Sans lui, sur vos champs froids mon œil glisse au hasard.
Des grands peintres encor faut-il attester l'art ?
Voyez-les prodiguer de leur pinceau fertile
De mobiles objets sur la toile immobile,
L'onde qui fuit, le vent qui courbe les rameaux,
Les globes de fumée exhalés des hameaux,
Les troupeaux, les pasteurs, et leurs jeux et leur danse ;
Saisissez leur secret, plantez en abondance
Ces souples arbrisseaux, et ces arbres mouvants,
Dont la tête obéit à l'haleine des vents ;
Quels qu'ils soient, respectez leur flottante verdure,
Et défendez au fer d'outrager la nature.
Voyez-la dessiner ces chênes, ces ormeaux ;
Voyez comment sa main, du tronc jusqu'aux rameaux,
Des rameaux au feuillage, augmentant leur souplesse,
Des ondulations leur donna la mollesse.
Mais les ciseaux cruels… Prévenez ce forfait,
Nymphes des bois, courez. Que dis-je ? c'en est fait :
L'acier a retranché leur cime verdoyante ;
Je n'entends plus au loin sur leur tête ondoyante
Le rapide Aquilon légèrement courir,
Frémir dans leurs rameaux, s'éloigner, et mourir :
Froids, monotones, morts, du fer qui les mutile
Ils semblent avoir pris la raideur immobile.
    Vous donc, dans vos tableaux amis du mouvement,
À vos arbres laissez leur doux balancement.
Qu'en mobiles objets la perspective abonde :
Faites courir, tomber et rejaillir cette onde :
Vous voyez ces vallons et ces coteaux déserts ;
Des différents troupeaux dans les sites divers,
Envoyez, répandez les peuplades nombreuses.
Là, du sommet lointain des roches buissonneuses,
Je vois la chèvre pendre ; ici de mille agneaux
L'écho porte les cris de coteaux en coteaux.
Dans ces prés abreuvés des eaux de la colline,

Couché sur ses genoux, le bœuf pesant rumine
Tandis qu'impétueux, fier, inquiet, ardent,
Cet animal guerrier qu'enfanta le trident
Déploie, en se jouant dans un gras pâturage,
Sa vigueur indomptée et sa grâce sauvage.
Que j'aime et sa souplesse et son port animé !
Soit que dans le courant du fleuve accoutumé,
En frissonnant il plonge, et, luttant contre l'onde,
Batte du pied le flot qui blanchit et qui gronde ;
Soit qu'à travers les prés il s'échappe par bonds ;
Soit que, livrant aux vents ses longs crins vagabonds,
Superbe, l'œil en feu, les narines fumantes,
Beau d'orgueil et d'amour, il vole à ses amantes :
Quand je ne le vois plus, mon œil le suit encor.
    Ainsi de la nature épuisant le trésor,
Le terrain, les aspects, les eaux et les ombrages
Donnent le mouvement, la vie aux paysages.
[...]

Chant I

L'IMAGINATION

[...]
Il abat les forêts ; il dompte les torrents [1] ;
De l'outre mugissante il déchaîne les vents ;
Par leur souffle irrité l'ardent fourneau s'allume ;
J'entends le lourd marteau retentir sur l'enclume ;
L'urne aux flancs arrondis se durcit dans le feu ;
Il fait crier la lime, il fait siffler l'essieu ;
Ou sur le frêle esquif hasarde un pied timide.
Tournez, fuseaux légers ; cours, navette rapide,
Et venant, revenant, par le même chemin,
Dans le lin, en glissant, entrelace le lin.
Les jours sont loin encore, où la riche peinture,
Sur des tissus plus beaux tracera la nature
Où figurant le ciel, l'homme et les animaux,

Le peintre, sans les voir, formera ses tableaux.
Ils viendront, ces beaux jours ! Cependant l'industrie
Allège à chaque instant le fardeau de la vie :
L'équilibre puissant nous révèle ses lois,
Et par des poids rivaux on balance les poids.
À l'aide d'un levier l'homme ébranle la pierre ;
Par la grue enlevée elle a quitté la terre.
L'art s'avance à grands pas ; mais c'est peu que ses soins
Satisfassent au cri de nos premiers besoins ;
Bientôt accourt le luxe et sa pompe élégante ;
Du lion terrassé la dépouille sanglante,
Dès longtemps a fait place aux toisons des brebis ;
Un jour un noble ver filera ses habits.
La beauté se mirait au cristal d'une eau pure ;
La glace avec orgueil réfléchit sa figure.
L'ombre, le sable et l'eau lui mesuraient les jours,
Un balancier mobile en divise le cours ;
Des rouages savants ont animé l'horloge ;
Et la montre répond au doigt qui l'interroge.
Quel Dieu sut mettre une âme en ces fragiles corps ?
Comment, sur le cadran qui cache leurs ressorts,
Autour des douze sœurs, qui forment sa famille,
Le temps, d'un pas égal, fait-il marcher l'aiguille ?
Art sublime ! par lui la durée a ses lois ;
Les heures ont un corps, et le temps une voix.
À tous ces grands secrets un seul manquait encore ;
Ma divinité parle, et cet art vient d'éclore.
Avant lui, d'un seul lieu, d'un seul âge entendus,
Pour le monde et les temps les arts étaient perdus ;
Cet art conservateur en prévient la ruine.
Quand le bienfait est pur, qu'importe l'origine ?
Des vils débris du lin que le temps a détruit,
Empâtés[2] avec art, et foulés à grand bruit,
Vont sortir ces feuillets où le métal imprime
Ce que l'esprit humain conçut de plus sublime.
Un amas de lambeaux et de sales chiffons
Éternise l'esprit des Plines, des Buffons ;
Par eux le goût circule, et, plus prompte qu'Éole,

L'instruction voyage et le sentiment vole.
Trop heureux, si l'abus n'en corrompt pas le fruit !
   Mais veux-tu voir en grand ce que l'art a produit ?
Regarde ce vaisseau, destiné pour Neptune,
Favori de la gloire, ou cher à la fortune,
Qui doit braver un jour, navigateur hardi,
Ou les glaces du nord, ou les feux du midi.
Quelle majestueuse et fière architecture !
Le calcul prévoyant dessina sa structure ;
Dans sa coupe légère, avec solidité,
Il réunit la force à la rapidité.
Emporté par la voile, et dédaignant la rame,
Le chêne en est le corps, et le vent en est l'âme.
L'aimant, fidèle au pôle, et le timon prudent,
Dirigent ses sillons sur l'abîme grondant.
L'équilibre des poids le balance sur l'onde ;
Son vaste sein reçoit tous les trésors du monde ;
La foudre arme ses flancs ; géant audacieux,
Sa carène est dans l'onde, et ses mâts dans les cieux.
Longtemps de son berceau l'enceinte l'emprisonne ;
Signal de son départ, tout à coup l'airain tonne :
Soudain, lassé du port, de l'ancre et du repos,
Aux éclats du tonnerre, aux cris des matelots,
Au bruit des longs adieux mourants sur les rivages,
Superbe, avec ses mâts, ses voiles, ses cordages,
Il part, et devant lui chassant les flots amers,
S'empare fièrement de l'empire des mers.

Chant V

[LA TERREUR]

[…]
   À peine la Discorde, en ses noirs sacrifices,
Du sang de l'innocence a goûté les prémices,

Sa terrible moisson se poursuit en tout lieu :
Les temples des beaux-arts, les demeures de Dieu,
Les lieux où nous prions les puissances célestes,
Des proscrits entassés sont les dépôts funestes.
Tous les bras sont vendus, tous les cœurs sont cruels.
Image de ces dieux, la terreur des mortels,
Dont nul n'ose aborder l'autel impitoyable,
Que dégouttant du sang de quelque misérable,
L'idole à qui la France a confié son sort,
N'accepte que du sang, ne sourit qu'à la mort.
Femme, enfant, sont voués à son culte terrible ;
L'innocente beauté pare sa pompe horrible ;
La hache est sans repos, la crainte sans espoir ;
Le matin dit les noms des victimes du soir ;
L'effroi veille au milieu des familles tremblantes ;
Les jours sont inquiets, et les nuits menaçantes.
Imprudent, jadis fier de ton nom, de ton or,
Hâte-toi d'enfouir tes titres, ton trésor :
Tout ce qui fut heureux demeure sans excuse ;
L'opulence dénonce, et la naissance accuse.
Pour racheter tes jours, en vain ton or est prêt ;
Le fisc inexorable a dicté ton arrêt.
L'avidité peut vendre une paix passagère ;
Mais elle veut sa proie, et la veut tout entière.
Ne parlez plus d'amis, de devoirs, de liens :
Plus d'amis, de parents, ni de concitoyens.
Le fils épouvanté craint l'abord de son père ;
Le frère se détourne à l'aspect de son frère ;
L'amour même est timide ; et, dans cet abandon,
La nature est sans voix, sous des lois sans pardon.
Ainsi quand, sur ses pas semant les funérailles,
La mort contagieuse erre dans nos murailles,
Tous les nœuds sont rompus : l'ami dans son ami,
Le frère dans sa sœur, redoute un ennemi ;
Et, sur ses gonds muets, triste, inhospitalière,
Refuse de tourner la porte solitaire.
   Mais quels maux je compare à des malheurs si grands !
On conjure la peste, et non pas les tyrans.

Aux cœurs lâches du moins les tyrans font justice,
Leur crainte, en le fuyant, rencontre le supplice
Tous à leur infortune ajoutant le remords,
Séparés par l'effroi, sont rejoints par la mort;
Et, dans un même char où sa main les rassemble,
Voisins, amis, parents, vont expirer ensemble;
À moins que de la vie incertain possesseur,
L'opprimé tout à coup ne se fasse oppresseur.
Son heure vient plus tard; mais il aura son heure:
Le lâche fait mourir, en attendant qu'il meure.
Ses chefs auront leur tour; leur pouvoir les proscrit:
Sur leurs tables de mort déjà leur nom s'inscrit.
Robespierre, Danton, iront aux rives sombres,
De leur aspect horrible épouvanter les ombres;
Et Tinville, après lui traînant tous ses forfaits,
Va dans des flots de sang se débattre à jamais.
    Partout la soif du meurtre et la faim du carnage.
Les arts jadis si doux, le sexe, le jeune âge,
Tout prend un cœur d'airain : la farouche beauté
Préfère à notre scène un cirque ensanglanté;
Le jeune enfant sourit aux tourments des victimes;
Les arts aident le meurtre et célèbrent les crimes.
Que dis-je? la nature, ô comble de nos maux!
De tous ses éléments seconde nos bourreaux.
Dans leurs cachots impurs l'air infecte la vie;
Le feu dans les hameaux promène l'incendie;
Et la terre complice, en ses avides flancs,
Recèle par milliers les cadavres sanglants.
À peine elle a peuplé ses cavernes profondes,
La mort infatigable a volé sur les ondes.
Ministres saints, du fer ne craignez plus les coups;
Le baptême de sang est achevé pour vous.
Par un art tout nouveau, des nacelles perfides
Dérobent sous vos pas leurs planchers homicides;
Et, le jour et la nuit, l'onde porte aux échos
Le bruit fréquent des corps qui tombent dans les flots.
Ailleurs la cruauté, fière d'un double outrage,
Joint l'insulte à la mort, l'ironie à la rage;

Et submerge, en riant de leurs civiques nœuds,
Les deux sexes unis par un hymen affreux.
Ô Loire! tu les vis, ces hymens qu'on abhorre;
Tu les vis, et tes flots en frémissent encore.
[…]

Le Malheur et la Pitié, chant III

[CHRISTOPHE COLOMB]

[…]
　Eh! qui du grand Colomb ne connaît point l'histoire,
Lui dont un nouveau monde éternisa la gloire?
Illustre favori du maître du trident,
L'heureux Colomb voguait sur l'abîme grondant;
Sa nef avait franchi les colonnes d'Alcide;
Les phoques, les tritons, la jeune néréide,
Voyaient d'un œil surpris ces drapeaux, ces soldats,
Ces bronzes menaçants, cette forêt de mâts,
Et ces hardis vaisseaux, flottantes citadelles,
À qui les vents vaincus semblaient céder leurs ailes :
Depuis six mois entiers ils erraient sur les eaux;
Dépourvus d'aliments, épuisés de travaux,
Les matelots sentaient défaillir leur courage,
Et d'une voix plaintive imploraient le rivage.
Mille maux à la fois leur présagent leur fin,
Et la contagion se ligue avec la faim.
Pour comble de malheurs, sur l'océan immense
Les airs sont en repos, les vagues en silence :
Dans la voile pendante aucun vent ne frémit;
Et dans ce calme affreux dont le nocher gémit,
L'oreille n'entend plus, durant la nuit profonde,
Que le bruit répété des morts tombant dans l'onde.
Plusieurs au haut des mâts interrogent de loin
Les terres et les mers sourdes à leur besoin;

Rien ne paraît : des cœurs un noir transport s'empare
(Lorsqu'il est sans espoir, le malheur rend barbare) ;
Tous fondent sur leur chef : à son poste arraché,
Au pied du plus haut mât Colomb est attaché.
Cent fois de la tempête il défia la rage ;
Mais qu'opposera-t-il à ce nouvel orage ?
Sans changer son destin l'astre du jour a lui ;
De farouches regards errent autour de lui :
Inutiles fureurs pour son âme intrépide !
La mort, l'affreuse mort n'a rien qui l'intimide.
Mais avoir vainement affronté tant de maux !
Mais mourir près d'atteindre à des mondes nouveaux !
Ce grand espoir trompé, tant de gloire perdue,
Plus que tous les poignards, voilà ce qui le tue.
Sur ce cœur que déjà déchire le regret,
Le fer enfin se lève, et le trépas est prêt :
Plus d'espoir. Tout à coup de la rive indienne
Un air propice apporte une odorante haleine ;
Il sent, il reconnaît le doux esprit des fleurs ;
Tout son cœur s'abandonne à ces gages flatteurs ;
Un souffle heureux se joint à cet heureux présage.
Alors avec l'espoir reprenant son courage :
« Malheureux compagnons de mon malheureux sort,
Vous savez si Colomb peut redouter la mort ;
Mais si, toujours fidèle au dessein qui m'anime,
Votre chef seconda votre âme magnanime ;
Si pour ce grand projet je bravai comme vous,
Et l'horreur de la faim, et les flots en courroux,
Encor quelques moments ; je ne sais quel présage
À cette âme inspirée annonce le rivage.
Si ce monde où je cours fuit encor devant nous,
Demain tranchez mes jours, tout mon sang est à vous. »
À ce noble discours, à sa mâle assurance,
À cet air inspiré qui leur rend l'espérance,
Un vieux respect s'éveille au cœur des matelots ;
Ils ont cru voir le dieu qui maîtrise les flots :
Soudain, comme à sa voix les tempêtes s'apaisent,
Aux accents de Colomb les passions se taisent.

On obéit, on part, on vole sur les mers ;
La proue en longs sillons blanchit les flots amers.
Enfin des derniers feux quand l'Olympe se dore,
Et brise ses rayons dans les mers qu'il colore,
Le rivage de loin semble poindre à leurs yeux.
Soudain tout retentit de mille cris joyeux.
Les coteaux par degrés sortent du noir abîme,
De moment en moment les bois lèvent leur cime,
Et de l'air embaumé que leur porte un vent frais,
Le parfum consolant les frappe de plus près.
On redouble d'efforts, on aborde, on arrive ;
Des prophétiques fleurs qui parfument la rive
Tous couronnent leur chef, et leurs festons chéris,
Présages des succès, en deviennent le prix.
[…]

Les Trois Règnes de la nature, chant VI

[L'AIMABLE DISCOUREUR]

[…]
Jadis quand je traçai les lois du paysage,
　　　De notre aimable fablier
　　　Empruntant le simple langage,
　　　Je redisais au jardinier :
« Laissez là votre serpe, instrument de dommage. »
　　　Je demandais qu'au sortir du berceau,
　　　Chaque plante, chaque arbrisseau,
　　Pût à son gré déployer son feuillage ;
Que, bravant le croissant, l'échelle et le treillage,
Chaque branche, en dépit des vieux décorateurs,
　　　Et des ciseaux mutilateurs,
Pût rendre un libre essor à son luxe sauvage,
Suivre sa fantaisie, et dépasser ses sœurs ;
　　Qu'on affranchît les bois, la terre et l'onde…

Tel doit être un jardin, tel doit être le monde.
Le libre épanchement de l'esprit et du cœur,
Voilà des entretiens la première douceur.
Ils ne connaissent point le pouvoir arbitraire.
Les conversations sont l'état populaire :
     Nul n'y veut être dominé ;
  On y déplaît, en cherchant trop à plaire ;
Et qui veut régner seul est bientôt détrôné.
     Dans ses promenades royales,
Autrefois, nous dit-on, le superbe Tarquin,
Des plantes de son parc tyran républicain,
Mutilait sans pitié les tiges inégales
Dont la tête orgueilleuse ombrageait leurs rivales,
     Et nivelait les fleurs de son jardin.
Tel est l'orgueil : dans sa fierté chagrine
Il voit d'un œil jaloux tout ce qui le domine,
     Et, détestant l'empire d'un rival,
Ne souffre point de maître, et craint même un égal.
L'aimable discoureur jamais ne nous occupe
     De ses talents, de son emploi ;
     Il sait combien l'orgueil est dupe,
     Quand il ramène tout à soi.
Ainsi qu'une eau douce, limpide et pure,
Dans le canal où son lit est tracé,
     Du terrain qu'elle a traversé
  Ne prend l'odeur, le goût, ni la teinture ;
Poète, commerçant, orateur ou soldat,
En discourant il sait oublier son état :
     À tous les arts il rend hommage,
     Parle à chacun de son métier ;
     À l'écrivain, de son ouvrage ;
Au peintre, de dessin ; de manœuvre au guerrier ;
     Au savant, des siècles antiques ;
Au négociateur, d'intérêts politiques ;
Au juge, de procès ; d'argent au financier.
Le chantre harmonieux, l'algébriste sauvage,
Le mondain enjoué, l'austère magistrat,
Surpris, dans ses discours, d'entendre leur langage,

Partent contents de leur état,
Et se flattent de son suffrage.
Ainsi tous les esprits lui sont conciliés ;
Les amours-propres qu'il ménage
Autour du sien sont ralliés :
Soumis, sans être humiliés,
Tous, à l'envi, déposent à ses pieds
De leur respect l'hommage volontaire ;
La haine même est réduite à se taire,
Et de ses ennemis il fait des alliés.
Son érudition ne bat point nos oreilles
Des auteurs anciens et nouveaux ;
Il ne se venge point sur nous de ses travaux,
Ne nous punit point de ses veilles :
Comme un parfum délicieux,
Dont la mollesse orientale
Remplit un flacon précieux,
En légères vapeurs sa science s'exhale,
Se laisse deviner, et jamais ne s'étale
Dans des discours ambitieux.
C'est ce ruisseau, dont les ondes captives
Caressent mollement leurs rives :
Sans effort, sans bruit, sans fracas,
Son savoir se répand, et ne déborde pas.

La Conversation, chant III

Chevalier de Boufflers

LE CŒUR

Le cœur est tout, disent les femmes,
Sans le cœur point d'amour, sans lui point de bonheur :
Le cœur seul est vaincu, le cœur seul est vainqueur.
        Mais qu'est-ce qu'entendent ces dames
        En nous parlant toujours du cœur ?
En y pensant beaucoup, je me suis mis en tête
Que du sens littéral elles font peu de cas,
Et qu'on est convenu de prendre un mot honnête
        Au lieu d'un mot qui ne l'est pas.
Sur le lien des cœurs en vain Platon raisonne,
Platon se perd tout seul et n'égare personne ;
Raisonner sur l'amour, c'est perdre la raison ;
Et, dans cet art charmant, la meilleure leçon,
        C'est la nature qui la donne.
        À bon droit nous la bénissons,
Pour nous avoir formé des cœurs de deux façons ;
        Car que deviendraient les familles,
        Si les cœurs des jeunes garçons
        Étaient faits comme ceux des filles ?
Avec variété nature les moula,
Afin que tout le monde en trouvât à sa guise :
Prince, manant, abbé, nonne, reine, marquise,
Celui qui dit *sanctus*, celui qui crie *allah* !

Le bonze, le rabbin, le carme, la sœur grise,
Tous reçurent un cœur, aucun ne s'en tint là.
      C'est peu d'avoir chacun le nôtre,
      Nous en cherchons partout un autre.
Nature, en fait de cœurs, se prête à tous les goûts ;
      J'en ai vu de toutes les formes,
Grands, petits, minces, gros, médiocres, énormes ;
Mesdames et messieurs, comment les voulez-vous ?
On fait partout d'un cœur tout ce qu'on en veut faire ;
On le prend, on le donne, on l'achète, on le vend ;
Il s'élève, il s'abaisse, il s'ouvre, il se resserre ;
      C'est un merveilleux instrument :
      J'en jouais bien dans ma jeunesse ;
      Moins bien pourtant que ma maîtresse.
      Ô vous ! qui cherchez le bonheur,
      Sachez tirer parti d'un cœur.
Un cœur est bon à tout, partout on s'en amuse ;
      Mais à ce joli petit jeu,
      Au bout de quelque temps, il s'use,
Et chacune et chacun finissent, en tout lieu,
      Par en avoir trop ou trop peu.
      Ainsi, comme un franc hérétique,
Je médisais du Dieu de la terre et du ciel.
      En amour j'étais tout physique ;
      C'est bien un point essentiel,
      Mais ce n'est pas le point unique.
      Il est mille façons d'aimer ;
      Et ce qui prouve mon système,
      C'est que la bergère que j'aime
      En a mille de me charmer :
      Si, de ces mille, ma bergère,
      Par un mouvement généreux,
      M'en cédait une pour lui plaire,
      Nous y gagnerions tous les deux[1].

LA FEMME ET LE PHILOSOPHE

CHANSON

Air : *L'avez-vous vu, mon bien-aimé ?*

LE PHILOSOPHE

Pour la raison,
C'est un poison
Que d'avoir l'âme tendre.

LA FEMME

De ce poison
N'a pas raison
Qui cherche à se défendre.

LE PHILOSOPHE

Douce raison !
Triste poison !

LA FEMME

Charmant poison !
Triste raison !

LE PHILOSOPHE

Point de poison,
À la raison
Il faut bien qu'on se rende.

LA FEMME

Point de raison,
C'est du poison,
Monsieur, qu'on vous demande.

MON RÊVE

Air : *Avec les jeux dans le village.*

Jeune Iris, pourriez-vous bien croire,
Ah! que n'est-ce la vérité!
Ce que tous deux dans l'ombre noire,
Tour à tour nous avons été?
Morphée, en fermant ma paupière,
Fit de moi l'acier le plus doux;
D'aimant vous étiez une pierre,
Et vous m'entraîniez après vous.

Ce dieu, par un doux stratagème,
De cet aimant fit un écho;
J'étais couplet; je disais, j'aime,
Et vous me répétiez ce mot.
Par un caprice plus insigne
Il me rendit petit poisson :
À mes yeux vous parûtes ligne,
Et je mordis à l'hameçon.

Le bon Morphée, à ma prière,
M'ayant fait voyager par eau,
Vous devîntes une rivière,
Et je vous fis porter bateau.
Le froid prit, vous voilà de glace,
Pour tirer parti de ce tour,

Sur deux semelles je pris place,
Et je patinais tout le jour.

Pour dernière métamorphose,
Devenu nectar des plus doux,
J'étais dans un vase de rose,
Iris, et je coulais pour vous.
Une goutte sur vous s'attache,
Vous étiez alors tout satin ;
À mon réveil, j'ai vu la tache,
Mais j'ai cherché l'étoffe en vain.

La Harpe

LES REGRETS

Le sombre hiver va disparaître ;
Le printemps sourit à nos vœux ;
Mais le printemps ne semble naître
Que pour les cœurs qui sont heureux.

Le mien, que la douleur accable,
Voit tous les objets s'obscurcir,
Et quand la nature est aimable,
Je perds le pouvoir d'en jouir.

Je ne vois plus ce que j'adore,
Je n'ai plus de droit au plaisir.
Pour les autres, tout semble éclore ;
Et pour moi tout semble finir.

Les souvenirs errent en foule
Autour de mon cœur abattu,
Et chaque moment qui s'écoule
Me rappelle un plaisir perdu.

Que m'importe que le temps fuie ?
Heures, dont je crains la lenteur,
Vous pouvez emporter ma vie,
Vous n'annoncez plus mon bonheur.

Je n'ai plus la douce pensée
Qui s'offrait à moi le matin,
Et qui, vers le soir retracée,
M'entretenait du lendemain.

Mon œil voit reverdir la cime
Des arbres de ce beau vallon,
Et de l'oiseau qui se ranime
J'entends la première chanson.

Ah! c'est vers ce temps que Thémire
À mes yeux parut autrefois;
C'est là que je la vis sourire,
C'est là que j'entendis sa voix;

Sa voix qui, sous le frais ombrage
Où je l'écoutais à genoux,
Rassemblait autour du bocage
Les oiseaux charmés et jaloux.

Les témoins, la crainte et l'envie
Combattaient souvent mes désirs;
Mais sous l'œil de la jalousie
L'amour sent croître ses plaisirs.

Beaux soirs d'été, charmante veille,
Où je saisissais au hasard
Un baiser, un mot à l'oreille,
Un soupir, un geste, un regard.

Que de fois, dans cet art instruite,
Thémire, au milieu des jaloux,
Jeta, dans des discours sans suite,
Le mot, signal du rendez-vous!

Oh! comment remplacer l'ivresse
Que l'amour répand dans ses jeux?

Non, la gloire, autre enchanteresse
N'a point d'instants si précieux.

Du soin d'une vaine mémoire
Pourquoi voudrais-je me remplir ?
Pourquoi voudrais-je de la gloire
Quand je n'ai plus à qui l'offrir ?

Les arts, dont la pompe éclatante
À mes yeux vient se déployer,
Me rappellent à mon amante,
Loin de me la faire oublier.

À ce spectacle, où l'harmonie
À tous nos sens donne la loi,
Je dis : « Celle qui m'est ravie
Chantait mieux, et chantait pour moi. »

Dans le temple de Melpomène
Je songe qu'en nos jours heureux,
Nos cœurs retrouvaient sur la scène
Tout ce qu'ils sentaient encor mieux.

Souvent un trouble involontaire
Me dit que je ne suis plus loin
De cette retraite si chère
Qui nous recevait sans témoin.

Souvent elle ne put se rendre
Au lieu qui dut nous retenir.
Que ne puis-je encore l'attendre
Dût-elle encor ne pas venir !

Mon âme, aujourd'hui solitaire,
Sans objet comme sans désir,
S'égare et cherche à se distraire
Dans les songes de l'avenir.

Tel, quand la neige est sur la plaine,
L'oiseau, n'osant plus la raser,
Voltige d'une aile incertaine
Sans savoir où se reposer.

Je m'aperçois que, sans contrainte,
Mon cœur, pour tromper son ennui,
Se permet une longue plainte
Qui ne peut occuper que lui.

Mais qu'importe qu'on s'intéresse
Aux maux qu'on ne peut soulager?
Je veux épancher ma tristesse
Et non la faire partager.

Que dis-je? hélas! je me repose
Sur ces désolants souvenirs.
Ce sentiment est quelque chose;
C'est le dernier de mes plaisirs.

Un jour, quand la froide vieillesse
Viendra retrancher mes erreurs,
Peut-être que de la tendresse
Je regretterai les douceurs.

Alors, à cet âge où s'efface
L'illusion de nos beaux jours,
Je veux, dans ces vers que je trace,
Retrouver encor mes amours.

Louis Sébastien Mercier

HÉLOÏSE À ABÉLARD[1]

Dans ce temple sacré qu'entourent des déserts,
Où la foi nous découvre un nouvel univers ;
Dans ce séjour de paix où l'âme recueillie
Reconnaît le néant du songe de la vie,
Quel feu victorieux de la grâce et des temps,
Quand je touche au tombeau se réveille en mes sens ?
Tu le croyais éteint !... Amante infortunée !
À de nouveaux tourments te voilà condamnée !
Quoi ! je les ai trahis ces serments que j'ai faits !
Il est donc des penchants qu'on ne dompte jamais !
Arrête-toi, ma main... il en est temps encore...
Ô Dieu ! vois mes combats, Héloïse t'implore !...
Loin d'elle un nom si cher... Ah ! s'il était tracé,
Que ce nom sous mes pleurs disparaisse effacé...
Que fais-je, et qu'ai-je lu ?... ma plume d'elle-même
A tracé par instinct : Abélard, que je t'aime !
    Tu frémis et tu crains que ma coupable ardeur
N'arme enfin contre moi le bras d'un Dieu vengeur ;
Je ne sais s'il punit un moment de faiblesse,
Mais telle est de mes sens l'impérieuse ivresse,
Pour arrêter ma plume, il tonnerait en vain...
L'amour qu'il me pardonne entraîne ici ma main.
    Séjour religieux, enceinte redoutable,

Où le cœur innocent se punit en coupable ;
Où, parmi les ennuis et les gémissements,
Le temps appesanti ne marche qu'à pas lents ;
Temple où, près des autels, tremblante et prosternée,
J'ai veillé tant de fois d'ombres environnée,
Des marbres de nos saints embrassant les genoux,
Vous savez si, du ciel redoutant le courroux,
J'ai répandu sur moi des larmes solitaires :
Eh bien ! mes cris plaintifs, mes soupirs, mes prières,
Des voûtes des tombeaux la ténébreuse horreur,
Ces autels et leur Dieu… rien n'a changé mon cœur.
   Avec quels traits de feu tu peins ta tendre amante,
Dans l'âge du bonheur, et d'amour expirante,
Conduite tout à coup sous ces lugubres tours,
Sépulcre des plaisirs où meurent les beaux jours !
Ici s'éteint l'amour, ici périt la gloire,
Ici le cœur s'immole en pleurant sa victoire.
Ah ! du moins fais parler ton cœur et ses désirs ;
Mes soupirs répondront à tes tristes soupirs.
Un amant malheureux inventa l'art d'écrire ;
Sur un papier muet l'âme passe et respire ;
On soulage l'absence, on brave ses tyrans ;
Crainte, embarras, ennuis, et nos plus doux penchants,
Tout se dit, Abélard, sans que le front rougisse ;
Le sentiment naïf abjure l'artifice ;
Ce langage secret de deux cœurs dans les fers
Vole d'un pôle à l'autre adoucir leurs revers.
   Tu me vantais l'amour, et je te crus sans peine :
Le remords disparut à ta voix souveraine.
Tu régnais sans efforts ; tes vœux étaient mes lois :
Le ciel même semblait s'expliquer par ta voix.
D'autant plus éloquent, d'autant plus redoutable,
Qu'à mes yeux des mortels s'offrait le plus aimable.
Que dis-je ? je crus voir un de ces confidents,
Des ordres du Très-Haut ministres éclatants.
Tu souriais comme eux : une flamme légère,
Tel qu'un rayon céleste animait ta paupière.
Sur un chemin de fleurs j'avançais sans effroi,

Sans regretter ce ciel que je perdais pour toi.
Tu voulus que l'hymen consacrât notre ivresse.
Je te dis : garde-toi d'outrager ma tendresse ;
Quand l'amour nous unit, nous faut-il d'autres lois ?
Est-il des nœuds plus sûrs, des liens plus étroits ?
L'amour, enfant céleste, ennemi de la gêne,
Fuit d'une aile légère à l'aspect de sa chaîne.
Et qu'avons-nous besoin de tous ces vains serments
Que la crainte commande aux vulgaires amants ?
Ne prenons pour garants d'une flamme si belle
Que ce charme inconnu que nous trouvons en elle.
D'un sentiment si pur pourquoi faire un devoir ?
S'armer contre le crime et déjà le prévoir.
Quand un roi sur mon front mettrait un diadème,
Dédaignant sans orgueil l'éclat du rang suprême,
Et renonçant sans peine à vingt titres pompeux,
On me verrait choisir un nom plus glorieux,
Nom cher à mon amant, nom fait pour la tendresse,
Le nom simple et touchant, le nom de sa maîtresse.
Titre dont je suis fière, oui, tu m'enorgueillis !
Sceptres, trônes, grandeurs, qu'êtes-vous à ce prix ?
[…]

SATIRES CONTRE RACINE
ET BOILEAU

Nés tous originaux, nous mourons tous copies[a] :
Eh bien ! qui rétrécit la sphère des génies ?
Ce code vanté, si froid et si mesquin,
Que Boileau composa d'après l'auteur latin.
Loin de sa profondeur, plus loin de son audace,
Il borne la carrière, il resserre l'espace :
Il défend tout essor ; abondance, vigueur,

---

a. Pensée d'Young[1].

Style mâle, hardi, fierté, tout lui fait peur.
Boileau n'aima jamais ; dans sa sombre malice
Il prit pour synonyme et la femme et le vice,
Ne comptant à Paris que trois dames de bien :
Si tel grand fat le dit, le sage n'en sait rien.
Mais j'oubliais encor son ode pindarique ;
Est-il dans notre langue une ode plus comique ?
Boileau, chapon dodu[2], qui buvait l'hypocras,
Parlant de charité, ne la connaissait pas,
S'en va chercher son pain de cuisine en cuisine[3].
C'est toi qui méritais d'endurer la famine.
Colletet doit dîner. Ah ! dans ton beau salon,
Tu veux donc seul, barbare, être l'heureux glouton.
Que n'ai-je assez de bien ! plus juste et plus utile,
À tout maigre écrivain j'ouvrirais un asile.
Je lui ferais présent d'un ventre rebondi,
Tous les jours bonne soupe au timbre de midi ;
Bien permis à chacun de lancer l'épigramme,
Que je hais Nicolas et que j'aime le drame !
Nicolas, j'eusse été ton célèbre rival :
Quel est le vers aisé, le vers qui dit du mal ?
    Mais doux inquisiteur, par trois fois catholique,
Qui t'a chargé du soin de tuer l'hérétique :
Quand Linière, en ses vers pleins de rage et d'ennui,
Doit les voir tous brûlés, s'il se peut avant lui[a] ?
    Louis, les animant du feu de son courage,
Se plaint de sa grandeur qui l'attache au rivage.
Ah ! maître flagorneur, tu surpassas l'espoir
Du plus vieux courtisan adulant le pouvoir.
Ce mensonge si large entacha la victoire,
L'encens noircit l'idole en brûlant pour sa gloire.

. . . .

    Le défaut de talent fit le premier critique ;
Ce censeur vétilleux et jamais pacifique
Dans toute phrase aisée amène l'embarras ;
Il veut que vous marchiez et s'oppose à vos pas.

---

a. Ces vers affreux sont de l'honnête Boileau.

Comme les grandes mers ont les plus hauts rivages,
Les imperfections sont dans les grands ouvrages.
Quel joug ne brise point l'esprit audacieux ?
Milton sans code obscur s'éleva dans les Cieux.
L'homme a toujours dans l'âme une vieille querelle
Pour cette liberté qui lui fut naturelle.
Il dit : Oui, comme toi je me sens troubadour ;
Compagnon, mets-toi là, je te juge à mon tour.

. . . .

    Quand l'amour est au cœur, l'œil en a plus de grâce ;
Le génie à nos traits donne une noble audace.
Qui ne sait distinguer le front du jeune amant,
Ou le poète épris d'un heureux sentiment ?
Le front de ce critique est soucieux et pâle,
Des noirs feux de l'envie il porte tout le hâle ;
Et comme s'il craignait de se montrer tout nu,
Il affecte un air froid, modeste et retenu,
En frayeur d'exposer à nos âmes blessées,
Son mauvais caractère et ses vides pensées.
Ces mouvements secrets qui naissent malgré lui
Révèlent à nos yeux sa honte et son ennui.
    Comme dans nos guérets le grain qui point à peine
Périt sous les frimas que l'aquilon déchaîne,
Tel le critique dur flétrit le tendre jet :
Et pourquoi dans la fleur étouffer le bouquet ?
Un jeune arbre est flexible ; un pâtre sans amour
M'aigrit contre la main qui le tord chaque jour.
Le passé nous égare ; aveugles que nous sommes,
Condamner les vivants est-ce créer des hommes ?

Satire III

    Isole-toi, descends, écris dans un tombeau
Fais ton style, établis un livre tout nouveau.
Sers de modèle au monde, et n'imite personne ;
L'esprit indépendant, il se désemprisonne !
Il s'élève avec force, il montre avec fierté
Son droit incontestable à la célébrité.
Le génie abandonne un sein pusillanime,

Sans généreuse audace on n'est jamais sublime.
Que devient, quand la gloire a donné le signal,
Le petit juge assis sur son haut tribunal ?

   A-t-il donc pu blesser, sous leur dais littéraire,
Couronnés de lauriers Jean-Jacques et Voltaire ?
L'invective à la bouche et la jaunisse à l'œil,
Ce vil folliculaire, il nourrit son orgueil.
Malgré son fiel vénal, les talents ont leur gloire,
Chacun a ses vertus ; Zoïle n'y peut croire.
Quand il n'est plus il laisse empreinte sur le mur
La trace de sa bave et de son sang impur.
Soit. Sur les Apennins, un chêne au front superbe
S'élance dans les airs du sein flétri de l'herbe,
Tandis que les buissons à ses pieds répandus,
Étouffés dans son ombre y meurent confondus :
Parasites hardis, vaincus par sa puissance ;
Tels de la renommée absorbant la substance,
Le nom de Montesquieu, le nom du bon Rousseau,
Font d'une urne moderne un antique tombeau.
D'un pas respectueux on foule cette enceinte.
. . . .
Aux combats indécents, les journaux sont ouverts,
On s'y bat pour la prose, on s'y bat pour les vers.
Boileau fut bien coupable ! il a donné l'exemple ;
L'injurieux Feuilliste, il se dit dans son temple.
Boileau forma l'essaim de ces vendeurs d'extraits
Que l'on peut appeler des hommes de Palais :
Éternelle chicane, aigreur impertinente,
Ont rendu la science amère et dégoûtante.
Mais laissons le champ libre aux *trois commentateurs*[a],
Pesant des pieds de mouche et longs dissertateurs :
D'énoncer de grands riens ils ont le privilège…
Aux armes, Feuilletons !… Je suis le sacrilège.

Satire XII

---

a. On parlera d'eux dans une autre satire.

Sade

LA VÉRITÉ

Quelle est cette chimère impuissante et stérile,
Cette divinité que prêche à l'imbécile
Un ramas odieux de prêtres imposteurs?
Veulent-ils me placer parmi leurs sectateurs?
Ah! jamais, je le jure, et je tiendrai parole,
Jamais cette bizarre et dégoûtante idole,
Cet enfant de délire et de dérision
Ne fera sur mon cœur la moindre impression.
Content et glorieux de mon épicurisme,
Je prétends expirer au sein de l'athéisme
Et que l'infâme Dieu dont on veut m'alarmer
Ne soit conçu par moi que pour le blasphémer.
Oui, vaine illusion, mon âme te déteste,
Et pour t'en mieux convaincre ici je le proteste,
Je voudrais qu'un moment tu pusses exister
Pour jouir du plaisir de te mieux insulter.

Quel est-il en effet ce fantôme exécrable,
Ce jean-foutre de Dieu, cet être épouvantable
Que rien n'offre aux regards ni ne montre à l'esprit,
Que l'insensé redoute et dont le sage rit,
Que rien ne peint aux sens, que nul ne peut comprendre,
Dont le culte sauvage en tous temps fit répandre

Plus de sang que la guerre ou Thémis en courroux[1]
Ne purent en mille ans en verser parmi nous[a]?
J'ai beau l'analyser, ce gredin déifique,
J'ai beau l'étudier, mon œil philosophique
Ne voit dans ce motif de vos religions
Qu'un assemblage impur de contradictions
Qui cède à l'examen sitôt qu'on l'envisage,
Qu'on insulte à plaisir, qu'on brave, qu'on outrage,
Produit par la frayeur, enfanté par l'espoir[b],
Que jamais notre esprit ne saurait concevoir,
Devenant tour à tour, aux mains de qui l'érige,
Un objet de terreur, de joie ou de vertige
Que l'adroit imposteur qui l'annonce aux humains
Fait régner comme il veut sur nos tristes destins,
Qu'il peint tantôt méchant et tantôt débonnaire,
Tantôt nous massacrant, ou nous servant de père,
En lui prêtant toujours, d'après ses passions,
Ses mœurs, son caractère et ses opinions :
Ou la main qui pardonne ou celle qui nous perce.
Le voilà, ce sot Dieu dont le prêtre nous berce.

Mais de quel droit celui que le mensonge astreint
Prétend-il me soumettre à l'erreur qui l'atteint?

---

a. On évalue à plus de cinquante millions d'individus les pertes occasionnées par les guerres ou massacres de religion. En est-il une seule d'entre elles qui vaille seulement le sang d'un oiseau? et la philosophie ne doit-elle pas s'armer de toutes pièces pour exterminer un Dieu en faveur duquel on immole tant d'êtres qui valent mieux que lui, n'y ayant assurément rien de plus détestable qu'un Dieu, aucune idée plus bête, plus dangereuse et plus extravagante?

b. L'idée d'un Dieu ne naquit jamais chez les hommes que quand ils craignirent ou qu'ils espérèrent; c'est à cela seul qu'il faut attribuer la presque unanimité des hommes sur cette chimère. L'homme, universellement malheureux, eut dans tous les lieux et dans tous les temps des motifs de crainte et d'espoir, et partout il invoqua la cause qui le tourmentait, comme partout il espéra la fin de ses maux. En invoquant l'être qu'il supposait la cause, trop ignorant ou trop crédule pour sentir que le malheur inévitablement annexé à son existence n'avait d'autre cause que la nature même de cette existence, il créa des chimères auxquelles il renonça dès que l'étude et l'expérience lui en eurent fait sentir l'inutilité.

La crainte fit les dieux et l'espoir les soutint[2].

Ai-je besoin du Dieu que ma sagesse abjure
Pour me rendre raison des lois de la nature ?
En elle tout se meut, et son sein créateur
Agit à tout instant sans l'aide d'un moteur[a].
À ce double embarras gagné-je quelque chose ?
Ce Dieu, de l'univers démontre-t-il la cause ?
S'il crée, il est créé, et me voilà toujours
Incertain, comme avant, d'adopter son recours.
Fuis, fuis loin de mon cœur, infernale imposture ;
Cède, en disparaissant, aux lois de la nature :
Elle seule a tout fait, tu n'es que le néant
Dont sa main nous sortit un jour en nous créant.
Évanouis-toi donc, exécrable chimère !
Fuis loin de ces climats, abandonne la terre
Où tu ne verras plus que des cœurs endurcis
Au jargon mensonger de tes piteux amis !

Quant à moi, j'en conviens, l'horreur que je te porte
Est à la fois si juste, et si grande, et si forte,
Qu'avec plaisir, Dieu vil, avec tranquillité,
Que dis-je ? avec transport, même avec volupté,
Je serais ton bourreau, si ta frêle existence
Pouvait offrir un point à ma sombre vengeance,
Et mon bras avec charme irait jusqu'à ton cœur
De mon aversion te prouver la rigueur[3].
Mais ce serait en vain que l'on voudrait t'atteindre,
Et ton essence échappe à qui veut la contraindre.
Ne pouvant t'écraser, du moins, chez les mortels,
Je voudrais renverser tes dangereux autels
Et démontrer à ceux qu'un Dieu captive encore
Que ce lâche avorton que leur faiblesse adore
N'est pas fait pour poser un terme aux passions.

---

a. La plus légère étude de la nature nous convainc de l'éternité du mouvement chez elle, et cet examen attentif de ses lois nous fait voir que rien ne périt dans elle et qu'elle se régénère sans cesse par le seul effet de ce que nous croyons qui l'offense ou qui paraît détruire ses ouvrages. Or si les destructions lui sont nécessaires, la mort devient un mot vide de sens : il n'y a plus que des transmutations et point d'extinction. Or la perpétuité du mouvement dans elle anéantit toute idée d'un moteur.

Ô mouvement sacrés, fières impressions,
Soyez à tout jamais l'objet de nos hommages,
Les seuls qu'on puisse offrir au culte des vrais sages,
Les seuls en tous les temps qui délectent leur cœur,
Les seuls que la nature offre à notre bonheur !
Cédons à leur empire, et que leur violence,
Subjuguant nos esprits sans nulle résistance,
Nous fasse impunément des lois de nos plaisirs :
Ce que leur voix prescrit suffit à nos désirs[a].
Quel que soit le désordre où leur organe entraîne,
Nous devons leur céder sans remords et sans peine,
Et, sans scruter nos lois ni consulter nos mœurs,
Nous livrer ardemment à toutes les erreurs
Que toujours par leurs mains nous dicta la nature.
Ne respectons jamais que son divin murmure ;
Ce que nos vaines lois frappent en tous pays
Est ce qui pour ses plans eut toujours plus de prix.
Ce qui paraît à l'homme une affreuse injustice
N'est sur nous que l'effet de sa main corruptrice,
Et quand, d'après nos mœurs, nous craignons de faillir,
Nous ne réussissons qu'à la mieux accueillir[b].
Ces douces actions que vous nommez des crimes,

---

a. Rendons-nous indistinctement à tout ce que les passions nous inspirent, et nous serons toujours heureux. Méprisons l'opinion des hommes : elle n'est que le fruit de leurs préjugés. Et quant à notre conscience, ne redoutons jamais sa voix lorsque nous avons pu l'assouplir : l'habitude aisément la réduit au silence et métamorphose bientôt en plaisir les plus fâcheux souvenirs. La conscience n'est pas l'organe de la nature ; ne nous y trompons pas, elle n'est que celui des préjugés : vainquons-les, et la conscience sera bientôt à nos ordres. Interrogeons celle du sauvage, demandons-lui si elle lui reproche quelque chose. Quand il tue son semblable et qu'il le dévore, la nature semble parler en lui ; la conscience est muette ; il conçoit ce que les sots appellent le crime, il l'exécute ; tout se tait, tout est tranquille, et il a servi la nature par l'action qui plaît le mieux à cette nature sanguinaire dont le crime entretient l'énergie et qui ne se nourrit que de crimes.
b. Et comment pourrions-nous être coupables quand nous ne faisons qu'obéir aux impressions de la nature ? Les hommes, et les lois qui sont l'ouvrage des hommes, peuvent nous considérer comme tels, mais la nature jamais. Ce ne serait qu'en lui résistant que nous pourrions être coupables à ses yeux. Tel est le seul crime possible, le seul dont nous devions nous abstenir.

Ces excès que les sots croient illégitimes,
Ne sont que les écarts qui plaisent à ses yeux,
Les vices, les penchants qui la délectent mieux ;
Ce qu'elle grave en nous n'est jamais que sublime ;
En conseillant l'horreur, elle offre la victime :
Frappons-la sans frémir, et ne craignons jamais
D'avoir, en lui cédant, commis quelques forfaits.
Examinons la foudre en ses mains sanguinaires :
Elle éclate au hasard, et les fils, et les pères,
Les temples, les bordels, les dévots, les bandits,
Tout plaît à la nature : il lui faut des délits.
Nous la servons de même en commettant le crime :
Plus notre main l'étend et plus elle l'estime[a].
Usons des droits puissants qu'elle exerce sur nous
En nous livrant sans cesse aux plus monstrueux goûts[b] :
Aucun n'est défendu par ses lois homicides,
Et l'inceste, et le viol, le vol, les parricides,
Les plaisirs de Sodome et les jeux de Sapho,
Tout ce qui nuit à l'homme ou le plonge au tombeau,
N'est, soyons-en certains, qu'un moyen de lui plaire.
En renversant les dieux, dérobons leur tonnerre
Et détruisons avec ce foudre étincelant
Tout ce qui nous déplaît dans un monde effrayant.
N'épargnons rien surtout : que ses scélératesses

---

a. Aussitôt qu'il est démontré que le crime lui plaît, l'homme qui la servira le mieux sera nécessairement celui qui donnera le plus d'extension ou de gravité à ses crimes, en observant que l'extension lui plaît mieux encore que la gravité, car le meurtre ou le parricide, quelque différence qu'y établissent les hommes, sont absolument la même chose à ses yeux. Mais celui qui aura commis le plus de désordres dans l'univers lui plaira toujours bien davantage que celui qui se sera arrêté au premier pas. Que cette vérité mette bien à l'aise ceux qui lâchent la bride à leurs passions, et qu'ils se convainquent bien qu'ils ne servent jamais mieux la nature qu'en multipliant leurs forfaits.

b. Ces goûts ne sont vraiment utiles et chers à la nature qu'autant qu'ils propagent, qu'ils étendent ce que les hommes appellent le désordre. Plus ils coupent, sapent, détériorent, détruisent, plus ils lui sont précieux. L'éternel besoin qu'elle a de destruction sert de preuve à cette assertion ; détruisons donc ou empêchons de naître, si nous voulons être utiles à ses plans. Ainsi le masturbateur, le meurtrier, l'infanticide, l'incendiaire, le sodomite, sont des hommes selon ses désirs et ceux que nous devons par conséquent imiter.

Servent d'exemple en tout à nos noires prouesses.
Il n'est rien de sacré : tout dans cet univers
Doit plier sous le joug de nos fougueux travers[a].
Plus nous multiplierons, varierons l'infâmie,
Mieux nous la sentirons dans notre âme affermie,
Doublant, encourageant nos cyniques essais,
Pas à pas chaque jour nous conduire aux forfaits.

Après les plus beaux ans si sa voix nous rappelle,
En nous moquant des dieux retournons auprès d'elle :
Pour nous récompenser son creuset nous attend ;
Ce que prit son pouvoir, son besoin nous le rend.
Là tout se reproduit, là tout se régénère ;
Des grands et des petits la putain est la mère,
Et nous sommes toujours aussi chers à ses yeux,
Monstres et scélérats que bons et vertueux.

PROJET DE FRONTISPICE

En nous livrant sans cesse aux plus monstrueux goûts.

Ce vers sera au bas de l'estampe, laquelle représente un beau jeune homme nu enculant une fille également nue. D'une main il la saisit par les cheveux et la retourne vers lui, de l'autre il lui enfonce un poignard dans le sein. Sous ses pieds sont les trois personnes de la Trinité et tous les hochets de la religion. Au-dessus, la Nature, dans une gloire, le couronne de fleurs.

a. S'imposer des freins ou des barrières dans la route du crime serait visible-
ment outrager les lois de la nature qui nous livre indistinctement tous les êtres
dont elle nous entoure sans jamais motiver d'exception, parce qu'elle méconnaît
nos chaînes et nos liens, que toutes ces prétendues destructions sont nulles à ses
yeux, que le frère qui couche avec sa sœur ne fait pas plus de mal que l'amant qui
couche avec sa maîtresse et que le père qui immole son fils n'outrage pas davan-
tage la nature que le particulier qui assassine un inconnu sur le grand chemin.
Aucune de ces différences n'existe à ses yeux : ce qu'elle veut, c'est le crime ;
n'importe la main qui le commet ou le sein sur lequel il est commis.

Laclos

ÉPÎTRE À MARGOT

Pourquoi craindrais-je de le dire ?
C'est Margot qui fixe mon goût :
Oui, Margot ! cela vous fait rire ?
Que fait le nom[1] ? la chose est tout.
Margot n'a pas de la naissance
Les titres vains et fastueux ;
Ainsi que ses humbles aïeux,
Elle est encor dans l'indigence ;
Et pour l'esprit, quoique amoureux,
S'il faut dire ce que j'en pense,
À ses propos les plus heureux,
Je préférerais son silence.
Mais Margot a de si beaux yeux,
Qu'un seul de ses regards vaut mieux
Que fortune, esprit et naissance.
Quoi ! dans ce monde singulier,
Triste jouet d'une chimère,
Pour apprendre qui me doit me plaire,
Irai-je consulter d'Hozier[2] ?
Non, l'aimable enfant de Cythère
Craint peu de se mésallier :
Souvent pour l'amoureux mystère,
Ce Dieu, dans ses goûts roturiers,

Donne le pas à la Bergère
Sur la Dame aux seize quartiers.
Eh! qui sait ce qu'à ma maîtresse
Garde l'avenir incertain?
Margot, encor dans sa jeunesse,
N'est qu'à sa première faiblesse,
Laissez-la devenir catin,
Bientôt, peut-être, le destin
La fera Marquise ou Comtesse;
Joli minois, cœur libertin
Font bien des titres de noblesse.
Margot est pauvre, j'en conviens:
Qu'a-t-elle besoin de richesse?
Doux appas et vive tendresse,
Ne sont-ce pas d'assez grands biens?
Trésors d'amour ce sont les siens.
Des autres biens, qu'a-t-on à faire?
Source de peine et d'embarras,
Qui veut en jouir, les altère,
Qui les garde, n'en jouit pas.
Ainsi, malgré l'erreur commune,
Margot me prouve chaque jour
Que sans naissance et sans fortune,
On peut être heureux en amour.
　　Reste l'esprit... J'entends d'avance
Nos beaux diseurs, docteurs subtils,
Se récrier: «Quoi! diront-ils,
Point d'esprit! Quelle jouissance!
Que deviendront les doux propos,
Les bons contes, les jeux de mots,
Dont un amant, avec adresse,
Se sert auprès de sa maîtresse,
Pour charmer l'ennui du repos?
Si l'on est réduit à se taire,
Quand tout est fait, que peut-on faire?»
Ah! les beaux esprits ne sont pas
Grands docteurs en cette science:
Mais voyez le bel embarras!

Quand tout est fait, on recommence.
Et même sans recommencer,
Il est un plaisir plus facile,
Et que l'on goûte sans penser :
C'est le sommeil, repos utile
Et pour les sens et pour le cœur,
Et préférable à la langueur
De cette tendresse importune,
Qui n'abondant qu'en beaux discours,
Jure cent fois d'aimer toujours,
Et ne le prouve jamais qu'une.
Ô toi, dont je porte les fers,
Doux objet d'un tendre délire !
Le temps que j'emploie à t'écrire,
Est sans doute un temps que je perds ?
Jamais tu ne liras ces vers,
Margot, car tu ne sais pas lire :
Mais pardonne un ancien travers.
De penser, la triste habitude
M'obsède encore malgré moi,
Et je fais mon unique étude,
Au moins, de ne penser qu'à toi.
À mes côtés, viens prendre place ;
Le plaisir attend ton retour ;
Viens, et je troque, dans ce jour,
Les lauriers ingrats du Parnasse,
Contre les myrtes de l'Amour.

Saint-Martin

L'HOMME DE DÉSIR

> « Si des éclairs brillants et passagers sillonnent
> quelquefois dans nos ténèbres, ils ne font que
> nous les rendre plus affreuses, ou nous avilir
> davantage, en nous laissant apercevoir ce que nous
> avons perdu. »

*Tableau naturel des rapports qui existent entre
Dieu, l'homme et l'univers*[1], p. 90, n° 5.

I

Les merveilles du Seigneur semblent jetées sans ordre et sans
dessein dans le champ de l'immensité.

Elles brillent éparses comme ces fleurs innombrables dont le
printemps émaille nos prairies.

Ne cherchons pas un plan plus régulier pour les décrire.
Principe des êtres, tous tiennent à toi.

C'est leur liaison secrète avec toi, qui fait leur valeur, quelle
que soit la place et le rang qu'ils occupent.

J'oserai élever mes regards jusqu'au trône de ta gloire. Mes
pensées se vivifieront en considérant ton amour pour les
hommes, et la sagesse qui règne dans tes ouvrages.

Ta parole s'est subdivisée lors de l'origine, comme un torrent
qui du haut des montagnes se précipite sur des roches aiguës.

Je le vois rejaillir en nuages de vapeurs ; et chaque goutte d'eau qu'il envoie dans les airs, réfléchit à mes yeux la lumière de l'astre du jour.

Ainsi tous les rayons de ta parole font briller aux yeux du sage ta lumière vivante et sacrée ; il voit ton action produire et animer tout l'univers.

Objets sublimes de mes cantiques, je serai souvent forcé de détourner ma vue de dessus vous.

L'homme s'est cru mortel parce qu'il a trouvé quelque chose de mortel en lui ;

Et même celui qui donne la vie à tous les êtres, l'homme l'a regardé comme n'ayant ni la vie, ni l'existence.

Et toi, Jérusalem, quels reproches n'ont pas à te faire les prophètes du Seigneur !

Tu as pris ce qui servait à te parer, dit le Seigneur, *et qui était fait de mon or et de mon argent, que je t'avais donnés ; tu en as formé des images d'hommes auxquelles tu t'es prostituée.*

Cris de la douleur, mêlez-vous à mes chants d'allégresse ; la joie pure n'est plus faite pour le triste séjour de l'homme.

Des preuves irrésistibles sur les vérités premières, n'ont-elles pas déjà été manifestées aux nations ?

S'il vous reste des doutes, allez vous purifier dans ces sources. Puis vous reviendrez unir votre voix à la mienne ;

Et nous célébrerons ensemble les joies de l'homme de désir, qui aura eu le bonheur de pleurer pour la vérité.

II

Sois bénie, lumière brillante, splendeur visible de la lumière éternelle, d'où ma pensée a reçu l'existence.

Si ma pensée n'était une de tes étincelles, je n'aurais pas le pouvoir de te contempler.

Je ne pourrais être saisi d'admiration pour ta grandeur, si tu n'avais semé en moi quelques éléments de ta mesure.

Hommes célèbres, ne dites plus : La lumière d'un flambeau se communique à d'autres flambeaux sans décroître, et c'est ainsi que les esprits sont produits par Dieu.

Ne déshonorez plus la lumière visible en ne nous parlant que de son mécanisme matériel[2].

Le flambeau peint la vie d'entretien, et non pas la loi de génération.

Ne faut-il pas une substance hors de ce flambeau pour qu'il lui communique la lumière visible ?

Mais notre Dieu est lui-même la lumière ; il tire de son propre sein la substance lumineuse de l'esprit.

Tout est complet sortant des mains du Principe de tout. Il a voulu que la sensation de la lumière visible tînt à la vie de mon corps.

Il a voulu que le soleil réveillât dans mes yeux cette sensation de la lumière visible.

Mais il a voulu réveiller lui-même dans mon âme la sensation de la lumière invisible ;

Parce que lui-même a puisé dans cette lumière le germe sacré dont l'âme de l'homme est animée.

Des rameaux ne sortent-ils pas du chandelier vivant, et leur sève n'est-elle pas l'huile sainte qui nourrit en moi la lumière ? N'est-elle pas cette huile qui se consume toujours et ne tarit jamais ?

Que la vie s'unisse à ma vie, et qu'elle régénère en moi la vie qu'elle y a produite.

Que ma croissance immortelle et divine soit continue comme celle de mon éternelle source.

C'est en pénétrant dans les êtres que Dieu leur fait sentir leur vie ; ils sont dans la mort dès qu'ils ne sont plus en communion avec lui.

Vous tous, habitants de la terre, tressaillez de joie, vous pouvez contribuer à la communion universelle.

Vous pouvez, comme autant de vestales, entretenir le feu sacré, et le faire briller dans toutes les parties de l'univers.

Pourquoi les sages et les prudents chérissent-ils la lumière ? C'est qu'ils savent que la lumière et l'âme de l'homme sont deux flambeaux qui ne pourront jamais s'éteindre.

Et toi, Agent suprême, pourquoi ne peux-tu cesser de tout pénétrer, de tout voir et de porter partout ta clarté ?

C'est que l'huile sainte puisée dans ta source est disséminée dans toutes les régions, et que ta lumière trouve partout un aliment qui lui est propre.

Chevalier de Bonnard

ÉPÎTRE À M. LE CHEVALIER
DE BOUFFLERS [1]

Tes voyages et tes bons mots,
Tes jolis vers et tes chevaux
Sont cités par toute la France :
On sait par cœur ces riens charmants
Que tu produis avec aisance ;
Tes pastels frais et ressemblants
Peuvent se passer d'indulgence ;
Les beaux esprits de notre temps,
Quoique s'aimant avec outrance,
Troqueraient volontiers, je pense,
Et leurs drames et leurs romans,
Pour ton heureuse négligence
Et la moitié de tes talents.

Mais, pardonne-moi ma franchise,
Ni tes tableaux ni tes écrits
N'équivalent, à mon avis,
Au tour que tu fis à l'Église.
Nos guerriers, la ville et la cour,
Admirant ta métamorphose,
Battirent des mains tour à tour ;

La Gloire en sourit, et l'Amour
Crut seul y perdre quelque chose.

On a tant célébré Gramont[2],
Son esprit, sa gaîté, ses grâces !
Il revit en toi ; tu remplaces
Le héros de Saint-Évremond[3].
Les ris le suivirent sans cesse,
Et sur son arrière-saison
Semèrent des fleurs à foison,
Comme aujourd'hui sur ta jeunesse.
En vain le Temps, de son poison,
Voudrait amortir ta saillie :
Tu donnerais à la raison
Tous les grelots de la folie.

Jouis bien d'un destin si beau ;
Sûr de plaire et toujours nouveau,
Brille dans nos camps, à Cythère ;
Chante les plaisirs et Voltaire ;
Lis Végèce, Ovide et Folard[4],
Et vois les lauriers du Parnasse,
Unis aux palmes de la Thrace,
Couvrir ton bonnet de housard.
Garde ton goût pour les voyages :
Tous les pays en sont jaloux,
Et le plus aimable des fous
Sera partout chéri des sages.
Sois plus amoureux que jamais ;
Peins en courant toutes les belles,
Et sois payé de tes portraits
Entre les bras de tes modèles.

À Mᴍᴇ DE...

EN LUI ENVOYANT LES *CŒURS*
DU CHEVALIER DE BOUFFLERS

Si l'on en croit ces vers charmants,
Boufflers est en amour un matérialiste.
Que n'ai-je encor mes dix-sept ans !
J'aurais trouvé mon moraliste.
Notre âme alors est dans nos sens ;
Le temps qui fait tout l'en dégage ;
Il épure nos feux qu'il rendra moins ardents ;
De nos sensations il fait des sentiments,
Et l'homme plus heureux jouit de son ouvrage.
Oui, sans doute, le cœur qu'a célébré Boufflers,
À ma combustible jeunesse
Commandait à tort, à travers.
L'âge m'a fait présent d'un cœur d'une autre espèce.
C'est à lui que je dois mes plaisirs et mes vers ;
Il est sensible et tendre avec délicatesse ;
Esprit, grâces, talents, tout a sur lui des droits ;
Mais parmi cent objets, son tact avec justesse
Sait en distinguer un qu'il doit aimer sans cesse ;
Il parle, et l'autre cœur obéit à sa voix.

Pour jouir d'une double ivresse
Ici-bas tout mortel a-t-il deux cœurs en soi ?
J'en ai douté longtemps, Zulmé, je le confesse,
Mais j'en suis assuré depuis que je vous vois.

Nicolas Germain Léonard

VUE DE LA CAMPAGNE
APRÈS UNE PLUIE D'ÉTÉ

DAMON ET DAPHNÉ

DAMON

Il est passé, Daphné, ce ténébreux orage ;
Le tonnerre effrayant n'ébranle plus les airs,
Et nous ne voyons plus, sur les flancs du nuage,
En longs sillons de feu, serpenter les éclairs.
Viens, tu peux sans danger sortir de ton asile :
Regarde autour de toi comme l'air est tranquille !
Qu'attendons-nous encor ? les timides brebis,
Que la crainte assemblait sous un toit de feuillages,
Se dispersent déjà sur les frais pâturages,
Et de leur laine humide agitent les rubis.
Le berger prit la main de sa jeune compagne,
Qui promenait partout ses regards enchantés :
« Daphné, lui disait-il, vois combien de beautés
Le retour du soleil répand sur la campagne !
Comme déjà le ciel a repris son azur !
Ce vert en est plus doux, le jour en est plus pur. »

DAPHNÉ

Vois-tu, répondit la bergère,
Ce rideau sombre qui s'étend
Sur les monts brillants de lumière ?
Le voilà qui s'avance au bord de cet étang.
Regarde ces forêts dans l'ombre ensevelies…
Voilà déjà l'ombre qui fuit,
Et le soleil qui la poursuit :
Vois, vois comme elle court à travers les prairies.

DAMON

Vois-tu l'arc éclatant, dont les vives couleurs
S'impriment sur le fond de cet obscur nuage ?
Il semble ramener la verdure et les fleurs,
Et descendre au vallon qu'a respecté l'orage.

DAPHNÉ

Daphné répondit à son tour,
En pressant le berger d'un de ses bras d'albâtre :
Comme sur ces rosiers le papillon folâtre !
Vois le doux zéphyr de retour,
Secouer les gouttes brillantes
Dont la pluie a mouillé le calice des plantes !
Vois jouer dans les airs ces vermisseaux ailés,
Qu'agite le soleil par sa chaleur active ;
Et cet étang voisin… oh ! comme sur sa rive
Des saules d'alentour les rameaux sont perlés !
Comme son cristal pur répète encor l'image
Et des cieux azurés, et du prochain feuillage !

DAMON

Embrasse-moi, Daphné !… quel sublime tableau !
Comment nous exprimer dans ce torrent de joie,

Dans ces larmes d'amour où notre cœur se noie ?
Que tout ce qui m'entoure est beau !
Depuis l'astre éclatant dont les feux chassent l'ombre,
Jusqu'au germe caché du plus faible arbrisseau,
Tout présente à mes yeux des merveilles sans nombre.

DAPHNÉ

J'admire aussi, Damon, les rayons d'un beau jour ;
J'aime à voir un soir pur, une brillante aurore :
Mais le charme de ton amour
Ajoute à ces tableaux un nouveau charme encore.

Idylles, I

L'AMOUR DISCRET

Dans un bois où Phébé versait un faible jour,
Damon s'abandonnait aux rêves de l'amour ;
Il adorait Lucinde, et la nymphe craintive
Brûlait, sans l'avouer, d'une ardeur aussi vive :
Un peu d'orgueil, peut-être, et beaucoup de pudeur
Retenait ce secret dans le fond de son cœur ;
Mais ses soupirs naïfs, son regard doux et tendre,
Disaient ce que sa bouche eût craint de faire entendre.
Le cristal d'un ruisseau l'attire au même bord
Où Damon gémissait des rigueurs de son sort.
Fraîche comme ses fleurs, négligemment vêtue,
Dans les simples atours d'une jeune beauté
Qui va fuir dans le bain les chaleurs de l'été,
Elle arrive, et promène une inquiète vue.
Ô fortuné berger ! jouis de tant d'appas !
À tes yeux éperdus, Lucinde est toute en proie.
Je te vois tressaillir, quand ses pieds délicats
Commencent à quitter leur vêtement de soie,

Quand elle ouvre sa robe, et qu'un sein palpitant,
Avec un doux effort, s'en échappe à l'instant ;
Et lorsque dénouant sa modeste ceinture,
Elle semble sortir des mains de la nature.
Bientôt, croyant n'avoir de témoins que les cieux,
Troublée au bruit du vent, confuse d'être nue,
N'osant se regarder, craignant d'être aperçue,
Elle s'ouvre un abri dans les flots ténébreux.
De ses membres unis, l'eau mollement pressée
Réfléchit autour d'elle un éclat de rosée :
Quelquefois ses cheveux, d'un voile humide et frais,
Embrassent à demi tous ses charmes secrets.
Comme un lys humecté des larmes de l'aurore,
Elle fleurit dans l'onde, et s'embellit encore.
Damon la voit, s'enflamme, et vole vers le bain :
Le seul penser du crime aussitôt le rappelle
(Si pourtant il en est dans un amour fidèle !),
Il fuit, et sur les bords du dangereux bassin,
Jette ces vers, tracés d'une timide main :
« L'amour va te garder ; baigne-toi sans alarmes !
D'autres yeux que les siens ne verront point tes charmes. »

Idylles, III

L'ORAGE

Nise était dans son aurore,
Et sur son sein agité,
Déjà commençaient d'éclore
Les trésors de la beauté :
Sur ses lèvres demi-closes
Erraient déjà les soupirs,
Comme autour des jeunes roses
On voit voler les zéphyrs.

Nise avait vu le feuillage
Seize fois naître et mourir :
Silvandre était du même âge ;
C'est l'âge heureux du plaisir :
Ils s'aimaient d'amour si tendre,
Qu'on doutait, voyant leurs feux,
Qui de Nise ou de Silvandre
Était le plus amoureux.

Dès que Nise était absente,
Tout affligeait son amant :
Loin de lui, sa jeune amante
Souffrait le même tourment :
Ils allaient aux mêmes plaines
Faire paître leur troupeau,
Buvaient aux mêmes fontaines,
Dansaient sous le même ormeau.

Si l'un chantait un air tendre,
L'autre aimait à le chanter :
Nise, en écoutant Silvandre,
Sentait son cœur palpiter :
Silvandre était dans l'ivresse,
En l'écoutant à son tour,
Et l'interrompait sans cesse
Par des baisers pleins d'amour.

Mais un jour, Nise frissonne,
Ses yeux se mouillent de pleurs,
Et son âme s'abandonne
À de secrètes terreurs.
Hélas ! dit-elle, je tremble,
Et ne fais que soupirer !
Nous sommes si bien ensemble !
Faudrait-il nous séparer ?

Dans l'instant, le ciel se couvre :
Un voile épais noircit l'air,

Et du nuage qui s'ouvre
Sortent la foudre et l'éclair :
Nise éperdue et tremblante,
Tient son amant dans ses bras,
Et la flèche étincelante
Donne à tous deux le trépas.

Ils reposent sous l'ombrage,
Où le ciel finit leurs jours ;
Sur les arbres du bocage
On a gravé leurs amours ;
Et sur la tombe paisible
Qui contient ces tendres cœurs,
Souvent un berger sensible
Aime à répandre des fleurs.

LES REGRETS [1]

Pourquoi ne me rendez-vous pas
Les doux instants de ma jeunesse ?
Dieux puissants ! ramenez la course enchanteresse
De ce temps qui s'enfuit dans la nuit du trépas !
Mais quelle ambition frivole !
Ah ! dieux ! si mes désirs pouvaient être entendus,
Rendez-moi donc aussi le plaisir qui s'envole
Et les amis que j'ai perdus !
Campagne d'Arpajon ! solitude riante
Où l'Orge fait couler son onde transparente !
Les vers que ma main a gravés
Sur tes saules chéris ne sont-ils plus encore ?
Le temps les a-t-il enlevés
Comme les jeux de mon aurore ?
Ô désert ! confident des plus tendres amours !
Depuis que j'ai quitté ta retraite fleurie,
Que d'orages cruels ont tourmenté mes jours !

Ton ruisseau dont le bruit flattait ma rêverie,
Plus fidèle que moi, sur la même prairie,
      Suit constamment le même cours :
Ton bosquet porte encore une cime touffue
Et depuis dix printemps, ma couronne a vieilli,
Et dans les régions de l'éternel oubli
      Ma jeune amante est descendue.
Quand irai-je revoir ce fortuné vallon
      Qu'elle embellissait de ses charmes ?
      Quand pourrai-je sur le gazon
      Répandre mes dernières larmes ?
D'une tremblante main, j'écrirai dans ces lieux :
      « C'est ici que je fus heureux ! »
      Amour, fortune, renommée,
Tes bienfaits ne me tentent plus ;
La moitié de ma vie est déjà consumée,
      Et les projets que j'ai conçus
      Se sont exhalés en fumée :
De ces moissons de gloire et de félicité
Qu'un trompeur avenir présentait à ma vue,
      Imprudent ! qu'ai-je rapporté ?
L'empreinte de ma chaîne et mon obscurité :
      L'illusion est disparue ;
Je pleure maintenant ce qu'elle m'a coûté ;
      Je regrette ma liberté
Aux dieux de la faveur si follement vendue.
Ah ! plutôt que d'errer sur des flots inconstants,
Que n'ai-je le destin du laboureur tranquille !
Dans sa cabane étroite, au déclin de ses ans,
Il repose entouré de ses nombreux enfants ;
L'un garde les troupeaux ; l'autre porte à la ville
Le lait de son étable, ou les fruits de ses champs,
      Et de son épouse qui file
      Il entend les folâtres chants.

      Mais le temps même à qui tout cède
Dans les plus doux abris n'a pu fixer mes pas !

Aussi léger que lui, l'homme est toujours, hélas !
      Mécontent de ce qu'il possède
      Et jaloux de ce qu'il n'a pas.
      Dans cette triste inquiétude,
On passe ainsi la vie à chercher le bonheur.
À quoi sert de changer de lieux et d'habitude
      Quand on ne peut changer son cœur ?

LETTRE SUR UN VOYAGE
AUX ANTILLES

[…]

À cinquante lieues des côtes de Bretagne, nous fûmes visités par de petits oiseaux que la force des vents avait poussés vers la pleine mer. Plusieurs venaient se réfugier dans les cages de nos poules, et quand ils s'étaient reposés de leurs fatigues, ils reprenaient leur vol vers la terre. Nous les traitions avec bonté. C'étaient nos derniers amis de France. À leur départ, je les chargeais de mille compliments pour les miens, et si j'avais pu compter sur leur fidélité, j'aurais attaché à quelqu'un d'eux une lettre pour vous ; mais je n'osai pas le risquer.

À la hauteur des Canaries, nous eûmes une nuit charmante. Le ciel était semé d'une multitude d'étoiles, bien plus brillantes que les vôtres. Des feux légers parcouraient l'atmosphère dans tous les sens. La mer un peu sombre était animée d'une brise fraîche, et ses flots, devenus phosphoriques, étincelaient de toutes parts. Les bonites et les baleines, en se jouant sur les vagues, y laissaient une longue traînée de lumière, et les sillons du navire étaient comme enflammés. La lune se leva et changea la scène. Des bords de l'Orient jusqu'à nous, la surface unie de l'Océan parut couverte d'une pluie d'argent, et ses petits flots ressemblaient à des feuilles de nacre agitées par le vent. Les souffleurs, en se balançant sur cette belle mer, jetaient dans l'air des gerbes d'eau qui retombaient en gouttes brillantes. Représentez-vous, dans ce moment, une troupe de

fous dansant au son du violon. Il est impossible d'exprimer le
charme que l'instrument répandait dans ce vaste silence et au
milieu de ces déserts. Assis sur le bord du navire, immobile,
regardant la lune, je me retraçais des temps heureux. Une
mélancolie délicieuse me ramenait dans les plaisirs de ma jeu-
nesse. Aux airs de certaines contredanses, qui venaient quel-
quefois me frapper l'oreille, mon cœur se reportait sur des
souvenirs attendrissants, et les larmes tombaient de mes yeux.
Je crois que cette sensation vive et pénétrante pouvait naître
aussi du contraste singulier de notre état d'inquiétude avec la
gaieté d'un bal. D'ailleurs j'avais souvent éprouvé le même
effet dans les campagnes quand j'entendais, de loin, le chant
d'une romance, ou les sons de quelque instrument. L'émotion
me gagna insensiblement ; je rêvais, je m'oubliais, et la nuit me
trouvait encore occupé de cette mélodie rustique.

    [...]

Antoine Roucher

MARS

[...]
Tout germe devant lui[1], tout se meut, tout s'avive[2].
L'onde étincelle et fuit d'une course plus vive ;
La pelouse déjà rit aux pieds des coteaux :
Partout, un suc laiteux gonfle ses végétaux.

Ce fluide invisible, errant de veine en veine,
Sur les prés rajeunis fait monter la verveine,
Qui demandait la paix au nom des rois vaincus ;
Il bleuit l'hépatique[3], il dore le crocus,
Et du plus doux parfum nourrit la violette,
Humble fleur, qui déjà pare l'humble Colette[4].

Jusqu'au fond des forêts, l'arbre imbibe des sels,
Que la terre a reçus dans ses flancs maternels,
Quand l'hiver attristant les climats qu'il assiège,
Les voilait de brouillards, les tapissait de neige ;
L'arbre sent aujourd'hui sa sève fermenter :
Dans ses mille canaux libre de serpenter,
De la racine au tronc, et du tronc au branchage
Elle monte, et s'apprête à jaillir en feuillage.

Redouble, heureux printemps, redouble tes bienfaits !
Qu'en tous lieux, aux rayons des beaux jours que tu fais,
Des végétaux amis la foule t'environne !
Prête au chêne affermi sur les monts qu'il couronne,
Prête un suc astringent, qui, par un prompt secours,
De mon sang épanché doit ralentir le cours :
Donne au riant ormeau la liqueur épurée
Par qui s'éteint l'ardeur de la fièvre altérée ;
Au frêne, la vertu de consoler des yeux
Affaiblis et blessés de la clarté des cieux ;
Au tilleul !… mais hélas ! quel mortel peut connaître
Tout le pouvoir des sucs que ta chaleur fait naître ?
Linné, qui d'un regard à la Parque fatal
Débrouilla le chaos du règne végétal,
Adanson et Jussieu, ces fidèles oracles
D'un monde où la nature a semé les miracles,
Mille fois en perçant, et les bois épineux,
Et les vallons déserts, et les rocs caverneux,
N'avouèrent-ils point qu'à la faiblesse humaine
Se cachait la moitié d'un si vaste domaine ?
Sans doute à nos regards les temps pourront l'ouvrir ;
Mais par combien de soins il la faut conquérir !
La Nature, semblable à l'antique Protée,
D'obstinés curieux veut être tourmentée ;
Elle aime les efforts des mortels indiscrets ;
C'est l'importunité qui ravit ses secrets.

Vous donc, qui pleins d'ardeur épiez ses merveilles,
Ô sages, redoublez de travaux et de veilles !
La Nature à vos yeux cèle encor bien des lois.
Savez-vous seulement quel pouvoir dans les bois
Ramène ces corbeaux, qui, citoyens des plaines,
Y défiaient du Nord les piquantes haleines ?
Sur quel présage heureux en amour réunis,
Ils ont prévu le temps de réparer leurs nids ?
Comment, pour se construire un palais moins fragile,
Ils ont mêlé la ronce et le bois à l'argile ?
Qui leur en a tracé le contour régulier ?

Quel dieu leur a prédit que le haut peuplier,
Et le pin, dont la cime a fui loin de la terre,
Leur prêtant contre nous un abri salutaire,
Défendaient leurs petits encore faibles et nus ?

Que tes divers ressorts ne me sont-ils connus,
Ô Nature ! Ô puissance éternelle, infinie,
De l'être et de la mort invincible génie !
Qu'avec plaisir mon luth proclamerait tes lois !
Mais je ne suis point né pour de si hauts emplois ;
Tu bornas mon essor : admirateur paisible
D'un cercle de beautés à tous les yeux visible,
Je dois, sans te surprendre aucun de tes secrets,
Couler des jours sans gloire au milieu des forêts,
Cueillir au bord des eaux la fleur qui va renaître,
Et poète des champs, les faire aimer peut-être ;
Ce destin n'est pas grand, mais il est assez doux ;
Il cachera ma vie aux regards des jaloux.

Eh bien ! champs fortunés, forêts, vallons, prairies,
Rouvrez-moi les détours de vos routes chéries ;
La ville trop longtemps m'enferma dans ses murs.
Perdu trois mois entiers dans ses brouillards impurs,
J'échappe à ce séjour de boue et d'imposture :
Heureux de votre paix, retrouvant la Nature,
Sur la mousse nouvelle et sur la fleur de thym,
Je vais me pénétrer des parfums du matin ;
Je vais sur les rameaux de Vertumne et de Flore
Épier quel bouton le premier doit éclore.
[…]

JUIN

Oh! qui m'aplanira ces formidables roches,
Qui de l'Etna fumant hérissent les approches,
Ces gouffres, soupiraux des gouffres de Pluton,
Où mourut Empédocle et que franchit Platon!

Debout sur ces hauteurs, où l'homme en paix méprise
La foudre qui sous lui roule, gronde et se brise;
D'où la Sicile, au loin sur trois fronts s'étendant,
Oppose un triple écueil à l'abîme grondant;
D'où l'œil embrasse enfin les sables de Carthage,
La Grèce et ses deux mers, Rome et son héritage,
Je veux voir le Soleil de sa couche sortir,
De sa brillante armure en héros se vêtir,
Et traînant les Gémeaux à son char de victoire,
Monter sous le Cancer au faîte de sa gloire[1].

Un dieu m'exauce; un dieu m'emporte vers Enna[2]!
Je vole, je parviens au sommet de l'Etna.
La nuit, en ce moment, dans les plis de ses voiles,
Se cache, et sur ses pas entraînant les étoiles,
Elle fuit devant l'aube au visage d'argent,
Qui ramène en ce mois un char plus diligent.
Tout à coup les forêts, naguère abîme informe,
Qu'enveloppait la nuit de sa robe uniforme,
Semblent, ainsi qu'au jour où naquit l'univers,
Éclore, et s'ombrager de leurs panaches verts.
La scène s'agrandit; la mer s'étend, s'allonge;
Dans son immensité l'horizon se prolonge;
L'Orient va rouvrir son palais de vermeil.
Il l'ouvre, et tout armé s'élance le soleil.

Te voilà donc, guerrier, dont la valeur terrasse
Les monstres, qu'en son tour le zodiaque embrasse,

Infatigable Hercule, enfant du roi des dieux,
Qui par douze travaux règnes au haut des cieux !
Te voilà !… Qu'en ce jour, ô prince de l'année,
La terre, de ton œil partout environnée,
Adore de ton char le cours triomphateur,
Et pleine de tes dons chante ton bienfaiteur !
Oh ! tu méritais bien ce pur tribut d'hommages,
Que te paya longtemps la sagesse des mages,
Eux qui près de l'Hydaspe[3], en longs habits de lin,
Attendaient ton réveil, l'encensoir à la main,
Et saluant en chœur ta clarté paternelle,
Chantaient : Gloire au Très Haut ! Sa course est éternelle.
[…]

Antoine de Cournand

LE SOMBRE [1]

[...]
Loin des plaisirs que poursuit la folie,
Quand le soleil a fait place à la nuit,
Seul confident de ma mélancolie,
Le sombre Young est l'astre qui me luit [2].
Parmi les morts, pensif et solitaire,
J'erre avec lui ; tandis qu'au haut des cieux
Phébé répand sa tremblante lumière.
Du rossignol les sons mélodieux,
Sa douce voix, si plaintive et si tendre,
Me touche moins que les vers sérieux,
Que les sanglots de l'ami de Philandre :
J'aime les pleurs qui remplissent mes yeux.
Eh ! d'où vient donc ce charme que j'éprouve ?
Avec Young, hélas ! je me retrouve
Faible, sensible, et surtout malheureux.

Vain Lorenzo ! vous condamnez mes larmes [3].
Ah ! j'ai donc tort, quand, sur un ton nouveau,
Je vous invite à chanter le tombeau,
Le temps qui fuit, la vie et ses alarmes,
Et les forfaits dont gémit l'univers
Et les tourments réservés aux pervers,
Graves objets, que ma muse préfère
Aux riens brillants d'un poète vulgaire.

Mais si le sombre a pour moi des attraits
Aux malheureux si mes chants peuvent plaire,
Vous, des amours favoris indiscrets,
Gardez pour vous les myrtes de Cythère,
Et, par pitié, laissez-moi les cyprès.
[…]

Les Styles, IV

LA LIBERTÉ

[…]
   La Nature, à nos yeux, toujours prompte à s'offrir,
Ne fit jamais d'esclave et n'en saurait souffrir.
L'esclavage est contraire aux devoirs qu'elle impose.
Funeste en ses effets, vicieux en sa cause,
Il livre sans pudeur, sans justice et sans fruit,
La vertu qui conserve au vice qui détruit.
Le Ciel n'a pu former cet étrange partage :
Tout ce qu'il fait est bien, tout ce qu'il veut est sage ;
Et si de la raison tout mortel fut doté,
Tout mortel, en naissant, reçut la liberté :
Tous égaux dans leurs droits sentent que leurs ancêtres
N'ont pu les enchaîner, en se donnant des maîtres ;
Que la société dont ils forment les nœuds,
N'est rien, si tous n'ont droit à l'espoir d'être heureux.
   Déjà la liberté, dans ses élans sublimes,
Aux flatteurs des tyrans oppose ces maximes,
Et le peuple français sortant de sa stupeur,
Apprend d'elle à sentir ce qu'il lit dans son cœur.
Ainsi le feu secret que le caillou recèle,
S'échappe, et frappe l'œil de sa vive étincelle,
Lorsque l'acier brillant dont le choc le produit,
Ressuscite le jour dans l'ombre de la nuit.
France ! enorgueillis-toi de tant d'écrits célèbres[a] :

---

a. Ceux des Cerutti, des Target, des Sieyès, des Mounier, des Rabaut de Saint-Étienne, etc.

Sur tes droits méconnus il n'est plus de ténèbres.
Le despotisme affreux, blessé d'un jour si beau,
Court, au fond des enfers, cacher son noir flambeau.
    Ainsi la Liberté que conduit l'espérance,
Va, par son règne heureux, régénérer la France.
Tel un enfant chéri qu'un art consolateur
Rend à peine aux soupirs d'une mère attendrie,
Même en ouvrant les yeux, doute encor de la vie.
[…]

La Liberté ou la France régénérée

Fabre d'Églantine

L'HOSPITALITÉ

ROMANCE

Il pleut, il pleut, bergère,
Presse tes blancs moutons ;
Allons sous ma chaumière,
Bergère, vite, allons :
J'entends sur le feuillage
L'eau qui tombe à grand bruit ;
Voici, voici l'orage ;
Voilà l'éclair qui luit.

Entends-tu le tonnerre ?
Il roule en approchant ;
Prends un abri, bergère,
À ma droite en marchant ;
Je vois notre cabane…
Et, tiens, voici venir
Ma mère et ma sœur Anne
Qui vont l'étable ouvrir.

Bonsoir, bonsoir ma mère ;
Ma sœur Anne, bonsoir ;
J'amène ma bergère,

Près de vous pour ce soir.
Va te sécher, ma mie,
Auprès de nos tisons ;
Sœur, fais-lui compagnie,
Entrez, petits moutons.

Soignons bien, ô ma mère !
Son tant joli troupeau ;
Donnez plus de litière
À son petit agneau.
C'est fait : allons près d'elle.
Eh bien donc, te voilà ?
En corset, qu'elle est belle !
Ma mère, voyez-la !

Soupons : prends cette chaise ;
Tu seras près de moi ;
Ce flambeau de mélèze
Brûlera devant toi.
Goûte de ce laitage ;
Mais, tu ne manges pas ?
Tu te sens de l'orage ;
Il a lassé tes pas.

Eh bien ! voilà ta couche,
Dors-y jusques au jour ;
Laisse-moi sur ta bouche
Prendre un baiser d'amour.
Ne rougis pas, bergère ;
Ma mère et moi, demain,
Nous irons chez ton père
Lui demander ta main.

SUITE

« À peine encor, le couchant brille,
　　　Un peu, là-bas ;
La nuit s'avance, et notre fille
　　　Ne revient pas ;
Femme, dis-moi ; dis-moi, Marie,
　　　Quel accident
Serait échu dans la prairie
　　　À notre enfant ?
— Eh ! c'est vous, Pierre ? elle repose,
　　　Oui, mon ami.

La bonne nuit ! près de ma mère,
　　　Là, suivez-moi.
Tiens, Rose, tiens, voici ton père,
　　　Tout en émoi.
— C'est vous, mon père ? Ah ! c'est la pluie !
　　　Pardon ! pardon !
Rose ! ma Rose !... va, j'oublie
　　　Ton abandon. »

Sylvain Maréchal

[ART SUBLIME DES VERS]

[...]
Art sublime des vers, que nos dévots aïeux
Dégradaient sous le nom de langage des dieux,
De la vérité sainte éloquent interprète !
Que ma lyre brisée à jamais soit muette,
Si je te prostitue au culte des autels ;
Si, par ton ascendant, j'abuse les mortels,
Si de leurs préjugés, de leur vieille folie,
Je te rends la complice, auguste Poésie !
Embellir la raison, et faire aimer sa loi,
Voilà ton but ; le reste est indigne de toi :
Je veux te rappeler à ta noble origine.
     Muses, qui trop souvent sur la double colline,
Sans choix, avez admis les plus vils imposteurs,
Et qui leur prodiguez vos coupables faveurs ;
Aux seuls amis du vrai, désormais indulgentes,
Ne prêtez qu'à leurs mains vos armes triomphantes,
Et sur l'autel détruit du préjugé vaincu,
Consacrez vos talents à la seule vertu.
[...]

Le Lucrèce français, Troisième Prologue

[LA NATURE]

[...]
Ô Toi! le souverain du monde planétaire,
Astre majestueux qui féconde la terre,
Sans te mouvoir, Soleil qui meus tout, es-tu Dieu?
Non, tu n'es qu'un foyer de lumière et de feu.
Astre plus doux, et toi, des nuits, reine paisible,
Dont le pâle flambeau plaît à l'amant sensible,
Toi qui brilles, dit-on, d'un éclat emprunté,
Tu prétends encor moins à la divinité.
Feux sans nombre, habitants de la voûte azurée,
Êtes-vous dieux aussi? Toi, profond empyrée!
Quand le peuple sur toi lève en tremblant les yeux,
Ciel, le dernier de tous, lui caches-tu des dieux?
Non... l'Être qu'on adore est l'âme universelle;
La nature agissante en fournit le modèle.
[...]

Le Lucrèce français, IV

Nicolas Gilbert

LE XVIIIᵉ SIÈCLE

À M. Fréron

Ne prétends plus, Fréron, par tes savants efforts,
Détrôner le faux goût qui règne sur nos bords,
Depuis que nous pleurons l'innocence exilée :
Sous tes mâles écrits, vainement accablée,
On voit renaître encor l'hydre des sots rimeurs,
Et la chute des arts suit la perte des mœurs.
    Un monstre dans Paris croît et se fortifie,
Qui, paré du manteau de la philosophie,
Que dis-je ? de son nom faussement revêtu,
Étouffe les talents et détruit la vertu.
L'univers, si l'on croit ce novateur moderne,
Fils du hasard, n'a point de Dieu qui le gouverne ;
La mort doit frapper l'âme, et, roi des animaux,
L'homme voit ses sujets devenir ses égaux.
Ce monstre toutefois n'a point un air farouche ;
Toujours l'humanité respire sur sa bouche,
D'abord, des nations réformateur discret,
Il semait ses écrits à l'ombre du secret,
Errant, proscrit partout, mais souple en sa disgrâce ;
Bientôt, le sceptre en main, gouvernant le Parnasse,
Ce tyran des beaux-arts, nouveau dieu des mortels,

De leurs dieux diffamés usurpa les autels ;
Et lorsque abandonnée à cette idolâtrie,
La France qu'il corrompt touche à la barbarie,
Flatteur d'un siècle impur, son parti suborneur
Nous a fermé les yeux sur notre déshonneur.
   « Quoi ! votre muse en monstre érige la sagesse !
Vous blâmez ses enfants, et leur crédit vous blesse !
Je soupçonne, entre nous, que vous croyez en Dieu :
N'allez point dans vos vers en consigner l'aveu ;
Craignez le ridicule, et respectez vos maîtres.
Croire en Dieu fut un tort permis à nos ancêtres ;
Mais dans notre âge ! Allons, il faut vous corriger.
Éclairez-vous, jeune homme, au lieu de nous juger ;
Pensez ; à votre Dieu laissez venger sa cause :
Si vous saviez penser, vous feriez quelque chose.
Surtout point de satire ; oh ! c'est un genre affreux !
Eh ! qui put vous apprendre, écolier ténébreux,
Que des mœurs parmi nous la perte était certaine,
Que les beaux-arts couraient vers leur chute prochaine ?
Partout, même en Russie, on vante nos auteurs.
Comme l'humanité règne dans tous les cœurs !
Vous ne lisez donc pas le Mercure de France ?
Il cite au moins par mois un trait de bienfaisance. »
   Ainsi Caritidès, ce poète penseur,
De la philosophie obligeant défenseur,
Conseille, par pitié, mon aveugle ignorance,
De nos arts, de nos mœurs garantit l'excellence ;
Et, sans plus de raisons, si je réplique un mot,
Pour prouver que j'ai tort, il me déclare un sot.
   Mais de ces sages vains confondons l'imposture,
De leur règne fameux retraçons la peinture ;
Et que mes vers, enfants d'une noble candeur,
Éclairent les Français sur leur fausse grandeur.
   Eh ! quel temps fut jamais en vices plus fertile ?
Quel siècle d'ignorance en beaux faits plus stérile,
Que cet âge nommé siècle de la raison ?
Toute une populace, en style de sermon,
De longs écrits moraux nous ennuie avec zèle ;

Et l'on prêche les mœurs jusque dans la Pucelle.
Je le sais ; mais, ami, nos modestes aïeux
Parlaient moins des vertus et les cultivaient mieux.
Quels demi-dieux enfin nos jours ont-ils vus naître ?
Ces Français si vantés, peux-tu les reconnaître ?
Jadis peuple-héros, peuple-femme en nos jours,
La vertu qu'ils avaient n'est plus qu'en leurs discours.
　　Suis les pas de nos grands : énervés de mollesse,
Ils se traînent à peine, en leur vieille jeunesse,
Courbés avant le temps, consumés de langueur,
Enfants efféminés de pères sans vigueur ;
Et cependant, nourris des leçons de nos sages,
Vous les voyez encore, amoureux et volages,
Chercher, la bourse en main, de beautés en beautés
La mort qui les attend au sein des voluptés ;
De leurs biens, prodigués pour d'infâmes caprices,
Enrichir nos Phrynés, dont ils gagent les vices ;
Tandis que l'honnête homme, à leur porte oublié,
N'en peut même obtenir une avare pitié.
Demi-dieux avortés, qui, par droit de naissance,
Dans les camps, à la cour, règnent en espérance,
Que d'exploits leurs talents semblent nous présager !
Ceux-ci font avec art courir ce char léger
Que roule un seul coursier sur une double roue ;
Ceux-là, sur un théâtre où leur mémoire échoue,
Savent, non sans honneur, se jouer dans ces vers
Où Molière prophète exprima leurs travers ;
Par d'autres, avec gloire, une paume lancée
Va, revient, tour à tour poussée et repoussée :
Sans doute c'est ainsi que Turenne et Villars
S'instruisaient dans la paix aux triomphes de Mars.
　　La plupart, indigents au milieu des richesses,
Achètent l'abondance à force de bassesses.
Souvent à pleines mains d'Orval sème l'argent ;
Parfois, faute de fonds, monseigneur est marchand.
Que dirai-je d'Arcas, quand sa tête blanchie,
En tremblant, sur son sein se penche appesantie ;
Quand son corps, vainement de parfums inondé,

Trahit les maux secrets dont il est obsédé ?
Scandalisant Paris de ses vieilles tendresses,
Arcas, sultan goutteux, veut avoir vingt maîtresses ;
Mais, en fripon titré, pour payer leurs appas,
Arcas vend au public le crédit qu'il n'a pas.
Digne fils d'un tel père, Iphis, chargé de dettes,
Met ses jeunes amours aux gages des coquettes :
Plus philosophe encor, Lisimond ruiné
Épouse un riche opprobre en épousant Phryné.
    Qui blâmerait ces nœuds ? L'hymen n'est qu'une mode,
Un lien de fortune, un veuvage commode,
Où chaque époux, brûlé d'adultères désirs,
Vit, sous le même nom, libre dans ses plaisirs.
[...]

LE POÈTE MALHEUREUX

OU LE GÉNIE AUX PRISES
AVEC LA FORTUNE

[...]
Ainsi je m'abusais. Sans guide, sans secours,
J'abandonne, insensé, mon paisible village,
Et les champs où mon père avait fini ses jours.
Cieux, tonnez contre moi ; vents, armez votre rage ;
Que, vide d'aliments, mon vaisseau mutilé
Vole au port sur la foi d'une étoile incertaine,
Et par vous loin du port soit toujours exilé.
Mon asile est partout où l'orage m'entraîne.
Qu'importe que les flots s'abîment sous mes pieds ;
Que la mort en grondant s'étende sur ma tête ;
Sa présence m'entoure, et, loin d'être effrayés,
Mes yeux avec plaisir regardent la tempête :
Du sommet de la poupe, armé de mon pinceau,
Tranquille, en l'admirant, j'en trace le tableau.

Je n'avais point alors essuyé de naufrage
Mon génie abusé croyait à la vertu,
Et, contre les destins rassemblant son courage,
Se nourrissait des maux qui l'avaient combattu.
Mon sort est d'être grand, il faut qu'il s'accomplisse ;
Oui, j'en crois mon orgueil, tout, jusqu'à mes revers.
Qui de ceux dont la voix éclaira l'univers
N'a point de l'infortune éprouvé l'injustice ?
Un dieu, sans doute un dieu m'a forgé ces malheurs
Comme des instruments qui peuvent à ma vue
Ouvrir du cœur humain les sombres profondeurs,
Source de vérités, au vulgaire inconnue.
Rentrez dans le néant, présomptueux rivaux ;
Ainsi que le soleil, dans sa lumière immense,
Cache ses astres vains levés en son absence,
Je vais vous effacer par mes nobles travaux.
Mon âme (quel orgueil, grand Dieu, l'avait séduite !)
Dévorait des talents le trône révéré,
Et dans tous les objets dont je marche entouré,
Ma gloire en traits de feu déjà me semble écrite.

Prestiges que bientôt je vis s'évanouir !
Doux espoir de l'honneur, trop sublime délire !
Ah ! revenez encor, revenez me séduire :
Pour les infortunés, espérer c'est jouir.
Je n'ai donc en travaux épuisé mon enfance
Que pour m'environner d'une affreuse clarté
Qui me montrât l'abîme où je meurs arrêté.
Ne valait-il pas mieux garder mon ignorance ?
[...]

Antoine de Bertin

ÉLÉGIE

Elle est à moi! Divinités du Pinde,
De vos lauriers ceignez mon front vainqueur.
Elle est à moi! que les maîtres de l'Inde
Portent envie au maître de son cœur!
Sous ses rideaux j'ai surpris mon amante.
Quel fut mon trouble et mon ravissement!
Elle dormait, et sa tête charmante
Sur ses deux mains reposait mollement.
Pendant l'été, vous savez trop comment
Des feux d'amour le feu des nuits s'augmente.
Pour reposer on cherche alors le frais;
La pudeur même, aux mouvements discrets,
Entre deux draps s'agite, se tourmente,
Et de leur voile affranchit ses attraits.
Sans le savoir, ainsi ma jeune amie
S'exposait nue aux yeux de son amant;
Et moi, saisi d'un doux frémissement,
Dans cet état la trouvant endormie,
Je l'avoûrai, j'oubliai mon serment.
Oh! qui pourrait, dans ces instants d'ivresse,
Se refuser un si léger larcin?
Quel cœur glacé peut revoir sa maîtresse,
Ou la quitter, sans baiser son beau sein?

Non, je n'ai point ce courage barbare ;
L'amant aimé doit donner des plaisirs :
L'enfer attend ce possesseur avare,
Toujours brûlé d'inutiles désirs.
Puisse souvent la beauté que j'adore,
Nue à mes yeux imprudemment s'offrir !
Je veux encor de baisers la couvrir,
Quand je devrais la réveiller encore.
Dieux ! quel réveil ! mon cœur bat d'y songer.
Son œil troublé n'avait rien de farouche ;
Elle semblait quelquefois s'affliger,
Et le reproche expirait sur sa bouche.
Déjà l'amour est prêt à nous unir ;
J'essaie encor de me détacher d'elle,
De ses deux bras je me sens retenir :
On crie, on pleure, on me nomme infidèle ;
À ce seul mot, il fallut revenir.
« Ah ! qu'as-tu fait, lui dis-je alors, mon âme ?
Je meurs d'amour : cruelle, qu'as-tu fait ?
De tes beaux yeux, de ces yeux pleins de flammes,
Voilà pourtant l'inévitable effet.
Pourquoi poser ta tête languissante
Contre ce cœur ému de tes accents ?
Pourquoi cent fois, de ta main caressante,
Au doux plaisir solliciter mes sens ?
Un seul baiser quand ta bouche vermeille
Le poserait avec plus de douceur
Que ne le donne et le frère à la sœur,
Et l'époux tendre à son fils qui sommeille ;
Un seul baiser de ta bouche vermeille
Suffit, hélas ! pour troubler ma raison.
Pourquoi mêler à son fatal poison
Ce trait brûlant qui de mes sens dispose,
Les fait renaître et mourir tour à tour,
Ce trait caché dans tes lèvres de rose,
Et sur tes dents aiguisé par l'amour ?
Oui, je succombe à ma langueur extrême,
Je suis contraint de hâter mon bonheur ;

Mais à tes pieds ton modeste vainqueur
Veut t'obtenir aujourd'hui de toi-même.
Viens, Eucharis, au nom de tous nos dieux,
À ton amant livre-toi tout entière ;
Dans ton alcôve un jour délicieux
Répand sur nous et l'ombre et la lumière :
Si tu rougis de céder la première,
Dis… Ne dis rien, et détourne les yeux. »
Elle se tut : ô fortuné présage !
L'Amour survint, la Pudeur s'envola.
Elle se tut ; mais son regard parla ;
Du sentiment elle perdit l'usage :
Ses yeux mourants s'attachèrent sur moi.
« Ah ! me dit-elle, en couvrant son visage
De ses deux mains, Eucharis est à toi. »

Les Amours, I, IV

À EUCHARIS

Que me sert aujourd'hui dans des nuits plus heureuses
D'avoir su te former aux combats de Vénus ?
Que me sert, en pressant tes lèvres amoureuses,
De t'avoir révélé des secrets inconnus ?
Je suis victime, hélas ! de ma propre science ;
Moi-même, à me trahir, j'instruisis ta beauté :
Que je dois regretter ton aimable ignorance,
Ta craintive pudeur, et ta simplicité !
Quand ton cœur autrefois couronna ma tendresse,
Tes mains savaient à peine agiter des verrous ;
Je t'appris, le premier, par quelle heureuse adresse
On peut, en les tournant, échapper aux jaloux :
Je t'appris l'art, si cher à la jeune maîtresse,
D'écarter de son lit un odieux époux.
Malheureux ! en un mot, je t'appris comme on aime !
Ton orgueil s'enrichit de mes rares secrets.
Du suc brillant des fleurs j'embellis tes attraits,

Et remis dans tes mains le fard de Vénus même.
Nulle amante bientôt ne sut mieux effacer
Le bleuâtre sillon que sur un cou d'albâtre
Imprime de ses dents un amant idolâtre,
Et ces doux souvenirs qu'on se plaît à tracer.
Quel prix de tant de soins a donc reçu ton maître ?
Un autre impunément jouit de mes leçons.
Le laboureur du moins recueille ses moissons,
Et goûte en paix les fruits que ses mains ont fait naître.
Un autre, un autre, ô ciel ! conçois-tu mes soupçons ?
Conçois-tu les fureurs de mon âme offensée ?
Oui, je te vois, ingrate ! et ma triste pensée
Se figure déjà de combien de façons
Le barbare te tient, sans pudeur, embrassée.
Peux-tu me préférer ce rival orgueilleux,
Vil suivant de Plutus que l'intérêt dévore,
Et dont l'instinct grossier préfère à tes beaux yeux
Ces trésors criminels qu'aux bornes de l'aurore
A cachés vainement la prudence des dieux ?
Oses-tu bien presser de tes mains caressantes
Ce cœur inexorable aux travaux endurci,
Qui trois ou quatre fois, sous un ciel obscurci,
N'a pas craint d'affronter les deux mers frémissantes,
Et des chiens de Scylla[1] les clameurs gémissantes,
Et ces gouffres profonds tournoyants sous ses pas ?
Penses-tu qu'amoureux de son doux esclavage,
Désormais il renonce à quitter le rivage ?
On dit que l'inhumain, méprisant tes appas,
Déjà prêt à partir sur la foi d'une étoile,
Redemande des vents, fait déployer la voile,
Et de ton lit oiseux[2] veut courir au trépas.
Que je plains ta douleur, amante infortunée !
Combien tu pleureras ton fol égarement !
Malgré ton crime, hélas ! de plaisirs couronnée,
Puisses-tu ne jamais connaître le tourment
D'aimer comme je t'aime, et d'être abandonnée !

LA MÉRIDIENNE

À la même.

Dieux ! que l'air est calme et pesant !
Dieux ! qu'il fait chaud ! Sur quels rivages,
Sous quels favorables ombrages
Veux-tu reposer à présent ?
Le ciel se couvre de nuages,
Neptune agite son trident ;
J'ai vu briller, à l'Occident,
L'éclair, précurseur des orages.
Viens, ce temps est fait pour l'amour,
Viens, ô ma tendre et douce amie !
Au fond de mon humble séjour,
Sur la natte fraîche et polie,
Du soir attendre le retour !
Fermons sur nous, à double tour,
La porte du verrou munie,
Et qu'une épaisse jalousie
Nous dérobe aux clartés du jour.
Eh quoi ! ta pudeur alarmée
M'oppose encore un vêtement !
As-tu peur, ô ma bien-aimée,
D'être trop près de ton amant ?
Lorsqu'il te presse, qu'il t'embrasse,
Peux-tu rougir de son bonheur ?
Ôte ce lin qui m'embarrasse,
Ou des deux mains, sûr de ma grâce,
Je le déchire avec fureur.
De ton beau corps, que j'idolâtre,
Mes yeux parcourront tous les traits ;
De tes trésors les plus secrets
Mes baisers rougiront l'albâtre.
Couvre-toi de fleurs, si tu veux ;

Que ce soit ta seule imposture !
Laisse une fois à l'aventure
Flotter tes superbes cheveux ;
Et de cette conque azurée,
Cuite dans Sèvre[1], et décorée
Avec un soin industrieux,
Parmi cent parfums précieux,
Tirons ce nard délicieux
Dont l'odeur seule fait qu'on aime,
Qui prête un charme à Vénus même,
Et l'annonce au banquet des dieux.

Les Amours, III, xv

AUX MÂNES D'EUCHARIS

Depuis que tu n'es plus, depuis que je te pleure,
Le soleil a fini, recommencé son tour :
            Je puis enfin vers ta demeure
Tourner mes tristes yeux lassés de voir le jour.
Ô toi, jadis l'objet du plus ardent amour !
Toi, que j'aimais encor d'une amitié si tendre,
            Eucharis, si tu peux m'entendre
Des bords du fleuve affreux qu'on passe sans retour,
Reçois ces derniers vers que j'adresse à ta cendre !
Lorsque du sort, si jeune, éprouvant la rigueur,
Tu périssais, hélas ! d'un mal lent et funeste,
Moi-même, tu le sais, consumé de langueur,
Je voyais de mes jours s'évanouir le reste.
Tu mourus : à ce coup, j'en atteste les dieux,
Je demandai la mort ; j'étais prêt à te suivre ;
À mes plus chers amis j'avais fait mes adieux.
Catilie à l'instant vint s'offrir à mes yeux,
Me serra sur son cœur ; et je promis de vivre.
            Trop heureux sous sa douce loi,

Elle-même aujourd'hui permet que je t'écrive :
Tout ce qui te connut te regrette avec moi,
Et cherche à consoler ton ombre fugitive.
　　　　　Déjà, les yeux mouillés de pleurs,
Et brisant son beau luth qui résonnait encore,
　　　　　Le doux chantre d'Éléonore[1]
Sur tes restes chéris a répandu des fleurs.
Il t'élève un tombeau ; c'est assez pour ta gloire.
　　　　　Moi, plus timide, tout auprès
　　　　　Je choisis un jeune cyprès,
　　　　　Et là je grave notre histoire.
À ce mot, Eucharis, ne va point t'alarmer.
Loin de moi tous ces noms dont un amant accable
　　　　　L'objet qu'il cesse de charmer !
　　　　　Le temps a dû me désarmer,
　　　　　Et ton cœur n'est point si coupable.
Pour un autre que moi s'il a pu s'enflammer,
　　　　　Sans doute il était plus aimable…
　　　　　Hélas ! savait-il mieux aimer ?
N'importe : dors en paix, ombre toujours chérie ;
D'un reproche jaloux ne crains plus la rigueur :
　　　　　Ma haine s'est évanouie.
Tu fis, sept ans entiers, le bonheur de ma vie ;
C'est le seul souvenir qui reste dans mon cœur.

Les Amours, III, XVI

LETTRE À M. LE COMTE
DE PARNY[1]

Écrite des Pyrénées.

Vous serez surpris, mon cher ami, de recevoir une lettre de moi, datée des eaux de Saint-Sauveur : je semblais condamné à ne plus vous écrire que des rives du Cocyte. Les dernières lignes que j'ai dictées pour vous, avant mon départ, vous annonçaient que j'étais mourant : vous jugerez par cette longue épître, entièrement tracée de ma main, que je suis plus qu'à demi ressuscité. À quoi dois-je attribuer l'honneur de cette espèce de guérison ? Est-ce à la nature ou au changement d'air, à la dissipation et à l'agrément du voyage ? Je l'ignore. Tout ce que je sais bien positivement, c'est que ce n'est pas à mon médecin.

Vous avez si souvent entendu parler des Pyrénées, que je n'entreprendrai point ici de les décrire. Je serais d'ailleurs embarrassé de vous peindre l'étonnement, l'horreur et l'admiration dont j'ai été saisi à leur approche. Cette longue chaîne de montagnes ressemble de loin à un vaste amas de nuages bleuâtres, bizarrement groupés sur l'horizon. Depuis Lourdes jusqu'à Saint-Sauveur, vous montez constamment par un chemin taillé dans le roc, et vous voyez sans cesse, à deux ou trois cents pieds au-dessous de vous, tantôt à votre droite, tantôt à votre gauche, un torrent qui semble avoir employé des milliers de siècles à se frayer une route à travers ces masses de granit, et dont le bruit horrible vous annonce encore sa présence, quand votre œil ne peut plus le suivre au fond du précipice. En sortant de la gorge de Pierrefitte, on découvre enfin la petite et fraîche vallée de Luz. Saint-Sauveur est auprès. Il est assis sur la croupe d'une montagne très escarpée, mais dans une position riante et pittoresque. Le Gave coule au pied. Entre le Gave et la montagne s'étendent quelques tapis de verdure bordés de frênes et de tilleuls. On compte peu de maisons à Saint-Sauveur, et elles ne forment qu'une rue ; mais elles sont assez commodes et agréables. Celle des bains est au milieu.

> Sous une voûte ténébreuse
> Où pend et brille en perle un sel jaunâtre et dur,
> Des veines d'un rocher, recouvert d'un vieux mur,
> S'échappe à gros bouillons une onde sulfureuse,
> Qui, tombant dans le marbre ou sur la pierre creuse,
> Y dépose un limon doux, savonneux et pur.
> Debout, dès l'aube matinale,
> C'est là qu'un thermomètre en main,
> Tout malade, en guêtre, en sandale,

En mule étroite, en brodequin,
Curé, juif, actrice, ou vestale[2],
Ou moine, ou gendarme, ou robin,
Court s'entonner[3] d'eau minérale,
Et cuire à la chaleur du bain.
L'onde fume : on invoque ensemble
Ce pouvoir si caché qu'on révère en ces lieux.
La Nymphe les entend ; et sur l'autel qui tremble,
Soudain, penchant son urne, elle s'offre à leurs yeux.

  Sur ses pas marche l'Allégresse,
  Fille et mère de la Santé ;
  L'Espoir trompeur à son côté
Sourit malignement, fuit et revient sans cesse.
  Elle dissipe la tristesse,
Exerce, en l'amusant, la molle oisiveté ;
Rend un jour de printemps à la froide vieillesse,
Et son premier éclat au teint de la beauté.
  La pâle et débile jeunesse
Lui doit un nouveau cœur et de nouveaux désirs ;
Enfin elle guérit les maux de toute espèce
  Par le seul charme des plaisirs.

Celui que je goûte le plus volontiers, et qui s'accorde le mieux avec mon régime, est l'exercice du cheval. Hommes et femmes, nous nous formons deux fois par jour en escadron, et nous galopons, partout où il est possible de galoper, sur des chevaux du pays, fort petits et fort maigres, mais les seuls qui tiennent pied dans ces chemins montueux et hérissés de cailloux. On trouve encore du temps pour marcher ; et vous savez combien cet exercice me plaît. Je me rappelle avec délices les promenades que nous avons faites si souvent ensemble dans la forêt de Saint-Germain, dans les bosquets de Marly, et sur les hauteurs du bois de Satory. Les bois nous offraient alors sans peine une douce solitude. Je suis contraint de la chercher ici sur le sommet des montagnes. Mais quel ravissant spectacle ! Je vois sous mes pieds leurs flancs environnés de nuages, tandis que leur cime et moi nous sommes éclairés des rayons du soleil. Là, toutes les pièces du procès sous les yeux, je cherche à décider la fameuse et inutile question de la formation, de l'âge et des changements du globe[4] ; et je m'aperçois bientôt que la nature m'a formé plutôt pour jouir de tout ce que je vois, que pour deviner comment tout ce que je vois existe. Je descends alors par des sentiers très difficiles : je gagne l'ombre des arbrisseaux ; et, assis aux bords de ce torrent dont le bruit, semblable à celui de la mer, nous étourdit nuit et jour, je me livre à la plus douce mélancolie. La fuite de l'eau me retrace celle du temps. Je songe à toutes les pertes que j'ai déjà faites dans un âge aussi peu avancé. Hélas ! j'ai vu disparaître les objets les plus aimables et les plus aimés. Mon âme, par degrés, se pénètre de tristesse. Je me trouve bientôt inondé de mes larmes ; et je vous répète du fond du cœur ce que je vous dis rarement, parce que je crains de vous affliger. « Ô mon ami, puissé-je ne jamais vous survivre ! »

Mais de ma douce rêverie
Quel bruit vient soudain m'arracher ?
Pour pleurer un moment ne peut-on se cacher ?
De coteaux en coteaux mon nom résonne ; on crie :
Je me lève, et déjà tous les Amours, armés
De fers longs et pointus dans l'épine enfermés,
Sont descendus dans la prairie.
On court au village voisin
Manger la fraise montagneuse,
Du miel, du beurre, un doux raisin,
Et sur la ronce buissonneuse,
Chemin faisant, le fol essaim
Cueille ou détache sans dessein
Une mûre qui teint la bouche,
Et qui sur le doigt qui la touche
Laisse l'empreinte du larcin.
On charge à peu de frais sa poche
Des plus riches productions ;
Et l'on fait des collections
De marbres, de cristal de roche,
De beaux cailloux dont rien n'approche,
De plantes et de papillons.

[...]

Loaisel de Tréogate

AUX ÂMES SENSIBLES

Mon œil est fatigué de ce jour homicide…
Le temps s'appesantit dans sa course rapide ;
Il semble sur ces lieux voler plus lentement,
Et pour voir mes douleurs, s'arrêter un moment,
Tel souvent, le vautour dans sa vorace joie,
Plane et semble immobile en déchirant sa proie ;
Tel le temps destructeur de mes frêles plaisirs,
Sur moi pèse, entouré de mortels souvenirs.

Ô soleil ! va porter dans un autre hémisphère
Ton flambeau trop propice aux crimes de la terre.
Tu vis ces bienfaiteurs du vulgaire admirés,
Jeter avec éclat leurs dons déshonorés,
Répandre en même temps, par une affreuse injure,
Le baume et le venin dans la même blessure,
Outrager l'infortune en lui tendant les bras,
Et s'étonner encor de trouver des ingrats.
[…]
Tu vis la terre ouverte en d'immenses abîmes,
Frémir de dévorer des mondes de victimes :
Et ces monstres heurtant les bouts de l'univers,
Revenir furieux l'écraser sous ses fers.
La tendre humanité, sous leurs pieds renversée,

Dans son sein refoula sa plainte méprisée.
Tu le vis, ô soleil, et ton front radieux,
Tranquille, a poursuivi sa marche dans les Cieux.

Ô nuit! Viens me couvrir de tes noires ténèbres!
Tu servis les forfaits et leurs trames funèbres ;
Mais le juste effrayé des attentats du jour,
Se sauve dans ton ombre, heureux de ton retour.
C'est là qu'il se retrouve et vit avec lui-même.
C'est de là qu'emporté vers la voûte suprême,
Et laissant sous ses pieds ce globe malheureux,
Pour les faibles humains il va prier les dieux.
[…]
Vous qui, nés sous la pourpre, au milieu des grandeurs,
Folâtrez sans plaisir sur des touffes de fleurs,
Qui jamais de pleurer ne connûtes les charmes,
Je vois déjà vos ris insulter à mes larmes ;
Vos âmes sans retour promises au néant,
Ne pourraient tressaillir au cri du sentiment.
Vos froides passions qu'aucun attrait n'aiguise,
Le chagrin, le plaisir, rien ne vous électrise[1].
Je n'ai point vos palais, mais je possède un cœur,
Il s'épura longtemps au creuset du malheur ;
Dans mes maux, je lui dus la force et la confiance,
Par lui j'ai quelquefois adoré l'existence.
Foyer toujours ardent, jouissant de ses feux,
Il eut des voluptés que n'ont pas les heureux.

Michel de Cubières

ESSAI SUR L'ART POÉTIQUE

[…]
    Animés par Bacchus, au sortir d'une orgie,
Du fougueux dithyrambe empruntant les accents,
N'avez-vous point le soir effrayé les passants
Des sons de votre voix rauque et désordonnée ?
    Quand la tendre Héloïse, au cloître condamnée,
Écrit à son amant du fond de son tombeau,
N'êtes-vous point tentés d'imiter Colardeau,
Ce Colardeau formé dans l'école d'Ovide,
Et tournant mieux que lui la plaintive héroïde [1] ?
Lorsque la maladie a conduit au trépas
L'ami qu'hier encor vous serriez dans vos bras,
N'avez-vous point, frappés d'une atteinte imprévue,
Les yeux mouillés encore, et l'âme encore émue,
Par une inscription, consacré vos douleurs,
Et fait marcher ensemble et vos vers et vos pleurs ?
    Si vous vous rappelez l'esclave de Phrygie,
Vous devez estimer la sage allégorie [2].
L'homme libre, enchaîné sous la loi des imans,
Par elle met au jour ses nobles sentiments,
Se moque du muphti, du grand seigneur lui-même,
Et couvrant sa fierté du voile de l'emblème,

Sauve parfois la vie à ses concitoyens,
Et d'un trône oppresseur renverse les soutiens.
  La romance a des lois que personne n'ignore !
Sa voix est languissante et cependant sonore.
Des amants malheureux elle peint les regrets,
Et couronne son front de myrte et de cyprès[3].
  La vive épithalame, enfant de l'hyménée,
Par un joyeux convive en pompe est promenée[4],
Sur le lit nuptial, au milieu des festins,
Et promet aux époux les plus heureux destins.
Chez les Romains, les Grecs, elle fut en usage ;
Mais, pour plaire toujours, son chant doit être sage.
Qu'il célèbre la vierge et ne l'offense pas.
  Et le conte !... auriez-vous oublié ses appas ?
Après avoir foulé la prairie émaillée,
Dans l'antique château, le soir, à la veillée,
Ne vous a-t-on pas dit de nos vieux paladins
Les exploits tour à tour tragiques et badins,
Des quatre fils Aymon les brûlantes prouesses,
Celles des Amadis mourant pour leurs maîtresses ?
Et du chevalier noir les combats glorieux ?
  Au récit de sorciers qui font du haut des cieux
Descendre le soleil, et plus souvent la lune,
Nos aïeux ont senti la frayeur non commune
Que l'on fait aux enfants éprouver sans raison,
Même à certains vieillards dans l'arrière-saison.
Ils naissaient dans l'erreur, ils vivaient de chimères,
Et nous en savons moins que nos chastes grand-mères.
Ainsi donc, sans humeur et sans prétentions,
Sachons à notre tour vivre d'illusions.
Les une et mille nuits font mon bonheur suprême ;
Et dussiez-vous gémir de ma folie extrême,
J'y vois de la grandeur, de la simplicité,
Du merveilleux, surtout de la variété.
[...]

LE DÉFENSEUR
DE LA PHILOSOPHIE

OU RÉPONSE
À QUELQUES SATIRES DIRIGÉES
CONTRE LA FIN DU XVIIIᵉ SIÈCLE[1]

[...]
Imberbes agresseurs, de rage tout gonflés,
Petits auteurs sifflants, quoique toujours sifflés,
Parlez! Est-ce Voltaire, est-ce le bon Panage[2]
Qui furent les auteurs des crimes de notre âge?
Serait-ce Helvétius, le sage de Voré[3],
Par sa philanthropie en tout temps dévoré?
Fontenelle, enfermé dans sa robe de chambre,
Ruminait-il jadis les meurtres de septembre?
Meurtres qu'il faut maudire et non pas rappeler,
Meurtres que vos tableaux semblent renouveler,
Meurtres que je déteste, et qu'avec politesse
Votre muse se plaît à me peindre sans cesse.
Peut-être quelquefois vous avez lu Raynal :
Est-ce lui qui créa cet affreux tribunal
Où périt Lavoisier, où des bourreaux superbes
Osèrent à la mort envoyer Malesherbes,
Où mon ami Rabaut, où Roucher[4] mon ami
Ne furent point, hélas! égorgés à demi,
Où le doux Beauharnais que je regrette encore
Avec tant de douceur vit sa dernière aurore?
Est-ce le bon Rousseau, Rousseau le Genevois,
Qui d'un noir jacobin fit entendre la voix,
Et qui, déshonorant son nom et la tribune,
Dénonça la vertu, proscrivit l'infortune?
Et la loi des suspects abhorrée en tout lieu
Y reconnaissez-vous l'esprit de Montesquieu?

Le fils du grand Buffon qu'eût tant pleuré sa mère,
A-t-il dû son trépas aux écrits de son père ?
Et le baron d'Holbach s'est-il jamais assis
À côté du baron Cloots Anacharsis[5] ?
Serait-ce à Diderot qu'on a dû les noyades ?
Faut-il sur d'Alembert jeter les fusillades ?
Payne[6] à l'ordre du jour a-t-il mis la Terreur ?
Le sage Condillac a-t-il prêché l'erreur ?
D'Argens a-t-il prêché l'affreuse oligarchie,
Boulanger l'ignorance, et Fréret l'anarchie[7] ?
[...]

Évariste Parny

LE LENDEMAIN

À ÉLÉONORE

Enfin, ma chère Éléonore,
Tu l'as connu ce péché si charmant,
Que tu craignais, même en le désirant ;
En le goûtant, tu le craignais encore.
Eh bien ! dis-moi : qu'a-t-il donc d'effrayant ?
Que laisse-t-il après lui dans ton âme ?
Un léger trouble, un tendre souvenir,
L'étonnement de sa nouvelle flamme,
Un doux regret, et surtout un désir.
Déjà la rose aux lis de ton visage
    Mêle ses brillantes couleurs ;
Dans tes beaux yeux, à la pudeur sauvage
    Succèdent les molles langueurs,
    Qui de nos plaisirs enchanteurs
Sont à la fois la suite et le présage.
    Ton sein, doucement agité,
    Avec moins de timidité
    Repousse la gaze légère
    Qu'arrangea la main d'une mère,
    Et que la main du tendre amour,
    Moins discrète et plus familière,

Saura déranger à son tour.
Une agréable rêverie
Remplace enfin cet enjoûment,
Cette piquante étourderie,
Qui désespéraient ton amant ;
Et ton âme plus attendrie
S'abandonne nonchalamment
Au délicieux sentiment
D'une douce mélancolie.
Ah ! laissons nos tristes censeurs
Traiter de crime impardonnable
Le seul baume pour nos douleurs,
Ce plaisir pur, dont un dieu favorable
Mit le germe dans tous les cœurs.
Ne crois pas à leur imposture.
Leur zèle hypocrite et jaloux
Fait un outrage à la nature :
Non, le crime n'est pas si doux.

Poésies érotiques, I, 1

LES RIDEAUX

Dans cette alcôve solitaire
Sans doute habite le repos ;
Voyons. Mais ces doubles rideaux
Semblent fermés par le mystère ;
Et ces vêtements étrangers
Mêlés aux vêtements légers
Qui couvraient Justine et ses charmes,
Et ce chapeau sur un sofa.
Ce manteau plus loin, et ces armes,
Disent assez qu'Amour est là.
C'est lui-même ; je crois entendre
Le premier cri de la douleur,

Suivi d'un murmure plus tendre,
Et des soupirs de la langueur.
Valsin, jamais ton inconstance
N'avait connu la volupté ;
Savoure-la dans le silence.
Tu trompas toujours la beauté ;
Mais sois fidèle à l'innocence.

Les Tableaux, VI

LE LENDEMAIN

D'un air languissant et rêveur
Justine a repris son ouvrage ;
Elle brode ; mais le bonheur
Laissa sur son joli visage
L'étonnement et la pâleur.
Ses yeux qui se couvrent d'un voile
Au sommeil résistent en vain ;
Sa main s'arrête sur la toile,
Et son front tombe sur sa main.
Dors et fuis un monde malin :
Ta voix plus douce et moins sonore,
Ta bouche qui s'entrouvre encore,
Tes regards honteux ou distraits,
Ta démarche faible et gênée,
De cette nuit trop fortunée
Révéleraient tous les secrets.

Les Tableaux, VII

CHANSONS MADÉCASSES [1]

Avertissement

L'île de Madagascar est divisée en une infinité de petits territoires qui appartiennent à autant de princes. Ces princes sont toujours armés les uns contre les autres, et le but de toutes ces guerres est de faire des prisonniers pour les vendre aux Européens. Ainsi, sans nous, ce peuple serait tranquille et heureux. Il joint l'adresse à l'intelligence. Il est bon et hospitalier. Ceux qui habitent les côtes se méfient avec raison des étrangers, et prennent dans leurs traités toutes les précautions que dicte la prudence, et même la finesse. Les Madécasses sont naturellement gais. Les hommes vivent dans l'oisiveté[2], et les femmes travaillent. Ils aiment avec passion la musique et la danse. J'ai recueilli et traduit quelques chansons qui peuvent donner une idée de leurs usages et de leurs mœurs. Ils n'ont point de vers ; leur poésie n'est qu'une prose soignée : leur musique est simple, douce, et toujours mélancolique[3].

Chanson première

Quel est le roi de cette terre ? — Ampanani. — Où est-il ? — Dans la case royale. — Conduis-moi devant lui. — Viens-tu la main ouverte ? — Oui, je viens en ami. — Tu peux entrer.

Salut au chef Ampanani. — Homme blanc, je te rends ton salut, et je te prépare un bon accueil. Que cherches-tu ? — Je viens visiter cette terre. — Tes pas et tes regards sont libres. Mais l'ombre descend, l'heure du souper approche. Esclaves, posez une natte sur la terre, et couvrez-la des larges feuilles du bananier. Apportez du riz, du lait, et des fruits mûris sur l'arbre. Avance, Nélahé ; que la plus belle de mes filles serve cet étranger. Et vous, ses jeunes sœurs, égayez le souper par vos danses et vos chansons.

Chanson II

Belle Nélahé, conduis cet étranger dans la case voisine, étends une natte sur la terre, et qu'un lit de feuilles s'élève sur cette natte ; laisse tomber ensuite la *pagne*[4] qui entoure tes jeunes attraits. Si tu vois dans ses yeux un amoureux désir ; si sa main cherche la tienne, et t'attire doucement vers lui ; s'il te dit : Viens, belle Nélahé, passons la nuit ensemble ; alors assieds-toi sur ses genoux. Que sa nuit soit heureuse, que la tienne soit charmante ; et ne reviens qu'au moment où le jour renaissant te permettra de lire dans ses yeux tout le plaisir qu'il aura goûté.

Chanson III

Quel imprudent ose appeler aux combats Ampanani ? Il prend sa zagaie armée d'un os pointu, et traverse à grands pas la plaine. Son fils marche à ses côtés ; il s'élève comme un jeune palmier sur la montagne. Vents orageux, respectez le jeune palmier de la montagne.

Les ennemis sont nombreux. Ampanani n'en cherche qu'un seul, et le trouve. Brave ennemi, ta gloire est brillante : le premier coup de ta zagaie a versé le sang d'Ampanani. Mais ce sang n'a jamais coulé sans vengeance ; tu tombes, et ta chute est pour tes soldats le signal de l'épouvante ; ils regagnent en fuyant leurs cabanes ; la mort les y poursuit encore : les torches enflammées ont déjà réduit en cendres le village entier.

Le vainqueur s'en retourne paisiblement, et chasse devant lui les troupeaux mugissants, les prisonniers enchaînés et les femmes éplorées. Enfants innocents, vous souriez, et vous avez un maître !

Chanson IV

AMPANANI

Mon fils a péri dans le combat. Ô mes amis! pleurez le fils de votre chef; portez son corps dans l'enceinte habitée par les morts. Un mur élevé la protège; et sur ce mur sont rangées des têtes de bœuf aux cornes menaçantes. Respectez la demeure des morts; leur courroux est terrible, et leur vengeance est cruelle. Pleurez mon fils.

LES HOMMES

Le sang des ennemis ne rougira plus son bras.

LES FEMMES

Ses lèvres ne baiseront plus d'autres lèvres.

LES HOMMES

Les fruits ne mûrissent plus pour lui.

LES FEMMES

Ses mains ne presseront plus un sein élastique et brûlant.

LES HOMMES

Il ne chantera plus étendu sous un arbre à l'épais feuillage.

LES FEMMES

Il ne dira plus à l'oreille de sa maîtresse : Recommençons, ma bien-aimée!

AMPANANI

C'est assez pleurer mon fils ; que la gaîté succède à la tristesse : demain peut-être nous irons où il est allé.

Chanson V

Méfiez-vous des Blancs, habitants du rivage. Du temps de nos pères des Blancs descendirent dans cette île ; on leur dit : Voilà des terres ; que vos femmes les cultivent. Soyez justes, soyez bons, et devenez nos frères.

Les Blancs promirent, et cependant ils faisaient des retranchements. Un fort menaçant s'éleva ; le tonnerre fut renfermé dans des bouches d'airain ; leurs prêtres voulurent nous donner un dieu que nous ne connaissons pas ; ils parlèrent enfin d'obéissance et d'esclavage : plutôt la mort ! Le carnage fut long et terrible ; mais, malgré la foudre qu'ils vomissaient, et qui écrasait des armées entières, il furent tous exterminés. Méfiez-vous des Blancs.

Nous avons vu de nouveaux tyrans plus forts et plus nombreux planter leur pavillon sur le rivage. Le ciel a combattu pour nous ; il a fait tomber sur eux les pluies, les tempêtes et les vents empoisonnés. Ils ne sont plus, et nous vivons, et nous vivons libres. Méfiez-vous des Blancs, habitants du rivage[5].

LETTRE À BERTIN

De l'île de Bourbon, janvier 1775.

Tu veux donc, mon ami, que je te fasse connaître ta patrie ? tu veux que je te parle de ce pays ignoré, que tu chéris encore parce que tu n'y es plus ? je vais tâcher de te satisfaire en peu de mots.

L'air est ici très sain ; la plupart des maladies y sont totalement inconnues ; la vie est douce, uniforme, et par conséquent fort ennuyeuse ; la nourriture est peu variée ; nous n'avons qu'un petit nombre de fruits, mais ils sont excellents.

> Ici ma main dérobe à l'oranger fleuri
> Ces pommes dont l'éclat séduisit Atalante ;
>   Ici l'ananas plus chéri
> Élève avec orgueil sa couronne brillante ;
> De tous les fruits ensemble il réunit l'odeur.
>   Sur ce coteau l'atte pierreuse
> Livre à mon appétit une crème flatteuse ;
> La grenade plus loin s'entrouvre avec lenteur ;
> La banane jaunit sous sa feuille élargie ;
> La mangue me prépare une chair adoucie ;
> Un miel solide et dur pend au haut du dattier ;
> La pêche croît aussi sur ce lointain rivage ;
> Et, plus propice encor, l'utile cocotier
> Me prodigue à la fois le mets et le breuvage.

Voilà tous les présents que nous fait Pomone : pour l'amante de Zéphyre, elle ne visite qu'à regret ces climats brûlants.

Je ne sais pourquoi les poètes ne manquent jamais d'introduire un printemps éternel dans les pays qu'ils veulent rendre agréables : rien de plus maladroit ; la variété est la source de tous nos plaisirs, et le plaisir cesse de l'être quand il devient habitude. Vous ne voyez jamais ici la nature rajeunie ; elle est toujours la même ; un vert triste et sombre vous donne toujours la même sensation. Ces orangers, couverts en même temps de fruits et de fleurs, n'ont pour moi rien d'intéressant, parce que jamais leurs branches dépouillées ne furent blanchies par les frimas. J'aime à voir la feuille naissante briser son enveloppe légère ; j'aime à la voir croître, se développer, jaunir et tomber. Le printemps plairait beaucoup moins, s'il ne venait après l'hiver.

Ô mon ami ! lorsque mon exil sera fini, avec quel plaisir je reverrai Feuillancour au mois de mai ! avec quelle avidité je jouirai de la nature! avec quelles délices je respirerai les parfums de la campagne! avec quelle volupté je foulerai le gazon fleuri; les plaisirs perdus sont toujours les mieux sentis. Combien de fois n'ai-je pas regretté le chant du rossignol et de la fauvette! Nous n'avons ici que des oiseaux braillards, dont le cri importun attriste à la fois l'oreille et le cœur. En comparant ta situation à la mienne, apprends, mon ami, à jouir de ce que tu possèdes.

Nous avons, il est vrai, un ciel toujours pur et serein, mais nous payons trop cher cet avantage. L'esprit et le corps sont anéantis par la chaleur; tous leurs ressorts se relâchent; l'âme est dans un assoupissement continuel; l'énergie et la vigueur intérieures se dissipent par les pores. Il faut attendre le soir pour respirer; mais vous cherchez en vain des promenades.

> D'un côté mes yeux affligés
> N'ont pour se reposer qu'un vaste amphithéâtre
> De rochers escarpés que le temps a rongés;
> De rares arbrisseaux, par les vents outragés,
> Y croissent tristement sur la pierre rougeâtre,
> Et des lataniers allongés
> Y montrent loin à loin leur feuillage grisâtre.
> Trouvant leur sûreté dans leur peu de valeur,
> Là d'étiques perdreaux de leurs ailes bruyantes
> Rasent impunément les herbes jaunissantes,
> Et s'exposent sans crainte au canon du chasseur.
> Du sommet des remparts dans les airs élancée,
> La cascade à grand bruit précipite ses flots,
> Et, roulant chez Thétis son onde courroucée,
> Du Nègre infortuné renverse les travaux.
> Ici, sur les confins des états de Neptune,
> Où jour et nuit son épouse importune
> Afflige les échos de longs mugissements,
> Du milieu des sables brûlants
> Sortent quelques toits de feuillage.
> Rarement le Zéphyr volage
> Y rafraîchit l'air enflammé;
> Sous les feux du soleil le corps inanimé

Reste sans force et sans courage.
Quelquefois l'Aquilon bruyant,
Sur ses ailes portant l'orage,
S'élance du sombre orient ;
Dans ses antres l'onde profonde
S'émeut, s'enfle, mugit, et gronde ;
Au loin sur la voûte des mers
On voit des montagnes liquides
S'élever, s'approcher, s'élancer dans les airs,
Retomber et courir sur les sables humides ;
Les flammes du volcan brillent dans le lointain :
L'Océan franchit ses entraves,
Inonde nos jardins, et porte dans nos caves
Des poissons étonnés de nager dans le vin.

Le bonheur, il est vrai, ne dépend pas des lieux qu'on habite ; la société, pour peu qu'elle soit douce et amusante, dédommage bien des incommodités du climat. Je vais essayer de te faire connaître celle qu'on trouve ici.

LE VAISSEAU *LE VENGEUR*

Sur l'Océan jamais la France
Ne déploya tant de grandeur.
Son bras de l'Anglais oppresseur
Punissait la longue insolence ;
Du joug de ces tyrans, et si vils, et si fiers,
Qui toujours sur le nombre ont fondé leur courage,
Nos libres matelots affranchissaient les mers ;
Leurs chants républicains échauffaient le carnage ;
Et quel que soit l'arrêt du sort,
Ils tiendront leur serment : *la victoire ou la mort !*

Mais bientôt à leurs vœux les vents sont infidèles,
D'un souffle contraire emporté,

Le Vengeur combat seul, de la ligne écarté.
    Quatre flottantes citadelles
De leur canon sur lui dirigent tous les feux.
Il y répond : longtemps le succès est douteux.

La voile déchirée aux vents laisse un passage ;
Le rapide boulet emporte le cordage ;
La vergue, sans appui, frappe les mâts rompus ;
    Ils se brisent, et le navire
    Au gouvernail n'obéit plus ;
    Et nos braves marins de dire :
« Feu, stribord ! feu, bas-bord ! Des voiles et des mâts
Servent à qui veut fuir, mais nous ne fuirons pas. »

    Ces mots augmentent leur audace.
Deux vaisseaux d'Albion, de débris tout couverts,
S'éloignent du combat ; d'autres ont pris leur place.
Du Vengeur cependant les membres entrouverts
Laissent de toutes parts entrer l'onde fatale :
    Plus d'espoir ! La flotte rivale
Criait à nos guerriers : « Imprudents ! rendez-vous ;
Baissez ce pavillon, ou vous périssez tous. »

    « Eh ! quoi ! la superbe Angleterre
    Dans ses ports verrait le Vengeur
    Suivre lâchement un vainqueur !
    Quel affront pour la France entière !
    Nous libres, nous républicains,
Par un marché honteux achetant notre vie,
Nous pourrions nous livrer à votre perfidie !
    Et des fers chargeraient nos mains ?
À nous déshonorer, osez-vous bien prétendre ?
Les Français aujourd'hui ne savent plus se rendre. »

    Ainsi parlant, nos matelots
    Déjà poursuivis par les flots,
Montent sur le tillac : en signe de leur joie,
    De tous côtés leur main déploie

Les pavillons aux trois couleurs,
Et la flottante flamme, et les pavois vainqueurs.
Les chapeaux qui couvraient leur tête
Sont élevés dans l'air comme en un jour de fête.
La mer s'ouvre ; ces mots heureux
Consolent leur âme héroïque :
France ! Liberté ! République !
Ils disent, et les flots se referment sur eux.

Troupe invincible et magnanime,
De votre dévouement sublime
La France instruira l'univers.
De sa reconnaissance entendez les concerts.
Du vaisseau que votre courage
Refusa de livrer à l'infâme Albion
Elle suspend la noble image
Aux voûtes de son Panthéon ;
Au pinceau fidèle elle ordonne
De vous reproduire à nos yeux,
Et sur l'immortelle colonne
Elle écrit vos noms glorieux.
Ces noms éclatants dans l'histoire,
De nos jeunes marins orneront la mémoire ;
Et dans tous les combats, ces enfants de l'honneur
Se ressouviendront du Vengeur.

[INVOCATION À MARIE]

Belle Marie, ô toi dont la candeur,
Les yeux baissés et le simple langage,
Souvent d'un fils désarment la rigueur,
Entends ma voix, et reçois mon hommage.
Ton cœur sensible, et doux comme tes traits,
À la pitié ne se ferme jamais ;
Tu compatis aux faiblesses humaines ;

De courts plaisirs parmi de longues peines
Ne semblent pas à tes yeux des forfaits.
De ces plaisirs écarte le tonnerre ;
Demande au ciel grâce pour les amours,
Pour les baisers qui consolent la terre ;
Par l'inconstance ils sont punis toujours.
Vénus jadis par des soins efficaces
Les protégeait, mais trop vieille est Vénus,
Trop libertine, et l'homme n'en veut plus.
Dans cet emploi c'est toi qui la remplaces.
Ah ! puisses-tu longtemps le conserver !
Puisse ton fils ne jamais éprouver
Le sort fâcheux et la chute bizarre
Qu'à Jupiter doucement il prépare !

La Guerre des dieux, chant II

[VÉNUS ET MARIE]

Belle Vénus, vous étiez plus que belle
Après l'instant qui vit naître l'Amour.
Avec douceur votre bouche immortelle
Baissa ses yeux qui s'entrouvraient au jour ;
Dans tous ses traits vous retrouviez vos charmes ;
Et vos genoux, de guirlandes couverts,
Berçaient ce dieu, faible encore et sans armes,
Mais qui bientôt maîtrisa l'univers.
Pour son sommeil les Grâces caressantes
Forment un lit de myrtes et de fleurs ;
D'un frais Zéphyr les ailes complaisantes
Pour lui du jour tempèrent les chaleurs.
Belle Cypris, sur ses lèvres de rose
Vous voyez naître un sourire malin,
De l'avenir présage trop certain :
Sur votre bras sa tête se repose ;

Son pied s'agite ; et sa débile main
Presse en jouant les lis de votre sein.
Les immortels, instruits de sa naissance,
Pour l'admirer, descendirent des cieux.
Sur lui, sur vous, ils attachaient leurs yeux,
Leurs yeux charmés, et, dans un doux silence,
Ils souriaient au plus puissant des dieux.
Mais tout vieillit ; ô reine d'Idalie !
L'homme a brisé cet antique tableau,
Qui de Zeuxis illustra le pinceau,
Et dont mes vers sont la faible copie.
Voici l'objet de son culte nouveau :
Un charpentier, et sa moitié fidèle,
Dans une étable au milieu du troupeau,
Un peu de paille, et qui n'est pas nouvelle ;
Sur cette paille un panier pour berceau ;
Dans ce berceau le fils d'une pucelle ;
Près de ce fils le taureau menaçant,
L'âne qui brait, et le bœuf mugissant ;
Sans oublier trois visages d'ébène,
Des bouts du monde arrivant hors d'haleine
Pour saluer le taciturne enfant.

Ces deux tableaux, malgré leur différence,
Entre eux pourtant ont quelque ressemblance.
Vulcain, Joseph, inutiles témoins,
Ne font point fête aux deux aimables mères ;
Et ces maris, qui boudent dans leurs coins,
Semblent surpris et honteux d'être pères.

Momus en vain sur ce monde attristé
Veut de nouveau régner par la gaieté.
L'enfer est là, Momus ; et l'homme sage
Ne rit jamais dans un tel voisinage.
Le chapelet succède à tes grelots ;
Et Jérémie a vaincu tes bons mots.
Quel changement ! quelles métamorphoses !
Ces jeunes fronts, jadis joyeux et fiers,

Qui s'entouraient de pampres et de roses,
Tristes, baissés, de cendre sont couverts.
Le goupillon qui lance une eau chrétienne
A remplacé le thyrse de Bacchus,
Et Mardi-gras fait oublier Silène.
Loin donc, bien loin les festins de Comus :
Nous adoptons l'Abstinence au teint blême,
Le Jeûne étique, et le maigre Carême.
La beauté même, abjurant les plaisirs,
Au crucifix porte tous ses soupirs.
De blanches mains déroulent un rosaire.
Un joli sein, dont le doux mouvement
Semble appeler les baisers d'un amant,
À ces baisers oppose un scapulaire.
Femme, dit-on, veut plaire, et toujours plaire :
La discipline outrage cependant,
Et sans pitié sur la dure on étend
Ces bras mignons, ces formes arrondies,
Formes d'amour, autrefois si chéries,
Qu'adoucissaient les parfums onctueux,
Et qui foulaient un lit voluptueux.
Fuis, ô Vénus ! par un dévot caprice
De ta ceinture on a fait un cilice.
Grâces, fuyez : sévère est notre loi :
Elle proscrit vos leçons dangereuses ;
Et vous avez trois rivales heureuses,
La Charité, l'Espérance, et la Foi.

La Guerre des dieux, chant VII

INSCRIPTIONS

1805

I

Pour un oratoire placé dans un bocage,
d'où l'on avait ôté la statue de la Vierge.

Ici fut la vierge Marie :
Toi, qu'une sainte rêverie
Dans ce bois propice égara,
Prends sa place, femme jolie ;
Le Saint-Esprit s'y trompera.

II

Pour une fontaine qui remplaçait la statue
de saint Dominique.

L'image du grand Dominique,
Brûleur de la gent hérétique,
Trop longtemps attrista ces lieux.
À ce terrible saint succède une onde pure.
C'est prévoyance ; il faut laisser à nos neveux
Des remèdes pour la brûlure.

Florian

PLAISIR D'AMOUR

Plaisir d'amour ne dure qu'un moment,
Chagrin d'amour dure toute la vie.
J'ai tout quitté pour l'ingrate Sylvie,
Elle me quitte et prend un autre amant.
Plaisir d'amour ne dure qu'un moment,
Chagrin d'amour dure toute la vie.

Tant que cette eau coulera doucement
Vers ce ruisseau qui borde la prairie,
Je t'aimerai, me répétait Sylvie…
L'eau coule encore, elle a changé pourtant!
Plaisir d'amour ne dure qu'un moment,
Chagrin d'amour dure toute la vie[1].

LES SERINS
ET LE CHARDONNERET

Un amateur d'oiseaux avait, en grand secret,
        Parmi les œufs d'une serine
        Glissé l'œuf d'un chardonneret.

La mère des serins, bien plus tendre que fine,
Ne s'en aperçut point, et couva comme sien
      Cet œuf qui dans peu vint à bien.
Le petit étranger, sorti de sa coquille,
Des deux époux trompés reçoit les tendres soins,
      Par eux traité ni plus ni moins
      Que s'il était de la famille.
Couche dans le duvet, il dort le long du jour
À côté des serins dont il se croit le frère,
      Reçoit la becquée à son tour,
Et repose la nuit sous l'aile de la mère.
Chaque oisillon grandit, et, devenant oiseau,
      D'un brillant plumage s'habille ;
Le chardonneret seul ne devient point jonquille,
Et ne s'en croit pas moins des serins le plus beau.
      Ses frères pensent tout de même :
Douce erreur qui toujours fait voir l'objet qu'on aime
      Ressemblant à nous trait pour trait !
Jaloux de son bonheur, un vieux chardonneret
Vient lui dire : Il est temps enfin de vous connaître :
Ceux pour qui vous avez de si doux sentiments
      Ne sont point du tout vos parents.
C'est d'un chardonneret que le sort vous fit naître ;
Vous ne fûtes jamais serin : regardez-vous,
Vous avez le corps fauve et la tête écarlate,
Le bec… — Oui, dit l'oiseau ; j'ai ce qu'il vous plaira :
      Mais je n'ai point une âme ingrate,
      Et mon cœur toujours chérira
      Ceux qui soignèrent mon enfance.
Si mon plumage au leur ne ressemble pas bien,
J'en suis fâché ; mais leur cœur et le mien
      Ont une grande ressemblance.
Vous prétendez prouver que je ne leur suis rien.
      Leurs soins me prouvent le contraire.
      Rien n'est vrai comme ce qu'on sent.
      Pour un oiseau reconnaissant,
      Un bienfaiteur est plus qu'un père.

Fables

LE GRILLON

Un pauvre petit grillon
Caché dans l'herbe fleurie
Regardait un papillon
Voltigeant dans la prairie ;
L'insecte ailé brillait des plus vives couleurs ;
L'azur, le pourpre et l'or éclataient sur ses ailes ;
Jeune, beau, petit-maître, il court de fleurs en fleurs,
Prenant et quittant les plus belles.
Ah ! disait le grillon, que son sort et le mien
Sont différents ! Dame nature
Pour lui fit tout, et pour moi rien.
Je n'ai point de talent, encor moins de figure ;
Nul ne prend garde à moi, l'on m'ignore ici-bas :
Autant vaudrait n'exister pas.
Comme il parlait, dans la prairie
Arrive une troupe d'enfants :
Aussitôt les voilà courants
Après ce papillon, dont ils ont tous envie.
Chapeaux, mouchoirs, bonnets, servent à l'attraper ;
L'insecte vainement cherche à leur échapper,
Il devient bientôt leur conquête.
L'un le saisit par l'aile, un autre par le corps ;
Un troisième survient et le prend par la tête :
Il ne fallait pas tant d'efforts
Pour déchirer la pauvre bête.
Oh ! oh ! dit le grillon, je ne suis plus fâché ;
Il en coûte trop cher pour briller dans le monde.
Combien je vais aimer ma retraite profonde !
Pour vivre heureux, vivons caché.

Fables, II, XV

Augustin de Piis

L'HARMONIE IMITATIVE
DE LA LANGUE FRANÇAISE

[...]
   Notre langue, aux accords, tient par son mécanisme ;
Elle est mélodieuse, et dût le pédantisme
Du bon monsieur Jourdain me mettre à l'unisson,
Des lettres, je dirai la valeur et le son :
Heureux, si je pouvais, égayant la matière,
Passer du grave au doux, du plaisant au sévère,
Et des fleurs que Boileau me laisse ramasser
Couvrir le dur sillon qui me reste à tracer !
   À l'instant qu'on l'appelle, arrivant plein d'audace,
Au haut de l'alphabet l'*A* s'arroge sa place,
Alerte, agile, actif, avide d'apparat,
Tantôt, à tout hasard, il marche avec éclat ;
Tantôt d'un accent grave acceptant des entraves,
Il a dans son pas lent l'allure des esclaves,
À s'adonner au mal quand il est résolu,
Avide, atroce, affreux, arrogant, absolu,
Il attroupe, il aveugle, il avilit, il arme,
Il assiège, il affame, il attaque, il alarme,
Il arrête, il accable, il assomme, il abat,
Mais il n'est pas toujours accusé d'attentat ;
Avenant, attentif, accessible, agréable,

Adroit, affectueux, accommodant, affable,
 Il préside à l'amour ainsi qu'à l'amitié ;
 Des attraits, des appas, il prétend la moitié ;
 À la tête des arts à bon droit on l'admire ;
 Mais surtout il adore, et si j'ose le dire,
 À l'aspect du Très-Haut sitôt qu'Adam parla
 Ce fut apparemment l'*A* qu'il articula[1].

   Balbutié bientôt par le bambin débile,
 Le *B* semble bondir sur sa bouche inhabile ;
 D'abord il l'habitue au bonsoir, au bonjour ;
 Les baisers, les bonbons sont brigués tour à tour.
 Il demande sa balle, il appelle sa bonne ;
 S'il a besoin de boire, aussitôt il ordonne ;
 Son babil par le *B* ne peut être contraint,
 Et d'un bobo, s'il boude, on est sûr qu'il se plaint.
 Mais du bègue irrité la langue embarrassée,
 Par le *B* qui la brave, à chaque instant blessée,
 Sur ses bords, malgré lui, semble le retenir,
 Et tout en balançant, brûle de le bannir.

   Le *C* rival de l'*S*, avec une cédille,
 Sans elle, au lieu du *Q*, dans tous nos mots fourmille,
 De tous les objets creux il commence le nom ;
 Une cave, une cuve, une chambre, un canon,
 Une corbeille, un cœur, un coffre, une carrière,
 Une caverne enfin le trouvent nécessaire ;
 Partout, en demi-cercle, il court demi-courbé,
 Et le *K*, dans l'oubli, par son choc est tombé.

   À décider son ton pour peu que le *D* tarde,
 Il faut, contre les dents, que la langue le darde ;
 Et déjà, de son droit, usant dans le discours
 Le dos tendu sans cesse, il décrit cent détours.

   L'*E* s'évertue ensuite, élancé par l'haleine,
 Chaque fois qu'on respire, il échappe sans peine ;
 Et par notre idiome, heureusement traité,
 Souvent, dans un seul mot, il se voit répété.
 Mais c'est peu qu'il se coule aux syllabes complètes ;
 Interprète caché des consonnes muettes,
 Si l'une d'elles, seule, ose se promener,

Derrière ou devant elle on l'entend résonner.
        Fille d'un son fatal que souffle la menace
L'*F* en fureur frémit, frappe, froisse, fracasse ;
Elle exprime la fougue et la fuite du vent ;
Le fer lui doit sa force, elle fouille, elle fend ;
Elle enfante le feu, la flamme et la fumée,
Et féconde en frimas, au froid elle est formée ;
D'une étoffe qu'on froisse, elle fournit l'effet,
Et le frémissement de la fronde et du fouet.
        Le *G*, plus gai, voit l'*R* accourir sur ses traces ;
C'est toujours à son gré que se groupent les grâces ;
Un jet de voix suffit pour engendrer le *G* ;
Il gémit quelquefois, dans la gorge engagé,
Et quelquefois à l'*I* dérobant sa figure,
En joutant à sa place, il jase, il joue, il jure ;
Mais son ton général qui gouverne partout,
Paraît bien moins gêné pour désigner le goût.
        L'*H*, au fond du palais hasardant sa naissance
Halète au haut des mots qui sont en sa puissance ;
Elle heurte, elle happe, elle hume, elle hait,
Quelquefois par honneur, timide, elle se tait.
        L'*I* droit comme un piquet établit son empire ;
Il s'initie à l'*N* afin de s'introduire ;
Par l'*I* précipité le rire se trahit,
Et par l'*I* prolongé l'infortune gémit.
        Le *K* partant jadis pour les kalendes grecques,
Laissa le *Q*, le *C*, pour servir d'hypothèques ;
Et revenant chez nous, de vieillesse cassé,
Seulement à Kimper il se vit caressé.
        Mais combien la seule *L* embellit la parole !
Lente elle coule ici, là légère elle vole ;
Le liquide des flots par elle est exprimé,
Elle polit le style après qu'on l'a limé ;
La voyelle se teint de sa couleur liante,
Se mêle-t-elle aux mots ? c'est une huile luisante
Qui mouille chaque phrase, et par son lénitif
Des consonnes, détruit le frottement rétif.
        Ici l'*M*, à son tour, sur ses trois pieds chemine,

Et l'*N* à ses côtés sur deux pieds se dandine ;
L'*M* à mugir s'amuse, et meurt en s'enfermant,
L'*N* au fond de mon nez s'enfuit en résonnant ;
L'*M* aime à murmurer, l'*N* à nier s'obstine ;
L'*N* est propre à narguer, l'*M* est souvent mutine ;
L'*M* au milieu des mots marche avec majesté,
L'*N* unit la noblesse à la nécessité.

    La bouche s'arrondit lorsque l'*O* doit éclore,
Et par force, on déploie un organe sonore,
Lorsque l'étonnement, conçu dans le cerveau,
Se provoque à sortir par cet accent nouveau.
Le cercle lui donna sa forme originale,
Il convient à l'orbite aussi bien qu'à l'ovale ;
On ne saurait l'ôter lorsqu'il s'agit d'ouvrir,
Et sitôt qu'il ordonne il se fait obéir.

    Le *P* plus pétulant à son poste se presse :
Malgré sa promptitude il tient à la paresse ;
Il précède la peine, et prévient le plaisir,
Même quand il pardonne, il parvient à punir ;
Il tient le premier rang dans le doux nom de père,
Il présente aux mortels le pain, si nécessaire !
Le poinçon et le pieu, la pique et le poignard,
De leur pointe, avec lui, percent de part en part ;
Et des poings et des pieds il fait un double usage,
Il surprend la pudeur et la peur au passage.
Là, de son propre poids il pèse sur les mots ;
Plus loin, il peint, il pleure et se plaît aux propos :
Mais c'est à bien pousser que son pouvoir s'attache,
Et pour céder à l'*F* il se fond avec l'*H*.

    Enfin du *P* parti je n'entends plus les pas,
Le *Q* traînant sa queue, et querellant tout bas,
Vient s'attaquer à l'*U* qu'à chaque instant il choque,
Et sur le ton du *K* calque son ton baroque.

    L'*R* en roulant approche et tournant à souhait,
Reproduit le bruit sourd du rapide rouet ;
Elle rend, d'un seul trait, le fracas du tonnerre,
La course d'un torrent, le cours d'une rivière ;
Et d'un ruisseau qui fuit sous les saules épars,

Elle promène en paix les tranquilles écarts.
 Voyez-vous l'Éridan, la Loire, la Garonne,
 L'Euphrate, la Dordogne et le Rhin et le Rhône,
 D'abord avec fureur précipitant leurs flots
 S'endormir sur les prés qu'ont ravagés leurs eaux ?
 L'*R* a su par degrés vous décrire leur rage…
 Elle a de tous les chars, la conduite en partage ;
 Partout, vous l'entendrez sur le pavé brûlant
 Presser du fier Mondor le carrosse brillant,
 Diriger de Phryné la berline criarde,
 Et le cabriolet du fat qui se hasarde ;
 La brouette en bronchant lui doit son soubresaut,
 Et le rustre lui fait traîner son chariot ;
 Le barbet irrité contre un pauvre en désordre,
 L'avertit par une *R* avant que de le mordre ;
 L'*R* a cent fois rongé, rouillé, rompu, raclé,
 Et le bruit du tambour par elle est rappelé.
     Mais c'est ici que l'*S* en serpentant s'avance,
 À la place du *C* sans cesse elle se lance ;
 Elle souffle, elle sonne, et chasse à tout moment
 Un son qui s'assimile au simple sifflement.
     Le *T* tient au toucher, tape, terrasse et tue ;
 On le trouve à la tête, aux talons, en statue :
 C'est lui qui fait au loin retentir le tocsin ;
 Peut-on le méconnaître au tic-tac du moulin ?
 De nos toits, par sa forme, il dicta la structure,
 Et tirant tous les tons du sein de la nature,
 Exactement taillé sur le type du Tau
 Le *T* dans tous les temps imita le marteau.
     Le *V* vient ; il se voue à la vue, à la vie ;
 Vain d'avoir, en consonne, une vogue suivie,
 Il peint le vol des vents, et la vélocité ;
 Il n'est pas moins utile, en voyelle, usité,
 Mais des lèvres hélas ! le *V* s'évadait vite,
 Et l'humble *U* se ménage une modeste fuite ;
 Le son nu qu'il procure, un peu trop continu,
 Est du mépris parfait un signe convenu.

Renouvelé du Xi, l'*X* excitant la rixe,
 Laisse derrière lui l'*Y* grec, jugé prolixe,
 Et, mis, malgré son zèle, au même numéro
 Le *Z* usé par l'*S* est réduit à zéro.

Chant I

Ramond de Carbonnières

LE SOIR

Du haut de ce rocher, le théâtre du monde
    Paraît sombre et majestueux ;
  L'ombre s'étend sur la plaine profonde,
Et s'élève en vapeur à la voûte des cieux.
    Dans le creux de cette vallée,
    J'entends gronder un noir torrent ;
Son bruit éveille au loin la nature troublée ;
  Le vent du soir l'apporte en murmurant.
Élève-toi, mon âme, à la voûte azurée !
    Prends des cieux la route ignorée,
  Suis dans les airs la vapeur colorée
    Par les derniers rayons du jour.
    Dégage-toi d'un sein rebelle ;
    Franchis ta barrière mortelle,
  Vole ô mon âme, à la voûte éternelle,
Holocauste échappé des flammes de l'amour.

Te suivra-t-il aux cieux, ce souvenir terrible,
    Spectre effrayant, et qui brave le jour ?
  Planera-t-il, implacable Vautour,
    Pour surprendre ton vol paisible ?…
    Que n'atteint pas le souvenir
    Il s'élance d'une aile agile,

Dans les airs je l'entends frémir,
Il s'assied près de moi, sur le roc immobile ;
Il se perche sur le cyprès.
Triste oiseau de ténèbres,
Je l'entends répéter les mêmes chants funèbres,
Et gémir les mêmes regrets.

Sombre mélancolie,
Tu mugis dans mon cœur, comme un torrent lointain ;
Je vois avec effroi le couchant de ma vie
Se rapprocher de son matin.
Étoile errante,
Je m'élevais dans un ciel pur ;
Un vaste champ d'azur,
S'offrait à ma course brillante ;
La tempête est venue, effrayant l'univers ;
Elle a voilé mon front de ses crêpes funèbres ;
Je brillais au milieu des airs,
Et je m'éteins dans les ténèbres.

Élégies, IX

Fontanes

ESSAI SUR L'ASTRONOMIE

[...]
Soleil, ce fut un jour de l'année éternelle,
Aux portes du chaos, Dieu s'avance et t'appelle !
Le noir chaos s'ébranle, et, de ses flancs ouverts,
Tout écumant de feux, tu jaillis dans les airs.
De sept rayons premiers ta tête est couronnée ;
L'antique nuit recule, et, par toi détrônée,
Craignant de rencontrer ton œil victorieux,
Te cède la moitié de l'empire des cieux.
Mais quel que soit l'éclat des bords que tu fécondes,
D'autres soleils, suivis d'un cortège de mondes,
Sur d'autres firmaments dominent comme toi ;
Et, parvenu près d'eux, à peine je te vois.
    Qui dira leur distance, et leur nombre, et leur masse ?
En vain, de monde en monde élevant son audace,
Jusqu'au dernier de tous Herschel[1] voudrait monter :
L'infatigable Herschel se lasse à les compter ;
Il voit de toutes parts, en suivant leurs orbites,
De la création reculer les limites :
Aussi grand que l'auteur, l'ouvrage est infini.
    Vers ces globes lointains qu'observa Cassini,
Mortel, prends ton essor, monte par la pensée,
Et cherche où du grand tout la borne fut placée.

Laisse après toi Saturne, approche d'Uranus ;
Tu l'as quitté, poursuis : des astres inconnus,
À l'aurore, au couchant, partout sèment ta route ;
Qu'à ces immensités l'immensité s'ajoute.
Vois-tu ces feux lointains ? Ose y voler encor :
Peut-être, ici, fermant ce vaste compas d'or
Qui mesurait des cieux les campagnes profondes,
L'éternel Géomètre a terminé les mondes.
Atteins-les : vaine erreur ! Fais un pas : à l'instant
Un nouveau lieu succède, et l'univers s'étend.
Tu t'avances toujours, toujours il t'environne.
Quoi ? semblable au mortel que sa force abandonne,
Dieu, qui ne cesse point d'agir et d'enfanter,
Eût dit : « Voici la borne où je dois m'arrêter ! »
  Newton, qui, de ce Dieu le plus digne interprète,
Montra par quelles lois se meut chaque planète,
Newton n'a vu pourtant qu'un coin de l'univers ;
Les cieux, même après lui, d'un voile sont couverts.
Que de faits ignorés l'avenir doit y lire !
Ces astres, ces flambeaux, qu'en passant l'homme admire,
À qui le Guèbre antique élevait des autels,
Comme leur créateur seront-ils immortels ?
Au jour marqué par lui, la comète embrasée
Vient-elle réparer leur substance épuisée ?
Meurent-ils comme nous ? On dit que sur sa tour,
Quelquefois l'astronome, attendant leur retour,
Vit, dans des régions qu'il s'étonne d'atteindre,
Luire un astre nouveau, de vieux astres s'éteindre.
Tout passe donc, hélas ! Ces globes inconstants
Cèdent comme le nôtre à l'empire du temps ;
Comme le nôtre, aussi, sans doute, ils ont vu naître
Une race pensante, avide de connaître ;
Ils ont eu des Pascal, des Leibniz, des Buffons.
  Tandis que je me perds en ces rêves profonds,
Peut-être un habitant de Vénus, de Mercure,
De ce globe voisin qui blanchit l'ombre obscure,
Se livre à des transports aussi doux que les miens.
Ah ! si nous rapprochions nos hardis entretiens !

Cherche-t-il quelquefois ce globe de la terre,
Qui, dans l'espace immense, en un point se resserre ?
A-t-il pu soupçonner qu'en ce séjour de pleurs
Rampe un être immortel qu'ont flétri les douleurs ?
Habitants inconnus de ces sphères lointaines,
Sentez-vous nos besoins, nos plaisirs et nos peines ?
Connaissez-vous nos arts ? Dieu vous a-t-il donné
Des sens moins imparfaits, un destin moins borné ?
Royaumes étoilés, célestes colonies,
Peut-être enfermez-vous ces esprits, ces génies,
Qui, par tous les degrés de l'échelle du ciel,
Montaient, suivant Platon, jusqu'au trône éternel.
Si, pourtant, loin de nous, en ce vaste empyrée,
Un autre genre humain peuple une autre contrée,
Hommes, n'imitez pas vos frères malheureux !
En apprenant leur sort, vous gémiriez sur eux ;
Vos larmes mouilleraient nos fastes lamentables.
Tous les siècles en deuil, l'un à l'autre semblables,
Courent sans s'arrêter, foulant de toutes parts,
Les trônes, les autels, les empires épars ;
Et sans cesse frappés de plaintes importunes,
Passent, en me contant nos longues infortunes.
Vous hommes, nos égaux, puissiez-vous être, hélas !
Plus sages, plus unis, plus heureux qu'ici-bas !
[…]

Armand Charlemagne

UN MOT SUR DORAT

ÉPÎTRE

Aux auteurs de la *Décade politique,
philosophique et littéraire*[1]

«Aimer Dorat, quelle folie!
Qu'a-t-il fait pour être illustré?
De petits vers sans énergie,
Des romans sans philosophie,
Plus d'un drame décoloré,
Mainte insipide fantaisie[2]
Au ton pédant, maniéré;
Bagatelles, c'est démontré,
Qu'il est urgent que l'on oublie
Chez le Français régénéré[3].»
　　C'en est fait: telle est la sentence
Qu'enregistrent tous nos journaux;
Et de tous ces greffes banaux
Ainsi l'anathème se lance,
Que nos rimailleurs jouvenceaux,
Endoctrinés en conséquence,
Mettent Dorat au rang des sots.
Pardon, censeurs petits et gros;

Mais moi, j'aime en tout l'évidence ;
Et vous n'êtes que des échos,
Instruits et sifflés en linots
Par l'envieuse intolérance.

    Mais vous, célèbres directeurs
Du Parnasse et de son domaine,
Décadaires[4] dispensateurs
De la gloire contemporaine ;
Certes, vous avez de l'esprit,
Du tact, des lumières suprêmes :
Nul sur ce point ne contredit ;
Car le public en est instruit
Trois fois chaque mois par vous-mêmes.

    Poursuivez ; d'un poids de lauriers
Accablez-vous, vous et les vôtres,
Et chargez-en vos écoliers ;
Ils le rendront à leurs apôtres.
Dans le comité des auteurs
On ne se pousse comme ailleurs,
Qu'en s'épaulant les uns les autres.

    Mais (retenez cet avis-là)
En portant les vivants aux nues,
Ne renversez pas les statues
Qu'à quelques morts on éleva.
À l'asile où Dorat repose,
Au sein de l'immortalité,
Cessez de disputer la rose
Dont le parfuma la beauté.
Railler qui ne peut se défendre
Est un trait qui me choque fort.
Et si Dorat n'était pas mort,
Allez, il saurait vous le rendre.
Contre un escadron de rivaux,
Faiseurs de vers et de journaux,
Il avait ses répliques prêtes ;
Dans ses gaîtés par-ci, par-là,
On se souvient qu'il décocha
Des épigrammes pas si bêtes.

Ne disputons pas sur les goûts :
J'aime Dorat ; que voulez-vous ?
Moi, je goûte assez sa manière
Leste, expéditive et légère,
Qui n'exclut pas le sentiment,
Son tour d'esprit un peu caustique,
Qui désola plus d'un pédant,
Ses petits vers qu'en badinant
Il épiçait de sel attique,
Et qui cachaient assez souvent
Un produit très philosophique
Sous l'écorce de l'agrément.

J'ai retenu de vos blasphèmes :
« De la nature il s'écarta. »
Voyons, qu'entendez-vous par là ?
Et vous entendez-vous vous-mêmes ?
Rigoristes trop absolus,
Dans votre amour pour la nature,
Prêchez-vous en littérature
Les dogmes de Jansénius ?
C'est un zèle, je vous assure,
À désoler le genre humain ;
Et c'est en père capucin
Défendre aux belles la parure.
Malgré le poids de votre arrêt,
Et votre austérité choquante,
Une muse en est plus piquante
Sous un petit chapeau coquet.

Prise qui veut les bouderies
D'un cœur profondément brisé,
Les lamentables bergeries,
Le céladonisme empesé[5] ;
Moi, bien ou mal organisé,
Je n'aime pas les élégies :
Dans l'amour je hais les langueurs,
Et j'abandonne aux tragédies
Le désespoir et les fureurs.

Vive une muse irrégulière

Qui papillonne sur les fleurs[6],
Sur un flageolet volontaire,
Chante l'amour et ses douceurs,
Ou sur un tapis de fougère,
Déplore gaîment ses malheurs !
[…]

Nicolas de Bonneville

HYMNE DE RÉSURRECTION

Scio enim quod… in novissimo die de terra sur-
recturus sum, et circumdabor pelle mea et in carne
mea videbo…

Job. cap. 19 v. 27.

Insensés, que vous êtes, ne voyez-vous pas que
ce que vous semez ne prend point de vie, s'il ne
pourrit et ne meurt auparavant.

Épît. de Paul.

Belle Aurore boréale,
Doux torrent de purs esprits,
Quand ta flamme orientale
Enivre mes sens ravis,
　　Ravis! ravis!
Je trouve aux feux qu'elle étale,
Des regards d'anciens amis.

　　Chaque rayon de l'aurore
Semble attendre l'heureux jour,
Que le temps doit faire éclore
Pour accourir à son tour,
　　Son tour, son tour!

Se purifier encore
Dans les creusets de l'amour.

De ton antique existence
N'as-tu pas un souvenir ?
Mon cœur chérit l'espérance
D'un éternel avenir !
Mourir ? Dormir !
La mort n'est point ce qu'on pense,
On s'en va pour revenir.

LE POÈTE

Les odes de Pindare destinées aux jeux olympiques, sont composées de strophes, d'antistrophes et d'épodes. La strophe marquait la danse en demi-cercle, l'antistrophe le retour du demi-cercle, et l'épode le cercle stationnaire, le repos, le récitatif. Par une absurde imitation des formes pindariques, on nous a donné des odes, qui n'ont que des strophes, des danses en demi-cercle. Ces odes sont bonnes pour des boudoirs et pour chanter des rois. Dans ces jeux olympiques, où l'on n'était point admis sans de rudes épreuves, sans être un homme libre et citoyen de la Grèce, Pindare lui-même a trop chanté son roi Hiéron. Il sera surpassé.

Si quelque musicien, d'un vrai génie, s'empare, un jour pour un grand spectacle, fait pour des hommes libres, de ces chants lyriques, où le poète ne lui a marqué ni ses strophes, ni ses antistrophes, ni ses épodes, il y trouvera ses hymnes, ses odes, ses élégies, ses cantates, ses prophéties, le bruit des fers de l'esclavage, les soupirs et les pleurs de la nature malade, stérile sous les regards du despotisme, et les ravissements d'un peuple libre, dont la joie réveille le génie des siècles pour les fêtes de la fraternité.

Il y saura placer les danses martiales, des luttes civiques, et l'on verra s'élever la grande ombre du poète sur l'autel de la liberté.

CHANTS

I

Que d'images de la douleur!
Sombre atelier, dis-moi le statuaire,
Dont le génie atrabilaire
Rend le marbre plus dur, plus froid! Quelle pâleur!
Quels démons et quel crime ont produit sur la terre
Tous ces monuments du malheur?

Ils ont assassiné la liberté publique!
Un ramas de brigands et de vils délateurs,
Ont d'un sénat esclave inondé le portique.
Ces marbres que tu vois, ce sont les sénateurs!

Quel esprit infernal t'assiège!
Ô rive de la Seine, ô jour infortuné!
De la création le Temple est profané!
Ô Paris, ô sénat, ô Peuple, ô sacrilège!

Où courez-vous ainsi, brigands séditieux?
En vain à la vertu vous déclarez la guerre.
Renonce, ô mon Poète, à lancer le tonnerre;
Ou frappe de terreur ces monts ambitieux!

II

Est-ce une ivresse prophétique?
Il a vu, quel regard, le sein de l'avenir!
D'où naissent mes transports et ce feu poétique,
Qui rappelle en mon cœur ce lointain souvenir?

Dans la Grèce antique,
Le poète a chanté les vainqueurs et les chars
De la course olympique.
Qu'un nouvel hymne, un sublime cantique,
Puisse, en nos jours, créer les jeux du Champ-de-Mars.
Danse, jeune guerrier, dans ton cercle magique,
Chante des anciens Francs le courage énergique !

Des mains de ce vieillard, plein d'attendrissement,
Reçois pour ta victoire une feuille civique ;
Que ta mère, en ses bras, te serre tendrement,
Et toi, jeune beauté, soupire innocemment !

Que j'aime, ô Peuple franc, ta sauvage musique !
D'un empire nouveau, le chantre véridique
Te dira le commencement.
Que cet empire heureux dure éternellement !

III

Dans le temple de la gloire,
Assis dans un char de fer,
Ils adoraient Pindare, à tous les vœux offert !
Le chœur de ses guerriers, qui disait sa victoire,
Rendait ses chants plus purs, par le plus doux concert !
Pindare éternisa la Grèce et sa mémoire !
Dans un réduit stérile et de haillons couvert,
Sous le fer de la tyrannie,
Pindare, où retrouver ton antique harmonie ?
Dans l'esclavage et dans l'adversité,
Le cœur est sec, flétri. Sommeil. Caducité.

Ni théâtre adoré, ni chœur, ni symphonie,
D'un peuple libre, heureux, le spectacle enchanté,
Il n'a rien… Il a tout ! le trésor du génie !
Son cœur aime la vérité.

Ne peux-tu pas créer, et ranimer la cendre
    De l'innocent persécuté ?
    Jusqu'aux enfers je veux descendre,
  Pour y frapper le crime épouvanté.
    Vous, amis de la liberté,
    Accourez tous. J'ai pour m'entendre
Toutes les Nations et la postérité.

Tempêtes, taisez-vous. Siècles, faites silence !
Justice, je te rends ton glaive et ta balance !

    Indigne oppresseur, tu pâlis !
Il croyait ses forfaits dans l'ombre ensevelis !
    Et voilà ta sentence !
        Lis !

PLUSIEURS VOIX

Tempêtes, taisez-vous ! Siècles, faites silence !

UNE VOIX

Ô Justice, il te rend ton glaive et ta balance.

UNE AUTRE VOIX

    C'est l'Ami de la vérité,
    Il aura pour l'entendre
Toutes les Nations et la postérité !
    Jusqu'aux enfers il veut descendre
  Pour y frapper le crime épouvanté.

TOUT LE CHŒUR

D'un saint recueillement je ne puis me défendre.

IV

Jusqu'aux jours, sans nuage, aux sages destinés,
Pour annoncer au monde une clarté nouvelle,
La sainte Vérité, toujours pure, immortelle,
    Une lumière universelle ;
Où de nos anciens Francs, par le crime enchaînés,
Aujourd'hui tous ensemble, à l'amour entraînés,
Les vrais représentants et la fleur la plus belle,
    Diront aux tyrans couronnés :
   Prêtres et rois, ô bande criminelle,
Allez ! qu'à leurs remords ils soient abandonnés ;
Où tous, reconnaissant la voix qui les appelle,
Pour jouir des bienfaits de la loi fraternelle,
Du Nord et du Midi, des climats éloignés,
    Viendront dans la ville éternelle,
    S'unir par des nœuds fortunés ;
Les cieux ont sur la terre envoyé quelques sages
Des peuples opprimés, véritables flambeaux !
Mais les rois et le prêtre et les anthropophages
Éteignent les pensers et les feux les plus beaux
Qui pourraient éclairer leurs obscurs brigandages !
Ils voudraient enlever, que d'attentats divers !
La couleur, la parole et l'âme à l'univers.

UNE VOIX

Dans le livre de la Sagesse,
A-t-il trouvé ces chants, ce précieux trésor ?
Est-ce un hymne sacré du chantre de la Grèce,
Au temple de Minerve, écrit en lettres d'or ?

UNE AUTRE VOIX

De peur qu'un tyran ne ravisse
À nos derniers neveux, ce précieux trésor,

Dans le temple de la justice,
Gardons ces chants sacrés, écrits en lettres d'or.

UNE AUTRE

Que ses chants prophétiques
Soient imprimés au cœur des francs républicains.

UNE AUTRE VOIX

Pindare, couronné pour ses chants olympiques,
Dans la Grèce a reçu des hommages divins.

[...]

André Chénier

[VIERGE AU VISAGE BLANC]

Vierge au visage blanc, la jeune Poésie,
En silence attendue au banquet d'ambroisie,
Vint sur un siège d'or s'asseoir avec les Dieux,
Des fureurs des Titans enfin victorieux.
La bandelette auguste, au front de cette reine,
Pressait les flots errants de ses cheveux d'ébène ;
La ceinture de pourpre ornait son jeune sein.
L'amiante et la soie, en un tissu divin,
Répandaient autour d'elle une robe flottante,
Pure comme l'albâtre et d'or étincelante.
Creux en profonde coupe, un vaste diamant,
Lui porta du nectar le breuvage écumant.
Ses belles mains volaient sur la lyre d'ivoire.
Elle leva ses yeux où les transports, la gloire,
Et l'âme et l'harmonie éclataient à la fois.
Et, de sa belle bouche, exhalant une voix
Plus douce que le miel ou les baisers des Grâces,
Elle dit des vaincus les coupables audaces,
Et les cieux raffermis et sûrs de notre encens,
Et sous l'ardent Etna les traîtres gémissants[1].

Bucoliques

JEUNE HOMME FOU PAR AMOUR[1]

Il est fou, il est la fable de tous les jeunes Cnidiens.

Pour lui ce Praxitèle a, de sa main savante,
Des antres de Paros fait sortir une amante ;
Car, malheureux rival d'Anchise et de Pâris,
Il aime ce beau marbre, image de Cypris.
Il a su, se cachant au fond du sanctuaire,
Passer toute une nuit près de l'idole chère,
Dont les contours divins ont laissé voir au jour
La trace des fureurs d'un fol et vain amour.
Il est toujours au temple avec son immortelle,
Et là, seul, il la flatte, il lui dit qu'elle est belle,
L'appelle par des noms mielleux, tendres, brûlants,
Et parcourt à plaisir et son sein et ses flancs.
D'autres fois il arrive inquiet, irascible,
La gronde, la nommant dure, froide, insensible,
Lui dit qu'elle est de pierre et qu'elle est sans appas,
Puis lui pardonne, pleure, et la tient dans ses bras ;
« Baise-moi », lui dit-il. Et sa bouche insensée
Baise et presse longtemps cette bouche glacée,
D'un doux reproche encor la caresse ; et sa main
La punit mollement d'un injuste dédain.

Bucoliques

[TOUJOURS CE SOUVENIR]

Toujours ce souvenir m'attendrit et me touche[1],
Quand lui-même appliquant la flûte sur ma bouche,
Riant et m'asseyant sur lui, près de son cœur,

M'appelait son rival et déjà son vainqueur.
Il façonnait ma lèvre inhabile et peu sûre
À souffler une haleine harmonieuse et pure.
Et ses savantes mains prenant mes jeunes doigts,
Les levaient, les baissaient, recommençaient vingt fois,
Leur enseignant ainsi, quoique faibles encore,
À fermer tour à tour les trous du buis sonore.

Bucoliques

[OH! C'EST TOI! JE T'ATTENDS]

Oh! c'est toi! Je t'attends, ô ma belle Romaine.
Chez toi, dans cet asile où le soir nous ramène,
Seul je mourais d'attendre et tu ne venais pas.
Mon cœur en palpitant a reconnu tes pas.
Cette molle ottomane . . . .
Ces glaces, tant de fois belles de ta présence,
Ces coussins odorants, d'aromates remplis,
Sous tes membres divins tant de fois amollis,
Ces franges en festons, que tes mains ont touchées,
Ces fleurs dans ces cristaux par toi-même attachées,
L'air du soir si suave à la fin d'un beau jour,
Tout embrasait mon sang : tout mon sang est amour.
Non, plus de feux jamais, non, jamais plus d'ivresses
N'ont chatouillé ce cœur affamé de caresses.
Je veux rassasier cet amour indompté.
De la nudité . . . . . . qui seule est la beauté.
Je veux que sur mon sein et plus qu'à demi-nue,
Tu repaisses mes sens d'une si belle vue.
Viens encore opposer à mes brûlants transports
De tes bras envieux la lutte et les efforts,
Ou ton ordre . . . . . ou ta douce prière,
Ou du lin ennemi la jalouse barrière.
Mes bras, plus que les tiens agiles et pressants,

Forceront le rempart de tes bras impuissants.
Mes baisers, sur ta bouche ou timide ou colère,
Repousseront ton ordre ou ta douce prière.
Robe, lin, ces gardiens de tes charmes si beaux,
Sous mes fougueuses mains voleront en lambeaux.
À ma victoire alors tout entière livrée,
Il faudra bien céder à te voir adorée,
Lorsque pour se couvrir enfin tous tes appas
N'auront que mes fureurs et ma bouche et mes bras.

Élégies

[Ô NUIT, NUIT DOULOUREUSE]

Ô nuit, nuit douloureuse! ô toi, tardive aurore,
Viens-tu? vas-tu venir? es-tu bien loin encore?
Ah! tantôt sur un flanc, puis sur l'autre, au hasard
Je me tourne et m'agite, et ne peux nulle part
Trouver que l'insomnie amère, impatiente,
Qu'un malaise inquiet et qu'une fièvre ardente.
Tu dors, belle D'.z..[1]; c'est toi, c'est mon amour
Qui retient ma paupière ouverte jusqu'au jour.
Si tu l'avais voulu, Dieux! cette nuit cruelle
Aurait pu s'écouler plus rapide et plus belle.
Mon âme comme un songe autour de ton sommeil
Voltige. En me lisant demain à ton réveil,
Tu verras, comme toi, si mon cœur est paisible.
J'ai soulevé pour toi sur ma couche pénible
Ma tête appesantie; assis, et plein de toi,
Le nocturne flambeau qui luit auprès de moi
Me voit, en sons plaintifs et mêlés de caresses,
Verser sur le papier mon cœur et mes tendresses.
Tu dors, belle D'.z.., tes beaux yeux sont fermés.
Ton haleine de rose aux soupirs embaumés
Entrouvre mollement tes deux lèvres vermeilles.

Mais si je me trompais! Dieux! ô Dieux! si tu veilles!
Et si quand loin de toi j'endure le tourment
D'une insomnie amère, aux bras d'un autre amant
Pour toi de cette nuit qui s'échappe trop vite
Une douce insomnie embellissait la fuite!

    Dieu d'oubli, viens fermer mes yeux. Ô Dieu de paix,
Sommeil, viens, fallût-il les fermer pour jamais.
Un autre dans ses bras! ô douloureux outrage!
Un autre! ô honte! ô mort! ô désespoir! ô rage!
Malheureux insensé! pourquoi, pourquoi les Dieux
À juger la beauté formèrent-ils mes yeux?
Pourquoi cette âme faible et si molle aux blessures
De ces regards féconds en douces impostures?
Une amante moins belle aime mieux, et du moins,
Humble et timide, à plaire elle met tous ses soins;
Elle est tendre; elle a peur de pleurer votre absence;
Fidèle, peu d'amants attaquent sa constance;
Et son égale humeur, sa facile gaîté,
L'habitude, à son front tiennent lieu de beauté.
Mais celle qui partout fait conquête nouvelle,
Celle qu'on ne voit point sans dire : « Oh! qu'elle est belle! »
Insulte, en son triomphe, aux soupirs de l'amour,
Souveraine au milieu d'une tremblante cour,
Dans son léger caprice inégale et soudaine,
Tendre et douce aujourd'hui, demain froide et hautaine.
Si quelqu'un se dérobe à ses enchantements,
Qu'est-ce enfin qu'un de moins dans ce peuple d'amants?
On brigue ses regards, elle s'aime et s'admire,
Et ne connaît d'amour que celui qu'elle inspire.
Et puis pour qui l'adore, inquiétudes, pleurs,
Soupçons et jalousie et nocturnes terreurs,
Quand il tremble, de loin, qu'un séducteur habile
Vienne et la sollicite et la trouve docile.
Mais que pouvais-je, hélas! Et dois-je me blâmer?
Ô D'.z.., je t'ai vue, il fallait bien t'aimer.
Il fallait bien, D'.z.., que ma Muse enflammée
Chantât pour caresser ma belle bien-aimée.

Elle pleure à tes pieds, les yeux pleins de langueur :
Puisse-t-elle à mes feux intéresser ton cœur !
[…]

Les Amours

L'INVENTION[1]

[…]
La terre ouvrant son sein, ses ressorts, ses miracles,
Ses germes, ses coteaux, dépouille de Thétis ;
Les nuages épais, sur elle appesantis,
De ses noires vapeurs nourrissant leur tonnerre,
Et l'hiver ennemi pour envahir la terre
Roi des antres du Nord ; et de glaces armés,
Ses pas usurpateurs sur nos monts imprimés ;
Et l'œil perçant du verre, en la vaste étendue,
Allant chercher ces feux qui fuyaient notre vue ;
Aux changements prédits, immuables, fixés,
Que d'une plume d'or Bailly[2] nous a tracés,
Aux lois de Cassini les comètes fidèles ;
L'aimant, de nos vaisseaux seul dirigeant les ailes,
Une Cybèle neuve et cent mondes divers.
Aux yeux de nos Jasons sortis du sein des mers :
Quel amas de tableaux, de sublimes images,
Naît de ces grands objets réservés à nos âges !
Sous ces bois étrangers qui couronnent ces monts,
Aux vallons de Cusco, dans ces antres profonds,
Si chers à la fortune et plus chers au génie,
Germent des mines d'or, de gloire et d'harmonie.
Pensez-vous, si Virgile ou l'Aveugle divin
Renaissaient aujourd'hui, que leur savante main
Négligeât de saisir ces fécondes richesses,
De notre Pinde auguste éclatantes largesses ?
Nous en verrions briller leurs sublimes écrits :

Et ces mêmes objets, que vos doctes mépris
Accueillent aujourd'hui d'un front dur et sévère,
Alors à vos regards auraient seuls droit de plaire ;
Alors, dans l'avenir, votre inflexible humeur
Aurait soin de défendre à tout jeune rimeur
D'oser sortir jamais de ce cercle d'images
Que vos yeux auraient vu tracé dans leurs ouvrages.

    Mais qui jamais a su, dans des vers séduisants,
Sous des dehors plus vrais peindre l'esprit aux sens ?
Mais quelle voix jamais d'une plus pure flamme
Et chatouilla l'oreille et pénétra dans l'âme ?
Mais leurs mœurs et leurs lois, et mille autres hasards,
Rendaient leur siècle heureux plus propice aux beaux-arts.

    Eh bien ! l'âme est partout ; la pensée a des ailes.
Volons, volons chez eux retrouver leurs modèles,
Voyageons dans leur âge, où, libre, sans détour,
Chaque homme ose être un homme et penser au grand jour.
Au tribunal de Mars, sur la pourpre romaine,
Là du grand Cicéron la vertueuse haine
Écrase Céthégus, Catilina, Verrès ;
Là tonne Démosthène ; ici, de Périclès
La voix, l'ardente voix, de tous les cœurs maîtresse,
Frappe, foudroie, agite, épouvante la Grèce.
Allons voir la grandeur et l'éclat de leurs jeux.
Ciel ! la mer appelée en un bassin pompeux !
Deux flottes parcourant cette enceinte profonde,
Combattant sous les yeux des conquérants du monde.
Ô terre de Pélops ! avec le monde entier
Allons voir d'Épidaure un agile coursier
Couronné dans les champs de Némée et d'Élide ;
Allons voir au théâtre, aux accents d'Euripide,
D'une sainte folie un peuple furieux
Chanter : *Amour, tyran des hommes et des Dieux.*
Puis, ivres des transports qui nous viennent surprendre,
Parmi nous, dans nos vers, revenons les répandre ;
Changeons en notre miel leurs plus antiques fleurs ;

Pour peindre notre idée, empruntons leurs couleurs ;
Allumons nos flambeaux à leurs feux poétiques ;
Sur des pensers nouveaux faisons des vers antiques.

   Direz-vous qu'un objet né sur leur Hélicon
A seul de nous charmer pu recevoir le don ?
Que leurs fables, leurs Dieux, ces mensonges futiles,
Des Muses noble ouvrage, aux Muses sont utiles ?
Que nos travaux savants, nos calculs studieux,
Qui subjuguent l'esprit et répugnent aux yeux,
Que l'on croit malgré soi, sont pénibles, austères,
Et moins grands, moins pompeux que leurs belles chimères ?
Voilà ce que traités, préfaces, longs discours,
Prose, rime, partout, nous disent tous les jours.
Mais enfin, dites-moi, si d'une œuvre immortelle
La nature est en nous la source et le modèle,
Pouvez-vous le penser que tout cet univers,
Et cet ordre éternel, ces mouvements divers,
L'immense vérité, la nature elle-même,
Soit moins grande en effet que ce brillant système
Qu'ils nommaient la nature, et dont d'heureux efforts
Disposaient avec art les fragiles ressorts ?

   Mais quoi ! ces vérités sont au loin reculées,
Dans un langage obscur saintement recelées :
Le peuple les ignore.

                Ô Muses, ô Phébus !
C'est là, c'est là sans doute un aiguillon de plus.
L'auguste poésie, éclatante interprète,
Se couvrira de gloire en forçant leur retraite.
Cette reine des cœurs, à la touchante voix,
A le droit, en tous lieux, de nous dicter son choix,
Sûre de voir partout, introduite par elle,
Applaudir à grands cris une beauté nouvelle,
Et les objets nouveaux que sa voix a tentés
Partout, de bouche en bouche, après elle chantés.
Elle porte, à travers leurs nuages plus sombres,

Des rayons lumineux qui dissipent leurs ombres,
Et rit quand, dans son vide, un auteur oppressé
Se plaint qu'on a tout dit et que tout est pensé.
Seule, et la lyre en main, et de fleurs couronnée,
De doux ravissements partout accompagnée,
Aux lieux les plus déserts, ses pas, ses jeunes pas,
Trouvent mille trésors qu'on ne soupçonnait pas.
Sur l'aride buisson que son regard se pose,
Le buisson à ses yeux rit et jette une rose.
Elle sait ne point voir, dans son juste dédain,
Les fleurs qui trop souvent, courant de main en main,
Ont perdu tout l'éclat de leurs fraîcheurs vermeilles ;
Elle sait même encore, ô charmantes merveilles !
Sous ses doigts délicats réparer et cueillir
Celles qu'une autre main n'avait su que flétrir ;
Elle seule connaît ces extases choisies,
D'un esprit tout de feu mobiles fantaisies,
Ces rêves d'un moment, belles illusions,
D'un monde imaginaire aimables visions,
Qui ne frappent jamais, trop subtile lumière,
Des terrestres esprits l'œil épais et vulgaire.
Seule, de mots heureux, faciles, transparents,
Elle sait revêtir ces fantômes errants :
Ainsi des hauts sapins de la Finlande humide,
De l'ambre, enfant du ciel, distille l'or fluide,
Et sa chute souvent rencontre dans les airs
Quelque insecte volant qu'il porte au fond des mers ;
De la Baltique enfin les vagues orageuses
Roulent et vont jeter ces larmes précieuses
Où la fière Vistule, en de nobles coteaux,
Et le froid Niémen expirent dans ses eaux.
Là les arts vont cueillir cette merveille utile,
Tombe odorante où vit l'insecte volatile ;
Dans cet or diaphane il est lui-même encor,
On dirait qu'il respire et va prendre l'essor.

    Qui que tu sois enfin, ô toi, jeune poète,
Travaille ; ose achever cette illustre conquête.

De preuves, de raisons, qu'est-il encor besoin ?
Travaille. Un grand exemple est un puissant témoin.
Montre ce qu'on peut faire en le faisant toi-même.
Si pour toi la retraite est un bonheur suprême,
Si chaque jour les vers de ces maîtres fameux
Font bouillonner ton sang et dressent tes cheveux ;
Si tu sens chaque jour, animé de leur âme,
Ce besoin de créer, ces transports, cette flamme,
Travaille. À nos censeurs, c'est à toi de montrer
Tous ces trésors nouveaux qu'ils veulent ignorer.
Il faudra bien les voir, il faudra bien se taire,
Quand ils verront enfin cette gloire étrangère
De rayons inconnus ceindre ton front brillant.
Aux antres de Paros le bloc étincelant
N'est aux vulgaires yeux qu'une pierre insensible.
Mais le docte ciseau, dans son sein invisible,
Voit, suit, trouve la vie, et l'âme, et tous ses traits.
Tout l'Olympe respire en ses détours secrets.
Là vivent de Vénus les beautés souveraines ;
Là des muscles nerveux, là de sanglantes veines
Serpentent ; là des flancs invaincus aux travaux,
Pour soulager Atlas des célestes fardeaux.
Aux volontés du fer leur enveloppe énorme
Cède, s'amollit, tombe ; et de ce bloc informe
Jaillissent, éclatants, des Dieux pour nos autels :
C'est Apollon lui-même, honneur des immortels ;
C'est Alcide vainqueur des monstres de Némée ;
C'est du vieillard troyen la mort envenimée ;
C'est des Hébreux errants le chef, le défenseur :
Dieu tout entier habite en ce marbre penseur.
Ciel ! n'entendez-vous pas de sa bouche profonde
Éclater cette voix créatrice du monde ?
[…]

ODE

À MARIE-ANNE-CHARLOTTE CORDAY[1]

Quoi! tandis que partout, ou sincères ou feintes,
Des lâches, des pervers, les larmes et les plaintes
Consacrent leur Marat parmi les immortels ;
Et que, prêtre orgueilleux de cette idole vile,
Des fanges du Parnasse un impudent reptile
Vomit un hymne infâme au pied de ses autels[2] ;

La Vérité se tait! Dans sa bouche glacée,
Des liens de la peur sa langue embarrassée
Dérobe un juste hommage aux exploits glorieux!
Vivre est-il donc si doux? De quel prix est la vie,
Quand, sous un joug honteux la pensée asservie,
Tremblante, au fond du cœur se cache à tous les yeux?

Non, non, je ne veux point t'honorer en silence,
Toi qui crus par ta mort ressusciter la France,
Et dévouas tes jours à punir des forfaits.
Le glaive arma ton bras, fille grande et sublime,
Pour faire honte aux Dieux, pour réparer leur crime,
Quand d'un homme à ce monstre ils donnèrent les traits.

Le noir serpent, sorti de sa caverne impure,
A donc vu rompre enfin sous ta main ferme et sûre
Le venimeux tissu de ses jours abhorrés!
Aux entrailles du tigre, à ses dents homicides,
Tu vins redemander et les membres livides,
Et le sang des humains qu'il avait dévorés!

Son œil mourant t'a vue, en ta superbe joie,
Féliciter ton bras, et contempler ta proie.
Ton regard lui disait : « Va, tyran furieux,

Va, cours frayer la route aux tyrans tes complices.
Te baigner dans le sang fut tes seules délices;
Baigne-toi dans le tien, et reconnais des Dieux. »

La Grèce, ô fille illustre, admirant ton courage,
Épuiserait Paros, pour placer ton image
Auprès d'Harmodius, auprès de son ami;
Et des chœurs sur ta tombe, en une sainte ivresse,
Chanteraient Némésis, la tardive Déesse,
Qui frappe le méchant sur son trône endormi.

Mais la France à la hache abandonne ta tête.
C'est au monstre égorgé qu'on prépare une fête,
Parmi ses compagnons, tous dignes de son sort.
Oh! quel noble dédain fit sourire ta bouche,
Quand un brigand, vengeur de ce brigand farouche,
Crut te faire pâlir aux menaces de mort[3]!

C'est lui qui dut pâlir; et tes juges sinistres,
Et notre affreux sénat, et ses affreux ministres,
Quand, à leur tribunal, sans crainte et sans appui,
Ta douceur, ton langage et simple et magnanime,
Leur apprit qu'en effet, tout puissant qu'est le crime,
Qui renonce à la vie est plus puissant que lui.

Longtemps, sous les dehors d'une allégresse aimable,
Dans ses détours profonds ton âme impénétrable
Avait tenu cachés les destins du pervers.
Ainsi, dans le secret amassant la tempête,
Rit un beau ciel d'azur, qui cependant s'apprête
À foudroyer les monts, et soulever les mers.

Belle, jeune, brillante, aux bourreaux amenée,
Tu semblais t'avancer sur le char d'hyménée,
Ton front resta paisible, et ton regard serein.
Calme sur l'échafaud, tu méprisas la rage
D'un peuple abject, servile, et fécond en outrage,
Et qui se croit alors et libre et souverain.

La vertu seule est libre. Honneur de notre histoire,
Notre immortel opprobre y vit avec ta gloire.
Seule tu fus un homme, et vengeas les humains.
Et nous, eunuques vils, troupeau lâche et sans âme,
Nous savons répéter quelques plaintes de femme,
Mais le fer pèserait à nos débiles mains.

Non ; tu ne pensais pas qu'aux mânes de la France
Un seul traître immolé suffît à sa vengeance,
Ou tirât du chaos ses débris dispersés.
Tu voulais, enflammant les courages timides,
Réveiller les poignards sur tous ces parricides,
De rapine, de sang, d'infamie engraissés.

Un scélérat de moins rampe dans cette fange.
La Vertu t'applaudit. De sa mâle louange
Entends, belle héroïne, entends l'auguste voix.
Ô Vertu, le poignard, seul espoir de la terre,
Est ton arme sacrée, alors que le tonnerre
Laisse régner le crime, et te vend à ses lois.

ÏAMBES

. . . .
On vit ; on vit infâme. Eh bien ? il fallut l'être ;
    L'infâme après tout mange et dort.
Ici même, en ses parcs, où la mort nous fait paître,
    Où la hache nous tire au sort,
Beaux poulets sont écrits ; maris, amants sont dupes ;
    Caquetage, intrigues de sots.
On y chante ; on y joue ; on y lève des jupes ;
    On y fait chansons et bons mots ;
L'un pousse et fait bondir sur les toits, sur les vitres,
    Un ballon tout gonflé de vent,

Comme sont les discours des sept cents plats bélî[tres],
    Dont Barère est le plus savant.
L'autre court ; l'autre saute ; et braillent, boivent, rient
    Politiqueurs et raisonneurs ;
Et sur les gonds de fer soudain les portes cri[ent].
    Des juges tigres nos seigneurs
Le pourvoyeur paraît. Quelle sera la proie
    Que la hache appelle aujourd'hui ?
Chacun frissonne, écoute ; et chacun avec joie
    Voit que ce n'est pas encor lui :
Ce sera toi demain, insensible imbécile.

. . . .

HERMÈS

PROLOGUE

. . . .
Dans nos vastes cités, par le sort partagés,
Sous deux injustes lois les hommes sont rangés.
Les uns, princes et grands, d'une avide opulence
Étalent sans pudeur la barbare insolence ;
Les autres, sans pudeur vils clients de ces grands,
Vont ramper sous les murs qui cachent leurs tyrans,
Admirer ces palais aux colonnes hautaines
Dont eux-mêmes ont payé les splendeurs inhumaines,
Qu'eux-mêmes ont arrachés aux entrailles des monts,
Et tout trempés encor des sueurs de leurs fronts.

    Moi je me plus toujours, client de la nature,
À voir son opulence et bienfaisante et pure,
Cherchant loin de nos murs les temples, les palais
Où la divinité me révèle ses traits,
Ces monts, vainqueurs sacrés des fureurs du tonnerre,
Ces chênes, ces sapins, premiers-nés de la terre :

Les pleurs des malheureux n'ont point teint ces lambris.
D'un feu religieux le saint poète épris
Cherche leur pur éther et plane sur leur cime.
Mer bruyante, la voix du poète sublime
Lutte contre les vents ; et tes flots agités
Sont moins forts, moins puissants que ses vers indomptés.
À l'aspect du volcan, aux astres élancée,
Luit, vole avec l'Etna la bouillante pensée.

    Heureux qui sait aimer ce trouble auguste et grand :
Seul, il rêve en silence à la voix du torrent
Qui le long des rochers se précipite et tonne ;
Son esprit en torrent et s'élance et bouillonne.
Là je vais dans mon sein méditant à loisir
Des chants à faire entendre aux siècles à venir ;
Là, dans la nuit des cœurs qu'osa sonder Homère,
Cet aveugle divin et me guide et m'éclaire.
Souvent mon vol, armé des ailes de Buffon,
Franchit avec Lucrèce, au flambeau de Newton,
La ceinture d'azur sur le globe étendue.
Je vois l'être et la vie et leur source inconnue,
Dans les fleuves d'éther tous les mondes roulants ;
Je poursuis la comète aux crins étincelants,
Les astres et leurs poids, leurs formes, leurs distances ;
Je voyage avec eux dans leurs cercles immenses.
Comme eux, astre, soudain je m'entoure de feux,
Dans l'éternel concert je me place avec eux ;
En moi leurs doubles lois agissent et respirent ;
Je sens tendre vers eux mon globe qu'ils attirent.
Sur moi qui les attire ils pèsent à leur tour.
Les éléments divers, leur haine, leur amour,
Les causes, l'infini s'ouvre à mon œil avide.
Bientôt redescendu sur notre fange humide,
J'y rapporte des vers de nature enflammés,
Aux purs rayons des Dieux dans ma course allumés.
Écoutez donc ces chants d'Hermès dépositaires,
Où l'homme antique, errant dans ses routes premières,
Fait revivre à vos yeux l'empreinte de ses pas.

Mais dans peu, m'élançant aux armes, aux combats,
Je dirai l'Amérique, à l'Europe montrée ;
J'irai dans cette riche et sauvage contrée
Soumettre au Mançanar le vaste Marañon.
Plus loin dans l'avenir je porterai mon nom,
Celui de cette Europe en grands exploits féconde,
Que nos jours ne sont loin des premiers jours du monde.

Théodore Desorgues

HYMNE À L'ÊTRE SUPRÊME [1]

Père de l'Univers, suprême intelligence,
Bienfaiteur ignoré des aveugles mortels,
Tu révélas ton être à la reconnaissance,
    Qui seule éleva tes autels !   *bis.*

Ton temple est sur les monts, dans les airs, sur les ondes.
Tu n'as point de passé, tu n'as point d'avenir ;
Et, sans les occuper, tu remplis tous les mondes,
    Qui ne peuvent te contenir.   *bis.*

Tout émane de toi, grande et première cause ;
Tout s'épure aux rayons de ta divinité ;
Sur ton culte immortel la morale repose ;
    Et sur les mœurs, la liberté.   *bis.*

Pour venger leur outrage et ta gloire offensée,
L'auguste liberté ; ce fléau des pervers,
Sortit au même instant de ta vaste pensée,
    Avec le plan de l'univers.   *bis.*

Dieu puissant ! elle seule a vengé ton injure ;
De ton culte elle-même instruisant les mortels ;
Leva le voile épais qui couvrait la nature,
    Et vint absoudre tes autels.   *bis.*

Ô toi, qui du néant, ainsi qu'une étincelle,
Fis jaillir dans les airs l'astre éclatant du jour,
Fais plus… verse en nos cœurs ta sagesse immortelle,
    Embrase-nous de ton amour! *bis.*

De la haine des rois anime la patrie;
Chasse les vains désirs, l'injuste orgueil des rangs,
Le luxe corrupteur, la basse flatterie,
    Plus fatale que les tyrans. *bis.*

Dissipe nos erreurs; rends-nous bons, rends-nous justes :
Règne, règne au-delà du tout illimité;
Enchaîne la nature à tes décrets augustes;
    Laisse à l'homme la liberté. *bis.*

LES TRANSTÉVERINS

OU LES SANS-CULOTTES DU TIBRE

Rome fêtait Simon : un peuple fanatique
Inondait à grands flots sa vaste basilique;
L'étranger dans ses murs volait de tous côtés
Pour voir l'ordre pompeux de ses solennités :
Et moi, loin de la foule, errant sur ses collines,
J'allai dans le silence admirer ses ruines.
    Viens, me dit mon ami, viens : jamais ces remparts
D'un si riche appareil n'ont frappé des regards.
L'airain sacré t'appelle à cette auguste fête;
De ce dôme éclatant vois-tu parer le faîte?
Il doit ce soir, orné de mille feux divers,
Tel qu'un globe enflammé s'élever dans les airs;
Courons au Vatican : le pontife lui-même
Y marche le front ceint du triple diadème,
D'un cortège nombreux il prie environné,

Et bénit à l'autel le Romain prosterné.
Ah ! lui dis-je, plutôt dédaignons ces prestiges,
Cherchons une autre Rome et de plus grands prodiges.
Qu'au temple de l'apôtre un pontife orgueilleux
De son coupable encens déshonore les cieux,
Irais-je, me mêlant à la foule insensée,
De superstitions attrister ma pensée ?
Quand je puis sur ces monts, parmi ces monuments,
Régénérer mon cœur par de grands sentiments !
　　À ces mots, je m'éloigne, et mes regards avides
Recueillant, en passant, des souvenirs rapides.
Là, disais-je, les rois, proscrits, chargés de fers,
Venaient au Capitole étaler leurs revers ;
Ici, des nations réglant les destinées,
Rome voyait passer les villes enchaînées.
Tout parlait à mon cœur, tout m'offrait un grand nom :
Chaque pierre à mes yeux dictait une leçon.
　　Ah ! m'écriais-je, ému par tant d'objets célèbres,
Si parmi ces tombeaux, ces monuments funèbres,
Sous ces arcs triomphaux s'offrait à mes regards,
Quelque auguste débris des descendants de Mars,
Qu'avec transport j'irais, reconnaissant le Tibre,
Presser ces vieux Romains, reste d'un peuple libre !
De mes bras étendus je suppliais les cieux
De ne point rejeter le plus doux de mes vœux ;
Soudain je vois ce pont où l'invincible Horace
À Porsenna vainqueur opposa son audace.
J'aperçois l'Aventin, où le peuple autrefois
Contre l'oppression vint réclamer ses droits ;
Où de Valerius la paisible éloquence
De Rome et du sénat resserra l'alliance.
Ce mont, en tous les temps, cher à la liberté,
D'un peuple indépendant est encor fréquenté.
Là, Rome de ses fils a rassemblé l'élite ;
Là, des Transtéverins[1] repose la limite.
　　Tel qu'un vieil obélisque, épargné par les ans,
Qui voit autour de lui rouler l'ordre des temps,
Au milieu des débris de la grandeur romaine

Ce peuple élève encor sa tête souveraine,
Séparés par leurs murs de ces tyrans cloîtrés,
De ce troupeau rampant de Vandales mitrés,
Sous les grossiers lambeaux de l'obscure indigence
Ils ont su conserver leur mâle indépendance.
Avec Rome elle-même ils n'ont pu s'abaisser,
Tant un grand caractère est lent à s'effacer !
　　Ah ! ne jugez pas d'eux par cette foule impure
D'ambitieux dévots, enrichis d'imposture,
Qui, dans le Vatican, aux intrigues nourris,
Obtiennent un chapeau pour vingt ans de mépris !
Par ces lâches flatteurs dont la bouche vendue
Du pontife, à grands cris, annonce la venue,
Et par ces vils brigands, ces pieux meurtriers
Qui du parvis de Pierre assiègent les piliers,
Et du crime impuni montrant l'affreux exemple,
Lavent leurs bras sanglants sur les degrés du temple.
　　Ah ! les Transtéverins, plus fiers, plus généreux,
N'abaissent point ainsi l'honneur de leurs aïeux :
Ils ignorent l'intrigue ; et d'une main avare
Ils n'ont jamais flatté l'orgueil de la tiare.
Quand sur eux, en marchant, le pape étend les bras,
Bénis, lui disent-ils, passe et ne reviens pas.
Ils blâment hautement son lâche despotisme,
Son faste, ses projets, son fatal népotisme ;
Et ce peuple, à sa mort, sans plaisir, sans chagrin,
Du Capitole en deuil entend gémir l'airain.
　　Eh ! Pourquoi voulez-vous que leur rudesse austère
De leurs aïeux n'ait point gardé le caractère !
Le sacré despotisme, en corrompant leurs lois,
A sans doute altéré la chartre de leurs droits ;
Mais leur sang pur toujours transmis par des Romaines,
Avec leur noble orgueil a coulé dans leurs veines ;
Et souvent l'étranger, en contemplant leurs traits,
Des demi-dieux du Tibre a cru voir les portraits.
Leurs noms, riche héritage, annoncent leur naissance :
Quand d'utiles travaux exercent leur constance,
Accourez sur ces monts, vous entendrez Brutus,

Vous y verrez bêcher le vieux Cincinnatus.
La main d'Agricola sème ce champ fertile,
Ces bœufs sont à Gracchus, ce char est à Camille.
Qui d'un bois arrondi frappe ce but roulant?
L'écho fidèle au loin redit Coriolan.
Dans le sein de l'Église, au milieu des mystères,
Ils conservent les mœurs, les fêtes de leurs pères.
Ils appellent encore à leurs banquets joyeux
Énée et les Troyens, pères de leurs aïeux;
De fleurs, couchés sur l'herbe, ils couronnent leur coupe,
Et pour d'illustres jeux ils rassemblent leur troupe;
L'un déploie en luttant la vigueur de son corps,
De ses muscles tendus fait mouvoir les ressorts,
Et sous des coups nouveaux prend des forces nouvelles.
Que de souples Darès! que de nerveux Entelles!
L'autre exerçant ses pieds à d'agiles combats,
Vers le but éloigné précipite ses pas.
Nisus à son rival rend sa chute fatale,
Et se relève encor pour son cher Euryale.
Celui-ci dans les airs fait bondir un ballon;
Marius le reçoit, et le rend à Caton;
Celui-là courbe un arc, joint l'adresse à la force,
Et d'un ormeau qui tremble il traverse l'écorce.
Ainsi, les fiers Toscans, les antiques Sabins
Aux durs travaux de Mars préparèrent leurs mains;
Ainsi, Rome autrefois en héros si féconde
Préluda par ces jeux à l'empire du monde.
Là revivent encor ses usages, ses dieux,
La source d'énergie obtient toujours des vœux:
Ils n'ont point oublié les déités champêtres;
Ils offrent à Palès les dons de leurs ancêtres:
Mais de Bacchus surtout ils attestent le nom,
Et d'un culte annuel honorent sa boisson.
À peine au carnaval reviennent ses orgies
Que d'un nectar nouveau ses ménades rougies
Volent, le thyrse en main, sur des chars enflammés,
Et promènent trois jours ses jeux accoutumés:
Le peuple alors reprend l'autorité suprême,

Abaisse devant lui le triple diadème,
Le barigel lui-même exécute ses lois,
Et le front découvert il proclame ses droits.
[…]

Marie-Joseph Chénier

ÉPÎTRE À LEBRUN[1]

Digne enfant d'Apollon, successeur des Orphées,
Toi, par qui de nos jours les neuf savantes fées,
Malgré tant de Cotins[2], soi-disant immortels,
Ne verront point encor s'écrouler leurs autels ;
Si tu hais, cher Lebrun, les auteurs à la glace,
Aimes-tu mieux, dis-moi, le délire et l'audace
D'un poète ignorant qui, sans règle et sans art,
En ses vagues écrits ne suit que le hasard ?

Quand la belle Pandore, à la voix du génie,
Reçut en même temps la jeunesse et la vie,
Jupiter, du prodige et confus et jaloux,
Accabla son vainqueur d'un éternel courroux.
Chassé du ciel, privé même de la lumière,
Aucun dieu ne daigna consoler sa misère :
Tous, de leur souverain lâches adulateurs,
Maudirent à l'envi l'objet de ses rigueurs.
Mais la raison n'eut point cette indigne faiblesse :
Brûlante d'une auguste et sublime tendresse,
Elle suit le génie ; et sa prudente main
Aux pas de cet aveugle enseigne le chemin.
À son guide échappé, quelquefois de ses ailes
Il affrontait encor les voûtes éternelles ;

Heureux, quand, mieux que lui veillant à son bonheur,
La raison modérait cette bouillante ardeur !
Enfin, désabusé du séjour du tonnerre,
Cet illustre banni descendit sur la terre.
La raison l'y suivit ; et bientôt les mortels
Devinrent confidents des secrets éternels.

Ô vous, qui recherchez les principes des choses,
Les sublimes effets et les sublimes causes,
Le calcul infini qui forma l'univers,
Et l'espace, et le vide, et les mondes divers,
De ce tout merveilleux l'éternelle harmonie ;
Sachez vous méfier de l'aveugle génie ;
Adorez la raison, et consultez sa voix.

Et vous, qui d'Apollon suivez les douces lois,
Si vos efforts heureux quelquefois sur la scène
Ressuscitent encor Thalie et Melpomène,
Ou si d'un vol plus haut vos chants audacieux
Célèbrent les combats, les héros et les dieux,
Que la raison sans cesse à vos écrits préside ;
Ne vous écartez point de ce fidèle guide.
Non qu'il faille blâmer ces généreux transports
Qui du cygne thébain[3] animent les accords :
Aux banquets d'Apollon quand tu touches la lyre,
Ô Lebrun, sous tes doigts tout Pindare respire ;
Émule de Rousseau[4], peut-être son vainqueur,
À peine mes regards mesurent ta hauteur ;
Mon âme, en un moment sur tes pas élancée,
Ne voit plus que par toi, ne suit que ta pensée ;
Et, ne pouvant me perdre avec toi dans les cieux,
Je t'applaudis au moins et du geste et des yeux.
Mais que tu sais unir la sagesse à l'audace !
Dans tes vers, tour à tour pleins de force ou de grâce,
Tantôt j'entends gronder les aquilons fougueux,
Et tantôt soupirer les zéphyrs amoureux.
Tu chéris la raison : ton audace immortelle
À ses divins accents jamais ne fut rebelle ;

Non pas cette pédante et lourde déité
Que l'on nomme raison chez la stupidité ;
Qui, jusque dans mes vers, d'un compas tyrannique,
Introduit chaque jour l'esprit géométrique,
Et plus d'une fois même à son humble niveau
Prétendit rabaisser et Corneille et Boileau ;
Mais la raison sublime, à l'âme grande et fière,
Dont l'œil suit aisément l'aigle dans la carrière ;
Compagne de Newton, quand, d'un vol glorieux,
Mortel il pénétra dans le conseil des dieux.

PETITE ÉPÎTRE
À JACQUES DELILLE

Marchand de vers, jadis poète,
Abbé, valet, vieille coquette,
Vous arrivez[1] : Paris accourt.
Eh ! vite, une triple toilette :
Il faut unir à la cornette
La livrée et le manteau court.
Vous mîtes du rouge à Virgile :
Mettez des mouches à Milton ;
Vantez-nous bien du même style
Et les émigrés et Caton ;
Surpassez les nouveaux apôtres[2]
En théologales vertus ;
Bravez les tyrans abattus,
Et soyez aux gages des autres.
Vous ne nous direz plus adieu :
Nous rendons les clefs de Saint-Pierre ;
Mais, puisque vous protégez Dieu,
N'outragez plus feu Robespierre.
Ce grand pontife aux indévots
Rendit quelques mauvais offices ;
Il eût été votre héros
S'il eût donné des bénéfices.

Virgile, en de riants vallons,
A célébré l'agriculture ;
Vous, l'abbé, c'est dans les salons
Que vous observiez la nature.
Soyez encor l'homme des champs,
Suivant la cour, suivant la ville.
Votre muse, au pipeau servile,
Immortalisa dans ses chants
Les lacs pompeux d'Ermenonville,
Et les fiers jets d'eau de Marly,
Les déserts bâtis par Monville[3],
Et les hameaux de Chantilly.
Des princes un peu subalternes,
Des grands seigneurs un peu modernes,
Ont aujourd'hui les vieux châteaux ;
N'importe : le ciel vous fit naître
Trop bas pour aimer vos égaux,
Trop vain pour vous passer de maître.
Les rossignols en liberté
Aiment à confier leur tête
Aux rameaux du chêne indompté,
Que ne peut courber la tempête ;
Pour déployer leur noble voix,
Ils veulent le frais des bocages,
L'azur des cieux, l'ombre des bois ;
Les serins chantent dans les cages.

CHANT DU 14 JUILLET

Dieu du peuple et des rois, des cités, des campagnes,
De Luther, de Calvin, des enfants d'Israël,
Dieu que le Guèbre adore au pied de ses montagnes,
     En invoquant l'astre du ciel !

Ici sont rassemblés sous ton regard immense
De l'empire français les fils et les soutiens,
Célébrant devant toi leur bonheur qui commence,
    Égaux à leurs yeux comme aux tiens.

Rappelons-nous les temps où des tyrans sinistres
Des Français asservis foulaient aux pieds les droits;
Le temps, si près de nous, où d'infâmes ministres
    Trompaient les peuples et les rois.

Des brigands féodaux les rejetons gothiques
Alors à nos vertus opposaient leurs aïeux;
Et, le glaive à la main, des prêtres fanatiques
    Versaient le sang au nom des cieux.

Princes, nobles, prélats, nageaient dans l'opulence;
Le peuple gémissait de leurs prospérités;
Du sang des opprimés, des pleurs de l'indigence,
    Leurs palais étaient cimentés.

En de pieux cachots l'oisiveté stupide,
Afin de plaire à Dieu, détestait les mortels;
Des martyrs, périssant par un long homicide,
    Blasphémaient au pied des autels.

Ils n'existeront plus, ces abus innombrables :
La sainte liberté les a tous effacés;
Ils n'existeront plus, ces monuments coupables :
    Son bras les a tous renversés.

Dix ans sont écoulés; nos vaisseaux, rois de l'onde,
À sa voix souveraine ont traversé les mers :
Elle vient aujourd'hui des bords d'un nouveau monde
    Régner sur l'antique univers [1].

Soleil, qui, parcourant ta route accoutumée,
Donnes, ravis le jour, et règles les saisons;
Qui, versant des torrents de lumière enflammée,
    Mûris nos fertiles moissons;

Feu pur, œil éternel, âme et ressort du monde,
Puisses-tu des Français admirer la splendeur !
Puisses-tu ne rien voir dans ta course féconde
        Qui soit égal à leur grandeur !

Que les fers soient brisés ! Que la terre respire !
Que la raison des lois, parlant aux nations,
Dans l'univers charmé fonde un nouvel empire,
        Qui dure autant que tes rayons !

Que des siècles trompés le long crime s'expie !
Le ciel pour être libre a fait l'humanité :
Ainsi que le tyran, l'esclave est un impie,
        Rebelle à la Divinité.

À LA LIBERTÉ

Descends, ô liberté ! fille de la nature :
Le peuple a reconquis son pouvoir immortel ;
Sur les pompeux débris de l'antique imposture
        Ses mains relèvent ton autel.

Venez, vainqueurs des rois : l'Europe vous contemple ;
Venez ; sur les faux dieux étendez vos succès ;
Toi, sainte liberté, viens habiter ce temple ;
        Sois la déesse des Français.

Ton aspect réjouit le mont le plus sauvage,
Au milieu des rochers enfante les moissons ;
Embelli par tes mains, le plus affreux rivage
        Rit, environné de glaçons.

Tu doubles les plaisirs, les vertus, le génie ;
L'homme est toujours vainqueur sous tes saints étendards ;

Avant de te connaître, il ignorait la vie :
  Il est créé par tes regards.

Au peuple souverain tous les rois font la guerre ;
Qu'à tes pieds, ô déesse, ils tombent désormais !
Bientôt sur les cercueils des tyrans de la terre
  Les peuples vont jurer la paix.

LES NOUVEAUX SAINTS

Gloria in excelsis Deo !

Gloire à Dieu dans les hauts ! Disons nos patenôtres.
C'est peu qu'un successeur du prince des apôtres
Dans ses filets vieillis, et rompus quelquefois,
Prétende repêcher les peuples et les rois ;
Un culte dominant va réjouir la France :
Telle est des nouveaux saints la dévote espérance.
Ils sont nombreux, zélés ; ils prêchent des sermons,
Des journaux, des romans, des drames, des chansons.
Nous entendrons encor disputer sur la grâce,
Non celle de Parny, de Tibulle, et d'Horace,
Mais celle d'Augustin, la grâce des élus,
Qui vaut bien mieux que l'autre, et qui rapportait plus.
Courage, marguilliers ! N'entendez-vous pas braire
Les fils, les compagnons de l'âne littéraire ?
« Oui, par Martin Fréron[1], le triomphe est certain !
Dit Geoffroy[2] : venez tous, héritiers de Martin,
Et vous surtout, Clément[3], son émule intrépide,
Philoctète nouveau de ce nouvel Alcide !
Soyons gais, buvons frais ; honneur à tout chrétien !
Dieu prend soin de sa vigne ; et les *Débats* vont bien.
La dîme reviendra ; nous en aurons la gloire ;
Vivent les orémus et la messe après boire !
Pour la philosophie, oh ! c'est le temps passé :

Grâce à Clément et moi, Voltaire est renversé.
Nous avons longuement disserté sur *Alzire*,
Sur *Tancrède* et *Gengis*, sur *Mérope* et *Zaïre*;
On est désabusé de ces méchants écrits,
Si bien que nos extraits font bâiller tout Paris.
Rousseau, Buffon, Raynal, vrais fous, prétendus sages,
Qui du siècle dernier captivaient les hommages;
Aujourd'hui sans égards vous les voyez traités,
Réimprimés, vendus, lus, relus, tourmentés;
Dans la bibliothèque, aux camps, sur la toilette,
Partout vous les trouvez; tout passant les achète.
On ne tourmente pas Guyon, frère Berthier,
Chaumeix et Patouillet, Nonnotte et Sabatier[4];
Ils sont, loin des lecteurs, à l'abri des critiques,
Gardés avec respect dans le fond des boutiques,
Ainsi que des trésors, des joyaux précieux,
Qu'un possesseur jaloux dérobe à tous les yeux. »

De ces grands écrivains imitateurs fidèles,
Vous serez conservés auprès de vos modèles.
Croyez, c'est fort bien fait, et propagez la foi;
Dieu vous garde! Mais, de grâce, ingénieux Geoffroy,
Et vous, léger Clément, pour l'honneur de l'Église,
En matière de foi craignez quelque méprise:
Tenez, vous croyez vivre; on s'y trompe souvent:
Vous êtes morts, très morts; et Voltaire est vivant.

Non loin de ces frelons, nourris dans l'art de nuire,
Et corrompant le miel qu'ils n'ont pas su produire,
J'aperçois le phénix des femmes beaux esprits.
Son libraire lui seul connaît tous les écrits
Dont madame *Honesta*[5] daigne enrichir la France.
Vous n'y trouverez point cette heureuse élégance,
Cet esprit délicat, dont les traits ingénus
Brillaient dans Sévigné, La Fayette, et Caylus;
C'est un lourd pédantisme, un ton sévère et triste;
C'est Philaminte encor, mais un peu janséniste.
« De la France avec moi le bon goût avait fui,

Dit-elle ; après dix ans j'y reviens avec lui.
Plaignant du fond du cœur ma patrie en délire,
J'arrive d'Altona[6] pour vous apprendre à lire.
J'ose même espérer de plus nobles succès :
Je voudrais, entre nous, convertir les Français.
Plus d'un, sans réussir, a tenté l'entreprise ;
Vous n'aviez point encor des mères de l'Église.
Si la philosophie a pù vous abuser,
Si des noms trop fameux qu'on voudrait m'opposer
Forment dans la balance un poids considérable,
Mes trente in-octavo sont d'un poids admirable :
Pour faire pénitence il faut les méditer.
J'aurais bien plus écrit ; mais je dois regretter
Quelques beaux jours perdus loin de mon oratoire :
C'était un vrai roman ; le reste est de l'histoire,
Et de la sainte encor : vingt ans j'ai combattu
Pour la religion, les mœurs, et la vertu. »

Peste ! ce ne sont là des matières frivoles :
Vous n'êtes point, madame, au rang des vierges folles ;
Vous n'avez point caché sous le boisseau jaloux
La flamme dont le ciel fut prodigue envers vous ;
Mais, faisant au public partager cette flamme,
Croyez qu'un ton plus doux lui plairait mieux, madame.
Vous êtes sainte : eh bien ! chaque chose a son tour ;
Soyez sainte, aimez Dieu : c'est encor de l'amour.
Aux jours de son printemps Magdeleine imprudente
Se repentit bientôt, mais ne fut point pédante :
Quand elle crut, l'amour fit sa crédulité :
Et toujours ce qu'on aime est la Divinité.
Voyez Thérèse encor : quelle sainte adorable !
Elle aime, elle aime tant, qu'elle a pitié du diable,
Et, pour l'époux divin se laissant enflammer,
Plaint jusqu'au malheureux qui ne peut plus aimer.

« Ah ! vous parlez du diable ? Il est bien poétique,
Dit le dévot Chactas[7], ce sauvage érotique.
Neptune approche-t-il du grand saint Nicolas ?

Les trois sœurs de l'Amour avaient quelques appas ;
Ces beautés cependant sont fort loin d'être égales
Aux trois hautes vertus qu'on dit théologales.
Trois, c'est peu, j'en conviens ; mais nous avons aussi
Sept péchés capitaux bien comptés, Dieu merci !
De la loi des chrétiens ô bonté souveraine !
Les païens adoraient aux bords de l'Hippocrène
Neuf vierges seulement ; nous espérons aux cieux
En trouver onze mille ; et cela vaut bien mieux.
Rendez le paradis, l'enfer, le purgatoire :
Voilà le principal ; et, quant à l'accessoire,
Rendez... à dire vrai c'est le point délicat,
Quelques brimborions, cure, canonicat,
Évêché bien renté, bonne et grasse abbaye,
Dîme... il faut, comme on sait, de tout en poésie.
Tel est le saint traité qu'on peut faire entre nous :
Sans cela je vous quitte ; et c'est tant pis pour vous.
J'irai, je reverrai tes paisibles rivages,
Riant Meschacébé, Permesse des sauvages ;
J'entendrai les sermons prolixement diserts
Du bon monsieur Aubry, Massillon des déserts !
Ô sensible Atala ! tous deux avec ivresse
Courons goûter encor les plaisirs de la messe !
Chantons de Pompignan les cantiques sacrés !
Les poètes chrétiens sont les seuls inspirés.
Près du *Pange lingua* comme on méprise Horace !
Près du *Dies iræ* comme Ovide est sans grâce !
Esménard[8], par exemple, est un rimeur chrétien.
Homère seul m'étonne : il fut, dit-on, païen.
Que n'a-t-il sur ses pas trouvé quelque bon prêtre !
Hélas, monsieur Aubry l'eût converti peut-être.
Pour vous, Pope, Lucrèce, écrivains peu dévots,
Et vous, mauvais plaisants, poètes à bons mots,
Ennuyeux La Fontaine, impertinent Molière,
Sec et froid Arioste, insipide Voltaire,
Les Hurons, gens de goût, ne vous ont jamais lus ;
Ils m'ont beaucoup formé : je ne vous lirai plus.
Mais fille de l'exil, Atala, fille honnête,

Après messe entendue, en nos saints tête-à-tête,
Je prétends chaque jour relire auprès de toi
Trois modèles divins ; la Bible, Homère, et moi ! »

C'est bien assez de vous ; la Bible est inutile.
Homère davantage ; il n'a pas votre style.
Surtout de Bernardin copiez mieux les traits ;
Vous ennuyez parfois, et n'instruisez jamais :
Il plaît en instruisant ; son secret est plus rare ;
Il est original ; et vous êtes bizarre.
[...]

Gabriel Legouvé

LA SÉPULTURE

Où sont ces vieux tombeaux et ces marbres antiques
Qui des temples sacrés décoraient les portiques ?
Ô forfait ! ces brigands dont la férocité
Viola des prisons l'asile épouvanté,
Coururent, tout sanglants, de nos aïeux célèbres
Profaner, mutiler les monuments funèbres,
Et commettre, à la voix d'un lâche tribunat,
Sur des cadavres même, un autre assassinat.
Gloire, talents, vertus, rien n'arrêta leur rage
[…]
« Pourquoi, me direz-vous, des honneurs funéraires ?
Cette loi que jadis établit chez nos pères
Un culte fanatique et sans force aujourd'hui,
Sur nos bords éclairés doit tomber avec lui. »
Ah ! laissez ce langage au profane athéisme :
La sensibilité n'est pas le fanatisme.
De la religion gardons l'humanité.
Barbares qui des morts bravez la majesté,
Éloignez, s'il le faut, ces ornements, ces prêtres
Dont le faste à la tombe escortait nos ancêtres ;
Mais appelez du moins autour de nos débris
Et la douleur d'un frère, et les larmes d'un fils.
C'est le juste tribut où nos mânes prétendent :

C'est le culte du cœur que surtout ils attendent.
[...]
Mais qu'au moins dans les bois un monument dressé
Dise au fils : c'est ici que ton père est placé.
Les bois ! ils sont des morts le véritable asile.
Là, donnez à chacun un bocage tranquille.
Couvrez de leur nom seul leur humble monument.
Ces dômes de verdure où le calme respire,
Le ruisseau qui gémit, et le vent qui soupire,
La lune dont l'éclat, doux ami des regrets,
Luit plus mélancolique au milieu des forêts,
Tous ces objets, que cherche une âme solitaire,
Prêteront aux tombeaux un nouveau caractère.

Les Souvenirs, la Sépulture et la Mélancolie

Adélaïde Dufrénoy

SUR LA MORT DE FLORIAN [1]

Pleurez, Grâces, pleurez, Amours ;
Pleurez, ô vous bergers sensibles !
Du chantre de vos mœurs paisibles
La lyre se tait pour toujours !

Dans la plus belle des saisons
Renaîtront les fleurs du bocage ;
Mais de Florian sous l'ombrage
Ne renaîtront plus les chansons.

Fière en secret de vos désirs,
Si la beauté vous rend les armes,
Qui chantera les douces larmes
Que lui coûteront vos plaisirs ?

Dans vos champs, sous vos yeux émus,
S'il naissait encore une Estelle [2],
Qui pourra la rendre immortelle ?
Florian, hélas, ne vit plus.

Pleurez, Grâces, pleurez, Amours ;
Pleurez, ô vous bergers sensibles !
Du chantre de vos mœurs paisibles
La lyre se tait pour toujours !

L'AMOUR

Passer ses jours à désirer,
Sans trop savoir ce qu'on désire ;
Au même instant rire et pleurer,
Sans raison de pleurer et sans raison de rire ;
Redouter le matin et le soir souhaiter
D'avoir toujours droit de se plaindre,
Craindre quand on doit se flatter,
Et se flatter quand on doit craindre ;
Adorer, haïr son tourment ;
À la fois s'effrayer, se jouer des entraves ;
Glisser légèrement sur les affaires graves,
Pour traiter un rien gravement,
Se montrer tour à tour dissimulé, sincère,
Timide, audacieux, crédule, méfiant ;
Trembler en tout sacrifiant,
De n'en point encore assez faire ;
Soupçonner les amis qu'on devrait estimer ;
Être le jour, la nuit, en guerre avec soi-même ;
Voilà ce qu'on se plaint de sentir quand on aime,
Et de ne plus sentir quand on cesse d'aimer.

Chaussard

DITHYRAMBE
SUR LA FÊTE RÉPUBLICAINE
DU 10 AOÛT

Liberté ! Liberté !
Reconnaissez le Peuple et sur sa majesté,
Profanes, abaissez un œil épouvanté !
Soleil ! verse à flots d'or une clarté nouvelle,
D'un azur enflammé que l'éther étincelle !
Jette un regard d'amour sur ce jour fortuné !
D'un spectacle sacré la pompe solennelle
Doit retenir ton char dans l'Olympe étonné !

Qu'as-tu vu dans ta course, œil éclatant du monde ?
Une chaîne éternelle embrassait l'univers ;
De l'homme enseveli dans une nuit profonde
Le vautour de l'erreur ensanglantait les fers.

Disparaissez, tables antiques,
Croulez, marbres religieux ;
Renversez-vous, autels iniques,
Tombeaux des droits de nos aïeux !
D'un code impie et parricide
Éteignons le flambeau livide !

Il fut, sous la main des pervers,
Semblable à l'étoile orageuse,
Dont la clarté fallacieuse
Brille sur des gouffres ouverts.

Vous avez tressailli, sous votre tombe émue,
Ô mânes saints! Lycurgue, et toi divin Platon!
Vous revivez : un sage a pris votre crayon,
Et de l'homme agrandi le front touche la nue.

Le peuple est tout : lui seul féconde
Ce globe, en l'espace emporté ;
Il est le créateur du monde ;
Il fait sa force et sa beauté.

Lui seul sur la terre embellie
Attise les regards des cieux ;
De ces sillons laborieux
Lui seul a fait jaillir la vie.

[...]

Ainsi que la nue embrasée
Sur les monts sourcilleux lance tous ses éclairs,
Mais sur l'humble vallon épanche la rosée,
Les germes créateurs et le présent des airs,
    Ô liberté! ta foudre étincelante
    Brise le front des oppresseurs,
    Tandis que ta main bienfaisante
Verse sur l'opprimé l'espérance et les fleurs.

Soleil! reprends ta course et va redire aux trônes
Qu'un tonnerre prochain menace les couronnes :
    Qu'au seul récit de nos vertus,
Sur leurs fronts pâlissants, tous ces rois éperdus,
    Agités par les Tisiphones,
Cherchent le diadème et ne le trouvent plus.

[LA ROMANCE]

[...]
Eh! que ne peut l'accent qui s'exhale du cœur!
La romance lui doit sa touchante langueur :
Ce charme embellit tout; et les îles sauvages,
Et les antres glacés, et les brûlantes plages.
Qu'on cesse de vanter Hafiz, sa lyre d'or[a],
Et d'Alphaizoulis les chants plus doux encor[b]!
Combien je vous préfère, enfants d'une âme pure,
Simples airs, qu'elle-même a dictés la nature,
Que redit aux vallons le hautbois pastoral,
Que savent moduler les filles de Fingal[1]
Quand sous leurs doigts légers la harpe obéissante
Confie aux rocs émus sa plainte attendrissante.
Tel le Scythe, égaré sous un ciel rigoureux,
Soupire éloquemment ses ennuis amoureux;
Et, si j'en crois Parny, telle éclate avec grâce
L'énergique candeur des chants du Madécasse[2] :
Ainsi du gondolier, au sein des flots mouvants,
Le tendre adieu se mêle au murmure des vents.
Ainsi le voyageur sur les monts helvétiques,
Salué par le son des musettes rustiques,
Gagne à pas ralentis l'hospitalier séjour :
Plein d'un charme rêveur, au déclin d'un beau jour,
Il écoute, appuyé sur la roche grisâtre,
Le ranz mélancolique[3], entonné par le pâtre,
Dont la lente cadence au mugir des troupeaux
Répond, et se prolonge en de lointains échos;
Le voyageur soupire : « Exilé par les guerres,
Si, comme moi, ce pâtre aux rives étrangères
Doit gémir, ah! ce chant aigrira ses douleurs... »
Il dit, et sur lui-même il verse alors des pleurs.
[...]

---

a. Auteur des gazels, espèce de poèmes lyriques, célèbres dans l'Orient.
b. La Sapho des Arabes.

Germaine de Staël

ÉPÎTRE AU MALHEUR

OU ADÈLE ET ÉDOUARD

[...]
Un jeune homme innocent, même des nouveaux crimes
Qu'une loi tyrannique exprime vaguement,
Pour sauver l'assassin, et non pas les victimes,
Près d'Adèle, Édouard vivait obscurément.
Tant qu'il fut une France, il l'avait bien servie ;
Mais quand sous les tyrans on la vit s'avilir,
Respectant même encor l'ombre de sa patrie,
Aux drapeaux étrangers il n'alla point s'unir.
Son épouse sensible, et que la crainte glace,
Eût voulu l'entraîner loin du pouvoir sanglant
Qui, semblable à la mort, à toute heure menace
La faiblesse et la force, et le père et l'enfant :
Mais il chérit les lieux témoins de sa constance,
Où l'hymen a remis son Adèle en ses bras ;
Il ne peut s'éloigner de cette triste France,
Il espère un héros dont il suivra les pas.
Souvent il répétait à la beauté qu'il aime :
« Que ce ciel et ma voix rassurent ta frayeur ;
Regarde la nature, elle reste la même,
Et l'amour est encor plus constant dans mon cœur.

— Ah ! dit-elle, en pleurant, sous ce joug détestable
Qui te préservera du sort d'un criminel ?
L'air que nous respirons peut te rendre coupable ;
Vivre, penser, aimer, expose au fer mortel. »

Cependant, par degrés, le courage d'Adèle
Renaît, en écoutant l'objet de ses amours.
Tout à coup elle apprend qu'une atteinte cruelle
A menacé son père au déclin de ses jours ;
Elle part, son époux se condamne à l'absence ;
Par des soins importants ses jours étaient remplis.
Mais le père d'Adèle échappe à la souffrance,
Elle peut revenir : en traversant Paris,
Seule, elle se livrait à la douce pensée
De retrouver bientôt son époux, son ami.
Près d'un palais de sang, une foule empressée
Attire ses regards ; son cœur est attendri :
« Sans doute, disait-elle, en ce moment horrible,
D'un mortel innocent on prononce la mort ;
Peut-être il est aimé, peut-être il est sensible ;
Plus je me trouve heureuse, et plus je plains son sort. »
À travers ce tumulte un nom se fait entendre ;
Il vient frapper ses sens, avant d'atteindre au cœur ;
Elle écoute longtemps sans pouvoir le comprendre ;
L'instinct, pour un moment, repousse la douleur.
Mais de la vérité la lumière effroyable
Perce jusqu'à son âme ; elle s'avance enfin.
Des acclamations la voix impitoyable,
À grands cris, d'Édouard annonçait le destin :
Saisi, jugé, proscrit, et conduit au supplice,
Un instant menaçait et condamne ses jours.
Quand le temps nous prépare au plus grand sacrifice,
Le désespoir lui-même est calme en ses discours ;
Mais d'un coup imprévu la raison égarée,
Croit trouver des secours dans sa propre fureur.
Adèle est loin des pleurs ; à sa rage livrée,
Elle appelle, elle attend, elle veut un vengeur.
Sa voix n'a réveillé que l'espoir de la haine,

Et ses cris n'ont atteint que l'âme du méchant :
Devant le tribunal on la cite, on la mène,
Par un autre chemin son époux en descend.
Adèle avec transport suit la main qui l'entraîne.
Elle arrive ; on la place à ce fauteuil fatal
Que venait de quitter cet époux qu'elle adore ;
Elle voit ses bourreaux rangés en tribunal,
Leur prodigue l'insulte, et la recherche encore ;
Le geste et le regard, la parole et l'accent,
Rien ne peut satisfaire à son âme irritée ;
Sa faiblesse est alors son plus affreux tourment.
À ces grands mouvements dont elle est agitée,
Le calme qui succède étonne tous les yeux [1].
Les juges, sur sa plainte, à mort l'ont condamnée ;
Ils sont moins criminels, ils ont rempli ses vœux :
« Ah ! dit-elle, hâtez-vous ; dans notre destinée
Un instant est beaucoup, je pourrai le revoir ;
Il saura que la mort aussi nous est commune. »
Les juges, sans délai, satisfont son espoir ;
Ils pensaient d'Édouard accroître l'infortune.
Elle court, elle atteint le cortège fatal ;
Jamais char de triomphe, en un jour de victoire,
Ne fut tant désiré par un guerrier rival.
Édouard, jusqu'alors attentif à sa gloire,
Étonnait par son calme un peuple curieux,
Insensible au malheur comme aux traits du courage ;
Sur ce qui l'environne il promène ses yeux,
D'Adèle au même instant reconnaît le visage,
Et croit que la douleur l'entraîne dans ces lieux
Il veut la repousser ; la garde l'environne,
Il apprend tout enfin par ce spectacle affreux.
Sa raison à l'instant, sa force l'abandonne ;
Son teint prend la couleur de la mort qui l'attend.
Elle veut lui parler, il ne peut plus l'entendre :
« Ô mon cher Édouard, dit-elle en l'embrassant,
Écoute cette voix dont l'accent est si tendre !
Est-ce donc leur arrêt qui me donne la mort ?
Crois-moi, s'ils m'avaient pu condamner à la vie,

C'est alors qu'il fallait t'effrayer de mon sort.
Cette chaîne sanglante à mon époux me lie :
C'est encor de l'hymen, c'est encor de l'amour.
Vois ce ciel, dont le calme invite à l'espérance ;
En nous laissant tous deux périr au même jour,
Il va m'unir à toi pour prix de ma constance ;
Jusques à tes vertus ma mort peut m'élever. »
Édouard est glacé ; sa main est insensible :
Il commence des mots qu'il ne peut achever.
Adèle, c'en est fait ! de cet état horrible
La mort seule à présent peut sauver ton époux ;
Tu le retrouveras dans le séjour céleste.
Sa douleur, du trépas a devancé les coups.
Comment fixer, ô ciel ! cet instrument funeste
Où le fer contenu dans des ressorts nouveaux[2]
Tombe sur la vertu de tout le poids du crime,
Où l'art, obéissant au signal des bourreaux,
Par un bras invisible égorge les victimes ?
D'Adèle et d'Édouard le sang pur a coulé ;
Il se rejoint encor dans ses flots qui bouillonnent.
De leur sort un moment le peuple était troublé ;
Bientôt des décemvirs[3] les soldats l'environnent.
Leurs cris vont aux enfers, repoussés par le ciel.
Ainsi l'on vit périr une famille auguste ;
Ainsi tant d'innocents, aux pieds de l'Éternel,
Ont porté les douleurs et les plaintes du juste.
Le jour de la pitié descendra-t-il sur nous ?
[...]

Saint-Just

ORGANT

COMMENT UN RÉGIMENT SAXON
PASSA LE RHIN, RAVAGEA LA CONTRÉE,
ET VIOLA UN MOUTIER

L'abbesse eut soin d'avertir les nonnettes
Que de grands saints allaient les visiter,
De se gaudir, et de se tenir prêtes,
Et qu'un mystère allait tôt éclater ;
Après l'on fut dans la tour se gîter.
   Il était temps. On enfonce les portes ;
Les vieilles sœurs se mettent à prier,
Et des bandits les fougueuses cohortes,
Comme un torrent, inondent le moutier.
Nos jeunes sœurs à genoux les attendent,
Et du plus loin, des bras mignons leur tendent.
En leur voyant l'air terrible et fâché,
Les doux agneaux croyaient avoir péché.
Comme des loups sur elles ils fondirent,
Et les nonnains pour des anges les prirent.
Suzanne tombe aux serres de Billoi ;
Il vous l'étend et d'une main lubrique
Trousse en jurant sa dévote tunique.
Quand elle vit poindre je ne sais quoi,

Suzanne crut que c'était pour le prendre
Et le baiser. Sur le fier instrument
Elle appliqua sa bouche saintement :
Cela rendit Monsieur Billoi fort tendre,
Qui désormais s'y prit plus poliment.
Les flots pressés de sa bruyante haleine,
De ses poumons s'exhalaient avec peine ;
Il l'étouffait, voulant la caresser ;
Il la mordait, en voulant la baiser ;
Sa langue affreuse, et tendre avec furie,
De la nonnain cherchait la langue pie,
Et notre sœur, qui pour Dieu le prenait,
À ses efforts saintement se prêtait,
Allant au Diable, et puis brûlant Marie.
Quand la brebis, après ce doux baiser,
Sentit l'oiseau quelque part se glisser,
Aller, venir, et l'ange tutélaire
De son sein blanc les deux roses sucer,
Elle comprit que c'était le mystère ;
Elle sentait une divine ardeur
De plus en plus s'échauffer dans son cœur…
Amour riait, assis sur le pinacle.
   Mais ce fut bien encore autre miracle.
Quand tout à coup son regard s'anima,
Son sein bondit, et son teint s'alluma ;
Quand un rayon émané de la grâce,
La pénétra, confondit ses esprits,
Et l'emporta tout droit au Paradis.
«Elle criait : ô puissance efficace ! »
Chaque félon, braqué sur sa nonnain,
Menait aussi le mystère grand train :
On les voyait, d'un rein fort et robuste,
Observer tous une cadence juste,
Aller, venir, à la file appointés,
En vrais taureaux, par leur fougue emportés ;
Dans leur bouillante et féroce insolence,
Jurant, frappant, au plus vite, au plus fort,
Et déchirant dans leur impatience,

Le manoir saint, rebelle à leur transport.
  Viens, Michel-Ange, et peins-nous Salamane
Les yeux en feu, tous les muscles saillants,
Le nez ouvert, et les poumons bruyants,
Plus furieux que le baudet de Jeanne,
À chaque coup du goupillon divin,
Faisant bondir la converse Augustin.
Quand tout fut fait et que notre profane
Eut dégainé son brutal instrument,
La sœur le prit entre ses mains avides,
Comme un *agnus* à l'aube en s'éveillant,
Et le pressait de ses lèvres humides.
  Ceci s'entend de chaque autre nonnain,
Qui, revenant de l'aventure étrange,
Nommait le sien, mon sauveur, mon bon ange,
Mon doux Jésus, céleste chérubin !
Et le flattait, d'une dévote main,
En s'écriant, toute sanctifiée :
« Oh ! qu'il est doux de faire son salut ! »
Il ne fut pas jusqu'à sœur Abacuc,
De soixante ans tristement affublée,
Qui ne trouvât des vainqueurs insolents,
Qui d'une main brutale et forcenée,
Lui fourrageaient une cuisse tannée,
Et chiffonnaient ses appas du vieux temps.
Il fallait voir le paillard Abanelle
Faire pâmer cette sempiternelle,
Qui pour hâter la grâce et son effet,
De temps en temps la mesure rompait,
En agitant sa charnière rebelle.
Le vieux sénat, dans la tour morfondu,
Disait : « Mon Dieu, si nous l'avions donc su ! »
  Enfin lassés de leur débauche impure,
Tous les bandits rebattirent au champ,
Fort satisfaits de leur sale aventure,
Et les nonnains des saintes se croyant.
[…]

Chant XI

Constance de Théis

ÉPÎTRE AUX FEMMES[1]

Ô femmes, c'est pour vous que j'accorde ma lyre ;
Ô femmes, c'est pour vous qu'en mon brûlant délire,
D'un usage orgueilleux, bravant les vains efforts,
Je laisse enfin ma voix exprimer mes transports.
Assez et trop longtemps la honteuse ignorance
A jusqu'en vos vieux jours prolongé votre enfance ;
Assez et trop longtemps les hommes, égarés,
Ont craint de voir en vous des censeurs éclairés ;
Les temps sont arrivés, la raison vous appelle :
Femmes éveillez-vous et soyez dignes d'elle[2].

Si la nature a fait deux sexes différents,
Elle a changé la forme, et non les éléments.
Même loi, même erreur, même ivresse les guide ;
L'un et l'autre propose, exécute ou décide ;
Les charges, les pouvoirs entre eux deux divisés,
Par un ordre immuable y restent balancés.
[…]

Mais déjà mille voix ont blâmé notre audace ;
On s'étonne, on murmure, on s'agite, on menace ;
On veut nous arracher la plume et le pinceau ;
Chacun a contre nous sa chanson, ses bons mots ;

L'un, ignorant et sot, vient, avec ironie,
Nous citer de Molière un vers qu'il estropie ;
L'autre, vain par système et jaloux par métier,
Dit d'un air dédaigneux : Elle a son teinturier[3].
De jeunes gens à peine échappés au collège
Discutent hardiment nos droits, leur privilège ;
Et les arrêts dictés par la fatuité,
La mode, l'ignorance, et la futilité,
Répétés en écho par ces juges imberbes,
Après deux ou trois jours sont passés en proverbes.
En vain l'homme de bien (car il en est toujours)
En vain l'homme de bien vient à notre secours,
Leur prouve de nos cœurs la force, le courage,
Leur montre nos lauriers conservés d'âge en âge,
Leur dit qu'on peut unir grâces, talents, vertus ;
Que Minerve était femme aussi bien que Vénus ;
Rien ne peut ramener cette foule en délire ;
L'honnête homme se tait, nous regarde et soupire.
Mais, ô dieux, qu'il soupire et qu'il gémit bien plus
Quand il voit les effets de ce cruel abus ;
Quand il voit le besoin de distraire nos âmes
Se porter, malgré nous, sur de coupables flammes !
Quand il voit ces transports que réclamaient les arts
Dans un monde pervers offenser ses regards,
Et sur un front terni la licence funeste
Remplacer les lauriers du mérite modeste !
Ah ! détournons les yeux de cet affreux tableau !
Ô femmes, reprenez la plume et le pinceau.
Laissez le *moraliste*, employant le sophisme,
Autoriser en vain l'effort du despotisme ;
Laissez-le, tourmentant des mots insidieux,
Dégrader notre sexe et vanter nos beaux yeux ;
Laissons l'anatomiste, aveugle en sa science,
D'une fibre avec art calculer la puissance,
Et du plus et du moins inférer sans appel
Que sa femme lui doit un respect éternel.
La nature a des droits qu'il ignore lui-même :
On ne la courbe pas sous le poids d'un système ;

Aux mains de la faiblesse elle met la valeur ;
Sur le front du superbe, elle écrit la terreur ;
Et, dédaignant les mots de sexe et d'apparence,
Pèse dans sa grandeur les dons qu'elle dispense.

Mais quel nouveau transport ! quel changement soudain !
Armé du sentiment, l'homme paraît enfin :
Il nous crie : Arrêtez, femmes, vous êtes mères !
À tout plaisir sitôt rendez-vous étrangères,
De l'étude et des arts la douce volupté
Deviendrait un larcin à la maternité.
Ô nature, ô devoir, que c'est mal nous connaître !
L'ingrat est-il aveugle, ou bien feint-il de l'être ?
[...]
Disons tout. En criant : Femmes vous êtes mères !
Cruels ! vous oubliez que les hommes sont pères,
Que les charges, les soins sont partagés entre eux,
Que le fils qui vous naît appartient à tous deux,
Et qu'après les moments de sa première enfance
Vous devez plus que nous soigner son existence !
Ah ! s'il était possible (et le fut-il jamais)
Qu'une mère un instant suspendît ses bienfaits,
Un cri de son enfant dans son âme attendrie
Réveillerait bientôt la nature assoupie.
Mais l'homme, tourmenté par tant de passions,
Accablé sous le poids de ses dissensions,
Malgré lui, malgré nous, à chaque instant oublie
Qu'il doit plus que son cœur à qui lui doit la vie,
Et que d'un vain sermon les stériles éclats
Des devoirs paternels ne l'acquitteront pas !
[...]
Ô femmes qui brûlez de l'ardeur qui m'anime,
Cessez donc d'étouffer un transport légitime ;
Des hommes dédaignez l'ambitieux courroux :
Ils ne peuvent juger ce qui se passe en nous[4].
Qu'ils dirigent l'État, que leur bras le protège ;
Nous leur abandonnons ce noble privilège ;
Nous leur abandonnons le prix de la valeur,
Mais les arts sont à tous ainsi que le bonheur.

SUR LA MORT
DU JEUNE TAMBOUR BARA

Jeune héros, espoir de ton pays,
Brave naissant dont la gloire s'honore,
C'en est donc fait, tes destins sont finis,
Et ton couchant a suivi ton aurore !

Quel furieux, altéré du trépas,
Leva sur toi son arme meurtrière ?
Cet assassin ne te voyait-il pas,
Couvert encor des baisers de ta mère ?

Hélas ! ses yeux sont fermés pour toujours,
Grâces, Plaisirs, Amours, versez des larmes.
Il tombe à peine au printemps de ses jours ;
Il n'a connu que la gloire et les armes.

Mais refermons ces injustes regrets ;
N'a-t-il pas dit : Je meurs pour la patrie ?
C'en est assez pour le cœur d'un Français,
Et son trépas a compensé sa vie.

Chateaubriand

LA FORÊT

Forêt silencieuse, aimable solitude,
Que j'aime à parcourir votre ombrage ignoré !
Dans vos sombres détours, en rêvant égaré,
J'éprouve un sentiment libre d'inquiétude !
Prestiges[1] de mon cœur ! je crois voir s'exhaler
Des arbres, des gazons une douce tristesse :
Cette onde que j'entends murmure avec mollesse,
Et dans le fond des bois semble encor m'appeler.
Oh ! que ne puis-je, heureux, passer ma vie entière
Ici, loin des humains !… Au bruit de ces ruisseaux,
Sur un tapis de fleurs, sur l'herbe printanière,
Qu'ignoré je sommeille à l'ombre des ormeaux !
Tout parle, tout me plaît sous ces voûtes tranquilles ;
Ces genêts, ornements d'un sauvage réduit,
Ce chèvrefeuille atteint d'un vent léger qui fuit,
Balancent tour à tour leurs guirlandes mobiles.
Forêts, dans vos abris gardez mes vœux offerts !
À quel amant jamais serez-vous aussi chères ?
D'autres vous rediront des amours étrangères ;
Moi de vos charmes seuls j'entretiens les déserts.

Tableaux de la nature[2]

Vincent Campenon

PAUL AU TOMBEAU
DE VIRGINIE[1]

Repose en paix, ma Virginie!
Le repos n'est pas fait pour moi.
Hélas! le monde entier, sans toi,
N'a rien qui m'attache à la vie.

Le plaisir ainsi que la peine,
Tout passe avec rapidité;
Notre vie est une ombre vaine
Qui se perd dans l'éternité.
À nos deux cœurs l'amour barbare
Offrait un riant avenir;
Et la mort, la mort nous sépare…
C'est pour bientôt nous réunir.

Repose en paix, ma Virginie!
Le repos n'est pas fait pour moi.
Hélas! le monde entier, sans toi,
N'a rien qui m'attache à la vie.

Que tu savais rendre touchante
La vertu qui t'embellissait!
Oh! comme elle était attrayante,

Quand ta bouche nous l'inspirait !
Le besoin de la bienfaisance
À ton cœur se faisait sentir ;
Et quand tu peignais l'innocence,
Ton front n'avait point à rougir.

Repose en paix, ma Virginie !
Le repos n'est pas fait pour moi.
Hélas ! le monde entier, sans toi,
N'a rien qui m'attache à la vie.

Partout ton image tracée
S'offre à mes tendres souvenirs ;
Ton nom, présent à ma pensée,
S'échappe à travers mes soupirs.
L'horreur de la nuit la plus noire
Seule convient à ma douleur.
Il faudrait perdre la mémoire,
Quand on a perdu le bonheur !

Repose en paix, ma Virginie !
Le repos n'est pas fait pour moi.
Hélas ! le monde entier sans toi,
N'a rien qui m'attache à la vie.

Cruel départ ! fatal voyage !
La mort t'attendait au retour.
Pourquoi, dans le même naufrage,
Paul n'a-t-il pas perdu le jour !
Ma sœur, ma compagne chérie,
Pouvais-tu vivre loin de moi !
Ô Virginie ! Ô Virginie !
Je suis plus à plaindre que toi.

Repose en paix, ma Virginie !
Le repos n'est pas fait pour moi.
Hélas ! le monde entier, sans toi,
N'a rien qui m'attache à la vie.

C'est là, sur cet affreux rivage,
Que j'achèverai de mourir ;
L'écho de ce rocher sauvage
Redira mon dernier soupir.
Je veux pleurer toute ma vie
Le jour qui put nous séparer :
Mais console-toi, mon amie ;
Paul n'a plus longtemps à pleurer.

Repose en paix, ma Virginie !
Le repos n'est pas fait pour moi.
Hélas ! le monde entier sans toi,
N'a rien qui m'attache à la vie.

VOYAGE DE GRENOBLE
À CHAMBÉRY[1]

Je ne sais rien d'aussi maussade que ces tempéraments insolemment robustes, sur lesquels la maladie n'a jamais de prise. Quoi de plus maladroit que d'être toujours bien portant ? Une maladie du moins donne du relief à la santé, et nous la fait mieux sentir. Tout est si bien arrangé dans ce monde, que le mal même a son mérite.

L'avis du médecin fut que je devais prendre de l'exercice aussitôt que je le pourrais : c'était bien le mien aussi ; et dès que je pus sans danger suivre mon goût et son ordonnance, je me mis en route sans savoir où j'irais. Un de mes amis s'offrit à m'accompagner ; et, par un beau jour d'automne, à trois heures après midi, un bâton à la main, un Horace, un La Fontaine dans la poche, nous quittâmes Grenoble et partîmes en véritables chercheurs d'aventures.

Muse qu'invoquait Bachaumont[2],
Et qui sièges au double mont,
Près d'Hamilton et de Boccace,
Choisis tes pastels les plus frais,
Et viens verser sur mes portraits
Cette élégance, cette grâce,
Cet enjoûment, ce sel français,
Et ce vrai ton du badinage
Que Chapelle a si bien saisi,
Quand il peint *monsieur d'Assoucy*[3]
N'ayant plus pour tout équipage
Que ses vers, son luth et son page.

Tout en faisant cette invocation, nous nous aperçûmes que nous étions à deux cents pas de Grenoble, sur la route de Chambéry. Nous avions à notre droite l'Isère, qui promenait assez tristement son eau sale et bourbeuse ; de l'autre côté, notre vue se portait sur des paysages plus riants. C'était au-dessus de La Tronche, le coteau qui domine ce faubourg, tout parsemé de jolies habitations couvertes en tuiles rouges et garnies de fenêtres bien vertes ; c'était des bouquets d'arbres fruitiers dispersés çà et là ; quelques vignes au pampre large et noir ; des jardins cultivés ; des rochers chauves et pelés, à côté de rochers fertiles jusqu'au sommet et couronnés de fleurs, et enfin au-dessus de ces vastes gradins, une couche de neiges éternelles, à travers laquelle on voit percer les têtes de quelques sapins décharnés de vieillesse.

Du sein de ces mornes frimas
Le démon des hivers lève en sifflant sa tête.
L'oiseau qui dans nos champs avec plaisir s'arrête,
D'un vol rapide effleure ces climats ;
Mais plus bas Pomone amoureuse
Protège les fruits, les boutons,
Et de son haleine frileuse
Échauffant les jeunes bourgeons,
Hâte la vigne paresseuse.
Flore elle-même, admise au sein de ces jardins

Où l'acacia blanchit près des roses vermeilles,
Semble avoir, sur un sol fécondé par ses mains,
Effeuillé sa guirlande et versé ses corbeilles.

Nous ne nous lassions pas d'admirer ce contraste de la nature morte et sauvage, et de la nature animée.

Qui le croirait ? ce n'est pas sous ce beau ciel que la muse de l'idylle doit venir chercher ses bergères. Celles qui habitent ces campagnes n'inspirent aucune idée gracieuse à l'imagination du poète. Elles sont presque toutes jaunes ; leurs joues n'ont ni coloris, ni embonpoint, et leurs cous gonflés se sentent déjà du voisinage de la Savoie.

Cette superbe contrée est arrosée par la plus sale des rivières. Son eau, couleur d'ardoise, inonde, après la fonte des neiges, les champs qui l'avoisinent. Ces ravages, qui ne sont que trop fréquents, empêchent l'industrie et la culture de s'approcher de trop près de ses bords. Nous faisions, en la regardant couler, ces remarques peu flatteuses, quand nous vîmes son eau se noircir encore davantage, tournoyer sur elle-même en vagues circulaires ; et il en sortit une femme livide, au teint olivâtre. C'était la naïade de l'Isère, qui, se formalisant de nos propos, nous apprit qu'elle descendait en droite ligne du Mont-Isaro ; qu'après avoir traversé la Savoie, une partie du Dauphiné, et inondé quelques caves de Grenoble, elle se mariait avec le Drac, et que de compagnie ils allaient tous deux se précipiter dans le Rhône, au-dessous de Romans.

Alors, d'un ton soumis et doux :
« Belle nymphe, dit l'un de nous,
Si vous voulez que dans le monde
Nous puissions nous louer de vous,
Dans votre course vagabonde,
Respectez les vins du pays,
Et n'allez pas verser votre onde
Dans les celliers de nos amis. »

Nous ignorons si la naïade aura écouté notre prière ; mais nous la vîmes se plonger aussitôt dans sa vilaine eau.

[...]

Charles Nodier

LA NAPOLÉONE

Que le vulgaire s'humilie
Sur les parvis dorés du palais de Sylla,
    Au-devant du char de Tullie,
Sous le sceptre de Claude et de Caligula !
Ils régnèrent en dieux sur la foule tremblante :
    Leur domination sanglante
    Accabla le monde avili ;
Mais les siècles vengeurs ont maudit leur mémoire,
Et ce n'est qu'en léguant des forfaits à l'histoire
    Que leur règne échappe à l'oubli.

Vendue au tyran qui l'opprime,
Qu'une tourbe docile implore le mépris !
    Exempt de la faveur du crime,
Je marche sans contrainte, et n'attends point de prix.
On ne me verra point mendier l'esclavage,
    Et payer d'un coupable hommage,
    Une lâche célébrité.
Quand le peuple gémit sous sa chaîne nouvelle,
Je m'indigne du joug, et mon âme fidèle
    Respire encor la liberté !

Il vient cet étranger perfide,
Insolemment s'asseoir au-dessus de nos lois,
        Lâche héritier du parricide,
Il dispute aux bourreaux la dépouille des rois.
Sycophante vomi des murs d'Alexandrie[1]
        Pour l'opprobre de la patrie
        Et pour le deuil de l'univers,
Nos vaisseaux et nos ports accueillent le transfuge :
De la France abusée il reçoit un refuge ;
        Et la France en reçoit des fers.

        Il est donc vrai ! ta folle audace,
Du trône de ton maître ose tenter l'accès !
        Tu règnes : le héros s'efface ;
La liberté se voile et pleure tes succès.
D'un projet trop altier ton âme s'est bercée ;
        Descends de ta pompe insensée ;
        Retourne parmi tes guerriers.
À force de grandeur crois-tu pouvoir t'absoudre ?
Crois-tu mettre ta tête à l'abri de la foudre
        En te cachant sous des lauriers ?

        Quand ton ambitieux délire
Imprimait tant de honte à nos fronts abattus,
        Dans l'ivresse de ton empire,
Rêvais-tu quelquefois le poignard de Brutus ?
Voyais-tu s'élever l'heure de la vengeance,
        Qui vient dissiper ta puissance
        Et les prestiges de ton sort ?
La roche tarpéienne est près du Capitole.
L'abîme est près du trône, et la palme d'Arcole
        S'unit au cyprès de la mort.

        En vain la crainte et la bassesse
D'un immense avenir ont flatté ton orgueil.
        Le tyran meurt, le charme cesse ;
La Vérité s'arrête au pied de son cercueil.
Debout dans l'avenir, la Justice t'appelle ;

Ta vie apparaît devant elle,
　　Veuve de ses illusions.
Les cris des opprimés tonnent sur ta poussière,
Et ton nom est voué par la nature entière
　　À la haine des nations.

　　En vain au char de la victoire
D'un bras triomphateur tu fixas le destin ;
　　Le temps s'envole avec ta gloire,
Et dévore en fuyant ton règne d'un matin ;
Hier j'ai vu le cèdre. Il est couché dans l'herbe.
　　Devant une idole superbe
　　Le monde est las d'être enchaîné.
Avant que tes égaux deviennent tes esclaves,
Il faut, Napoléon, que l'élite des braves
　　Monte à l'échafaud de Sidney[2].

NOTE SUR L'ÉDITION

Une anthologie se veut personnelle ou bien historique, reflétant un goût qui avoue sa subjectivité ou bien exprimant le souci de rendre compte d'une production. Dira-t-on que le choix présent participe de l'un et de l'autre ? Il laisse de côté les pans entiers de la poésie dynastique et religieuse officielle pour réhabiliter la poésie philosophique et libertine, puis une certaine poésie engagée, révolutionnaire ou contre-révolutionnaire. De ce fait, il privilégie sans doute la seconde moitié du siècle, travaillée de tensions plus visibles entre le classicisme et les aspirations nouvelles. Il cherche surtout à montrer la diversité des formes et des inspirations qu'on a trop souvent réduites à l'imitation fatiguée du siècle précédent. L'époque est celle d'une mutation de la poésie, elle ne se reconnaît ni dans un code fixe ni dans un lyrisme strictement individuel, elle juxtapose les exercices formels, les discours idéologiques, les joyeusetés amoureuses, les intuitions mystiques. Les nécessités de l'anthologie ont conduit à éliminer la versification dramatique, faisant alors partie de plein droit de la poésie, à réduire à la portion congrue le poème en prose dont le domaine est vaste et les limites floues, à ne reproduire que, sur le mode de l'exemple, l'annotation en prose des poèmes didactiques et descriptifs, trop souvent sacrifiée par les anthologies et les études.

Les notes qui sont des poètes et qui appartiennent en propre aux textes sont appelées par des lettres et placées en bas de page. L'annotation qui est ajoutée par l'éditeur pour expliquer les textes est appelée par des chiffres en exposant et rejetée en fin de volume. Elle est limitée à des informations lexicales et historiques, ainsi qu'à des rapprochements pour situer les poètes les uns par rapport aux autres et en liaison avec leur époque. Les éditions critiques mentionnées en bibliographie fourniront au lecteur plus curieux une information complémentaire. Les titres donnés entre crochets ne sont pas d'origine ; les coupures sont marquées par des points de suspension entre crochets [...] ; les recueils dont sont extraits les poèmes sont mentionnés à la fin des textes sauf lorsque ceux-ci ont été empruntés à des recueils des *Œuvres* ou *Œuvres complètes* de l'auteur. L'étude des variantes d'une édition à l'autre est laissée de côté. De même que la présentation des poètes à l'intérieur de l'anthologie, les poèmes de chaque auteur sont en général classés par ordre chronologique.

L'orthographe a été modernisée, pour autant que la métrique et la rime le permettaient. C'est ainsi qu'on peut trouver dans l'anthologie : *encor, eux-même, mil, voi. Presque* et *quoique* restent souvent élidés malgré la règle moderne. Enfin, l'accent circonflexe remplace le *e* qui suit une voyelle au milieu d'un mot, que ce soit un futur verbal (*avoûrai, crîrai*) ou bien des termes comme *gaîté, enjoûment.* Les contraintes de la rime pour l'œil demeurent fortes dans la poésie du XVIIIe siècle. La sonorité du vers a également conduit à ne pas substituer au participe passé *tissu* notre actuel *tissé.*

La production poétique de la dernière décennie du XVIIIe siècle peut être également découverte à travers le *Chansonnier révolutionnaire* que nous avons édité en collaboration avec Paul-Édouard Levayer (Gallimard, 1989), on y trouvera en particulier des poèmes de Baour-Lormian, Cadet-Gassi-court, Charlemagne, Marie-Joseph Chénier, Cubières, Ducis, Ducray-Duminil, Fabre d'Olivet, Florian, Lebrun-Pindare, Nogaret, Nougaret, Parny ou Piis. Par ailleurs, l'*Anthologie de la poésie française du XVIIe siècle* de Jean-Pierre Chauveau (Gallimard, 1987) propose des poèmes de Boileau qui vit jusqu'en 1711 ou de Chaulieu qui continue à produire jusqu'en 1720. Le premier tome de l'*Anthologie de la poésie française du XIXe siècle* (Gallimard, 1984), dû à Bernard Leulliot, qui rassemble des poètes de Chateaubriand à Baudelaire, s'ouvre sur des textes de Germaine de Staël, Chateaubriand, Chênedollé, Baour-Lormian, Népomucène Lemercier et Désaugiers qui assurent la transition du XVIIIe au siècle suivant. Dans ce recueil, les extraits de Germaine de Staël et de Chateaubriand, tirés de *De l'Allemagne* et d'*Atala*, illustrent une prose poétique, différente des poèmes versifiés des deux auteurs, retenus ici.

Il m'est enfin agréable de reconnaître que jamais cette anthologie n'au-rait vu le jour sans l'amicale insistance de Marc de Launay, sans l'inéga-lable, patiente et non moins amicale attention de Catherine Fotiadi, sans les critiques et suggestions de Catriona Seth. Qu'ils en soient tous trois vivement remerciés, ainsi que Nathalie Rizzoni, attachée à faire connaître Panard, qu'elle tient à nommer Pannard.

M. D.

BIBLIOGRAPHIE GÉNÉRALE

Quelques anthologies

ALLEM, Maurice *Anthologie poétique. XVIIIᵉ siècle*, Garnier, 1919, et Garnier-Flammarion, 1966.

DUMAS, André, *Anthologie des poètes français du XVIIIᵉ siècle*, Delagrave, 1934.

DUVIARD, Ferdinand, *Anthologie des poètes français. XVIIIᵉ siècle*, Larousse, 1948.

KANTERS, Robert, et NADEAU, Maurice, *Anthologie de la poésie française. Le XVIIIᵉ siècle*, Lausanne, Rencontre, 1967.

OSTER, Pierre, *Anthologie de la poésie française au XVIIIᵉ siècle*, Tchou, 1969.

ROUDAUT, Jean, *Poètes et grammairiens au XVIIIᵉ siècle. Anthologie*, Gallimard, 1971.

FINCH, Robert, et JOLIAT, E., *French Individualist Poetry 1686-1760. An Anthology*, Toronto, 1971.

CHEVALLIER, Simone, *La Poésie française au XVIIIᵉ siècle*, Larousse, 1974.

SABATIER, Robert, *Histoire de la poésie française, la poésie du XVIIIᵉ siècle*, Albin Michel, 1975.

DELON, Michel, et LEVAYER, Paul-Édouard, *Chansonnier révolutionnaire*, Gallimard, 1989.

MOUREAU, François, et WAHL, Élisabeth, *Chants de la Révolution française*, Le Livre de poche, 1989.

PASCAL, Jean-Noël, *La Fable au siècle des Lumières*, Université de Saint-Étienne, 1991.

Études de référence

VAN TIEGHEM, Paul, *La Poésie de la nuit et des tombeaux en Europe au XVIIIᵉ siècle*, Bruxelles, 1922.

CLAYTON, V., *The Prose Poem in the French Literature of the XVIIIth Century*, New York, 1937.

BARQUISSEAU, Raphaël, *Les Poètes créoles du XVIIIᵉ siècle*, Jean Vigneau, 1949.

FINCH, Robert, *The Sixth Sense. Individualism in French Poetry, 1686-1760*, Toronto, 1966.

BÉNICHOU, Paul, *Le Sacre de l'écrivain. 1750-1830*, José Corti, 1973, rééd. Gallimard, 1996.

GUITTON, Édouard, *Delille et le poème de la nature en France de 1750 à 1820*, Klincksieck, 1974.

MENANT, Sylvain, *La Chute d'Icare : la crise de la poésie française (1700-1750)*, Genève, Droz, 1981.

Lectures de la poésie du XVIIIᵉ siècle. Études de réception littéraire, *Œuvres et critiques*, VII, hiver 1982.

LOTE, Georges, *Histoire du vers français*. Texte revu par Joëlle GARDES-TAMINE et Lucien VICTOR, VII-2, *Le XVIIIᵉ siècle*, Aix-en-Provence, Publications de l'Université de Provence, 1992.

BRADY, Patrick, *Rococo Poetry in English, French, German, Italian : an introduction*, Knoxville, Tennessee, New Paradigm Press, 1992.

STEINMETZ, Jean-Luc, *Signets. Essais critiques sur la poésie du XVIIIᵉ au XXᵉ siècle*, José Corti, 1995.

Articles et chapitres suggestifs

RANSCELOT, J., « Les manifestations du déclin poétique au début du XVIIIᵉ siècle », *Revue d'histoire littéraire de la France*, 1926.

MICHÉA, R., « Le plaisir des tombeaux au XVIIIᵉ siècle », *Revue de littérature comparée*, XVIII, 1938.

NATOLI, G., « La crisi della poesia e i *minores* della età voltairiana », *Figure e problemi della cultura francese*, Messine-Florence, 1956.

ÉTIEMBLE, « La Poésie au XVIIIᵉ siècle », *Histoire des littératures*, sous la direction de Raymond Queneau, Encyclopédie de la Pléiade, t. III, Gallimard, 1958, 2ᵉ éd. 1978.

FABRE, Jean, « Un thème "préromantique" : "Le Nouveau Monde" des poètes d'André Chénier à Mickiewicz », *Actes du Congrès de littérature comparée de Chapel Hill*, University of North Carolina Press, repris dans *Lumières et romantisme. Énergie et nostalgie de Rousseau à Mickiewicz*, Klincksieck, 1963, 2ᵉ éd. 1980.

GUITTON, Édouard, « Les Tentatives de libération du vers français dans la poésie de 1760 à la Révolution », *CAIEF*, 21, mai 1969.

MERCIER, Roger, « La Querelle de la poésie au début du XVIIIᵉ siècle », *Revue des sciences humaines*, janvier-mars 1969.

VIER, Jacques, « La Poésie », *Histoire de la littérature française. XVIIIᵉ siècle*, t. II, Colin, 1970.

MOSER, Walter, « De la signification d'une poésie insignifiante : examen de la poésie fugitive au XVIIIᵉ siècle et de ses rapports avec la pensée sensualiste en France », *Studies on Voltaire*, XCIV, 1972.

STAVAN, Henry A., « L'amour dans la poésie personnelle de quelques auteurs de la fin du XVIIIᵉ siècle », *Studi francesi*, XVI, 1972.

STAVAN, Henry A., « Le lyrisme dans la poésie française, 1760-1820 », *Revue des sciences humaines*, 149, janvier-mars 1973.

GUITTON, Édouard, « Jeu, poésie et jeux poétiques au XVIIIᵉ siècle », *Le Jeu au XVIIIᵉ siècle*, Aix-en-Provence, Édisud, 1976.

Les Saisons dans la poésie du XVIIIᵉ siècle, *Cahiers Roucher-André Chénier*, 6, 1986.

La Poésie et le règne de Louis XVI, *Cahiers Roucher-André Chénier*, 10-11, 1990-1991.

CONDÉ, Michel, « Note sur la poésie française au XVIIIᵉ siècle », *Études françaises*, printemps 1991.

DELON, Michel, « Ce nouvel Ulysse méritait sans doute un autre Homère. Colomb héros poétique, entre Lumières et romantisme », *Europe*, 756, avril 1992.

Les Poètes prosateurs, *Cahiers Roucher-André Chénier*, 12, 1992.

MENANT, Sylvain, « Matinées galantes et philosophiques dans la poésie française du XVIIIᵉ siècle », *CAIEF*, 45, mai 1993.

MENANT, Sylvain, « Les Tombeaux poétiques au XVIIIᵉ siècle », *Le Tombeau poétique en France*, La Licorne, 29, Poitiers, 1994.

PAPPAS, John N., « The role of poet in XVIIIth-century French society », *Twenty years of French literary criticism. A Memorial volume for Philip A. Wadsworth (1913-1992)*, ed. Freeman G. Henry, Birmingham, Alabama, Summa Publications, 1994.

LU, Jin, « Poésie et philosophie à l'âge des Lumières : solution optimale ou alliance précaire ? », *Raison présente*, 114, 1995.

MENANT, Sylvain, « Lieux du bonheur : les châteaux poétiques au XVIIIᵉ siècle », *La Quête du bonheur et l'expression de la douleur dans la littérature et la pensée françaises. Mélanges offerts à Corrado Rosso*, Genève, Droz, 1995.

MANTION, Jean-Rémy, « Le XVIIIᵉ siècle », *La Poésie française du Moyen Âge à nos jours*, sous la direction de Michel Jarrety, PUF, 1997.

Études par genres

SAILLARD, G., *Essai sur la fable en France au XVIIIᵉ siècle*, Toulouse, Privat, 1912.

NEUBERT, Fritz, *Die französischen Versprosa-Reisebrieferzählungen und der kleine Reiseroman des 17. und 18. Jahrhunderts*, Iena-Leipzig, 1923.

HEMPFER, Klaus W., *Tendenz und Aesthetik. Studien zur französischen Verssatire des 18. Jahrhunderts*, Munich, Fink, 1972.

LÜTHJE, Reinhard Joachim, *Die französische Verserzählung nach La Fontaine. Studien zur Poetik und Geschichte des Conte en vers*, Hambourg, Romanisches Seminar der Universität, 1979.

CAROCCI, Renata, *Les Héroïdes dans la seconde moitié du XVIIIe siècle (1758-1788)*, Schena-Nizet, 1988.

HUNT, Herbert, *L'Épopée ou la case vide. La Réflexion poétologique sur l'épopée nationale en France*, Tübingen, Niemeyer, 1988.

PRATT, T. M., « The French Revolution in neoclassical Epic », *French Studies*, 43, 1989.

PRATT, T. M., « Of exploration and exploitation : the New World in later Enlightenment epic », *Studies on Voltaire*, 267, 1989.

NIDERST (éd.), Alain, *La Pastorale française. De Rémy Belleau à Victor Hugo, Biblio 17.* Supplements to *PFSCL*, n° 63, 1991.

La Poésie en prose des Lumières au romantisme (1760-1820), Presses de l'Université de Paris-Sorbonne, 1993.

PASCAL, Jean-Noël, « Au jardin des fables. Botanique et pédagogie chez quelques fabulistes », *Dalhousie French Studies*, 21, hiver 1994.

GAILLARD, Aurélia, *Fables, mythes, contes. L'Esthétique de la fable et du fabuleux (1660-1724)*, Champion, 1996.

Scansion du siècle

MENANT, Sylvain, « Territoires de la poésie vers 1694 », *Studies on Voltaire*, 320, Oxford, 1994.

GUITTON, Édouard, « La Poésie en 1778 », *Dix-huitième siècle*, 11, 1979.

MENANT, Sylvain, « L'audience de la poésie en 1778 d'après les périodiques », *L'Année 1778 à travers la presse traitée par ordinateur*, éd. Paule Jansen, PUF, 1982.

La Poésie et le règne de Louis XVI, *Cahiers Roucher-André Chénier*, n° 10-11, 1990-1991.

THOMA, Heinz, « "Les vers sont enfants de la lyre, il faut les chanter, non les lire." Lied und Lyrik in der Französischen Revolution », *Literatur der Französischen Revolution*, éd. par Henning Krauss, Stuttgart, Metzler, 1988.

SCARFE, Francis, « Poésie et politique. L'*Almanach des muses* de 1792 », *Aufsätze zum 18. Jahrhundert in Frankreich*, éd. par H. J. Lope, Francfort, 1979.

DELON, Michel, « Poésie satirique et débat idéologique à l'aube du XIXe siècle » [l'année 1800], *Romantisme*, 39, 1983.

DHOMBRES, Jean, « La gloire de la science : culture et poésie vers 1800 », *Revue d'histoire moderne et contemporaine*, octobre-décembre 1992.

Influences

VAN TIEGHEM, Paul, « Young et ses *Nuits* en France », *Études d'histoire littéraire*, première série, Hachette, 1907.

Van Tieghem, Paul, *Ossian en France*, Rieder, 1917.

Lerber, W. de, *L'Influence de Clément Marot aux XVIIe et XVIIIe siècles*, Lausanne, 1920.

Cameron, Margaret, *L'Influence des* Saisons *de Thomson sur la poésie descriptive en France (1759-1810)*, Champion, 1927.

Miller, J., *Boileau en France au XVIIIe siècle*, Baltimore, Johns Hopkins University Press, 1942.

Marmier, Jean, *Horace en France au XVIIe siècle*, PUF, 1962.

Knapp, G., *The Fortunes of Pope's* Essay on Man *in Eighteenth-Century France*, Oxford, *Studies on Voltaire*, LXXXII, Oxford, 1971.

Gillet, Jean, *« Le Paradis perdu » dans la littérature française de Voltaire à Chateaubriand*, Klincksieck, 1975.

Martindale (éd.), C., *Ovid Renewed. Ovidian Influences on Literature and Art from the Middle Age to the twentieth Century*, Cambridge University Press, 1988.

Duperray, Ève, *L'Or des mots. Histoire du pétrarquisme en France.* Publications de la Sorbonne, 1997.

NOTES

ANONYME. MALBROUGH S'EN VA-T-EN GUERRE. – **1.** Le héros de la chanson est le duc de Marlborough (1650-1722), général anglais qui infligea de lourdes défaites à la France et dont on comprend que les soldats français chantent le décès, en simplifiant son nom. La chanson date-t-elle de la mort du duc ? Elle semble en tout cas diffusée dans les milieux militaires, puis campagnards, enfin parisiens dans les années 1780. Il y a alors, note Bachaumont, « des rubans, des coiffures, mais surtout des chapeaux à la Malbrough et l'on voit toutes les femmes aller dans les rues, aux promenades, affublées de grotesques couvre-chefs, sous lesquels elles se plaisent à enterrer même leurs charmes, tant la nouveauté a d'empire sur elles » (*Mémoires secrets*, 1783). Beaumarchais utilise l'air pour la romance de Chérubin, ainsi que le feront de nombreuses romances révolutionnaires ou contre-révolutionnaires, en attendant le Hugo des *Châtiments* dans le poème « Le Sacre ».

Bibl. Michel Delon, « De Hugo à Beaumarchais, la mémoire d'une chanson », *Charles Péguy* 4. *Les Dialogues de l'histoire*, éd. par Simone Fraisse, Lettres Modernes-Minard, 1988 et « Malbrough s'en va-t-en guerre : les avatars d'une chanson », *La Chanson française et son histoire*, éd. par Dietmar Rieger, Tübingen, Narr, 1988.

BASTIDE, Jean-François de, 1724-1798. Marseillais monté à Paris, il a régulièrement publié des contes, anecdotes et romans, plus rarement des recueils de poèmes. Son récit le plus connu, plusieurs fois réédité, est *La Petite Maison* dont la première version date de 1758 et que nous avons publié dans la collection Folio, à la suite de *Point de lendemain* (Gallimard, 1995). *Les Gradations de l'amour* date de 1772.

LES DÉTAILS. – **1.** Le titre du recueil est caractéristique du libertinage mondain diffusé par Crébillon. Le héros des *Égarements du cœur et de l'esprit* découvre « de quelle nécessité étaient les gradations » (Folio,

p. 147). Le récit de *La Petite Maison* est construit sur de semblables
«gradations» (Folio, p. 128). Le terme qui appartenait au vocabulaire de
la rhétorique passe alors dans le langage de l'amour et de la séduction.

LE RACCOMMODEMENT. – **1.** Art : au sens d'artifice, d'abstraction,
d'où la référence à la définition réductrice, dans le vers suivant.

BEAUHARNAIS, Marie-Françoise, dite Fanny Mouchard, comtesse
de, 1738-1813. Elle se sépara d'un mari beaucoup plus âgé qu'elle et
ouvrit un salon littéraire. Elle recueillit Dorat avec lequel elle collabora,
puis s'intéressa à Cubières. Le titre de son premier volume, *Mélanges de
poésies fugitives et de prose sans conséquence* (1772), indique sa fidélité au
libertinage mondain à la Dorat.

ROMANCE. – **1.** La romance est datée de 1781 et a été mise en
musique par le comte de Sainte-Aldegonde. Rousseau repose dans l'île
des Peupliers, dans le parc du marquis de Girardin, de sa mort en 1778
jusqu'au transfert de ses cendres au Panthéon en 1794. La tombe durant
ces années est devenue un lieu de pèlerinage et suscite d'innombrables
poèmes. Girardin compose pour les pèlerins une *Promenade ou Itinéraire
d'Ermenonville* (1788), suivi par Le Tourneur avec un *Voyage à Erme-
nonville*, par Arsenne Thiébaut avec un *Voyage à l'île des peupliers* (1799),
etc.

Bibl. F. K. Turgeon, «Fanny de Beauharnais : Biographical Notes
and a Bibliography», *Modern Philology*, 30, 1932-1933.

BEAUMARCHAIS, Pierre Augustin Caron de, 1732-1799. Touche-
à-tout de génie, financier épris de littérature, ou bien écrivain confon-
dant la fiction et la réalité, Beaumarchais glissa dans ses pièces de théâtre
quelques-uns des beaux poèmes du siècle.

Bibl. René Pomeau, *Beaumarchais ou la bizarre destinée*, PUF, 1987.
– Jean-Pierre de Beaumarchais, *Beaumarchais. Le Voltigeur des Lumières*,
Gallimard, 1996.

BERNIS, François Joachim de Pierres, abbé puis cardinal de, 1715-
1794. Destiné sans grande vocation à une carrière ecclésiastique, il
devint abbé de cour, rima une *Épître sur la paresse* (1735), des poèmes
descriptifs, *Les Quatre Parties du jour*, *Les Quatre Saisons*, mais aussi un
grand poème philosophique, *La Religion vengée* qui ne fut publié qu'en
1795. La faveur de Mme de Pompadour le fit ambassadeur à Venise,
ministre des Affaires étrangères ; après sa disgrâce, il redevint ambassa-
deur à Rome où la Révolution le surprit. Le personnage continue
aujourd'hui à fasciner ou à intriguer : le nombre des biographies et des
essais qui lui sont consacrés en fait foi.

Bibl. Roger Vailland, *Éloge du cardinal de Bernis*, Fasquelle, 1956. –
Serge Dahoui, *Le Cardinal de Bernis ou la royauté du charme*, Aubenas,
Lienhart, 1972. – René Vaillot, *Le Cardinal de Bernis, la vie extraordi-
naire d'un honnête homme*, Albin Michel, 1985. – Kurt Schäfer, *Fr. J. de
Pierres, cardinal de Bernis als Schriftsteller und Mensch (1715-1794)*,
Dresde, 1939. – Furio Luccichenti, *Intreccio librano-enologico tra Casa-
nova e De Bernis, con appendice iconografica e bibliografica relativa al car-
dinale*, Rome, 1980. – Sylvain Menant, «Les *Saisons* de Bernis», *Cahiers
Roucher-André Chénier*, VII, 1987.

SUR L'AMOUR DE LA PATRIE. – **1.** Dans une édition du poème, il
est précisé : «Cette épître a été commencée auprès de Pont-Saint-Esprit
en Languedoc.» Le mot *patriotisme* est un néologisme qui apparaît au
milieu du XVIIIᵉ siècle. – **2.** Potosí, célèbre pour ses mines d'or en Boli-
vie, représentait la richesse.

L'AMOUR PAPILLON. – **1.** Le papillon qui désignait souvent l'âme
dans la mythologie païenne devient l'image de la faiblesse de l'être
humain, incapable de résister aux tentations chez François de Sales :
«Comme le petit papillon voyant la flamme va curieusement voletant
autour d'icelle pour essayer si elle est aussi douce que belle, et pressé de
cette fantaisie ne cesse point qu'il ne se perde au premier essai, ainsi les
jeunes gens bien souvent se laissent tellement saisir de la fausse et sotte
estime qu'ils ont du plaisir des flammes voluptueuses, qu'après plusieurs
curieuses pensées ils s'y vont en fin finale ruiner et perdre» (*Introduction
à la vie dévote*). Le libertinage du XVIIIᵉ siècle réhabilite l'inconstance du
papillon. Charles-Germain de Saint-Aubin grave une suite de *Papillon-
neries humaines* à laquelle Patrick Mauriès a consacré un essai, *Sur les
papillonneries humaines* (Gallimard, Le Cabinet du lettré, 1996).

LE MATÉRIALISME. – **1.** C'est encore le vocabulaire cartésien.
– **2.** Le *Trésor de la langue française* signale certains emplois d'*atmosphère*
au masculin à la fin du XVIIIᵉ siècle, chez Linguet ou chez Barnave.

BERTIN, Antoine de, 1752-1790. Né à l'île Bourbon (aujourd'hui la
Réunion), il devient officier dans la métropole, il donne des poèmes à
l'*Almanach des muses* et publie trois livres d'*Amours* (1780-1784). Il
s'embarque en 1789 pour Saint-Domingue mais meurt peu après son
arrivée.

Bibl. Raphaël Barquisseau, *Les Poètes créoles du XVIIIᵉ siècle*, Jean
Vigneau, 1949. – *Cahiers Roucher-André Chénier*, nᵒˢ 10-11, 1990-1991.
– Manuela Raccanello, «L'isola di Bourbon nella poesia di Antoine de
Bertin», *Sulla via delle Indie orientali / Sur la route des Indes orientales*,
éd. par Paola Carile, Fasano-Paris, Schena-Nizet, 1995. – Édouard
Guitton, «Deux Laclos en miniature : Bertin et Parny», *Littérature et
séduction. Mélanges offerts à Laurent Versini*, Klincksieck, 1997.

À EUCHARIS. – **1.** Scylla, écueil dangereux de la mer de Sicile, rendu fameux par la locution « tomber de Charybde en Scylla », aller de mal en pis. – **2.** *Oiseux* « s'applique aux personnes qui vivent dans le désœuvrement, sans occupation utile et honnête », explique le dictionnaire de Trévoux qui ajoute : « Ce mot est un peu moins en usage que *oisif*. » « La différence qui se trouve entre les mots *oiseux* et *oisif*, appliqués à des personnes, ne viendrait-elle point de ce que le premier paraît désigner celui qui tient du fainéant [...] au lieu que celui d'*oisif* désigne seulement celui qui est dans l'inaction ? »

LA MÉRIDIENNE. – **1.** La Manufacture royale de porcelaine fut créée par Louis XV à la demande de Mme de Pompadour : les bâtiments furent construits à Sèvres de 1753 à 1756.

AUX MÂNES D'EUCHARIS. – **1.** Le doux chantre d'Éléonore : Parny.

LETTRE ÉCRITE DES PYRÉNÉES. – **1.** Lettre adressée au comte de Parny, frère du poète. – **2.** La vestale romaine sert à désigner une religieuse chrétienne ; voir Colardeau, *Lettre amoureuse*, n. 2. – **3.** *Entonner* : « verser une liqueur dans un tonneau, dans un muid, dans un baril. » Trévoux ajoute : « On dit hyperboliquement d'un ivrogne qui boit beaucoup, qu'il *entonne* bien. » La forme pronominale *s'entonner* est lexicalisée avec un sens différent : « se dit du vent lorsqu'il entre avec impétuosité dans un lieu étroit. » – **4.** L'époque connaît d'âpres débats entre défenseurs de l'orthodoxie religieuse qui lisent la Bible au pied de la lettre, et partisans d'une théorie scientifique de la formation du globe, puis, parmi ces derniers, entre plutoniens qui croient à une formation liée au feu central, et les neptuniens qui privilégient le rôle de l'océan primitif. Buffon est intervenu dans les discussions, au début de sa carrière, avec sa *Théorie de la terre* (1749), puis, vers la fin, avec les *Époques de la nature* (1778).

BONNARD, Bernard, chevalier de, 1744-1784. Issu d'une famille bourguignonne noble mais désargentée, il monta à Paris, goûta au droit, devint officier et fut enfin nommé à trente-trois ans sous-gouverneur des enfants d'Orléans. Mais il fut bientôt supplanté à ce poste par Mme de Genlis. On peut dire de sa poésie ce que La Harpe remarque d'un de ses poèmes : « C'est la légèreté et l'inconstance réduites en principes, mais avec une mesure juste et des nuances délicates et gracieuses. » Il ne réunit pas lui-même ses poèmes, éparpillés dans les périodiques et les recueils collectifs, qui ne furent rassemblées qu'en 1791, puis en 1824 et en 1828 dans une édition augmentée. Dorat lui rend hommage : « Toi, qui pour battre la raison / Pris les hochets de la folie, / Toi, qui promets à ta patrie / Le philosophique abandon, / Les mœurs, l'aisance et le génie / Du paresseux Anacréon, / J'ai lu vingt fois tes vers aimables [...] » (« Au chevalier Bonnard », *Mes nouveaux torts*, 1775).

ÉPÎTRE À M. LE CHEVALIER DE BOUFFLERS. – **1.** Sur Boufflers, voir p. 461. – **2.** Le comte de Gramont, libertin du Grand Siècle, s'était permis de rivaliser en amour avec le roi. Il fut exilé à Londres où il rencontra Antoine Hamilton qui rédigea les *Mémoires de la vie du comte de Gramont* (1713). – **3.** En exil à Londres, Saint Évremond fut l'ami de Gramont et de Hamilton. – **4.** Ovide, auteur de *L'Art d'aimer*, est encadré par deux écrivains militaires, le chevalier de Folard (1669-1752) et Végèce, auteur latin du Vᵉ siècle, connu pour un *Traité de l'art militaire*.

BONNEVILLE, Nicolas de, 1760-1828. Petit-neveu de Jean Racine, il se fit connaître comme traducteur de la littérature allemande : *Nouveau Théâtre allemand* (12 vol., 1783-1785), *Choix de petits romans imités de l'allemand* (1786). Au début de la Révolution, il fut actif dans les milieux du Cercle social qui espéraient concilier action révolutionnaire et foi religieuse. Il publia dans cette perspective *De l'esprit des religions* (1791) et des *Poésies* (1793). Il signa ses recueils, en supprimant la particule de son nom.

Bibl. Philippe Le Harivel, *Nicolas de Bonneville, préromantique et révolutionnaire*, Strasbourg, 1923. – Suzanne Kleinert, *Nicolas de Bonneville. Studien zur ideengeschichtlichen und literaturtheoretischen Position eines Schriftstellers der Französischen Revolution*, Heidelberg, Carl Winter, 1981.

BORDES, Charles, 1711-1781. Il répondit aux deux discours de Rousseau et composa des essais dans l'esprit des Lumières, de Voltaire surtout. Il risqua aussi un poème érotique, *Parapilla* (1776), et un poème anticlérical burlesque, *La Papesse Jeanne* (1778).

Bibl. André Ruplinger, *Un représentant provincial de l'esprit philosophique au XVIIIᵉ siècle en France, Charles Bordes, membre de l'Académie de Lyon (1711-1781)*, Lyon, 1915.

PARAPILLA. – **1.** L'auteur, dans une lettre, reproduite en tête de la « nouvelle et dernière édition » (Florence, 1782), explique qu'il a trouvé le sujet de son poème dans un conte italien. « Aux faits qu'il contient, j'en ai lié d'autres, et je les ai tous mis en ordre ; j'en ai enrichi les détails, je les ai multipliés même, et je peux dire de mon *Parapilla* qu'une grande partie de l'invention m'appartient. / Ce ton du poème qui gage l'obscénité n'est pas de l'auteur italien, il nomme tout par son nom ; avec lui, un chou est un chou, et un – est un –. Je me suis fait un devoir de traiter le sujet avec une extrême modestie ; je voulais que cet écrit ne fût point dédaigné par les prudes ; je crois qu'elles pourront le lire en toute dévotion, sans que leur délicatesse en souffre. »

LE BERGER RESPECTUEUX. – **1.** Voir « Les Amants aisés » de Lattaignant, n. 1.

BOUFFLERS, Jean Stanislas, chevalier de, 1738-1815. On prétendait en faire un prêtre, il publia un conte, *Aline, reine de Golconde* (1761), qui fit scandale et le libéra du séminaire. Il se consacra à la poésie et à son amour pour Delphine de Sabran. Il devint gouverneur du Sénégal et rentra pour assister aux débuts de la Révolution. Il émigra prudemment jusqu'à ce que Bonaparte eût stabilisé la situation. Comme le dit fort bien Jean-Pierre de Beaumarchais, « rarement, au XVIIIe siècle, la frontière apparaît aussi fragile que chez Boufflers entre la conversation, la vie et l'écriture conçue comme formalisation fugitive en poème ou en conte d'un discours social tout entier tourné vers le plaisir des sens ».

   Bibl. Nicole Vaget-Grangeat, *Le Chevalier de Boufflers et son temps. Étude d'un échec*, Nizet, 1976. – Joseph-M. Callewaert, *La Comtesse de Sabran et le chevalier de Boufflers*, Perrin, 1990.

   LE CŒUR. – **1.** Voir, à propos du « Cœur » de Boufflers, les poèmes de Voltaire et de Bonnard, p. 78 et 301.

CAMPENON, Vincent, 1772-1843. Né à la Guadeloupe, neveu de Léonard, il vint durant la Révolution dans la métropole et se fit connaître par des romances et un voyage en vers et en prose. Il publia ensuite des recueils plus ambitieux, *La Maison des champs* (1809) et *L'Enfant prodigue* (1811), qui lui permirent de succéder à Delille à l'Académie française en 1813. Dans un discours académique en 1845, Victor Hugo résumera la carrière de Campenon : « Il aima, il songea, il écrivit. Il fut rêveur dans sa jeunesse, il devint pensif dans ses vieux jours. »

   PAUL AU TOMBEAU DE VIRGINIE. – **1.** Le roman de Bernardin de Saint-Pierre, paru en 1788, a connu un immense succès et provoqué d'innombrables œuvres dérivées, de cette romance au tableau de Joseph Vernet. Voir Paul Toinet, *Paul et Virginie. Répertoire bibliographique et iconographique*, Maisonneuve et Larose, 1963. On peut opposer cette romance mélancolique à l'ironique « Chanson de Virginie » composée par Radiguet en 1920.

   VOYAGE DE GRENOBLE À CHAMBÉRY. – **1.** La lettre, adressée par Campenon à sa sœur, est datée de septembre 1797. L'épigraphe est empruntée aux *Deux Pigeons* de La Fontaine. – **2.** François Le Coigneux de Bois-Chaumont, dit Bachaumont (1624-1702), rédigea avec Claude-Emmanuel Lhuillier dit Chapelle à cause de son lieu de naissance à La Chapelle (1626-1686) un *Voyage en Languedoc* (1663) en vers et en prose. – **3.** Charles Coypeau, sieur d'Assoucy (1605-1677), poète et musicien libertin, amateur de beaux garçons.

CAZOTTE, Jacques, 1719-1792. Après avoir été contrôleur de la marine à la Martinique, il se retira près d'Épernay. Il intervint dans la querelle des Bouffons, s'amusa avec Jean-François Rameau, le « neveu », dans une burlesque *Nouvelle Raméide* (1766), prit à partie Voltaire dans un septième chant de *La Guerre civile de Genève*. À côté de ses contes dont le chef-d'œuvre est *Le Diable amoureux* (1772), il composa des fables. Son engagement mystique et politique dans la Contre-Révolution le fit condamner à mort.

Bibl. Georges Décote, *L'Itinéraire de Jacques Cazotte (1719-1792). De la fiction littéraire au mysticisme politique*, Genève, Droz, 1984. – Jacques Cazotte, *La Nouvelle Raméide*, dans André Magnan, *Rameau le neveu*, CNRS Éditions-Publications de l'Université de Saint-Étienne, 1993.

CHABANON, Michel Paul Guy de, 1730-1792. Poète, auteur tragique et musicien, il traduisit Pindare, Théocrite et donna d'intéressants essais critiques : *Observations sur la musique et principalement sur la métaphysique de l'art* (1779), *De la musique considérée en elle-même et dans ses rapports avec la parole, les langues, la poésie et le théâtre* (1785).

Bibl. Belinda Cannone, *Philosophies de la musique (1752-1780)*, Aux amateurs de livres, 1990.

CHARLEMAGNE, Armand, 1753-1838. Il passa par l'Église, le Droit et l'Armée, avant de prendre goût à la littérature. Il devint alors un polygraphe fécond qui écrivit aussi bien des pièces de théâtre et des romans que de la poésie. On lira aussi d'Armand Charlemagne un « Hymne à l'Éternel » dans le *Chansonnier révolutionnaire* (n° 91).

UN MOT SUR DORAT. – **1.** *La Décade philosophique* est l'organe des idéologues, héritiers des encyclopédistes. Elle parut de 1794 à 1803, date à laquelle elle devint *Revue philosophique*. – **2.** Un des recueils de Dorat s'intitule *Mes fantaisies* (1770). – **3.** La Révolution s'est voulue « régénération » de la France. – **4.** Les rédacteurs de *La Décade* qui paraissait tous les dix jours, selon le calendrier républicain. – **5.** Le nom de Céladon, le héros de *L'Astrée*, était vite passé dans la langue courante pour désigner un soupirant sans exigence sensuelle. On créa ensuite un substantif. Fourier s'interroge longuement sur le céladonisme dans *Le Nouveau Monde amoureux* : « Il n'est rien de plus méprisé parmi nous que le céladonisme ou amour sentimental, dégagé du désir sensuel. » – **6.** Voir « Le Papillon et les Tourterelles » de Grécourt et « L'Amour papillon » de Bernis, ainsi que « Le Grillon » de Florian.

CHASSAIGNON, Jean-Marie, 1735-1795. Cet étrange personnage mena entre Lyon et Genève, entre catholicisme et protestantisme, Révolution et Contre-Révolution, une existence chaotique et poétique. Amalgamant les citations, bousculant les genres, les *Cataractes de l'imagination* (1779) et *Les Nudités ou les Crimes du peuple* (1792) excèdent la littérature. Le titre complet du premier recueil dit assez la révolte morale et l'excès poétique : *Cataractes de l'imagination, déluge de la scribomanie, vomissement littéraire, hémorragie encyclopédique, Monstre des Monstres, par Épiménide l'inspiré. Dans l'antre de Trophonius au pays des Visions. Les Nudités* se présente comme une pièce de théâtre pamphlétaire à laquelle Jacques Bousquet trouve un ton à la Léon Bloy et des résonances ubuesques (*Le 18ᵉ siècle romantique*, Pauvert, 1972).

Bibl. Jean Roudaut, « Un cas littéraire : Chassaignon », *Cahiers du Sud*, 346, 1957. – F.-G. Frank, *Chassaignon, ein Antiphilosoph zwischen klassistischer Tradition und moderner Æsthetik*, Stuttgart, 1973.

EFFERVESCENCE DU SANG. – **1.** Le texte se présente comme un enchevêtrement de citations que nous n'explicitons pas toutes. Quelques notes fournissent seulement des points de repère. – **2.** Francis Willis (1717-1807) est le médecin aliéniste qui devint célèbre à travers toute l'Europe par la guérison du roi George III. Louvet de Couvray lui fait soigner son personnage dans *Les Amours du chevalier de Faublas* (Folio, 1996, p. 1077). – **3.** Esprits animaux. – **4.** Helvétius en particulier dans *De l'esprit*. – **5.** *Fayel* de Baculard d'Arnaud (1770) et *Gabrielle de Vergy* de De Belloy (1770) sont deux tragédies qui exploitent le thème médiéval du cœur de l'amant que le mari fait manger à sa femme. – **6.** Dans *Atrée et Thyeste* de Crébillon père (1707), un frère fait boire à l'autre le sang de son propre fils. – **7.** Chassaignon donne en note le texte latin. – **8.** Sur Ducis, adaptateur de Shakespeare, voir p. 474. – **9.** Edward Young (1683-1765), auteur des *Nuits* (1742-1745). – **10.** Sur Jean-Baptiste Rousseau, auteur de *Cantates*, voir p. 491. – **11.** Sur Feutry, voir p. 475. – **12.** Chassaignon cite en note l'Apocalypse. – **13.** Jean-Michel Gardair traduit ainsi les trois strophes du Tasse (Livre de Poche, 1996) :

> Alors un bruit soudain sort de la forêt,
> comme le grondement de la terre qui tremble,
> où se mêlent le murmure des Austers et la plainte
> de l'onde qui gémit sur les écueils.
> On y entend rugir le lion, siffler le serpent,
> hurler le loup et gronder l'ours,
> on y entend les trompettes, on y entend le tonnerre :
> tous ces sons si divers sortent d'un seul son.

(XIII, 21)

> Un voile noir dérobe aux yeux des mortels
> le soleil et le jour, et plus noir que les horreurs
> de l'enfer, on dirait que le ciel prend feu,
> sillonné comme il est de flammes et d'éclairs.

Le tonnerre gronde, la pluie congelée tombe
en grêle, fauche les prairies et inonde les champs.
La grande tourmente arrache les branches, et semble
ébranler et les chênes et les rochers et les collines.

(VII, 115)

Mais déjà les ombres étaient un horrible voile
qui s'imbibe et se teint de vapeurs rouges ;
la terre, que ne rafraîchit plus la rosée nocturne,
est baignée de brumes tièdes et sanglantes ;
le ciel se couvre de monstres et de prodiges,
on entend rôder en frémissant d'ignobles fantômes :
Pluton a vidé ses abîmes et déversé toute
la noirceur des cavernes du Tartare.

(IX, 15)

– **14.** Spinello Spinelli, peintre d'Arezzo du XIVᵉ siècle, peignit de nombreuses fresques à Florence et une *Chute des anges rebelles* dans sa ville natale.

CHATEAUBRIAND, François René, vicomte de, 1768-1848. Né à Saint-Malo, élevé dans un vieux château récemment racheté, il nourrit sa mélancolie de cadet de famille dans le paysage breton. Il composa des poèmes et publia dans l'*Almanach des muses* de 1789 «L'Amour de la campagne», avant de s'embarquer en 1791 pour l'Amérique et de commencer la grande carrière politique, sentimentale et littéraire qu'on connaît.

Bibl. George Painter, *Chateaubriand. Une biographie*, t. I : *1768-1793*, Gallimard, 1979. – Pierre-H. et Ann Dubé, *Bibliographie de la critique sur Chateaubriand*, Nizet, 1988. – Jean-Marie Roulin, *Chateaubriand. L'Exil et la gloire*, Champion, 1994. – Jean-Claude Berchet éd., *Chateaubriand. Le Tremblement du temps*, Toulouse, Presses universitaires, 1994.

LA FORÊT. – **1.** Prestiges : au sens d'illusion. – **2.** Le recueil des *Tableaux de la nature* regroupe des poèmes composés avant l'exil, de 1784 à 1790.

CHAUSSARD, Pierre Jean Baptiste, 1766-1823. Fils d'un architecte du roi, il devient avocat, prend sous la Révolution le prénom d'Agricola et est envoyé comme commissaire de la République en Belgique. Il mena de front des fonctions administratives et pédagogiques et une production d'infatigable polygraphe. Il multiplia des essais, romans et poèmes.

Il donna en 1811 une *Épître sur quelques genres,* devenue en 1817 *Poétique secondaire, ou Essai didactique sur les genres dont il n'est point fait mention dans la Poétique de Boileau.*

Bibl. Marc Régaldo, « Profil perdu : l'idéologue Chaussard », *Approches des Lumières. Mélanges offerts à Jean Fabre,* Klincksieck, 1974.

LA ROMANCE. – **1.** *Fingal* (1762) est un poème composé par James Macpherson pour exploiter le succès des *Poèmes d'Ossian* (1760). – **2.** Voir p. 350. – **3.** Jean-Jacques Rousseau consacre un article de son *Dictionnaire de musique* au « ranz-des-vaches », « air célèbre parmi les Suisses, et que leurs jeunes bouviers jouent sur la cornemuse en gardant le bétail dans les montagnes ». À l'article « Musique », il rappelle que « cet air si chéri des Suisses » fut interdit, sous peine de mort, dans les troupes, « parce qu'il faisait fondre en larmes, déserter ou mourir ceux qui l'entendaient, tant il excitait en eux l'ardent désir de revoir leur pays ». La référence au ranz-des-vaches est constante dans la littérature sensible du XVIIIe au XIXe siècle. Senancour introduit dans *Oberman* un beau fragment « De l'expression romantique, et du ranz-des-vaches », tandis que Chênedollé chante dans *Le Génie de l'homme* « cet air simple et touchant / Qui chez le montagnard absent de sa patrie / Réveille le regret d'une terre chérie ». Voir aussi Jean Starobinski, « La nostalgie : théories médicales et expression littéraire », *Studies on Voltaire,* n° 27, 1965.

CHÉNIER, André, 1762-1794. Né à Constantinople d'un père français et d'une mère « grecque », il revient avec sa famille à Paris où il fait ses études. Il est envoyé à l'armée, mais préfère la vie mondaine et la création poétique. Nourri de culture antique, il met en chantier, à côté de bucoliques et de poésies amoureuses, des œuvres ambitieuses : épiques et descriptives (*L'Invention, L'Amérique, Hermès*). Il salue 89 par une ode, « Le Jeu de paume », dédiée à Louis David, mais s'inquiète de la radicalisation de la Révolution. Il défend la monarchie constitutionnelle en journaliste et pamphlétaire que le talent conduira à l'échafaud. Il a encore le temps de composer des *Íambes* exaspérés et vengeurs. Ses œuvres ne sont publiées par Latouche qu'en 1819, tandis que la légende s'empare de sa biographie.

Bibl. Francis Scarfe, *André Chénier, his life and work,* Oxford, Clarendon Press, 1965. – Jean Fabre, *Chénier,* Hatier, 1966. – Édouard Guitton, « Vingt ans d'études chéniéristes », *Dix-huitième siècle,* 1982. – Elizabeth R. Jackson, *Secrets observateurs : la Poésie d'André Chénier,* Schena-Nizet, 1993.

VIERGE AU VISAGE BLANC. – **1.** On peut comparer cette allégorie à une autre image de la Poésie dans un fragment de bucolique, « Nymphe tendre et vermeille, ô jeune Poésie » : voir Jean Fabre, « La poésie et le poète selon André Chénier », *L'Information littéraire,* mai-juin 1966, et Jean Starobinski, « André Chénier et la personnification de la Poésie », *Argile*, XIII-XIV, 1977.

JEUNE HOMME FOU PAR AMOUR. – **1.** Le 16 mai 1786, Marsollier des Vivetières faisait représenter au Théâtre des Italiens un opéra-comique, *Nina, ou la Folle par amour*, avec une musique de Dalayrac. L'œuvre connut un grand succès et suscita une véritable mode. On publia un recueil de nouvelles, *Les Folies sentimentales*, puis *Les Nouvelles Folies sentimentales*. Voir Jean Sgard, « Les folles de 1786 », *Du visible à l'invisible. Pour Max Milner*, José Corti, 1988. A. Chénier a mis en chantier le présent « Fou par amour », ainsi qu'une « folle », « la belle de Scio ».

TOUJOURS CE SOUVENIR. – **1.** Ce fragment de bucolique décrit un groupe antique du musée de Naples. Un vieux faune apprend à jouer de la flûte à un jeune. Voir Jean Starobinski, « La Leçon de flûte », *Langue française*, 23 septembre 1974. Jean Starobinski conclut : « L'inachèvement est ici porteur de signification. Pour comprendre l'art de Chénier, à travers sa rhétorique trop heureuse, ses imitations réussies, ses merveilleux effets de fluidité, il faut tenir compte de son indice d'impossibilité. Paradoxalement, le poème que nous venons de lire disait la transmission d'un savoir, l'éclosion d'un pouvoir. Dans la marge même du chant qui célèbre tendrement sa propre origine, Chénier laisse entrer le vide qui nous en sépare. »

Ô NUIT, NUIT DOULOUREUSE. – **1.** D'z.., du nom de la terre de Dazan, désigne une belle aristocrate dont André Chénier s'est épris, Mme de Bonneuil. Voir Georges Buisson, « À propos d'André Chénier : Camille et D'z.n. », *Revue d'histoire littéraire de la France*, mai-août 1968. La carrière de cette femme, devenue agent de renseignement des Bourbons, est retracée par Olivier Blanc, *Madame de Bonneuil. Femme galante et agent secret (1748-1829)*, Robert Laffont, 1987.

L'INVENTION. – **1.** Dans la langue classique, l'*invention* désigne le premier moment de la rhétorique, la recherche des arguments et des idées, avant la *disposition*, l'*élocution* et l'*action*. Mais le mot est déjà synonyme de découverte : l'*Encyclopédie* chante « l'invention ou perfection des arts qui tendent au bonheur du genre humain ». – **2.** Sylvain Bailly (1736-1793), astronome réputé, publia de nombreux travaux sur la théorie et l'histoire de l'astronomie. Il s'engagea dans la Révolution et devint le premier maire de Paris.

ODE À MARIE-ANNE-CHARLOTTE CORDAY. – **1.** L'assassinat de Marat par une jeune fille inconnue avait frappé l'opinion et inspiré toute une production journalistique, poétique et romanesque : voir Michel Delon, « La Fiction immédiate », dans *La Mort de Marat*, sous la direction de Jean-Claude Bonnet, Flammarion, 1986. – **2.** Cubières composa un poème à la gloire de Marat. Il y stigmatise Charlotte Corday : « Une femme pourtant, l'horreur de la nature, / Une femme a plongé le poignard dans son sein. » Il y retourne l'accusation de cruauté contre les adversaires de l'Ami du peuple : «Vous l'appelez cruel… Ah! modérés perfides! / Vous seuls fûtes de sang et de carnage avides : / Vous seuls fûtes cruels, quand, feignant la douceur, / Pour enfoncer le fer avec plus de noirceur, / Vous avez d'un Buzot adopté les maximes, / Et du tyran français pardonné tous les crimes.» Sur Cubières, voir p. 470. – **3.** Fouquier-Tinville, accusateur public au Tribunal révolutionnaire.

CHÉNIER, Marie-Joseph, 1764-1811. Frère cadet d'André, il naît comme lui à Constantinople et comme lui fait une expérience militaire. Mais tandis qu'André compose des poèmes, Marie-Joseph a le goût du théâtre. En 1789, la représentation de *Charles IX* après une longue interdiction le rend célèbre. Par ses pièces suivantes, par son élection à la Convention, il s'engage du côté montagnard mais prend ses distances par rapport à Robespierre. Attaqué après la Terreur, il continue à défendre jusqu'à sa mort ses convictions voltairiennes. On trouvera dans le *Chansonnier révolutionnaire* ses hymnes à la liberté (n° 73), à la raison (n° 76), à l'Être Suprême (n° 92), le «Chant du départ» (n° 97) et l'«Hymne du Neuf Thermidor» (n° 110).

Bibl. Alfred J. Bingham, *M.-J. Chénier. Early political life and ideas (1789-1794)*, New York, 1939. – Id., «M.-J. Chénier and French Culture during the French Revolution», *Modern Language Review*, octobre 1966. – Id., «Napoléon and M.-J. Chénier», *Studi francesi*, septembre-octobre 1963. – Id., «M.-J. Chénier idéologue and critic», *Studies on Voltaire*, 94, 1972. – *Cahiers Roucher-André Chénier*, n°s 2 et 3, 1982-1983.

ÉPÎTRE À LEBRUN. – **1.** Lebrun-Pindare, voir p. 481. – **2.** Charles Cotin (1604-1682), poète attaqué par Boileau dans *Le Repas ridicule* et par Molière dans le personnage de Trissotin des *Femmes savantes*. – **3.** Cygne thébain : Pindare. – **4.** Jean-Baptiste Rousseau.

PETITE ÉPÎTRE À JACQUES DELILLE. – **1.** Delille rentre alors d'émigration, tandis que Chateaubriand lance le *Génie du christianisme* et que le pouvoir célèbre le Concordat. – **2.** Au sens où M.-J. Chénier stigmatise les «nouveaux saints», c'est-à-dire les convertis et tous ceux qui font bruyamment retour au catholicisme. – **3.** L'excentrique Nicolas-Henri de Monville se fit construire un luxueux hôtel parisien par Boullée et par François Barbier une maison de campagne en forme de colonne brisée, avec un escalier central, au désert de Retz près de Marly. Le parc labyrinthique était semé de diverses «fabriques». Delille cite «le désert» parmi d'autres jardins nouveaux au premier chant des *Jardins*.

CHANT DU 14 JUILLET. – **1.** Allusion au corps expéditionnaire français envoyé soutenir les Insurgents américains. Le «nouveau monde» géographique se confond avec un «nouveau monde» historique. Voir la préface, p. 15-16.

LES NOUVEAUX SAINTS. – **1.** Voir les satires de Voltaire contre

Fréron, p. 82-84. – **2.** Julien Louis Geoffroy (1743-1814), professeur de collège, il succéda à Fréron à la tête de *L'Année littéraire*. Sous la Révolution, il dirigea *L'Ami du roi,* puis devint critique dramatique du *Journal des débats* et coryphée de la réaction antiphilosophique. – **3.** Jean-Marie Clément (1742-1812) que Voltaire nommait « l'Inclément » est connu pour ses satires contre les philosophes. – **4.** L'abbé Claude-Marie Guyon (1699-1771) est l'auteur de *L'Oracle des nouveaux philosophes* (1759-1760) ; Guillaume François Berthier (1704-1782) dirigea le *Journal de Trévoux*; Abraham Joseph Chaumeix (1730-1790) composa les *Préjugés légitimes contre l'Encyclopédie* (1758) ; Louis Patouillet (1699-1779) est un jésuite collaborateur de Mgr de Beaumont ; Claude François Nonnotte (1711-1793) fit paraître *Les Erreurs de M. de Voltaire* (1762) puis le *Dictionnaire philosophique de la religion* (1772) ; Sabatier de Castres (1742-1817) lança un *Tableau philosophique de l'esprit de M. de Voltaire* (1771). Tous ces polémistes ont été tournés en ridicule par Voltaire. – **5.** Mme Honesta : Mme de Genlis rentra à Paris en août 1800. Vivant de sa plume, elle n'avait pas cessé de publier. Elle avait donné à la veille de la Révolution *La Religion considérée comme l'unique base du bonheur et de la véritable philosophie,* elle imita le *Génie du christianisme* dans *La Philosophie chrétienne* (1802) et *Les Monuments religieux* (1805). – **6.** Mme de Genlis avait émigré en Suisse puis en Allemagne, près de Hambourg et à Berlin. – **7.** Chactas : l'amant d'Atala, dans la nouvelle de Chateaubriand. – **8.** Joseph Alphonse Esménard (1769-1811), laudateur officiel du consul puis de l'empereur, il versifia un poème didactique, *La Navigation* (1805).

COEUILHE, Jean-Baptiste, 1731-1801. Fonctionnaire à la Bibliothèque du roi, il composa « deux opuscules rarissimes » (R. Mortier), une épître sur *Les Ruines* (1768), remarquée par l'Académie française, et un poème sur *La Liberté des mers* (1781). La préférence qu'il donne « au fragmentaire sur l'intégral, au marbre mutilé sur la statue intacte » relève d'une esthétique « à la fois classique dans son objet et anticlassique dans son esprit ». R. Mortier le rapproche de l'Anglais John Dyer, auteur de *The Ruins of Rome* (1740). Le thème est traité à la même époque par Feutry et par Diderot dans le *Salon* de 1767 avant d'être orchestré par Bernardin de Saint-Pierre, Volney et Chateaubriand.

Bibl. Roland Mortier, « Deux poètes des ruines au XVIIIᵉ siècle », *Études sur le XVIIIᵉ siècle,* 1, Éditions de l'Université de Bruxelles, 1974.

LES RUINES. – **1.** Il s'agit de la Nature et de l'Art qui ont favorisé l'Italie où le poète erre, loin de la France.

COLARDEAU, Charles Pierre, 1732-1776. Il imita Pope avec une première héroïde, *Héloïse à Abélard* (1758), suivie de plusieurs autres, puis, à la suite de Le Tourneur, il adapta les deux premières *Nuits* de Young

(1770). Il donna de son propre fonds *Le Patriotisme* (1762) et *Les Hommes de Prométhée* (1775). Mais sa célébrité reste liée à son épître d'Héloïse.

Bibl. A. Bouvier, *Le Poète Colardeau*, Orléans, 1925. – M. Bocate, *Colardeau ou le poète aux champs*, Peyronnet, 1927. – Renata Carocci, « Due versioni poetiche del *Temple de Gnide* di Montesquieu », *Studi di Francesistica*, Gênes, 1980.

LETTRE AMOUREUSE D'HÉLOÏSE À ABÉLARD. – **1.** Les lettres latines d'Héloïse et Abélard ont déjà suscité un grand nombre d'adaptations poétiques au XVIIe siècle, mais aucune ne connut le succès qu'eut *Eloisa to Abelard* de Pope (1717) qui fut traduite et imitée dans toutes les langues européennes, en vers et en prose. Colardeau est le premier des adaptateurs français. Louis Sébastien Mercier imite aussi le texte de Pope, voir p. 282. Le roman de Rousseau est un exemple parmi d'autres de cette vogue de la légende au XVIIIe siècle, étudiée par Charlotte Charrier, *Héloïse dans l'histoire et dans la légende*, Champion, 1933, ainsi que par Bernard Bray, « Héloïse et Abélard au XVIIIe siècle : une imagerie épistolaire », *Studies on Voltaire,* 151, 1976. – **2.** Les gardiennes du feu sacré à Rome, condamnées à la chasteté, désignent souvent les religieuses chrétiennes. Voir Michel Delon, « Mythologie de la vestale », *Dix-huitième siècle*, 27, 1995.

COLLÉ, Charles, 1709-1783. Il fournit en divertissements la bonne société parisienne et fréquente la société du Caveau qui mêle la poésie aux autres plaisirs de la vie. Il compose des chansons, des parades dans le style poissard, des comédies et même un drame historique, *La Partie de chasse de Henri IV* (1763) destiné à un grand succès.

Bibl. A. Augustin-Thierry, *Trois amuseurs d'autrefois, Paradis de Moncrif, Carmontelle, Collé*, 1924. – Jean Roudaut, « Collé », *Cahiers du Sud*, 48, 1959.

LA VEUVE CONSOLÉE. – **1.** Le poème rappelle cet Italien, évoqué par Casanova dans l'*Histoire de ma vie*, que sa maîtresse appelle le « comte de Six Coups », « nom qu'il n'a plus perdu à Paris tant qu'il y resta ». Un vers de Baudelaire paraît une réponse à ces exploits ou ces vantardises : « Je ne suis pas le Styx pour t'embrasser neuf fois. »

COURNAND, Antoine de, 1747-1814. Ecclésiastique, professeur de rhétorique, il fut nommé en 1784 au Collège de France. Il applaudit à la Révolution et se maria en 1791. Il essaya de rivaliser avec Delille en traduisant *Les Géorgiques*. Ses principaux poèmes sont *Les Styles* (1781), *Les Quatre Âges de l'homme* (1785), *La Liberté ou la France régénérée* (1789), *L'Achilléide* (1800).

LE SOMBRE. – **1.** Les quatre chants sont successivement consacrés aux styles simple, gracieux, sublime et sombre. – **2.** Edward Young (1683-1765) est l'auteur de *The Complaint or Night Thoughts* (1742-1745) dont le succès fut européen et qui fut traduit en français sous le titre *Les Nuits*. Cournand affirme dans une note : « Young doit être mis à la tête des poètes élégiaques et mélancoliques ; plusieurs de ses *Nuits* sont de véritables élégies. » Il poursuit sa note en s'efforçant de définir le genre sombre. – **3.** Lorenzo est l'interlocuteur auquel Young s'adresse dans ses poèmes.

LA LIBERTÉ. – **1.** Moins connus aujourd'hui que Sieyès ou Mounier, Cerutti (1738-1792) servit de secrétaire à Mirabeau et rédigea *La Feuille villageoise* ; Target (1733-1807), avocat du cardinal de Rohan dans l'Affaire du Collier, fut député puis président de la Constituante ; Rabaut-Saint-Étienne (1743-1793), pasteur protestant, fut député à la Constituante puis à la Convention, condamné avec les Girondins.

CUBIÈRES, Michel de, 1752-1820. Monté de son Gard natal à Paris, il abandonna la soutane pour la poésie et les salons. Il devint le disciple de Dorat et, à la mort de celui-ci, l'amant de Fanny de Beauharnais. En souvenir de son maître, il se fit appeler parfois Dorat-Cubières. Ses héroïdes et ses poésies légères alternent avec des professions de foi voltairiennes et anticléricales. Il mit sa plume au service de la Révolution : *États généraux du Parnasse* (1791), *Calendrier républicain* (1796), avant de chanter l'Empire puis la Restauration. Son *Essai sur l'art poétique* date de 1812. On lira aussi « Ma maîtresse nouvelle » de Cubières dans le *Chansonnier révolutionnaire* (n° 78).

Bibl. Michel Delon, « Cubières, poète de la Révolution », *Lendemains*, 55-56, 1989, et « Poésie satirique et débat idéologique à l'aube du XIXᵉ siècle », *Romantisme*, 39, 1983.

ESSAI SUR L'ART POÉTIQUE. – **1.** Voir les poèmes de Colardeau, p. 202, et de Mercier, p. 284. – **2.** L'*Encyclopédie* définit l'allégorie comme la « métaphore continuée qui sert de comparaison pour faire entendre un sens qu'on n'exprime pas, mais qu'on a en vue ». – **3.** Jean-Jacques Rousseau dans son *Dictionnaire de musique* définit la romance comme un air sur lequel on chante un petit poème « duquel le sujet est pour l'ordinaire quelque histoire amoureuse, et souvent tragique », il précise qu'elle « doit être écrite d'un style simple, touchant et d'un goût un peu antique ». « Les romances ont quelque chose de tendre et de plaintif, qui charme le cœur en le contristant », explique Louvet de Couvray dans son roman, *Émilie de Varmont* (Paris, 1791, t. II, p. 91). Voir la romance de Chérubin dans *Le Mariage de Figaro*, p. 216. – **4.** Cubières emploie au féminin le mot masculin *épithalame*.

LE DÉFENSEUR DE LA PHILOSOPHIE. – **1.** Le changement de siècle en 1800 fut l'occasion d'un grand nombre de satires, qui dénonçaient la philosophie des Lumières et la Révolution en se référant au modèle de Gilbert. Cubières prend la défense des Lumières. – **2.** Cubières explique lui-même en note : « Toussaint, auteur des *Mœurs*, fut surnommé le capucin Panage, apparemment parce qu'il avait commencé par faire des hymnes à la louange du diacre Pâris. » – **3.** Helvétius possédait le château de Voré dans l'Orne. – **4.** Sur Rabaut, voir p. 470 et sur Roucher, p. 490. – **5.** Anacharsis Cloots : en note, Cubières distingue l'auteur de la *Certitude des preuves du mahométisme* de l'agitateur révolutionnaire. Sur le personnage, né en 1755 et guillotiné en 1794, voir Roland Mortier, *Anacharsis Cloots ou l'utopie foudroyée*, Stock, 1995. – **6.** En note, Cubières présente Payne comme « un des plus grands philosophes de ce siècle ». Ce pamphlétaire anglais (1737-1809) s'enthousiasma pour la Révolution américaine, puis pour la Révolution française. Il devint citoyen français et député à la Convention. Voir Bernard Vincent, *Thomas Paine ou la religion de la liberté*, Aubier, 1987. – **7.** Le marquis d'Argens (1704-1771), auteur des *Lettres juives* (1736), de nombreux romans et sans doute de *Thérèse philosophe* (1748), Nicolas Antoine Boulanger (1722-1759), auteur des *Recherches sur l'origine du despotisme oriental* (1761), et Nicolas Fréret (1688-1749), membre de l'Académie des inscriptions, sont trois auteurs caractéristiques des premières Lumières, mais exploités après leur mort dans le sens de la radicalisation. Des manuscrits de Boulanger et de Fréret ont été édités par d'Holbach.

DELILLE, Jacques, 1738-1813. Son statut d'enfant naturel ne l'empêche pas de faire des études, il s'affirme vite à Paris comme un jeune prodige et commence à traduire *Les Géorgiques* de Virgile dont la publication en 1769 est un succès et lui fait obtenir la chaire de poésie latine au Collège de France (rééd. Folio, 1997). *Les Jardins ou l'Art d'embellir les paysages* en 1782 est un nouveau succès. Delille reste à l'écart de la Révolution, puis dénonce la Terreur dans *La Pitié* (1803). Il publie *L'Imagination* (1806), *Les Trois Règnes de la nature* (1808), *La Conversation* (1812*)*. Quand il meurt en 1813, il est célébré comme le grand poète du pays. Ce succès officiel n'a pas manqué de susciter les sarcasmes de Rivarol ou de Marie-Joseph Chénier (voir p. 412).

Bibl. *Delille est-il mort ?*, Clermont-Ferrand, Bussac, 1969. – Édouard Guitton, « De Delille à Lamartine, périphrase, métaphore, mythe », *Lamartine, le livre du centenaire*, Flammarion, 1971, et *Jacques Delille et le poème de la nature en France de 1750 à 1820*, Klincksieck, 1974. – U. M. Becker, *Delille. L'Imagination. Ein Beitrag zu einer Imaginationstheorie des ausgehenden 18. Jahrhunderts*, Bonn, 1987. — Wolfgang Theile, « *Imitatio artis*. Poetik des Landschaftsraumes in J. Delilles *Gärten* », *Zeitschrift für französische Sprache und Literatur*, 1991.

L'IMAGINATION. – **1.** Delille suit le développement intellectuel et technique de l'homme. – **2.** Empâtés : au sens de « transformés en pâte ».

DESFORGES-MAILLARD, Paul, 1699-1772. Avocat breton, il utilisa le subterfuge du travesti féminin pour faire paraître ses vers : les *Poésies de Mlle Malcrais de La Vigne* furent publiées en 1735. Le subterfuge inspira Piron dans *La Métromanie*. Mais Desforges-Maillard s'attira l'inimitié de Voltaire et dut retourner en province sans avoir pu imposer son nom. « Il n'était pas sans talent, mais il n'avait pas un grand talent », affirme Maurice Allem. Sylvain Menant se montre plus indulgent pour les idylles : « Si ces vers évoquent Hugo ou Verlaine plutôt que Fontenelle, c'est à cause du regard attendri, mais ironique que le poète pose sur ces silhouettes de bergeries. »

Bibl. Édouard Guitton, « Un cas de marginalité littéraire au XVIIIᵉ siècle : Desforges-Maillard », *Du provincialisme au régionalisme : XVIIIᵉ-XXᵉ siècle*, Montbrison, 1989.

ÉPITAPHE DU CÉLÈBRE ROUSSEAU. – **1.** Sur Jean-Baptiste Rousseau, voir p. 491.

DESORGUES, Théodore, 1763-1808. Né à Aix-en-Provence, il voyage dans la voisine Italie puis s'installe à Paris, fréquente Cubières et Delille. Contre Marie-Joseph Chénier, Robespierre l'impose comme poète officiel de la Fête de l'Être Suprême. Desorgues produit désormais hymnes, odes et chansons pour les événements de la Révolution, jusqu'à ce qu'il soit gagné par la folie et interné à Charenton, à moins que la police napoléonienne ne se soit débarrassée ainsi d'un opposant. Il aurait fait rimer *Napoléon* et *caméléon*. Nodier le déclare « le plus grand poète lyrique de la Révolution ». On lira aussi de Théodore Desorgues dans le *Chansonnier révolutionnaire* un « Hymne à Jean-Jacques Rousseau » (nᵒ 101) et un « Hymne du Neuf Thermidor » (nᵒ 111).

Bibl. Michel Vovelle, *Théodore Desorgues ou la désorganisation*, Seuil, 1985.

HYMNE À L'ÊTRE SUPRÊME. – **1.** La musique a été écrite par Gossec. On comparera le poème de Desorgues à l'hymne composé par Marie-Joseph Chénier pour la même cérémonie (voir le *Chansonnier révolutionnaire*, nᵒ 92).

LES TRANSTÉVERINS. – **1.** Desorgues explique son titre par une citation de la *Description de l'Italie* de l'abbé Richard : « Les Transtéverins, habitants du bourg ou de la partie de Rome, située au-delà du Tibre, appelée autrefois cité Léonine, du nom du pape Léon, qui l'entoura de murailles, sont beaucoup plus vigoureux et plus entreprenants que les Romains d'en deçà du Tibre ; ils prétendent encore être libres, et les souverains pontifes ont été souvent obligés de traiter avec eux, et de leur accorder des privilèges. La plus grande partie de ces Transtéverins sont jardiniers, laboureurs, vignerons, et s'estiment comme les descendants des premières tribus de Rome, de ces tribus rustiques, qui dans les beaux temps de la république avaient tant de considération que les plus illustres des Romains tenaient à honneur de s'y faire agréger. »

DIDEROT, Denis, 1713-1784. «Monsieur le philosophe» s'est dépensé sans compter dans tous les genres et toutes les entreprises de la philosophie des Lumières. Comme lecteur, comme critique, comme traducteur, comme créateur, il n'est jamais resté insensible à la séduction et à la puissance de la poésie. Il s'est toute sa vie intéressé à l'adaptation des poètes latins, mais aussi anglais. Il s'essaie à pindariser en français. C'est un aspect de son œuvre généralement négligé.

Bibl. Arthur Wilson, *Diderot. Sa vie et son œuvre*, Laffont-Ramsay, coll. Bouquins, 1985. – Jean Varloot, «Le poète Diderot. Vers inconnus et méconnus», *Europe*, janvier 1963. – Diderot, *Poesie*, a cura di Vincenzo Barba, Salerne, Éd. 10/17, 1997.

LES ÉLEUTHÉROMANES. – **1.** Le poème ne fut à l'origine qu'une «Abdication du roi de la fève» pour l'épiphanie de 1772, publiée dans la *Correspondance littéraire* de Grimm. Diderot le remania ensuite, l'augmenta et lui donna la forme d'une ode pindarique puis d'un dithyrambe à trois récitants. Diderot adopte tardivement le titre d'*Éleuthéromanes* et explique son néologisme dans l'«Argument» du poème : furieux ou fanatiques de la liberté. – **2.** «Soit qu'à travers les dithyrambes audacieux, il [Pindare] roule des mots nouveaux et s'emporte en des rythmes affranchis des lois» (*Odes*, IV, II, trad. Budé). – **3.** Maxime pythagorique : abstiens-toi de la fève. Dans le poème, Diderot joue du double sens, diététique et métaphorique. – **4.** Dans une version antérieure, Diderot évoquait Ravaillac et Clément, les meurtriers de Henri IV et Henri III. Il préfère les remplacer par des «éleuthéromanes» antiques, Brutus et Scaevola. – **5.** Diderot emprunte cette image forte au testament du curé Meslier dont Voltaire avait publié un extrait en 1762 et dont des copies circulaient dans les milieux philosophiques. – **6.** Le lierre et le vin sont des attributs de Bacchus qui préside traditionnellement au genre du dithyrambe. – **7.** Diderot avait d'abord évoqué Grimm, mais il s'est éloigné de ce courtisan pour se rapprocher du militant Jacques André Naigeon qui fut le premier éditeur posthume de ses *Œuvres*. – **8.** Michel Jean Sedaine est un ami de Diderot qui fait triompher le théâtre que celui-ci appelait de ses vœux.

DORAT, Claude Joseph, 1734-1780. Son père le voulait avocat, une tante janséniste ne le voulait surtout pas mousquetaire, il fut poète. Il donne une réponse à l'héroïde de Colardeau, *Abélard à Héloïse*, et se disperse entre tous les genres : il compose des tragédies et comédies, des romans, récemment redécouverts, et de nombreux recueils de poésie, inspirés par un libertinage mondain et modéré. *La Déclamation théâtrale* (1766-1767) est un poème descriptif plus ambitieux. Dorat disparaît jeune encore mais son souvenir reste la référence de toute une école poétique jusqu'au début du XIXe siècle. Cubières prend le nom de Dorat-Cubières pour afficher la filiation et Armand Charlemagne défend sa mémoire contre ses détracteurs (voir p. 343 et 377).

Bibl. Desnoiresterres, *Le Chevalier Dorat et les poètes légers au* XVIIIe *siècle*, Perrin, 1887.

À CEUX QUI M'ATTRIBUAIENT L'ÉPÎTRE À MARGOT. – **1.** Sur ce poème scandaleux, aujourd'hui attribué à Laclos, voir p. 479.

LA FORCE DES LARMES. – **1.** La dénonciation du «despotisme ministériel» à la fin de l'Ancien Régime s'accompagne d'un culte à Henri IV, le bon roi. Louis Sébastien Mercier décrit la dévotion populaire autour de sa statue du Pont-Neuf : «Ah, que ce crime unanime est touchant, qu'il surpasse par son énergie tout ce que l'éloquence s'efforcera vainement d'exprimer!» (*Tableau de Paris*, t. VI, 1783).

DU BOCCAGE, Marie-Anne Le Page, Mme, 1710-1802. Née à Rouen, elle vit avec son mari à Dieppe, avant de s'installer dans la capitale. Elle est en relation avec Voltaire qui la nomme la Sapho de Normandie. Elle adapta en français *Le Paradis terrestre* de Milton (1748), *Le Temple de la renommée* de Pope (1749), *La Mort d'Abel* de Gessner (1768) et composa une épopée ambitieuse, *La Colombiade* (1756). Elle tire de ses voyages la matière de *Lettres sur l'Angleterre, la Hollande et l'Italie* (1768).

Bibl. Grace Gil-Mark, *Une femme de lettres au* XVIIIe *siècle, M. A. Du Boccage*, Champion, 1927. – J.-C. Chessez, «Mme Du Boccage ou la belle Inconnue», *French review*, 1957. – Roland Virolle, «Mme Du Boccage, Voltaire, le pape et Christophe Colomb», *Le Siècle de Voltaire*, Oxford, Voltaire Foundation, 1987. – *La Colombiade*, éd. Milagros Palma et Catherine Jardin, Éd. Côté-Femmes, 1991. – Jean-Claude Margolin, «Pour saluer Colomb. *La Colombiade* d'Anne-Marie Du Boccage», *Studi di Letteratura francese*, XX, 1994.

LA COLOMBIADE. – **1.** Christophe Colomb explique à un vieillard indien les beautés et les horreurs de la civilisation européenne.

DUCIS, Jean-François, 1733-1816. Il se consacra à la traduction de Shakespeare, sagement adapté à la scène française et souvent édulcoré : *Hamlet* (1769), *Roméo et Juliette* (1772), *Le Roi Lear* (1783), *Macbeth* (1784), *Othello* (1792). Il traduisit également des pièces antiques et donna de son propre cru *Abufar* (1795), drame lyrique de l'inceste dans le désert arabe. Sa poésie lyrique est discrète, elle chante l'amitié et la vie simple.

Bibl. « Ducis et Versailles », *Cahiers Roucher-Chénier*, n° 4, 1984, et n° 5, 1985.

À M. THOMAS. – **1.** Sur Thomas, voir p. 495. L'épître de Ducis à son ami fait succéder à l'opposition classique entre alexandrins et octosyllabes la tonalité mineure des heptasyllabes. – **2.** Admète est le roi qui donna asile à Apollon, banni de l'Olympe, et lui confia ses troupeaux. – **3.** Voir La Fontaine, « Les Deux Pigeons », *Fables*, IX, 2. – **4.** La panetière est un sac, une espèce de gibecière pour les aliments.

DUFRÉNOY, Adélaïde Gillette Billet, Mme, 1765-1825. Élevée au couvent, mariée à quinze ans, elle eut une liaison avec Fontanes et se passionna pour Parny. La Révolution priva les époux de leurs ressources, mais le talent de Mme Dufrénoy fut reconnu et elle put rouvrir son salon. Henri Potez la place « à égale distance de la princesse de Salm-Dyck [Constance de Théis], si virile, et de Desbordes-Valmore, si féminine » !

Bibl. Henri Potez, *L'Élégie en France avant le romantisme*, Calmann-Lévy, 1898, chap. IX.

SUR LA MORT DE FLORIAN. – **1.** Florian meurt le 13 septembre 1794 à Sceaux peu après avoir été libéré des prisons de la Terreur. – **2.** Florian avait publié en 1788 *Estelle, roman pastoral.*

FABRE D'ÉGLANTINE, Philippe François Nazaire Fabre, dit, 1750-1794. Un *Sonnet à la vierge* lui vaut un prix aux Jeux floraux de Toulouse en 1771. Ce prix est une églantine d'or dont il complète désormais son nom. Il se fait comédien itinérant, voire aventureux, en France, en Belgique, en Allemagne. La Révolution le change en journaliste et tribun. On lui doit le calendrier révolutionnaire. Secrétaire de Danton, conventionnel, il est condamné en 1794. Il laisse des pièces de théâtre et une romance fort célèbre qui date de 1780.

Bibl. Henri d'Alméras, *Fabre d'Églantine*, SFIL, 1906. – *Venance Dougados et son temps. André Chénier. Fabre d'Églantine.* Actes du colloque de Carcassonne, éd. par Sylvie Caucanas et Rémy Casals, Carcassonne, Les Audois, 1995.

FEUTRY, Aimé Ambroise Joseph, 1720-1789. Il adapta l'épître d'Héloïse à Abélard de Pope (1751), *Robinson Crusoé* de Defoe (1766) et quelques textes anglais. Il s'inspira aussi de la poésie anglaise dans *Le Temple de la mort* (1753), *Les Tombeaux* (1755) et dans *Les Ruines* (1767). Il rassembla ses productions en un *Recueil de poésies fugitives* (1760), des *Opuscules poétiques et philologiques* (1771) et des *Nouveaux Opuscules* (1779).

Bibl. Paul Van Tieghem, *La Poésie de la nuit et des tombeaux en Europe au XVIIIᵉ siècle*, 1921. – Robert Favre, *La Mort au siècle des Lumières*, Lyon, Presses universitaires, 1978. – Roland Mortier, *La Poétique des ruines, de la Renaissance à Victor Hugo*, Genève, Droz, 1974.

LES TOMBEAUX. – **1.** Soub… : sans doute le prince de Soubise, duc de Rohan (1669-1749).

FLORIAN, Jean-Pierre Claris de, 1755-1794. Orphelin noble mais sans fortune, il est remarqué enfant par Voltaire, puis par le duc de Penthièvre qui assure sa carrière. Il imite la *Galatée* de Cervantès, compose une autre pastorale, *Estelle et Némorin* (1788), ainsi que des romans historiques, *Numa Pompilius, second roi de Rome* (1786) et *Gonzalve de Cordoue, ou Grenade reconquise* (1791) et des *Nouvelles* (1784 et 1792). On lui doit encore des *Fables* (1792), toujours rééditées, et diverses chansons. On lira aussi de Florian « Le Nom de frère » dans le *Chansonnier révolutionnaire* (n° 65).

Bibl. G. Saillard, *Florian, sa vie, son œuvre*, Toulouse, Privat, 1912. – Osé Bruyr, « Plaisir d'amour », *Musica*, 480, 1958. – *Cahiers Roucher-André Chénier*, n° 8, 1988. – *Fables de Florian*, préface de René Pomeau, Sceaux, 1994, et éd. Jean-Noël Pascal, Perpignan, Presses universitaires, 1995.

PLAISIR D'AMOUR. – **1.** Le poème a été mis en musique par Martini (1741-1816).

FONTANES, Jean Pierre Louis de, 1757-1821. Il s'adonna très jeune à la poésie et s'inspira en particulier de modèles anglais. Pope lui suggéra une imitation de *La Forêt de Windsor* en 1780 et une adaptation de l'*Essai sur l'homme* (1783). Il imite également Gray et Ossian et donne dans le genre descriptif un *Essai sur l'astronomie* (1788). Sous le Consulat, l'Empire et la Restauration, il est un des idéologues du retour au catholicisme ; il lance Chateaubriand et assure le succès du *Génie du christianisme* ; il mène ensuite une carrière d'administrateur, mais n'abandonne pas la poésie. Il laisse *La Maison rustique* et *La Grèce sauvée*, salués par Sainte-Beuve.

Bibl. Aileen Wilson, *Fontanes (1757-1821). Essai biographique et littéraire*, De Boccard, 1928. – Guy-Édouard Pillard, *Fontanes, prince de l'esprit*, Maulévrier, Hérault, 1990. – Norbert Alcer, *Fontanes homme de lettres et administrateur*, Francfort-sur-le-Main, 1994.

ESSAI SUR L'ASTRONOMIE. – **1.** Herschel est un astronome allemand (1738-1822) qui travailla en Angleterre et découvrit Uranus en 1781.

FONTENELLE, Bernard Le Bovier de, 1657-1757. Neveu de Corneille, il se fit connaître par la diversité de ses talents. Il composa poèmes, comédies, tragédies, opéras, romans, dialogues, mais s'imposa avec les *Entretiens sur la pluralité des mondes* (1686), l'*Histoire des oracles* (1687) et les *Pastorales* (1688). Il s'engagea en faveur des Modernes. Il poursuivit jusqu'au milieu du XVIIIᵉ siècle sa double carrière d'homme de lettres et de vulgarisateur des sciences, carrière couronnée par ses fonctions à l'Académie française et à l'Académie des sciences.

Bibl. Arnaldo Pizzorusso, *Il ventaglio e il compasso. Fontenelle e sue teorie letterarie*, Naples, Ed. scientifiche italiane, 1964. – Alain Niderst, *Fontenelle à la recherche de lui-même*, Nizet, 1972, et *Fontenelle*, Plon, 1991. – Pierre Brunel, « Les poésies pastorales » et Jean-Pierre Chauveau, « Fontenelle et la poésie », *Fontenelle. Actes du colloque tenu à Rouen du 6 au 10 octobre 1987*, PUF, 1989.

GENTIL-BERNARD, Pierre Joseph Bernard, dit, 1708-1775. Militaire, il préféra les salons aux champs de bataille et se fit nommer par Mme de Pompadour bibliothécaire du roi au château de Choisy. Ses petits vers et ses longs poèmes (*L'Art d'aimer*, *Phrosine et Mélidore*) chantent, les uns et les autres, l'amour léger, l'amour libertin. Ils lui valurent de son vivant le titre d'Anacréon de la France. À défaut d'un tel titre, il conserva le surnom de Gentil-Bernard que lui aurait décerné Voltaire.

L'ART D'AIMER. – **1.** Le poète est guidé dans sa visite par l'Amour lui-même.

GILBERT, Nicolas, 1751-1780. Fils de cultivateurs lorrains, il monte à Paris et, déçu par les philosophes, cherche à faire carrière du côté de leurs adversaires. Ses satires, *Le Dix-huitième siècle* (1775) et *Mon apologie* (1778), ses poésies religieuses lui valent des pensions de la Cour et de l'Église. Il meurt d'un accident de cheval, mais le romantisme en fait un poète maudit, incompris de ses contemporains (Vigny dans *Stello*, Clovis Pinard dans *Gilbert ou le poète malheureux*). La postérité a privilégié l'*Ode imitée de plusieurs psaumes*, connue sous le titre *Les Adieux à la vie*.

Bibl. Ernest Laffay, *Le Poète Gilbert, étude biographique et littéraire*, 1898. – Barbara Wojciechowska Bianco, *Gilbert, poeta del malheur*, Lecce, Adriatica Editrice Salentina, 1984.

GRÉCOURT, Jean-Baptiste Joseph Willart de, 1683-1743. Chanoine et prédicateur, il fut aussi un poète mondain qui se soucia peu de rassembler ses œuvres, parues seulement de façon posthume en 1746. Sans prétention, pour le plaisir de ses hôtes et de ses lecteurs, il chanta « moines paillards et maris cocus, Iris ou Philis toujours belles, surprises et complaisantes » (Jean-Pierre de Beaumarchais).

Bibl. *L'Œuvre badine de l'abbé de Grécourt*, intr. de Guillaume Apollinaire, Bibl. des Curieux, 1912.

LE BIEN VIENT EN DORMANT. – **1.** On comparera le poème à des variations sur le même thème de la belle dormeuse par Marmontel et Bertin.

GRESSET, Jean-Baptiste Louis, 1709-1777. Originaire d'Amiens, il devient professeur au collège Louis-le-Grand à Paris et publie un poème satirique, l'histoire du perroquet d'un couvent, *Ver-Vert* (1734), qui plaît peu aux jésuites du collège. Gresset prend pourtant goût à la vie littéraire et mondaine de Paris. À côté de *Ver-Vert* et de ses autres poèmes (*La Chartreuse, Le Lutrin vivant*, etc.), Gresset écrit pour le théâtre. La comédie *Le Méchant* (1747) est la plus connue de ses pièces. Il faut se souvenir, avec un de ses éditeurs de la fin du XIXᵉ siècle, qu'« il y a peu d'écrivains de notre langue qu'on ait autant lus et réédités que Gresset ». *Ver-Vert* est encore publié en 1945.

Bibl. Jules Wogue, *J.B.L. Gresset, sa vie et ses œuvres*, Lecène, 1894. – Robert Finch, « Gresset. Créer ou se taire », *The Sixth Sense*, Toronto, 1966.

GUÉRINEAU DE SAINT-PÉRAVY, Jean Nicolas Marcellin, 1732-1789. Il publia des poèmes dans l'*Almanach des muses*, rédigea un conte voltairien, de nombreux essais économiques et collabora au *Journal de l'agriculture et du commerce*. On lui attribue l'étrange *Épître sur la consomption* parue sans nom d'auteur en 1761.

Bibl. Robert Mauzi, « Les maladies de l'âme au XVIIIᵉ siècle », *Revue des sciences humaines*, octobre-décembre 1969. – Carmelina Imbroscio, « L'*Épître sur la consomption* de Guérineau de Saint-Péravy ou la suspension douloureuse de l'existence », *La Quête du bonheur et l'expression de la douleur dans la littérature et la pensée françaises. Mélanges offerts à Corrado Rosso*, Genève, Droz, 1995.

LUCRÈCE ET TARQUIN. – **1.** Souvenir des romans libertins : « Le prince embrassait ses genoux ; cette posture, imaginée par le respect, n'est pas toujours fidèle à l'intention du fondateur » (La Morlière, *Angola,* 1746). « Je me rejetai à ses genoux, posture favorable à l'amour, inventée pour prouver le respect et qui sert à en manquer le plus souvent » (Guillard de Servigné, *Les Sonnettes*, 1749).

HOUDAR DE LA MOTTE, Antoine, 1672-1731. Il composa sur-
tout pour le théâtre et l'opéra. Une tragédie comme *Inès de Castro*
(1723) connut « un succès jamais vu depuis *Le Cid* ». Il composa égale-
ment des *Odes* (1707), des *Fables* (1719) et une traduction de *L'Iliade en
vers avec un discours sur Homère* qui relança la Querelle des Anciens et
des Modernes. Il devient l'un des chefs de file des Modernes, défendant
la néologie, le poème en prose et la « nouvelle préciosité ».

Bibl. Paul Dupont, *Un poète-philosophe au commencement du
XVIIIᵉ siècle, Houdar de La Motte*, 1898. – François Moureau, « Les *Fables
nouvelles* (1719) de La Motte ou comment s'en débarrasser », *Le Fablier*,
nᵒ 2, 1990.

LACLOS, Pierre Ambroise Choderlos de, 1741-1803. Officier du génie,
il publie dans l'*Almanach des muses* avant de provoquer le scandale des
Liaisons dangereuses (1782) et de se lancer dans une carrière de publiciste
politique aux côtés du duc d'Orléans qui se fait appeler, sous la Révolu-
tion, Philippe-Égalité. On lui a contesté la paternité de l'*Épître à Mar-
got*, parue en 1770 dans *L'Occasion et le Moment* de Mérard de Saint-Just
et republiée sous son nom en 1776 dans l'*Almanach des muses*, puis dans
des *Pièces fugitives* en 1787. On a voulu y voir la main de Dorat (voir
p. 473). Mais Laurent Versini attribue à Laclos cette épître où le public
a lu des allusions malignes à la courtisane, devenue comtesse Du Barry
et maîtresse du roi. « Laclos a-t-il vraiment entendu diriger une pièce
satirique contre la Du Barry, ou […] l'Épître a-t-elle une portée beau-
coup plus générale, l'ascension des femmes de petite naissance et de
petite vertu étant chose commune à l'époque ? » Laurent Versini pose la
question sans pouvoir y répondre.

Bibl. Laurent Versini, *Laclos et la Tradition*, Klincksieck, 1968. –
D. Coward, « Laclos studies 1968-1982 », *Studies on Voltaire*, 219, 1983.
– Georges Poisson, *Choderlos de Laclos ou l'obstination*, Grasset, 1985. –
René Pomeau, *Laclos ou le paradoxe*, Hachette, 1993.

ÉPÎTRE À MARGOT. – **1.** Margot est un prénom populaire. En
1750, Fougeret de Montbron avait publié *Margot la ravaudeuse*, histoire
d'une fille de la rue Saint-Paul à Paris, devenue prostituée puis courti-
sane richement entretenue. – **2.** D'Hozier : célèbre généalogiste.

LAGRANGE-CHANCEL, François Joseph de Chancel, sieur de La
Grange, dit, 1677-1758. Protégé par Racine, il se lança très jeune dans
une carrière d'auteur tragique. Une altercation en 1717 avec le duc de La
Force provoque son incarcération à la Bastille, puis son exil sur ses terres.
Ses *Philippiques*, d'une rare violence contre le Régent, Philippe d'Or-
léans, accusé d'avoir empoisonné une partie de la famille royale et de
menacer la vie même du jeune roi, aggravent son cas. Il est emprisonné

au fort Sainte-Marguerite (1719-1723) dont il s'évade. Réfugié à Amsterdam, il doit attendre la mort du Régent pour pouvoir rentrer en France. Ses *Philippiques* constituent selon Sylvain Menant «l'esquisse d'une épopée où l'histoire s'alimente dans l'imaginaire, une épopée de "politique-fiction"».

Bibl. *Les Philippiques*, éd. par L. de Labessade, avec une lettre de Victor Hugo, 1875.

LES PHILIPPIQUES. – **1.** Démosthène et Cicéron s'élevèrent contre Philippe de Macédoine et contre Marc Antoine. – **2.** Circés et Médées : figures mythologiques de sorcières et d'empoisonneuses. – **3.** Philippe V d'Espagne. – **4.** Le comte Julien dont la fille avait été violée par le roi Roderic s'allia aux Maures et aux Sarrasins qui renversèrent Roderic.

LA HARPE, Jean-François de, 1739-1803. Orphelin, boursier, il se révèle d'emblée plein de talent, mais doué aussi pour se faire des ennemis. Il s'essaie dans le genre de l'héroïde, compose des tragédies, des éloges académiques, mais trouve son style dans la critique et le cours qu'il professe au Lycée, institution de conférences fondée à la veille de la Révolution. Révolutionnaire prêt à tous les excès, il se convertit en prison et brûle Voltaire et la Philosophie qu'il avait adorés. Il commence à publier en 1799 son *Cours de littérature ancienne et moderne* qui devient la bible de l'enseignement de la littérature en France.

Bibl. Christopher Todd, *Voltaire's Disciple, Jean-François de La Harpe*, Modern Humanities Research Association, Londres, 1972. – Alexandre Jovicevich, *Jean-François de La Harpe, adepte et renégat des Lumières*, Seton Hall University Press, 1973. – Rémy Landy, «La Harpe professeur de poésie», *Œuvres et critiques*, VII, 1, 1982.

LATTAIGNANT, Gabriel Charles de, 1697-1779. Cadet de famille, il dut sans vocation entrer au séminaire et prendre le petit collet. Il tenta vainement une carrière diplomatique, mais préféra vivre à Paris une vie de libertinage et de badinage poétique, aidé en 1740 par un titre de chanoine de Reims. Bachaumont le traite en 1775 de «grand chansonnier». Des recueils rassemblèrent d'abord ses productions sans son aveu. Ses *Poésies* atteignaient quatre volumes en 1757, cinq en 1779. La postérité s'est souvenue de sa chanson «J'ai du bon tabac».

Bibl. Émile Faguet, «Lattaignant», *Revue des cours et conférences*, 16 février 1905.

LES AMANTS AISÉS. – **1.** L'adjectif *aisé* et le substantif *aisance* appartiennent au vocabulaire libertin mis à la mode par Crébillon. «L'amour, jadis si respectueux, si sincère, si délicat, était devenu si téméraire et si aisé, qu'il ne pouvait paraître redoutable qu'à quelqu'un aussi peu instruit que moi », explique le narrateur des *Égarements du cœur et de l'esprit*. Il reprend plus loin : « Pour rendre la société plus douce, on était convenu d'en retrancher les façons : on ne la trouva pas encore assez aisée ; on en supprima les bienséances. » Avec la noblesse et la liberté, l'aisance définit le style aristocratique qui semble se caricaturer lui-même dans le libertinage mondain. Voir Michel Delon, « De l'aisance à la négligence, Crébillon dans la crise du modèle classique », *L'Information littéraire*, janvier-février 1996.

LEBRUN-PINDARE, Ponce Denis Écouchard, dit, 1729-1807. Élève de Louis Racine, il composa deux odes sur le tremblement de terre de Lisbonne où périt le fils de Louis Racine : elles le firent connaître. On attendit dès lors le grand poème qu'il promit toute sa vie et qui ne parut inachevé qu'après sa mort, *La Nature, ou le bonheur philosophique et champêtre*, dont les quatre chants s'intitulent : *La Sagesse, La Liberté, Le Génie, L'Amour*. Le public patienta grâce aux odes, élégies, épîtres et épigrammes de celui qu'il considérait comme le Pindare français, le grand poète de la seconde moitié du siècle. Les frères Chénier le reconnurent pour leur maître. Ginguené publia ses *Œuvres* en 4 vol. (1811). Les *Œuvres choisies* parurent en 2 vol. (1821). Charles Gidel en 1883 lui reconnaît « le mérite de réveiller la poésie lyrique ».

Bibl. *Ode über den Untergang von Lissabon* dans *Die Erschütterung der vollkommenen Welt. Die Wirkung des Erdbebens von Lissabon im Spiegel europäischer Zeitgenossen*, éd. par Wolfgang Breidert, Darmstadt, Wissenschaftliche Buchgesellschaft, 1994. – G. de Piaggi, « Les *Épigrammes* d'Écouchard-Lebrun », *Annales de la Faculté des Lettres d'Aix*, 1966. – Francis Scarfe, « Le Brun-Pindare (1729-1807) », *Eighteenth-Century French Studies. Literature and the Arts. Presented to Norman Suckling*, Newcastle, Oriel Press, 1969. – Roger Fayolle, « La dépindarisation de Ponce-Denis Écouchard Lebrun dit Le Brun-Pindare », *Œuvres et critiques*, VII-1, 1982. – Philippe Roger, « Il naufragio vittorioso del *Vengeur*. Storia di una leggenda », *Naufragi*, éd. par Mariella Di Maio, Milan, Guerini, 1994.

SUR LE VAISSEAU *LE VENGEUR*. – **1.** Le naufrage du navire le 1er juin 1794 fut l'occasion d'une floraison poétique, selon le vœu de Barère qui déclarait à l'Assemblée : « C'est aux poètes et aux peintres à tracer et à peindre l'événement du *Vengeur*. » Parny lui consacre aussi un poème. – **2.** Rhodope : montagne de Thrace où demeurait Orphée.

LA NATURE. – **1.** Le polype, découvert par le naturaliste genevois Trembley, paraissait faire la transition entre le végétal et l'animal. Delille commente dans *Les Trois Règnes de la nature* : « Le polype des eaux, prodige renommé, [...] parut pour réunir l'animal à la plante » (chant VIII). La sensitive qui joue un rôle similaire entre les deux règnes est un thème privilégié de la poésie descriptive : voir Jean-Marie Roulin, « Les plantes ont-elles une âme? La sensitive de Descartes à Delille», *Études de lettres*, janvier-mars 1992. – **2.** Joseph Pitton de Tournefort (1656-1708), botaniste, fut envoyé par Louis XIV en mission scientifique en Orient.

LEFRANC DE POMPIGNAN, Jean-Jacques Lefranc, marquis de Pompignan, 1709-1784. Magistrat à Montauban, il quitta le barreau pour les lettres parisiennes. Il s'essaya au théâtre mais se heurta à Voltaire. Il s'imposa comme poète sacré, mais ses attaques contre la philosophie nouvelle le désignèrent comme cible des quolibets et des injures. Il finit par se retirer sur ses terres à Pompignan.

Bibl. Théodore Braun, *Un ennemi de Voltaire, Le Franc de Pompignan*, Minard, 1972, et «Antiphilosophie dans les *Poésies sacrées* de Le Franc de Pompignan», *Revue de l'Université d'Ottawa*, juillet-septembre 1984. – Guillaume Robichez, *J.-J. Lefranc de Pompignan. Un humaniste chrétien au siècle des Lumières*, SEDES, 1987. – Le *Voyage de Languedoc et de Provence* est partiellement reproduit par Jean-Marie Goulemot dans *Le Voyage en France. Anthologie des voyageurs européens en France, du Moyen Âge à la fin de l'Empire*, Bouquins-Robert Laffont, 1995.

VOYAGE DE LANGUEDOC ET DE PROVENCE. – **1.** La lettre en vers et en prose est datée du 29 octobre 1740. Les voyageurs viennent de passer par Mirabeau, La Tour d'Aigues et Apt. – **2.** Mandille : veste courte d'une personne de basse condition.

LEGOUVÉ, Gabriel, 1764-1812. Fils d'un riche avocat, il peut se consacrer à la littérature. Il publie avec Laya les *Essais de deux amis*, puis donne au théâtre des tragédies, *La Mort d'Abel* (1793), *Épicharis et Néron* (1794). Il fait paraître en 1797 *Les Souvenirs, la Sépulture et la Mélancolie* et en 1801 *Le Mérite des femmes* qui marque peut-être la fin d'un idéal viril révolutionnaire.

LEMIERRE, Antoine Marin, 1733-1793. Secrétaire du fermier général Dupin, il est couronné par l'Académie et fait jouer des pièces de théâtre. *La Peinture* en trois chants (1769) et *Les Fastes, ou les usages de l'année* en seize chants (1779) illustrent le genre descriptif. «Habile tourneur de vers», il apparaît à Henri Berthaut comme «un *poeta* plutôt qu'un *vates*» (*De Candide à Atala*, Del Duca, 1968). Édouard Guitton est sensible au philosophe qui perce sous le poète. La Révolution applaudit son *Guillaume Tell*.

[L'EUROPE ET L'AMÉRIQUE]. – **1.** Mercier déjà imagine dans son Paris utopique de *L'An 2440* un monument public «au vengeur du nouveau monde» : «J'aperçus sur un magnifique piédestal un nègre, la tête haute, le bras tendu, l'œil fier, l'attitude noble, imposante. Autour de lui étaient les débris de vingt sceptres.» Un passant commente : «La nature a enfin créé cet homme étonnant, cet homme immortel, qui devait libé-

rer un monde de la tyrannie la plus atroce, la plus longue, la plus insul-
tante. Son génie, son audace, sa patience, sa fermeté, sa vertueuse ven-
geance ont été récompensés : il a brisé les fers de ses compatriotes. Tant
d'esclaves opprimés sous le plus odieux esclavage semblaient n'attendre
que son signal pour former autant de héros. »

LÉONARD, Nicolas Germain, 1744-1793. Né à la Guadeloupe, il y
retourne exercer des charges officielles (1784-1792). Cette expérience se
mêle dans les *Idylles morales* (1766) aux souvenirs antiques et à sa décou-
verte des poètes allemands et anglais. « Lorsqu'on lit les *Idylles* de Léonard
qui sont loin d'être parfaites, il semble qu'on se trouve devant le brouillon
d'un poème du XIXᵉ siècle » (Robert Sabatier). Les poètes du XIXᵉ siècle
l'ont en tout cas pratiqué et Lamartine lui emprunte ce vers : « Un seul
être me manque et tout est dépeuplé. » Léonard compose par ailleurs deux
romans sous le signe de Rousseau et de Richardson, *La Nouvelle Clémen-
tine* (1774) et les *Lettres de deux amants habitants de Lyon* (1783).

Bibl. W. M. Kerby, *The Life, diplomatic career and literary activities of
Nicolas-Germain Léonard*, Champion, 1925. – Raphaël Barquisseau, *Les
Poètes créoles du XVIIIᵉ siècle*, Jean Vigneau, 1949. – Renata Carocci,
« Nicolas-Germain Léonard : originalità e imitazione nella sua poesia »,
*Atti del convegno su la sensibilita nella letteratura Francese dall' abbé Pré-
vost a Mme de Staël*, Vérone, 1997.

LES REGRETS. – **1.** Cf. le poème de La Harpe qui porte le même
titre, p. 278.

LOAISEL DE TRÉOGATE, Joseph Marie, 1752-1812. Issu d'une
vieille famille bretonne, il est déçu par sa carrière militaire et se réfugie
dans une littérature de la mélancolie et du désespoir. Il publie essentiel-
lement des nouvelles et des romans, mais aussi une élégie, *Aux âmes sen-
sibles* (1780). La Révolution lui permet ensuite de développer une œuvre
de dramaturge qu'on considère comme une des sources du mélodrame.
Le *Nouvel Almanach des muses* de 1802 a publié un poème « À M. le che-
valier de Parny, après avoir lu ses Poésies érotiques » auquel Parny a
répondu par un dizain de remerciement.

Bibl. Towsend Whelen Bowling, *The Life, works, and literary career of
Loaisel de Tréogate*, Oxford, Studies on Voltaire, 196, 1981. – Raphaël
Gimenez, *L'Espace de la douleur chez Loaisel de Tréogate*, Minard, 1992.

AUX ÂMES SENSIBLES. – **1.** Les emplois psychologiques d'*électriser*
étaient apparus une dizaine d'années plus tôt. On en trouve plusieurs
occurrences chez Loaisel. « Les secousses du remords et de la douleur »
électrisent le cœur d'un coupable, dans les *Soirées de mélancolie* (1777).
Les cœurs sont « électrisés par le sentiment, grandis par la vertu » dans
Dolbreuse (1783). Loaisel, selon un critique du *Mercure de France*, croit

que les lecteurs ont « besoin d'être électrisés fortement » (26 février
1780).

MALFILÂTRE, Jacques Charles Louis de, 1732-1767. Élève des
jésuites de Caen, il entreprend de traduire Virgile et *Les Métamorphoses*
d'Ovide. Il est couronné cinq années de suite aux Palinods de Rouen et
de Caen, il monte à Paris, essaie de versifier *Télémaque*, rêve d'une épo-
pée, compose *Narcisse dans l'île de Vénus* et meurt d'un accident avant
l'âge. Gilbert mythifiera cette mort dans le vers fameux : « La faim mit
au tombeau Malfilâtre ignoré. » *Narcisse* est publié en 1769, les traduc-
tions d'Ovide et de Virgile respectivement en 1799 et 1810.

   Bibl. Barbara Wojciechowska Bianco, *Malfilâtre e il mito di Narciso*,
Lecce, Adriatica Ed. Salentina, 1978.

   LE BONHEUR. – **1.** Ce poème que ne signalent ni Robert Mauzi ni
Jean Deprun pourrait être situé par rapport aux analyses de *L'Idée du
bonheur au XVIIIͤ siècle* (1960, rééd. Albin Michel, 1994) ainsi que de *La
Philosophie de l'inquiétude en France au XVIIIͤ siècle* (Vrin, 1979) qui
marque le sillage de l'*inquietum* augustinien. – **2.** Mollesse : plaisir,
volupté. – **3.** On comparera ce texte à « L'Inquiétude de l'homme », ode
parue dans le *Parnasse chrétien* (1748) que reproduit Jean Deprun et
qu'il propose d'attribuer à Antoine Louis de Chalamont de La Visclède
(1692-1760). – **4.** L'ode « L'Inquiétude de l'homme » s'achève sur
l'image des fleuves se précipitant « pour entrer dans la mer, qui leur rend
le repos ».

MARÉCHAL, Sylvain, 1750-1803. Le « berger Sylvain », qui compose
des pastorales et des poèmes anacréontiques, est aussi un militant athée
et révolutionnaire, l'auteur d'*Ad majorem gloriam virtutis. Fragments
d'un poème moral sur Dieu* (1781), de la comédie *Le Jugement dernier des
rois* (1793), du *Lucrèce français. Fragments d'un poème* (1798), du *Dic-
tionnaire des athées* (1800). Compromis dans la conspiration babouviste,
il sut échapper à la répression.

   Bibl. Françoise Aubert, *Sylvain Maréchal. Passion et faillite d'un égali-
taire*, Goliardica-Nizet, 1975. – Voir aussi de Maréchal « Le beau Vari-
cour, garde du corps », romance inspirée par les événements des 5 et
6 octobre 1789, et la « Chanson nouvelle à l'usage des faubourgs » dans
le *Chansonnier révolutionnaire* (nᵒˢ 9 et 116).

MARIVAUX, Pierre Carlet, dit, 1688-1763. Fils d'un fonctionnaire de
la marine devenu contrôleur de la Monnaie de Riom, Marivaux se lance
jeune dans la littérature. Il rédige des romans, des journaux périodiques
et se fait connaître par des comédies données au Théâtre Italien, puis
en alternance au Théâtre Français. Son engagement en faveur des

Modernes le montre critique envers la versification classique, mais il termine souvent ses pièces par d'agréables chansons comme divertissement.

Bibl. Henri Coulet et Michel Gilot, *Marivaux, un humanisme expérimental*, Larousse, 1973. – Frédéric Deloffre, *Une préciosité nouvelle, Marivaux et le marivaudage*, Colin, 1955, 2ᵉ éd. 1967.

MARMONTEL, Jean-François, 1723-1799. Fils d'un tailleur limousin, il fait carrière et devient un des principaux personnages de la littérature officielle, éditeur du *Mercure* (1758-1760), membre, puis secrétaire perpétuel de l'Académie française (1763 et 1783), historiographe (1772). Il est connu pour ses *Contes moraux* et ses *Éléments de littérature*. On ne publia qu'en 1820 un poème érotique d'un ton bien différent, *La Neuvaine de Cythère*, composé en 1764, dont Diderot écrivait à la fin du *Salon de 1767* : l'ami Marmontel « a fait le joli poème de la *Neuvaine*, et c'est quelque chose, soit dit en passant. »

Bibl. *De l'Encyclopédie à la Contre-Révolution : Jean-François de Marmontel (1723-1799)*, éd. par Jean Ehrard, Clermont-Ferrand, G. de Bussac, 1970. – John Renwick, *La Destinée posthume de Marmontel*, Université de Clermont-Ferrand, 1972. – Jacques Wagner, *Marmontel journaliste et le Mercure de France*, Grenoble, Presses universitaires, 1975. – James Maurice Kaplan, *La Neuvaine de Cythère : une démarmontélisation de Marmontel*, Studies on Voltaire, 113, 1973.

LA VOIX DES PAUVRES. Épître au roi, sur l'incendie de l'Hôtel-Dieu. – **1.** Ce poème a été inspiré par l'incendie du 30 décembre 1772. Il est vendu en 1773 au profit des pauvres. L'opinion demande que l'hôpital soit rebâti sur un emplacement plus salubre et surtout que son architecture respecte mieux l'hygiène.

LA NEUVAINE DE CYTHÈRE. – **1.** J. M. Kaplan rapproche ces vers du passage de Lucrèce consacré aux songes (*De natura rerum*, IV, 962-1029). – **2.** Au sens ancien de fort, solide. – **3.** Le ceste : la courroie.

MERCIER, Louis Sébastien, 1740-1814. « Je suis le sacrilège », proclame cet ancien professeur de rhétorique, devenu un des adversaires les plus acharnés et les plus féconds du classicisme. Il s'illustre par son traité *Du théâtre* (1773) et ses nombreux drames. Il connaît le succès avec des œuvres qui bousculent la hiérarchie des genres, *L'An 2440* (1770), le *Tableau de Paris* (1781-1788), *Le Nouveau Paris* (1799). Critique de la versification classique qu'il a pratiquée, il revient aux vers dans ses *Satires contre Racine et Boileau* (1808), dédiées à August Wilhelm Schlegel, qui préfigurent le *Racine et Shakespeare* de Stendhal, de même que son *De la littérature et des littérateurs* (1778) annonçait le *De la littérature* de Mme de Staël, mais il commence à être lu aujourd'hui en dehors de son simple rôle de précurseur.

Bibl. *L.-S. Mercier précurseur et sa fortune*, sous la direction d'Hermann Hofer, Munich, Wilhelm Fink, 1977. – *L.-S. Mercier. Un hérétique en littérature*, sous la direction de Jean-Claude Bonnet, Mercure de France, 1996.

HÉLOÏSE À ABÉLARD. – **1.** Nouvelle imitation du poème de Pope, à la suite de Colardeau. Voir p. 202 et 468.

SATIRES CONTRE RACINE ET BOILEAU. – **1.** Edward Young, auteur des *Nuits*, mais aussi des *Conjectures on original Composition* (1759), traduites en français par Le Tourneur, dix ans plus tard. Roland Mortier a souligné le retentissement de ce texte à travers toute l'Europe (*L'Originalité. Une nouvelle catégorie esthétique au siècle des Lumières*, Genève, Droz, 1982). À propos de Young, voir aussi Chassaignon, p. 462, et Cournand, p. 469. – **2.** Helvétius, dans une note de *De l'esprit* (III, 1), avait diffusé l'histoire de la « castration » de Boileau : « Boileau, encore enfant, jouant dans une cour, tomba. Dans sa chute, sa jaquette se retrousse ; un dindon lui donne plusieurs coups de bec sur une partie très délicate. Boileau en fut toute sa vie incommodé ; et de là peut-être cette sévérité de mœurs, cette disette de sentiment qu'on remarque dans tous ses ouvrages ; de là sa satire contre les femmes, contre Lulli, Quinault, et contre toutes les poésies galantes. » – **3.** L'italique signale une citation des *Satires* de Boileau (I, 78).

NODIER, Charles, 1780-1844. Né à Besançon, il est mêlé, adolescent, aux remous de la Révolution. En 1803, *La Napoléone*, parue l'année précédente à Londres, lui vaut un séjour en prison, mais il reste attiré par les sociétés secrètes et les conspirations. Il publie régulièrement poèmes, romans et essais. Après un séjour en Illyrie, il s'installe à Paris et sous la Restauration devient bibliothécaire de l'Arsenal. Il s'impose comme l'un des parrains de la nouvelle littérature.

Bibl. Edmund J. Bender, *Bibliography : Charles Nodier*, Lafayette, Indiana, 1969. – Sarah Fore Bell, *Charles Nodier : His Life and Works. A critical Bibliography 1923-1967*, Chapel Hill, 1971.

LA NAPOLÉONE. – **1.** Référence à la campagne d'Égypte. – **2.** Algernon Sidney (1622-1682), homme politique anglais, fut exécuté après avoir été poursuivi pour trahison.

PANARD (ou Pannard), Charles François, 1694-1765. Généralement oublié par les histoires littéraires, ce fut un fécond pourvoyeur du théâtre de la Foire, un joyeux convive de la Société du caveau et un créateur de calligrammes qui en font, selon la formule de Jean Roudaut, « l'obscur médiateur entre Rabelais, Angot de L'Éperonnière et Apollinaire ». Le *Théâtre et Œuvres diverses* parut en 1763, des *Œuvres choisies* en 1803.

Bibl. E. Junge, *Panard*, Leipzig, 1901. – Nathalie Rizzoni, *Défense ou illustration du petit, Ch.-Fr. Pannard*, à paraître dans les *Studies on Voltaire*.

PARNY, Évariste, Désiré de Forges, chevalier puis vicomte de, 1753-1814. Né comme Bertin à l'île Bourbon, il vient en France pour une carrière ecclésiastique vite transformée en carrière militaire. Il donne des vers à l'*Almanach des muses*. Un séjour dans son pays et une passion pour une Créole qui en épouse un autre lui fournissent la matière de ses *Poésies érotiques* (1778) et de ses *Chansons madécasses* (1787). À la fin de la Révolution, la menace d'un nouvel ordre moral d'inspiration catholique lui fait écrire *La Guerre des dieux* (1799) qui choque Chateaubriand et le pousse à composer le *Génie du christianisme* (voir sa lettre à Fontanes du 19 août 1799). L'histoire littéraire le lui pardonnera mal. Sainte-Beuve le traite du « plus racinien des voltairiens ».

Bibl. Raphaël Barquisseau, *Les Poètes créoles du XVIIIᵉ siècle*, Jean Vigneau, 1949. – J.-M. Apostolidès, « Quand les dieux font la guerre », *Liberté*, nº 5, 1965. – Catriona Seth, « Le Corps d'Éléonore. Réflexions sur les poésies érotiques du chevalier de Parny », *Roman*, 25, décembre 1988. – Teofilo Sanz Hernandez, « La brièveté musico-littéraire de la mélodie française : les *Chansons madécasses* de Parny mises en musique par Ravel », *La Licorne*, 21, 1991. – Yves-Alain Favre, « Parny et l'art du poème en prose : *Chansons madécasses* », *Cahiers Roucher-André Chénier*, nº 12, 1992. – Arlette André, « Voyage ou repos : les tentations épicuriennes d'un poète créole », *Hommages à Suzanne Roth*, Dijon, 1994.

LE LENDEMAIN (*Poésies érotiques*). – 1. Le thème traité par Parny dans les *Poésies érotiques* et dans *Les Tableaux* se retrouve dans le roman libertin contemporain. « J'aime, de passion, les mines de lendemain », déclare le héros des *Liaisons dangereuses* après avoir séduit la jeune Cécile (lettre XCVI). « Aimez-vous les mines du lendemain ? aimez-vous à voir une toute nouvelle femme un peu gênée dans sa marche, les yeux battus, l'air encore tout étonné ? » demande le marquis de Rosambert à Faublas (Louvet de Couvray, *Les Amours du chevalier de Faublas*, Folio, p. 994). CHANSONS MADÉCASSES. – 1. L'*Encyclopédie* en 1765 explique que les Portugais appelaient Madagascar l'île de Saint-Laurent. « Les autres nations l'ont nommée Madagascar, nom peu différent de celui des naturels du pays qui l'appellent Madécasse. » – 2. « Les hommes y éprouvent les influences du climat : l'amour de la paresse et de la sensualité » (*Encyclopédie*). – 3. Trois des *Chansons madécasses* de Parny ont été mises en musique par Maurice Ravel en 1926. Les voix sont accompagnées au piano, à la flûte et au violoncelle. – 4. Pagne : le mot est aussi féminin pour l'*Encyclopédie*. – 5. Cf. le discours du vieillard dans le *Supplément au Voyage de Bougainville* de Diderot : « Pleurez, malheureux Tahitiens !

pleurez ; mais que ce soit de l'arrivée, et non du départ de ces hommes ambitieux et méchants. » Le texte de Diderot évoque aussi la tempête qui pourrait exaucer les vœux du vieillard.

LE VAISSEAU *LE VENGEUR.* – **1.** Voir le poème de Lebrun consacré au même événement et l'article de Philippe Roger.

PIIS, Pierre Antoine Augustin de, 1755-1832. Protégé du comte d'Artois, il compose des pièces de théâtre et des poésies dont *L'Harmonie imitative de la langue française* (1785). Il devient sous la Révolution directeur de théâtre, puis fonctionnaire sous l'Empire.

Bibl. Jean Roudaut, « Augustin de Piis », *Cahiers du Sud*, 1959. – Jean Tulard, « Le Chevalier de Piis », *Revue de l'Institut Napoléon*, 1961. – Amédée Carriat, « Le chevalier de Piis dans la mémoire de notre temps », *Mémoires de la Société des sciences naturelles et archéologiques de la Creuse*, 44, 1991. Voir aussi dans le *Chansonnier révolutionnaire* les n°s 1, 85, 87 et 104.

L'HARMONIE IMITATIVE DE LA LANGUE FRANÇAISE. – **1.** Piis en 1810 réécrit son poème. Le passage concernant la lettre A devient :

L'*A*, pour peu qu'on l'appelle, arrivant plein d'audace,
Avant toute autre lettre accapare sa place ;
Est-il bref, nul obstacle en chemin ne l'abat,
Et dans sa marche alerte il sonne avec éclat ;
De l'accent circonflexe accepte-t-il l'entrave,
Il a dans son pas lent l'allure d'un esclave.
Zoïle rit sous cape, et, d'un air triomphant,
Soutient qu'autant vaudrait citer ce jeu d'enfant
Où la charmante Annette, aussi belle qu'affable,
Aime un amant par A parce qu'il est aimable ;
Mais dût-il me pincer encore par-ci par-là,
Je suis l'apologiste et l'apôtre de l'*A* ;
J'alléguerai d'abord qu'à ce beau caractère
Chaque peuple attacha la joie et le mystère :
Dans son *alleluia* l'Hébreu l'accumula ;
Le Turc n'hésita pas à s'écrier *Allah.*
Mais pour accréditer encore plus mon système,
Je dirai qu'à l'aspect de Jehova lui-même
Au Paradis terrestre alors qu'Adam parla,
Ce fut apparemment l'*A* qu'il articula.

PIRON, Alexis, 1689-1773. Fils d'un apothicaire de Dijon épris de poésie, il étudia le droit dans sa ville natale, mais ne résista pas à l'attrait de la capitale. Une *Ode à Priape* fit scandale mais lui assura la notoriété. Il écrivit pour le Théâtre de la Foire, mais aussi pour le Théâtre Français, en particulier *La Métromanie* (1738). Il écrivit un grand nombre de poèmes, dont des épigrammes. Mais la sulfureuse *Ode à Priape* de sa jeunesse lui ferma les portes de l'Académie.

Bibl. Marcel Barbotte, *Piron qui ne fut rien*, Éd. de Saint-Seine-l'Abbaye, 1984. – Gunnar von Proschwitz, *Alexis Piron épistolier*, Göteborg, 1982. – Antoinette Sloimovici, « Piron, sa vie, son œuvre », *Mémoires de l'Académie de Dijon*, 130, 1989-1990. – Pierre Lepère, « La Machine à saillies », *L'Âge du furieux 1532-1859. Une légende dorée de l'excès en littérature*, Hatier, 1994. – Pascale Venèbe, « Alexis Piron, défenseur des modernes ou un épisode inédit de la Querelle des anciens et des modernes », *RHLF*, 1995, 2 et *Alexis Piron poète, ou la difficile condition d'auteur sous Louis XV*, Studies on Voltaire, 349, Oxford, 1977.

ODE À PRIAPE. – **1.** Apollon. Ovide raconte la métamorphose de Daphné en laurier. – **2.** La mythologie païenne. – **3.** Diogène. – **4.** Les trois furies des Enfers. – **5.** Dans l'*Histoire de Juliette*, Sade a inséré une paraphrase homosexuelle et anticléricale de l'*Ode à Priape*, qu'il attribue au cardinal de Bernis : « Foutre des Saints et de la Vierge, / Foutre des Anges et de Dieu ! / Sur eux tous je branle ma verge, / Lorsque je veux la mettre en feu. / C'est toi que j'invoque à mon aide, / Toi qui dans les culs d'un vit raide, / Lanças le foutre à gros bouillons ! / Deschauffours, soutiens mon haleine, / Et, pour un instant, à ma veine / Prête l'ardeur de tes couillons. » La paraphrase se poursuit ainsi sur douze strophes. Benjamin Deschauffours a été exécuté en 1726 pour sodomie et proxénétisme.

MON ÉPITAPHE. – **1.** Frimaçon : franc-maçon.

RACINE, Louis, 1692-1763. Fils du grand Racine, il rédigea des *Mémoires* sur la vie et les ouvrages de son père (1747-1752), ainsi que des *Réflexions sur la poésie* (1747). Sa création est tout entière commandée par sa foi. Il composa essentiellement *La Grâce*, poème en 4 chants (1720), longtemps interdit pour son jansénisme, et *La Religion* (1742). Il publia une traduction de Milton, accompagnée de la biographie du poète anglais, et d'un *Discours sur le poème épique* (1750).

Bibl. Édouard Guitton, « Un poème hardi et singulier, *La Grâce* de Louis Racine », *La Régence*, Centre aixois d'études sur le XVIIIe siècle, Armand Colin, 1970. – Klara Pasanyi, « Apologétique et Lumières dans *La Religion* de Louis Racine », *L'Histoire au XVIIIe siècle*, Centre aixois d'études sur le XVIIIe siècle, 1975, et « De *La Grâce* à *La Religion*. Du jansénisme aux Lumières dans les œuvres de Louis Racine », *Acta litteria Academiae scientiarum hungaricae*, 1975, 3-4. – Haydn Mason, « Voltaire et Louis Racine », *Voltaire and his World. Studies presented to W. H. Barber*, 1985.

RAMOND DE CARBONNIÈRES, Louis François, baron, 1755-1827. Fils d'un fonctionnaire français et d'une Allemande, il étudia à

Strasbourg et se lia d'amitié avec le poète allemand Lenz. Une idylle malheureuse le fait fuir en Suisse et lui inspire *Les Dernières Aventures du jeune Olban* (1777), dédiées à Lenz, ainsi que des *Élégies* (1778). Il traduit et augmente les *Lettres sur la Suisse* de Coxe (1781). Après les Alpes, il découvre les Pyrénées : *Observations faites dans les Pyrénées* (1789), *Voyage au Mont-Perdu et dans la partie adjacente des Hautes-Pyrénées* (1801). Sous l'Empire et la Restauration, il fait une carrière politique et administrative.

Bibl. F. Orlando, *L'Opera di Louis Ramond*, Milan, Feltrinelli, 1960. – Cuthbert Girdlestone, *Poésie, politique, Pyrénées. Louis François Ramond (1755-1827). Sa vie, son œuvre littéraire et politique*, Minard, 1968.

ROBBÉ DE BEAUVESET, Pierre Honoré, 1714-1792. Il se fit connaître par un poème scandaleux, *Le Débauché converti* (1736), entreprit un poème sur la syphilis dont Palissot disait que l'auteur était plein de son sujet, œuvres qui ne l'empêchèrent pas de collectionner gratifications et pensions. Sous la Révolution, il se mit au goût du jour, versifia *La France libre* (1791) et *Les Victimes du despotisme épiscopal* (1792).

Bibl. Pierre Dufay, *Un poète vendômois, P. H. Robbé de Beauveset 1714-1794*, Vendôme, 1898, et *Notes complémentaires sur Robbé de Beauveset*, Vendôme, 1907.

LA FRANCE LIBRE, Chant II. – **1.** Les députés aux États généraux. Chant IV. – **1.** Le chant commence par une invocation traditionnelle d'Homère. – **2.** L'arsenal de Paris. – **3.** Le chant se poursuit par l'évocation de toutes les rumeurs concernant les prisonniers qui seraient empoisonnés lentement, emmurés vivants, etc. Ces rumeurs se nourrissent de l'imaginaire « gothique » de l'époque. Voir Hans-Jürgen Lüsebrink, « La Bastille, château gothique », *Europe*, mars 1974.

ROUCHER, Jean Antoine, 1745-1794. Né à Montpellier, il s'enthousiasme pour la poésie nouvelle et entreprend un grand cycle poétique qui paraît en 1779, *Les Mois*, inspiré par *Le Monde primitif* de Court de Gébelin. Sous la Révolution, il défend la monarchie constitutionnelle, ce qui lui vaut d'être condamné et exécuté avec André Chénier.

Bibl. Édouard Guitton, « L'architecture d'un nouveau monde dans *Les Mois* de Roucher », *Studies on Voltaire*, CLIII, 1976. – *Cahiers Roucher-André Chénier*, n° 1, 1980. – Georges Buisson, « Roucher après *Les Mois* », *ibid.*, n°s 5, 7 et 9, 1985, 1987 et 1989.

MARS. – **1.** Le pronom désigne le printemps. – **2.** « Le mot *s'avive* révoltera sans doute ; mais je prie ceux qui le proscrivent, d'observer qu'il manque à notre langue, depuis qu'on a cherché à l'épurer. En effet, *revivre, s'animer* n'ont ni le même sens, ni la même énergie que *s'aviver*. D'ailleurs nos pères s'en servaient. Quelle raison avons-nous eue pour le laisser tomber en désuétude? Ce n'est pas le seul mot ancien que j'ai tâché de rajeunir. On en trouvera dans ce poème un grand nombre d'autres, comme *bleuir, tempétueux, ravageur, fallacieux*, et même *punisseur*, qui souvent m'ont épargné la longueur d'une périphrase. / Les poètes anglais et allemands n'ont pas besoin de demander grâce, comme je le fais ici, pour les mots anciens ou étrangers qu'ils emploient. Tout lecteur les adopte, pourvu qu'ils soient harmonieux et intelligibles. Je suis bien loin de vouloir qu'on mêle un idiome étranger au nôtre; mais je ne puis m'empêcher de souhaiter que nous nous emparions de nos propres richesses trop négligées. Si nous sommes pauvres, c'est notre faute: Montaigne ne l'était pas » (Note de Roucher). – **3.** Hépatique: anémone. – **4.** Colette est un prénom traditionnel paysan.

JUIN. – **1.** Gémeaux, Cancer: constellations qui déterminent deux zones successives du zodiaque. – **2.** Enna: ville de Sicile où Proserpine aurait été enlevée par Pluton. – **3.** Hydaspe: rivière de l'Inde.

ROUSSEAU, Jean-Baptiste, 1671-1741. Fils d'un cordonnier, il fut conseillé par Boileau et aidé par de riches protecteurs. Il donna des comédies, puis se spécialisa dans la poésie, des cantates sacrées aux satires qui lui valurent d'être exilé. Il vécut successivement en Belgique, en Suisse, à Vienne et mourut à Bruxelles. Voltaire lui rendit visite à Bruxelles, mais les deux hommes ne sympathisèrent pas. Voltaire est cruel pour lui dans *Le Temple du goût*. Même après les débuts de Jean-Jacques, Jean-Baptiste reste pour ses contemporains « le grand Rousseau », le maître de la poésie du temps. Sainte-Beuve le traite avec plus d'ambiguïté de « Pindare de la Régence ».

Bibl. *Cantates*, éd. Teresa di Scanno, Fasano et Paris, Nizet, 1984. – Henry Alexander Grubbs, *J.-B. Rousseau, his life and works*, Princeton University Press, 1941 et 'The Vogue of J.-B. Rousseau', *P.M.L.A.*, LV, 1940. – V. Jacobsen, « Jean-Baptiste Rousseau, *Circé* », *Die französische Lyrik*, I, Düsseldorf, 1975. – Sylvain Menant, « J.-B. Rousseau et son public », *Œuvres et critiques*, VII-1, 1982.

ÉPÎTRE À CLÉMENT MAROT. – **1.** Le style marotique est alors à la mode. Le P. du Cerceau s'en réclame dans l'« Apologie de l'auteur » de son *Recueil de poésies diverses* (1715). Dans une « Digression sur le style marotique », Bruzen de La Martinière décrit son caractère: « Son style est familier sans gêne et paraît aussi aisé que la prose la plus simple, à ceux qui n'en connaissent pas la difficulté » (*Nouveau Recueil des épigrammatistes français*, 1720). – **2.** Méchef: malheur dans la langue de Marot.

ROUSSEAU, Jean-Jacques, 1712-1778. Connu par ses discours et ses essais philosophiques (*Émile, Du contrat social*), par son roman *Julie ou*

La Nouvelle Héloïse et ses œuvres autobiographiques (*Les Confessions, Dialogues, Les Rêveries du promeneur solitaire*) qui bouleversèrent la littérature européenne et permirent au public de le distinguer de son homonyme, le grand Rousseau, Jean-Baptiste le poète, J.-J. Rousseau est aussi l'auteur de textes plus conformes à la tradition des Belles Lettres : poésies et pièces de théâtre.

Bibl. Jean Starobinski, *J.-J. Rousseau : La Transparence et l'obstacle*, Gallimard, 1971. – Raymond Trousson, *J.-J. Rousseau*, Tallandier, 1988. – Charly Guyot, introduction aux ballets, pastorales, poésies, etc., *Œuvres complètes*, Bibl. de la Pléiade, t. II, 1964.

LE VERGER DE MADAME DE WARENS. – **1.** Le poème est publié en plaquette en 1739 à Chambéry ou Lyon, avec la fausse adresse de « Londres, chez Jacob Tomson ». – **2.** Philippe de La Hire (1640-1718) est un astronome français, de même que les Cassini, père et fils. J.-J. Rousseau raconte dans *Les Confessions* ses observations astronomiques aux Charmettes.

L'ALLÉE DE SILVIE. – **1.** Le poème a été composé en 1747 à Chenonceaux.

SADE, Donatien Alphonse François, marquis puis comte de, 1740-1814. Connu pour les romans et nouvelles qu'il a avoués (*Aline et Valcour, Les Crimes de l'amour*) et pour ceux qu'il n'a donnés que sous le voile de l'anonymat (*Justine, La Nouvelle Justine, suivie de l'Histoire de Juliette, La Philosophie dans le boudoir*) ou qui n'étaient strictement pas publiables de son temps (*Les Cent Vingt Journées de Sodome, Les Journées de Florbelle*), autant de textes qui bouleversent la notion même de littérature, le marquis scandaleux resta toute sa vie fasciné par les formes traditionnelles du théâtre et de la poésie. Il sait y conjuguer le respect d'une norme formelle et la violence transgressive de son imaginaire.

Bibl. Gilbert Lely, *Vie du marquis de Sade*, 1952-1957, rééd. Mercure de France, 1989. – Jean-Jacques Pauvert, *Sade vivant*, Laffont, 1986-1990. – Maurice Lever, *Donatien Alphonse François Marquis de Sade*, Fayard, 1991.

LA VÉRITÉ. – **1.** Sade est un adversaire résolu de la peine de mort, du droit que s'arroge la justice sociale à donner la mort. – **2.** Thème lucrétien, devenu un des lieux communs de la tradition libertine, puis matérialiste. – **3.** Variante du manuscrit : « Je me masturberais sur ta divinité, / Ou je t'enculerais, si ta frêle existence / Pouvait offrir un cul à mon incontinence, / Puis, d'un bras vigoureux, j'arracherais ton cœur / Pour mieux te pénétrer de ma profonde horreur. »

SAINT-JUST, Louis Antoine de, 1767-1794. Fils d'un capitaine de cavalerie, il se montre élève studieux mais adolescent indiscipliné contre lequel la famille requiert une lettre de cachet. Il profite de la prison pour composer un long poème scandaleux, *Organt*, qui se souvient de *La Pucelle*. 1789 l'enthousiasme, il milite dans l'Aisne puis devient un des ténors de la Montagne à Paris, aux côtés de Robespierre. Depuis son exécution, son personnage d'«archange-procureur» (Mona Ozouf) fascine et intrigue les commentateurs.

Bibl. S. Torjussen, «Fonction de la création littéraire dans l'évolution de la pensée de Saint-Just», *La Pensée*, 1979. – Bernard Vinot, *Saint-Just*, Fayard, 1985.

SAINT-LAMBERT, Jean-François, marquis de, 1716-1803. Gentilhomme lorrain il devint officier du roi Stanislas et se fit connaître par ses succès féminins, en séduisant Mme du Châtelet puis Mme d'Houdetot et rencontrant à travers elles Voltaire puis Rousseau. Il donna des poésies et l'article «Luxe» de l'*Encyclopédie*, mais son grand œuvre fut *Les Saisons*, précédé d'un «Discours sur la poésie» (1769). Il continua à donner des textes d'inspiration philosophique jusqu'à la fin du siècle.

Bibl. Luigi Di Nardis, *Saint-Lambert. Scienza e paesaggio nella poesia del settecento*, Rome, Éd. dell'Ateneo, 1961. – Rosario Assunto, «Arte e natura nella poesia stagionale settecensca (*Les Saisons*, 1769)», *Rivista di estetica*, septembre-décembre 1966. – Paul Vernois, «Entre Rousseau et Lamartine, la rhétorique de Saint-Lambert», *Travaux de linguistique et de littérature*, VII, 1969. – J. R. Loy, «Saint-Lambert moralist : philosophy at second hand; Enlightenment among the titled», *Studies on Voltaire*, 216, 1983. – V. Kapp, «Das Thema der Vier Jahreszeiten in der französischen Lyrik des 18. Jahrhunderts», *Die Vier Jahreszeiten im 18. Jahrhundert*, Heidelberg, Winter, 1986.

L'ÉTÉ. – **1.** Médiocrité au sens classique de situation moyenne, de fortune modérée. L'idéal reste celui de l'*aurea mediocritas*. – **2.** James Thomson, poète écossais (1700-1748), se fit connaître par les quatre livres des *Saisons* (1726-1730) qui devaient influencer toute l'Europe et qui sont le modèle de Saint-Lambert. Le livre est traduit en français par Mme Bontemps en 1759 : «Cet événement pourrait dater la naissance de la poésie descriptive en France. Il se situe au tournant du siècle, à la charnière de l'âge géométrique et de l'âge sensible» (Édouard Guitton).

SAINT-MARTIN, Louis Claude de, 1743-1803. Sous-lieutenant à Bordeaux, il fit la connaissance de Martinès de Pasqually qui l'initia à sa théosophie judéo-chrétienne. Il consacra dès lors sa vie à une quête mystique, jalonnée de traités comme *Des erreurs et de la vérité* (1775), *Tableau naturel des rapports qui existent entre Dieu, l'homme et l'univers* (1782), etc., mais aussi d'œuvres poétiques telles que *L'Homme de désir* (1790) sous forme de versets, ou *Le Crocodile* (1799), épopée burlesque en prose. «La marque de *L'Homme de désir* se retrouve en France sur des esprits aussi divers que Biran et Joubert, Fourier et Leroux, Nerval et Balzac», estime Léon Cellier qui évoque ensuite son influence, directe ou non, sur le Hugo de l'exil, Baudelaire, Rimbaud, Lautréamont, puis les symbolistes et les surréalistes.

Bibl. Robert Amadou, *Introduction à l'étude de la vie, de l'ordre et de la doctrine du Philosophe Inconnu : L. C. de Saint-Martin et le martinisme*, Éd. du Griffon d'or, 1946. – Paul Bénichou, «Illuminisme et poésie : Louis Claude de Saint-Martin», *Le Sacre de l'écrivain, 1750-1830*, José Corti, 1973, réédité. Gallimard, 1996. – Léon Cellier, *Parcours initiatiques*, Neuchâtel, La Baconnière, 1977.

L'HOMME DE DÉSIR. – **1.** Saint-Martin marque la continuité de son œuvre en choisissant comme épigraphe une citation de son ouvrage précédent. – **2.** Saint-Martin ne récuse pas le savoir scientifique, mais sa prétention à se suffire à lui-même et à épuiser la réalité.

SÉNAC DE MEILHAN, Gabriel, 1736-1803. Fils du médecin de Louis XV, il fut intendant de plusieurs provinces sans obtenir le poste de ministre auquel il aspirait. Il traduisit Tacite, se fit économiste contre Necker dans les *Considérations sur les richesses et le luxe* (1787) et moraliste dans les *Considérations sur l'esprit et les mœurs* (1788). Dès le début de la Révolution, il quitte la France et analyse la crise de la monarchie dans *Des principes et des causes de la Révolution en France* (1790). Il publie ensuite un roman épistolaire, *L'Émigré* (1797). Ses biographes écartent avec soin de son œuvre des vers libertins et pornographiques qu'il a commis en épicurien d'Ancien Régime.

Bibl. Henry A. Stavan, *Sénac de Meilhan*, Minard, 1968. – André Vielwahr, *La Vie et l'œuvre de Sénac de Meilhan*, Nizet, 1970. – Pierre Escoube, *Sénac de Meilhan (1736-1803). De la France de Louis XV à l'Europe des émigrés*, Librairie académique Perrin, 1984.

STAËL, Anne Louise Germaine Necker, baronne de, 1766-1817. Necker appelait sa fille Mlle de Sainte Écriture. Dès son plus jeune âge, Germaine Necker compose. Devenue baronne de Staël-Holstein, elle publie des *Lettres sur Jean-Jacques Rousseau* (1788), découvre la passion et s'enthousiasme pour la Révolution. Mais elle doit quitter Paris en septembre 1792 pour éviter les persécutions. Elle n'y revient qu'en 1795. Avec Benjamin Constant, elle œuvre pour la consolidation d'une république libérale. Elle propose un traité esthétique et politique pour le siècle nouveau dans *De la littérature* (1800) et compose deux grands romans, *Delphine* (1802) et *Corinne* (1807). Mais Bonaparte confisque la République, devient Napoléon, interdit *De l'Allemagne* et poursuit de sa haine Mme de Staël, exilée puis contrainte à la fuite à travers l'Europe. *Dix années d'exil* racontent cette épreuve. Si la production littéraire de

Mme de Staël relève essentiellement de l'essai et du roman, elle n'a négligé ni la poésie ni le théâtre.

Bibl. Simone Balayé, *Mme de Staël. Lumières et Liberté*, Klincksieck, 1979. – Édouard Guitton, «Mme de Staël et la poésie», *Cahiers staëliens*, 31-32, 1982. – Anne Amend, «L'Épître au malheur, une méditation de Mme de Staël sur la Terreur», *Cahiers Roucher-Chénier*, 1995.

ÉPÎTRE AU MALHEUR. – **1.** Cet idéal néoclassique de la plus grande violence contenue dans la grâce formelle correspond au portrait de Charlotte Corday qu'André Chénier décrit «calme sur l'échafaud» (voir p. 399). – **2.** Périphrase conforme à la poésie descriptive pour désigner la guillotine. – **3.** Les décemvirs sont les membres du Comité de Salut public.

THÉIS, Constance de, épouse Pipelet de Leuri, puis princesse de Salm, 1767-1845. Fille d'Alexandre de Théis, maître des eaux et forêts, poète lui-même qui composa de nombreux contes en vers, elle publia ses premières pièces à dix-huit ans et n'arrêta plus. Elle fit représenter en 1794 la tragédie lyrique *Sapho* et répliqua par son *Épître aux femmes* à des vers misogynes de Lebrun pour qui «l'encre sied mal aux doigts de rose». Séparée de son premier mari, M. Pipelet de Leuri, elle épousa en 1803 le prince de Salm-Dyck. Elle multiplia les poèmes qu'elle rassembla dans un recueil en 1811 puis dans ses *Œuvres complètes* en 1842.

ÉPÎTRE AUX FEMMES. – **1.** Le poème est publié en 1797 avec une épigraphe de Boileau («La colère suffit, et vaut un Apollon»). Il a été lu au Lycée républicain. – **2.** Dans les *Œuvres complètes de Mme la princesse Constance de Salm* en 1842, ces deux vers aux accents revendicatifs deviennent plus sagement : «Un siècle de justice à nos yeux vient de naître ; / Femmes, soyez aussi ce que vous devez être. » – **3.** Le teinturier est celui qui «lave» les textes d'un autre. – **4.** Ces vers deviennent en 1842 : «Les hommes vainement raisonnent sur nos goûts. / Ils ne peuvent juger ce qui se passe en nous. »
SUR LA MORT DU JEUNE TAMBOUR BARA. – **1.** Le jeune Joseph Bara, tué par les Vendéens le 7 décembre 1793, a suscité une floraison d'œuvres patriotiques. Voir la romance publiée dans le *Chansonnier révolutionnaire* (n° 96).

THOMAS, Antoine Léonard, 1732-1785. Connu pour ses éloges académiques, son *Essai sur les éloges* (1773) et son *Essai sur les femmes* (1772) qui provoqua l'ironie de Diderot, il devint un des orateurs du parti philosophique à l'Académie française. Mais son œuvre poétique mérite l'intérêt, de l'*Épître au peuple* (1760) et l'*Ode sur le temps* (1762) à la vaste épopée inachevée sur le Czar Pierre Ier, *La Pétréide*.

Bibl. Étienne Micard, *Un écrivain académique au XVIIIe siècle. Antoine-Léonard Thomas (1732-1785)*, Champion, 1924. – Édouard Guitton, « Populisme et poésie. De l'*Épître au peuple* au poème des *Fastes*», *Images du peuple au XVIIIe siècle*, Colin, 1973. – Jean Gillet, «Thomas et les révélations de la terre», *«Le Paradis perdu» dans la littérature française*, Klincksieck, 1975.

ODE SUR LE TEMPS. – **1.** Les Lumières s'efforcent de distinguer le temps vécu et la simple durée. Guérineau de Saint-Péravy « respire sans vivre », il «existe pour sentir [qu'il] n'existe plus» (p. 213). Voir Michel Delon, « "Cesser de vivre avant de cesser d'exister" : L'opposition entre vivre et exister chez Rousseau et ses successeurs», *Études Jean-Jacques Rousseau*, 2, 1988. – **2.** On a reconnu un hémistiche du «Lac» de Lamartine (*Méditations poétiques*, 1820). On a souvent souligné le nombre des emprunts de Lamartine à ses prédécesseurs.

VADÉ, Jean Joseph, 1720-1757. Il lança le genre poissard inspiré par les manies de langage de la Halle et multiplia les parodies et opéras-comiques. Il fit ainsi rire les gens du monde avec un parler qui était celui des poissonnières.

Bibl. M. Müller, *Jean Joseph Vadé und das Vaudeville*, Greifswald, 1911. – A. P. Moore, *The Genre Poissard and the French Stage of the 18th Century*, New York, Columbia University, 1935. – Pierre Frantz, «Travestis poissards», *Revue des sciences humaines*, avril-juin 1983.

HISTOIRE DE MLLE MANON. – **1.** Le demi-setier représente un quart de litre. – **2.** *Croc* : escroc. Les méthodes des recruteurs font l'unanimité contre elles, au XVIIIe siècle. – **3.** Marville est un des lieutenants de police au début du règne de Louis XV. – **4.** Les Villeroi servirent l'État durant plus de deux siècles. Il s'agit sans doute ici du maréchal de Villeroi (1644-1730), devenu gouverneur du jeune Louis XV.

AMPHIGOURI. – **1.** Antoine Exaudet (1710-1763) est un musicien dont le menuet fut fort célèbre en son temps.

VILLETTE, Charles, marquis de, 1736-1793. Il séduisait le vieux Voltaire qui le nommait Tibulle français et dont il acquit après 1778 le château de Ferney. Il donna des vers à l'*Almanach des muses* et rassembla ses œuvres en 1784. Il défraya la chronique par ses mœurs et un enthousiasme révolutionnaire qui lui fit brûler publiquement ses lettres de noblesse.

VOLTAIRE, François Marie Arouet, dit, 1694-1778. Voltaire fut poète mondain, épique et tragique avant de devenir le philosophe, l'historien, le conteur et le patriarche des Lumières qu'on connaît. Il rima des odes dès le collège, séduisit les grands par des poèmes légers et se fit reconnaître par une épopée, *La Henriade* (1728), et un petit traité d'esthé-

tique personnelle, *Le Temple du goût* (1733). Il dit ses convictions et ses
doutes dans un éloge provocant du luxe, *Le Mondain* (1736), dans les
sept *Discours en vers sur l'homme* (1738-1745), les poèmes *Sur le désastre
de Lisbonne* et *La Religion naturelle* (1756). Il s'amusa dans un poème
burlesque, gentiment érotique et anticlérical, *La Pucelle d'Orléans*
(20 chants en 1762, 22 en 1773). Poète, il le resta jusqu'à la fin de sa vie,
saluant ses amis dans des épîtres, raillant ses ennemis dans de cruelles
épigrammes, aussi à l'aise dans les grands genres que dans les petits.

Bibl. Raymond Naves, *Le Goût de Voltaire*, Garnier, 1938. – René
Pomeau et autres, *Voltaire en son temps*, 5 vol., Oxford, Voltaire Foun-
dation, 1985-1994, et 2 vol. Fayard-Voltaire Foundation, 1995. – Jean
Goulemot, André Magnan et Didier Masseau, *Inventaire Voltaire*, Galli-
mard, 1995, coll. Quarto. – Raymond Trousson, « Poète et poésie selon
Voltaire », *Die neueren Sprachen*, décembre 1963. – Ralph A. Nablov,
« A study of Voltaire's lighter verse », *Studies on Voltaire*, 126, 1974. –
V. W. Topazio, « Voltaire, the poet revisited », *Symposium*, XXVI,
1974. – Jean Weisberger, « Voltaire et la poésie rococo », *Europe*, mai
1994.

LA SAINT BARTHÉLEMY. – **1.** C'est Henri IV qui parle. Il raconte à
la reine Élisabeth l'histoire des malheurs de la France. Il lui détaille le
massacre des protestants dans la nuit du 23 au 24 août 1572. – **2.** Le
comte de Téligny est le gendre de Coligny. – **3.** Besme est un Allemand,
attaché à la maison de Guise. – **4.** Les miens : c'est-à-dire les parents et
les amis protestants d'Henri de Navarre, futur Henri IV. – **5.** Le duc de
Nevers, Albert de Gondi, maréchal de Retz et Gaspard de Tavannes sont
avec le duc de Guise, dit le Balafré, les figures principales du clan catho-
lique.

LE MONDAIN. – **1.** Martialo : dans une édition du poème, Voltaire
précise en note : « auteur du *Cuisinier français* ». – **2.** L'orfèvre Thomas
Germain et son fils sont également convoqués par Bastide pour décorer
La Petite Maison (à la suite de Vivant Denon, *Point de lendemain*, Folio,
1995, p. 119 et n. 5). – **3.** Camargo : danseuse de l'Opéra ; Gaussin :
actrice de la Comédie-Française. – **4.** Daniel Huet (1630-1721) est l'au-
teur d'un *Traité de la situation du paradis terrestre* (1691) et Augustin
Calmet (1672-1757) d'un *Commentaire sur l'Ancien et le Nouveau Testa-
ment* (1707-1726).

POÈME SUR LE DÉSASTRE DE LISBONNE. – **1.** Le tremblement de
terre de Lisbonne a provoqué une véritable crise de conscience dans
toute l'Europe. Voltaire met en scène la catastrophe dans *Candide*.
Lebrun-Pindare lui consacre également deux poèmes. Voir Wolfgang
Breidert éd., *Die Erschütterung der vollkommenen Welt. Die Wirkung des
Erdbebens von Lissabon im Spiegel europäischer Zeitgenossen*, Darmstadt,
Wissenschaftliche Buchgesellschaft, 1994. – **2.** Typhon et Arimane :
Voltaire explique dans une note d'une édition du poème : « principes du

mal chez les Égyptiens et chez les Perses». – **3.** Contrariétés : au sens de contradictions.

À MONSIEUR LE CHEVALIER DE BOUFFLERS. – **1.** Voir p. 461. – **2.** On identifie cette «dame honnête» comme étant Mme Cramer-Delon, l'épouse de l'éditeur genevois.

AZOLAN. – **1.** Bénéfice : revenu d'une charge ecclésiastique. – **2.** Grille : sans doute d'un couvent ou d'un confessionnal.

SUR JEAN-BAPTISTE ROUSSEAU. – **1.** Voir p. 491.

L'ABBÉ DESFONTAINES ET LE RAMONEUR. – **1.** Pierre-François Guyot Desfontaines (1685-1745) enseigna dans les collèges jésuites avant de vivre de sa plume. Voltaire intervint pour lui éviter une condamnation aux galères pour sodomie, mais s'indigna des critiques littéraires que Desfontaines lui fit. D'où un échange particulièrement vif de pamphlets : au *Préservatif* de Voltaire (1738) répondent *La Voltairo-manie* (1738) et *Le Médiateur* (1739). – **2.** Jean-François Lériget de La Faye (1674-1731), gentilhomme de la Chambre du roi, fut académicien et en relation avec Voltaire qui dit de lui : «Il reçut deux présents des dieux, / Les plus charmants qu'ils puissent faire : / L'un était le talent de plaire ; / L'autre, le secret d'être heureux.»

SUR LEFRANC DE POMPIGNAN. – **1.** Voir p. 482.

LES FRÉRONS. – **1.** Les épigrammes contre Fréron devinrent un véritable genre littéraire pour Voltaire qui fit du journaliste des *Observations sur quelques écrits modernes* et de *L'Année littéraire* sa tête de Turc. Il faut dire qu'Élie Catherine Fréron (1719-1776) s'était fait le défenseur du Trône, de l'Autel et de la Tradition littéraire. – **2.** Voltaire avait publié sa comédie *L'Écossaise* sous le nom de Hume.

À MME DU CHÂTELET. – **1.** Une version de ce poème en huit stances a été envoyée le 11 juillet 1741 à celle qui fut la compagne du poète.

CHRONOLOGIE

Événements politiques et culturels		Poésies et recueils poétiques		Éléments de poétique
Début de la guerre de succession d'Espagne.	1701		1701	Boileau, *Lettre à Perrault*.
Guerre des camisards.	1702	Jean-Baptiste Rousseau, *Odes*.		
Fondation de Saint-Pétersbourg. Galland, *Les Mille et Une Nuits*.	1703	Jean-Baptiste Rousseau, *Cantates*.	1703	Frain du Tremblay, *Traité des langues*.
	1705	Boileau, composition de la Satire XII, *Sur l'équivoque*.		
	1707	Houdar de La Motte, *Odes*.	1707	Abbé Genest, *Dissertation sur la poésie pastorale*. Houdar de La Motte, *Discours sur la poésie*.
	1708	Mme Dacier, traduction de l'*Odyssée* d'Homère.		
Lesage, *Turcaret*.	1709		1710	Boileau, composition des *Réflexions critiques sur quelques passages de Longin* (X-XII).
Mort du Dauphin.	1711			
Mort du duc de Bourgogne, petit-fils du roi.	1712	Gacon, traduction des odes d'Anacréon et de Sapho.		

Événements politiques et culturels		Poésies et recueils poétiques		Éléments de poétique
1713	Jean-Baptiste Rousseau exilé. Traité d'Utrecht, bulle *Unigenitus*. Challe, *Les Illustres Françaises*.	1713	Houdar de La Motte, traduction de l'*Iliade* d'Homère.	1713 — Frain du Tremblay, *Discours sur l'origine de la poésie*.
				1714 — Mme Dacier, *Des causes de la corruption du goût*. Fénelon, *Lettre à l'Académie*. Abbé de Pons, *Lettre sur l'Iliade*.
1715	Mort de Fénelon et de Malebranche. Mort de Louis XIV, minorité de Louis XV, régence du duc d'Orléans.	1715	Gacon, *Homère vengé*.	1715 — Houdar de La Motte, *Réflexions sur la critique*. Abbé Terrasson, *Dissertation critique sur l'Iliade d'Homère*.
1716	Fondation par Law de la Banque générale.	1716	Boileau, *Œuvres*.	
1717	Triple Alliance de l'Angleterre, la Hollande et la France contre l'Espagne. Watteau, *L'Embarquement pour Cythère*.	1717		
1718	Voltaire, *Œdipe*.			1718 — Gamaches, *Les Agréments du langage réduits à leurs principes*.
1719	La Grange-Chancel, *Les Philippiques*.	1719	La Grange-Chancel, *Les Philippiques*.	1719 — Du Bos, *Réflexions critiques sur la poésie et sur la peinture*.

Événements politiques et culturels		Poésies et recueils poétiques		Éléments de poétique
Banqueroute et fuite de Law. Montesquieu, *Lettres persanes.* Marivaux, *Arlequin poli par l'amour.* Watteau, *L'Enseigne de Gersaint.* Marivaux, *La Surprise de l'amour.* Majorité de Louis XV.	1720	Louis Racine, *La Grâce.*		Marivaux, « Sur la clarté du discours », *Mercure.*
	1722			
	1723	Voltaire, *La Ligue*, première version de *La Henriade.*		
			1724	Fontenelle, *Réflexions sur la poétique.* Vaillant, *Discours sur la poésie pastorale.*
Mariage de Louis XV. Voltaire en Angleterre.	1725 1726			
			1727	Titon du Tillet, *Description du Parnasse français.* Voltaire, *Essay upon the Epic Poetry.*
Grand tour de Montesquieu en Europe. Jean-Jacques Rousseau s'enfuit de Genève.	1728	Voltaire, *La Henriade.*		

	Événements politiques et culturels	Poésies et recueils poétiques		Éléments de poétique
1730		Voltaire, *Ode sur la mort de Mlle Lecouvreur.*	1730	Du Cerceau, *Réflexions sur la poésie française.* Houdar de La Motte, *Discours sur la tragédie.*
1731	Prévost, *Manon Lescaut.* Chardin, *La Table de cuisine.*			
1732	Convulsionnaires de Saint-Médard, fermeture du cimetière. Servandoni, façade de l'église Saint-Sulpice. Boucher, *Vénus commande à Vulcain des armes pour Énée.*	Piron, *Le Chiffonnier du Parnasse ou poésies nouvelles.*	1732	Silvain, *Traité du sublime.*
1733	Prévost lance *Le Pour et Contre.*		1733	Voltaire, *Le Temple du goût.*
1734	Voltaire, *Lettres philosophiques.*	Gresset, *Ver-vert et Poésies.*	1734	Rémond de Saint-Mard, *Réflexions sur la poésie en général.* Abbé Massieux, *Histoire de la poésie française.*
1735	Rameau, *Les Indes galantes.*	Desforges-Maillard, *Poésies de Mlle Malcrais de la Vigne.* Robbé de Beauveset, *Le Débauché converti.*		
1736	Crébillon, *Les Égarements du cœur et de l'esprit.*	Voltaire, *Le Mondain.*	1736	Cartaud de La Villate, *Essai historique et philosophique sur le goût.*

Événements politiques et culturels		Poésies et recueils poétiques		Éléments de poétique
Rameau, *Castor et Pollux*. Piron, *La Métromanie*.	1737 1738			
	1738-1745	Voltaire, *Discours en vers sur l'homme*.		
Chardin, *La Pourvoyeuse*.	1739	Jean-Jacques Rousseau, *Le Verger de Mme de Warens*.		
Crébillon, *Le Sopha*. Prévost, *Histoire d'une Grecque moderne*.	1740			
Boucher, *Le Triomphe de Vénus*. Guerre de succession d'Autriche. Voltaire, *Mahomet*.	1741		1741	P. André, *Essai sur le Beau*.
Traduction de *Paméla* de Richardson.	1742	Louis Racine, *La Religion*.	1742	Du Cerceau, *Défense de la poésie française*.
	1743	Abbé Desfontaines, traduction des *Œuvres* de Virgile.	1743	Bernis, *Discours sur la poésie*.
	1744	Bernis, *Poésies diverses*.		
Mme de Pompadour favorite.	1745	Voltaire, *La Bataille de Fontenoy*.	1745	Mallet, *Principes pour la lecture des poètes*.
Voltaire à l'Académie française. Diderot, *Pensées philosophiques*.	1746		1746	Batteux, *Les Beaux-Arts réduits à un même principe*.

Événements politiques et culturels	Poésies et recueils poétiques	Éléments de poétique
		1747 Louis Racine, *Réflexions sur la poésie.*
1747 Condillac, *Essai sur l'origine des connaissances humaines.* Gresset, *Le Méchant.* La Mettrie, *L'Homme-machine.* Traité d'Aix-la-Chapelle. Montesquieu, *De l'esprit des lois.*		
	1748 Mme Du Boccage, traduction du *Paradis terrestre* de Milton. Desforges-Maillard, *Poésies françaises et latines sur la prise de Berg-op-Zoom.*	
1749 Diderot, *Lettre sur les aveugles.* Emprisonnement de Diderot à Vincennes et «illumination» de J.-J. Rousseau, venu lui rendre visite. Buffon, début de l'*Histoire naturelle.*	1749 Dulard, *La Grandeur de Dieu dans les merveilles de la nature.* Polignac, *L'Anti-Lucrèce.* Trochereau, *Choix de différents morceaux de poésie traduits de l'anglais*, et Yart, *Idée de la poésie anglaise, ou Traduction des meilleurs poètes anglais.*	
1750 Prospectus de l'*Encyclopédie.*	1750 Mme Du Boccage, traduction du *Paradis perdu* de Milton.	
1751 J.-J. Rousseau, premier *Discours sur les sciences et les arts.* Voltaire, départ pour Berlin. Premier volume de l'*Encyclopédie.*		1751 Diderot, *Lettre sur les sourds et muets.*

Evénements politiques et culturels	Poésies et recueils poétiques	Eléments de poétique
Traduction de Clarisse Harlowe de Richardson par l'abbé Prévost.	1752 Boesnier, Le Mexique conquis. Tscharner, traduction des Alpes de Haller.	Diderot, article «Beau» de l'Encyclopédie.
	1753 Feutry, Le Temple de la mort. La Baume-Desdossat, La Christiade ou le Paradis reconquis.	1753 Boindin, Réflexions critiques sur les règles de la versification. Buffon, Discours sur le style.
		1754 Batteux, Cours de Belles Lettres ou Principes de la littérature.
Tremblement de terre de Lisbonne. Mort de Montesquieu. J.-J. Rousseau, second Discours sur l'origine de l'inégalité.	1755 Berault-Bercastel, Le Serin de Canarie.	1755 Montesquieu, Essai sur le goût.
Début de la guerre de Sept ans.	1756 Mme du Boccage, La Colombiade. Voltaire, Poème sur le désastre de Lisbonne et Poème sur la religion naturelle.	
1757 Attentat de Damiens. Diderot, Le Fils naturel.		

Événements politiques et culturels		Poésies et recueils poétiques		Éléments de poétique
			1758	Diderot, *De la poésie dramatique.*
Article « Genève » de l'*Encyclopédie* par d'Alembert. Diderot, *Le Père de famille.*	1758	Colardeau, *Lettre d'Héloïse à Abélard.* Gouge de Cessières, *Les Jardins d'ornements ou les Géorgiques françaises.*		
Condamnation de l'*Encyclopédie.* Voltaire, *Candide.*	1759	Ximenès, *Lettres portugaises en vers.* Mme Bontemps, traduction des *Saisons* de James Thomson.		
Voltaire à Ferney.	1760	Bernis, *Le Palais des heures ou les Quatre Parties du jour.* Lebrun met en chantier *La Nature.* Thomas, *Épître au peuple.* Watelet, *L'Art de peindre.* Huber et Turgot, traduction des *Idylles* de Gessner. Premières traductions de Macpherson, l'inventeur d'Ossian, dans le *Journal étranger* de Suard et d'Arnaud.	1760	D'Alembert, *Réflexions sur la poésie.*

Évènements politiques et culturels	Poésies et recueils poétiques		Éléments de poétique
Rousseau, *La Nouvelle Héloïse*. Boufflers, *Aline, reine de Golconde*. Greuze, *L'Accordée de village*.	1761	Guérineau de Saint-Péravy, *Épître sur la consomption*.	1761	Rousseau achève la rédaction de l'*Essai sur l'origine des langues*. Marmontel, *Les Charmes de l'étude*, épître aux poètes.
Rousseau, *Émile*, *Le Contrat social*.	1762	Thomas, *Ode sur le temps*. Voltaire, *La Pucelle d'Orléans* en 20 chants. Traduction de *Fingal* de Macpherson.		
	1763	Bernis, *Les Quatre Saisons ou les Géorgiques françaises*. Lejeune, *Clovis*.		
Fin de la guerre de Sept ans. Mort de Marivaux, de Prévost, de Louis Racine. Vien, *La Marchande à la toilette*. Voltaire, *Dictionnaire philosophique*.	1764	Bitaubé, traduction de l'*Iliade* d'Homère. Chabanon, *Sur le sort de la poésie en ce siècle philosophique*. Mercier, *Calas sur l'échafaud à ses juges*. Marmontel, rédaction de *La Neuvaine de Cythère*. Voltaire, *Contes de Guillaume Vadé*.		

Événements politiques et culturels		Poésies et recueils poétiques		Éléments de poétique
Fragonard, *Corésus et Callirhoé*.	1765	Début de l'*Almanach des muses*.	1765	Bitaubé, *Discours sur Homère*. Diderot, *Salon de 1765*. Dorat, *Réflexions sur le conte*. Abbé de La Porte, *Portefeuille d'un homme de goût*. Sulzer, *De l'énergie dans les Beaux-Arts*. Traduction française des *Recherches philosophiques sur le beau et le sublime* de Burke.
Exécution du chevalier de La Barre.	1766	Jean-François Rameau, *La Raméide*, et Cazotte, *La Nouvelle Raméide*. Dorat, *La Déclamation théâtrale*. Farmian de Rosoi, *Les Sens*. Huber, *Choix de poésies allemandes*. Léonard, *Idylles morales*.		
Voltaire, *L'Ingénu*. Hubert Robert, *Intérieur d'une galerie ruinée*.	1767	Bitaubé, *Joseph*. Feutry, *Les Ruines*. Marmontel, *Bélisaire*.	1767	Diderot, *Salon de 1767*. Jean-Jacques Rousseau, *Dictionnaire de musique*.
	1768	Coeuilhe, *Les Ruines*.		

Événements politiques et culturels		Poésies et recueils poétiques		Éléments de poétique	
Loutherbourg, *Marine avec naufrage*.	1769	Delille, traduction des *Géorgiques* de Virgile. Lemierre, *La Peinture*. Malfilâtre, *Narcisse dans l'île de Vénus*. Saint-Lambert, *Les Saisons*. Le Tourneur, traduction des *Nuits* de Young.	1769	Delille, discours préliminaire des *Géorgiques*.	1769
D'Holbach, *Système de la nature*. Mercier, *L'An 2440*. Raynal, *Histoire des deux Indes*.	1770	Dorat, *Mes fantaisies*. Laclos, *Épître à Margot*. Junker, *Choix varié de poésies philosophiques et agréables, traduites de l'anglais et de l'allemand*.	1770	Dorat, *Discours sur la poésie en général et particulièrement sur les pièces fugitives*.	1770
Parlements Maupeou.	1771	Fabre d'Églantine, *Sonnet à la vierge*. Nogaret, *Apologie de mon goût*.	1771	Abbé Arnaud, *Discours sur les langues*. Batteux, *Les Quatre Poétiques d'Aristote, d'Horace, de Vida et de Despréaux*.	1771
Premier partage de la Pologne. Cazotte, *Le Diable amoureux*. Dorat, *Les Malheurs de l'inconstance*.	1772	Bastide, *Les Gradations de l'amour*. Diderot, *Les Éleuthéromanes*. Fanny de Beauharnais, *Mélanges de poésies fugitives et de prose sans conséquence*.	1772	Sabatier de Castres, *Les Trois Siècles de notre littérature*. Rigoley de Juvigny, *Discours sur les progrès des lettres en France*.	1772

Évènements politiques et culturels		Poésies et recueils poétiques		Éléments de poétique
			Gentil-Bernard, *Phrosine et Mélidore*. Gilbert, *Le Poète malheureux*. Helvétius, *Le Bonheur*. Voltaire, *Épître à Horace*.	
Voyage de Diderot à Saint-Pétersbourg. Greuze, *La Cruche cassée*.	1773	Roman, *L'Inoculation*. Lejeune, *La Louiséide*. Voltaire, *La Pucelle d'Orléans* en 22 chants.	1773	Mercier, *Du théâtre*.
Mort de Louis XV, avènement de Louis XVI.	1774	Rosset, *L'Agriculture*.		
Rétif de La Bretonne, *Le Paysan perverti*.	1775	Colardeau, *Les Hommes de Prométhée*. Dorat, *Mes nouveaux torts ou nouveau mélange de poésies*. Gentil-Bernard, *L'Art d'aimer*. Gilbert, *Le Dix-huitième siècle*. Vadé, *Œuvres complètes*.		
Déclaration d'indépendance des Américains.	1776	Bordes, *Parapilla*.		
La Fayette en Amérique. Vivant Denon, *Point de lendemain*.	1777	Bertin, *Voyage de Bourgogne*. Berquin, *Recueil complet des Idylles*.	1777	Sablier, *Essai sur les langues en général, sur la langue française en particulier*.

Événements politiques et culturels		Poésies et recueils poétiques		Éléments de poétique	
Ramond de Carbonnières, *Les Dernières Aventures du jeune Olban*. Mort de Voltaire et de Rousseau. Diderot, *Essai sur la vie de Sénèque*.	1778	Marmontel, *Les Incas*. Dubourg, *Le Messie*. Bordes, *La Papesse Jeanne*. Clément, *Satire sur la philosophie*. Gilbert, *Mon apologie*. Parny, *Poésies érotiques*. Ramond de Carbonnières, *Élégies*.	1778	Mercier, *De la littérature et des littérateurs*.
Gluck, *Iphigénie en Tauride*, à Paris. Mme Vigée-Lebrun, *Portrait de Marie-Antoinette*.	1779	Lemierre, *Les Fastes*. Roucher, *Les Mois*. Chassaignon, *Les Cataractes de l'imagination*.
Victor Louis, théâtre de Bordeaux.	1780	Bertin, *Les Amours*. Fontanes, *La Forêt de Navarre*. Loaisel de Tréogate, *Aux âmes sensibles, élégie*. Fabre d'Églantine, *Il pleut, il pleut, bergère*.
Mercier, *Tableau de Paris*. Victor Louis, galeries du Palais-Royal.	1781	Cournand, *Les Styles*. Lesuire, *Le Nouveau Monde ou Christophe Colomb*. Maréchal, *Ad majorem gloriam virtutis. Fragments d'un poème moral sur Dieu*.

Événements politiques et culturels		Poésies et recueils poétiques		Éléments de poétique	
1782	Laclos, *Les Liaisons dangereuses*. Charles de Wailly, l'Odéon.	1782	Bérenger, *Portefeuille d'un troubadour, ou Essais poétiques*. Bridel, *Poésies helvétiennes*. Delille, *Les Jardins*. Langeac, *Colomb dans les fers*.		
1783	Traité de Versailles, indépendance des États-Unis. Ascensions en montgolfière.	1783	Fontanes, traduction de l'*Essai sur l'homme* de Pope et *La Chartreuse de Paris*.	1783	Leblanc de Guillet, *Discours en vers sur la nécessité du dramatique et du pathétique en tout genre de poésie*.
1784	Beaumarchais, *Le Mariage de Figaro*.				
1784- 1790	Mort de Diderot. Gravures du *Verrou* de Fragonard. David, *Le Serment des Horaces*.		Chateaubriand, rédaction des *Tableaux de la nature*.		
1785		1785	Bertin, *Œuvres*. Bitaubé, traduction de l'*Odyssée* d'Homère. Piis, *L'Harmonie imitative de la langue française*. Framery, traduction de *La Jérusalem délivrée* du Tasse.		
		1786	Laya, *La Présidente de Tourvel au vicomte de Valmon*.		

Évènements politiques et culturels	Poésies et recueils poétiques		Éléments de poétique	
Édit de tolérance en faveur des protestants. Louvet de Couvray, début des *Amours de Faublas*. David, *La Mort de Socrate*.	1787	Léonard, *Lettre sur un voyage aux Antilles*. Parny, *Chansons madécasses*. Framery et Panckoucke, traduction du *Roland furieux* de l'Arioste.	1787	Daunou, *De l'influence de Boileau sur la littérature française*. Marmontel, *Éléments de littérature*. Cubières, *Lettre au marquis de Ximenès sur l'influence de Boileau*.
Convocation des États généraux. Bernardin de Saint-Pierre, *Paul et Virginie*. Rétif de La Bretonne, *Les Nuits de Paris*.	1788	Florian, *Estelle et Némorin*. Fontanes, *Essai sur l'astronomie*.	1788	Florian, *Essai sur la pastorale*.
Serment du Jeu de Paume, prise de la Bastille. Déclaration des droits de l'homme. Marie-Joseph Chénier, *Charles IX*. Joseph Vernet, *Le Naufrage de Virginie*.	1789	André Chénier, *Ode au jeu de paume*. Cournand, *La Liberté ou la France régénérée*. Saint-Just, *Organt*.		
Constitution civile du clergé. Fête de la Fédération.	1790	Saint-Martin, *L'Homme de désir*.		
Fuite du roi à Varennes. Chateaubriand en Amérique. Volney, *Les Ruines*. Sade, *Justine*. Girodet, *Le Sommeil d'Endymion*.	1791	Bonnard, *Poésies diverses*. Bonneville, *De l'esprit des religions*.		

Événements politiques et culturels		Poésies et recueils poétiques	Éléments de poétique
		Robbé de Beauveset, *La France libre.*	
	1792	Florian, *Fables.*	
Déclaration de guerre, victoire de Valmy.		Robbé de Beauveset, *Les Victimes du despotisme épiscopal.*	
Proclamation de la République, réunion de la Convention.			
Rouget de Lisle, *La Marseillaise.*			
Exécution de Louis XVI, soulèvement de la Vendée.	1793	André Chénier, *Ode à Marie-Anne-Charlotte Corday* et Marie-Joseph Chénier, *Hymne à la raison.*	
La Terreur à l'ordre du jour.			
		Bonneville, *Poésies.*	
Exécution de Lavoisier, André Chénier, Roucher, Fabre d'Églantine.	1794	Hymnes à l'Être suprême de M.-J. Chénier et de Théodore Desorgues, *Iambes* d'André Chénier.	
Condorcet, *Esquisse d'un tableau historique des progrès de l'esprit humain.*		Odes sur le vaisseau *Le Vengeur* de Lebrun et de Parny.	
Directoire.	1795	Bernis, *La Religion vengée.*	
Troisième et dernier partage de la Pologne.			
Sade, *La Philosophie dans le boudoir.*			

Événements politiques et culturels		Poésies et recueils poétiques		Éléments de poétique	
1796	Joseph de Maistre, *Considérations sur la France.* Bonald, *Théorie du pouvoir politique.*	1796	Cubières, *Le Calendrier républicain.* Vadé, *Œuvres poissardes.*	1796	Traduction française des *Observations sur le beau et le sublime* de Kant et de *Hermès ou Recherches philosophiques sur la grammaire universelle* de James Harris.
1797	Chateaubriand, *Essai sur les révolutions.* Sénac de Meilhan, *L'Émigré.*	1797	Constance de Théis, *Épître aux femmes.* Legouvé, *Les Souvenirs, la Sépulture et la Mélancolie.*		
		1798	Victor Campagne, *Les Mœurs.* Maréchal, *Le Lucrèce français.*		
1799	Mort de Beaumarchais et naissance de Balzac. Retour de la campagne d'Égypte et coup d'État de Brumaire. Mme Cottin, *Claire d'Albe.* David, *Les Sabines.*	1799	Dugat, *La Mort d'Azaël ou le Rapt de Dina.* Parny, *La Guerre des dieux.* Saint-Martin, *Le Crocodile ou la Guerre du bien et du mal.*	1799	La Harpe, *Cours de littérature.* Winckelmann, Addison, Sulzer, *De l'allégorie.*
1800	Delille, *L'Homme des champs ou les Géorgiques françaises.* Baour-Lormian, *Les Trois Mots.* Colnet du Ravel, *La Fin du Dix-huitième siècle.*	1800		1800	Mme de Staël, *De la littérature.* Laya, *Essai sur la satire.*

Évènements politiques et culturels		Poésies et recueils poétiques		Éléments de poétique	
Chateaubriand, *Atala*.	1801	Cubières, *Le Défenseur de la philosophie*.	1801	Ballanche, *Du sentiment*.	
		Legouvé, *Le Mérite des femmes*.		Mercier, *Néologie*.	
Concordat. Consulat à vie. Mme de Staël, *Delphine*.	1802	Parny, *Isnel et Asléga*, poème imité du scandinave.	1802	Chateaubriand, *Génie du christianisme*.	
				Traduction française du *Laocoon* de Lessing.	
Mort de Laclos, de La Harpe, de Sylvain Maréchal, de Saint-Lambert, de Sénac de Meilhan et de Saint-Martin.	1803	Delille, *Le Malheur et la Pitié*. Nodier, *La Napoléone*.	1803	Nouvelle traduction des *Recherches philosophiques sur le beau et le sublime* de Burke.	
				Collin d'Harleville, *Dialogue de la Prose et la Poésie*.	1805

INDEX

Table   521

Ce volume,
le trois cent seizième de la collection Poésie,
a été composé par Interligne et
achevé d'imprimer par
l'imprimerie Bussière à Saint-Amand (Cher),
le 24 octobre 1997.
Dépôt légal : octobre 1997.
Numéro d'imprimeur : 2231.
ISBN 2-07-032883-X./Imprimé en France.